Tobias Blasius
Moritz Küpper

DER MACHTMENSCHLICHE

Armin Laschet. Die Biografie

Bibliografische Information der Deutschen Nationalbibliothek
Die Deutsche Nationalbibliothek verzeichnet diese Publikation in der
Deutschen Nationalbibliografie; detaillierte bibliografische Daten sind
im Internet über http://dnb.dnb.de abrufbar.

IMPRESSUM

1. Auflage September 2020
Umschlaggestaltung: Joachim Bartels, Essen
Lektorat: Hans-Joachim Pagel
Redaktion, Satz und Layout: Achim Nöllenheidt
Umschlagfoto: Julia Sellmann/laif
Druck und Bindung: Wilco B.V., Vanadiumweg 9, NL–3812 PX Amersfoort
© Klartext Verlag, Essen 2020
ISBN 978-3-8375-2335-5

KLARTEXT Jakob Funke Medien Beteiligungs GmbH & Co. KG
Jakob-Funke-Platz 1, 45127 Essen
info@klartext-verlag.de, www.klartext-verlag.de

Inhalt

Der Abwartende

„Einer muss ja" statt „Ich will!"

Eigentlich will Armin Laschet gar nicht in die CDU. Verlegen grinsend steht er als 15-Jähriger im Herbst 1976 in der Fußgängerzone von Aachen-Burtscheid. Gegenüber baut gerade Witold Franke einen kleinen Wahlkampfstand auf. Helmut Kohl fordert als Spitzenkandidat der Union den SPD-Kanzler Helmut Schmidt heraus. Franke ist seit Jahren in der *Jungen Union* im Aachener Süden engagiert. Er gehört zum Team des neuen lokalen Wahlkreiskandidaten Hans Stercken, der bis 1994 für Aachen im Bundestag bleiben wird. Franke arbeitet zwischenzeitlich als sein Assistent im Bonner Abgeordnetenbüro. Doch an diesem Samstagmorgen im Herbst 1976 ist das alles noch weit weg. Franke muss bei den Burtscheider Wochenend-Einkäufern Stimmung für Stercken machen, damit dieser am Wahltag die entscheidenden Stimmen einfährt. Aus sicherer Distanz schaut ihm der junge Laschet dabei zu. Franke fällt die Neugier des Teenagers auf der anderen Straßenseite auf. Ob er nicht mal rüberkommen wolle, ruft er Laschet zu. Der traut sich. Sie kommen ins Gespräch. Nach kurzer Zeit macht Franke, der bereits über einige Routine bei politischen Werbegesprächen verfügt, dem Schüler Laschet unvermittelt ein Angebot: „Ich würde mich freuen, wenn du Lust hättest, ein wenig mitzumachen."

Auch fast 45 Jahre später erinnert sich Witold Franke noch genau an diese Fußgängerzonen-Begegnung mit Armin Laschet. „Ja, das fände er ganz gut", sei dessen spontane Reaktion auf seine Offerte gewesen, „er würde gerne mitmachen." Doch dann habe Laschet eine kurze Pause eingelegt und apodiktisch verkündet: „Aber ich trete nie in eine Partei ein." Franke weiß nicht mehr genau, ob er ihn damals vom Wahlkampfstand weg direkt für die *Junge Union* gewinnen wollte. „Da müsste ich jetzt ein wenig rumfantasieren", sagt er. Doch die Entschiedenheit, mit der Laschet von vornherein einen Parteieintritt ausschließen wollte, die hat sich ihm eingebrannt.

Armin Laschet und die CDU – es scheint keine Liebe auf den ersten Blick zu sein. Er fühlt sich zu ihr hingezogen. Sie fasziniert ihn. In der CDU findet sein früh erwachtes politisches Interesse wohl am ehesten eine Heimat. Aber eine Mitgliedschaft als allumfassendes Bekenntnis? Bedeutet das nicht unbedingte Gefolgschaft und verordnete Gesinnungstreue? Laschet und die Politik – es ist von Anfang an die Geschichte einer vorsichtigen Abwägung. Eines stetigen Ringens zwischen Kopf und Bauch, Mut und Vorsicht, Individualität und Konformität.

Drei Jahre nach der Begegnung mit Franke in der Fußgängerzone wird Laschet dann doch noch CDU-Mitglied. Wenn auch erst nach längerem Kampf. Der etwas ältere Wolfgang Vorbrüggen, mit dem Laschet später im Aachener Stadtrat sitzen wird, bearbeitet ihn dafür beharrlich. Sie verstehen sich gut und singen in den 70er Jahren gemeinsam in Burtscheid im Kirchenchor. Vor und nach den Proben versucht Vorbrüggen, Laschet für die CDU zu gewinnen. Er drängelt, fragt nach, nervt ihn regelrecht. Vorbrüggen wirft bei den Laschets den Mitgliedsantrag in den Briefkasten. Doch das Formular kommt nicht zurück. Laschet zögert, der Freund hakt nach. So geht das eine Weile. Am Ende siegt Vorbrüggens Hartnäckigkeit. Laschet tritt mit 18 Jahren in die CDU ein.

Im Mai 2020 sitzt Armin Laschet in einem cremefarbenen Sessel in seinem Büro in der Düsseldorfer Staatskanzlei und muss lachen, wenn er an Vorbrüggen und das Formular zurückdenkt. Er ist jetzt über 40 Jahre CDU-Mitglied, Chef des größten Landesverbandes Nordrhein-Westfalen und Ministerpräsident des bevölkerungsreichsten Bundeslandes. Laschet könnte seine Skepsis und das Zögern von damals abstreiten, schließlich will er Bundesvorsitzender dieser Partei werden. Doch er gibt offen zu: „Ich war engagiert in der Pfarre, in der Schülervertretung, in unserer Dritte-Welt-Gruppe, aber es war jetzt nicht so, dass ich unbedingt Berufspolitiker werden wollte." Seinen Parteieintritt schildert er wie eine Kapitulation vor dem Missionseifer Vorbrüggens: „Dann hat er mir das Formular wieder eingeschmissen, aber es blieb liegen. Dann hat er wieder genervt und es wieder in den Briefkasten gesteckt: Jetzt füll' das Ding endlich aus und so weiter." Schließlich habe er, „damit er mich in Ruhe lässt, das Ding ausgefüllt". Gemessen an all den angeblichen Erweckungserlebnissen, die in politischen Biografien oft kunstvoll um den Parteieintritt gerankt werden, schildert Laschet seinen Weg in die CDU als lebensnahes Lavieren eines Jugendlichen. „Das war nicht der große Impetus: Jetzt mache ich Karriere", bekennt er. Vorbrüggen habe halt irgendwie nicht locker gelassen: „Der musste mich da nicht reinzwängen, aber ich fand es irgendwie lästig und ich hatte 1000 andere Sachen im Kopf." Für eine Parteimitgliedschaft gibt es im Hause Laschet auch gar kein Vorbild: „Meine Eltern fanden es eher schräg, dass ich in eine Partei eintrat", erinnert er sich, „die waren zwar immer CDU-Wähler, aber dass ich jetzt da Mitglied wurde, fanden sie eher komisch." Es ist ein wirklich ungewöhnlicher Start für jemanden, der CDU-Bundesvorsitzender werden will. Das Ding ausgefüllt, „damit er mich in Ruhe lässt"? Laschet steht dazu: „Ja, und?", sagt er, „war doch so."

Für Witold Franke erzählt die frühe Begegnung am Wahlkampfstand 1976 etwas über den Charakter Laschets. Er glaubt, seinerzeit nicht nur die Verlegenheit eines 15-Jährigen gespürt zu haben, der auf dem falschen Fuß erwischt wird. Franke ist ein erfahrener Pädagoge. Er hat später als Chemie- und Physiklehrer an einem Gymnasium in Jülich Generationen von Schülern unterrichtet. Laschets Vorsicht in der Fußgängerzone ist für ihn rückblickend Ausdruck seiner Persönlichkeit: „Ich meine, das wäre ein Charakterzug von ihm, der vielleicht geblieben ist", sagt Franke. Abwarten, taxieren, überlegen – und sich dann später entscheiden. „Der Schröder hat am Tor des Kanzleramtes gerüttelt", sagt Franke und lacht, „der Armin sagt erstmal Nein."

Das Rütteln am Zaun. Es ist eine vielzitierte Chiffre für Machthunger, Wille und Drang ins höchste Regierungsamt. „Ich will da rein", hat Gerhard Schröder nach eigener Aussage im Sommer 1982 gerufen, als ihn eine abendliche Kneipentour am Bonner Kanzleramt vorbeiführte. Mit den Händen umklammert der junge Bundestagsabgeordnete dabei den Zaun der Regierungszentrale. 16 Jahre später ist es so weit: Der SPD-Mann wird der siebte Bundeskanzler der Bundesrepublik Deutschland.

Bislang gilt es als ungeschriebene Regel der deutschen Politik, dass man den Aufstieg nach ganz oben unbedingt wollen muss, immerzu und mit jeder Faser seines Körpers. Der frühere Grünen-Außenminister Joschka Fischer hat das Kanzleramt einmal in wohligem Schauer mit einem Achttausender verglichen. In dieser „Todeszone", in der die Luft extrem dünn sei und jeder Fehltritt bestraft werde, überlebten nur die furchtlosesten Extrembergsteiger. Konrad Adenauer, „der Machtmensch" (*Frankfurter Rundschau*) und erste Kanzler, beispielsweise, geht zeitlebens unbeirrt seinen Weg. Er trotzt dem Nationalsozialismus und ringt in der jungen Bundesrepublik Gegner und Rivalen mit allen Mitteln nieder. Und selbst die vorerst Letzte in dieser Ahnengalerie, die durch und durch besonnene Physikerin Angela Merkel, besitzt einen sicheren Instinkt für den richtigen Augenblick, in dem man keine Verwandten mehr kennen darf. Als es in der CDU-Spendenaffäre Ende 1999 darauf ankommt, distanziert sie sich mit einem Namensbeitrag in der *Frankfurter Allgemeinen Zeitung* von ihrem Mentor Helmut Kohl. Die Protestantin aus dem Osten sagt sich vom „Kanzler der Einheit" los, vom Übervater, der nach 25 Jahren an der CDU-Spitze die Partei personifiziert. Diesen Mut haben der „Meisterin des Understatements" die Wenigsten zugetraut. Doch Merkel beweist immer dann Härte, wenn es drauf ankommt, und erlegt als „geduldige Jägerin der balzenden Auerhähne", wie sie der ehemalige CSU-Landesgruppen-Chef Michael Glos tauft, zahlreiche ambitionierte CDU-Konkurrenten.

Kohl selbst hat das Anforderungsprofil für einen deutschen Bundeskanzler wohl besonders nachhaltig geformt. Sein allumfassender Machtanspruch und Führungswille sind zum Maßstab für politische Karrieren geworden. Mit Provokationen und Kampfkandidaturen mischt er als junger Politiker die CDU auf und erwirbt sich den Ruf einer „Walz von der Pfalz". Statt sich in Gefolgschaft der Altvorderen geduldig hochzuarbeiten, räumt er diese einfach beiseite. „Ein Politiker, der sich das Amt zutraut – das tue ich –, geht dem Reiz dieses Amtes nicht aus dem Weg", sagt Kohl schon im Jahr 1970 als 40-jähriger, frisch gewählter Ministerpräsident von Rheinland-Pfalz über den Posten des Bundeskanzlers. Über die Größe der Herausforderung macht er sich keine Illusionen. „Dies ist kein Amt, das man anstrebt im üblichen Sinne eines Anstreben eines Amtes", sagt er, „dies ist ein Amt, das voller Schrecken, vielleicht besser ausgedrückt, voller Eiseskälte, Distanz ist und sehr stark die menschliche Nähe und menschliche Wärme entbehrt." Es gehört zu den Lehren der bundesrepublikanischen Geschichte, dass Bundeskanzler auf dem Weg nach oben Widerstände überwinden müssen und ihnen dabei auch eigene biografische Brüche persönlicher Antrieb zu sein scheinen. Die Exilzeit bei Willy Brandt. Der „Scheißkrieg" bei Helmut Schmidt. Die Prüfungen der „Flakhelfer-Generation" Kohls. Schröders Ausgrenzungserfahrungen einer ärmlichen Kindheit, in der er „Fensterkitt gefressen" hat. Die Außenseiter-Position Merkels, die bis zu ihrem 35. Lebensjahr als Pfarrers-Tochter und Wissenschaftlerin in der DDR lebt, während fast alle ihre späteren Weggefährten und Gegner in der CDU längst der *Jungen Union* entwachsen.

Wie würde nun Armin Laschet in eine solche Reihe passen, der als neuer Bundesvorsitzender der Regierungspartei CDU qua Amt erster Anwärter auf das Kanzleramt wäre? Ein Mann, der 1961 geboren wird und ein beschauliches Leben in der *Bonner Republik* führt. Behütet aufgewachsen in einer intakten und bildungsehrgeizigen Großfamilie. Reihenhaus-Besitzer in seinem Geburtsort, im westlichsten Zipfel des Landes. Verheiratet mit seiner Sandkastenliebe. Fest verankert in einem sozialen Netz aus Familie, Kirche, Karneval und Jugendfreunden. Laschet ist nie Außenseiter gewesen, sondern immer mittendrin. Er erlebt keine biographischen Brüche, sondern strahlt fröhliche Kontinuität aus. Er vermittelt persönliche Zufriedenheit und keinen brachialen Aufstiegswillen am Fuße des Achttausenders. Entwickelt so jemand den notwendigen Drang zur Macht?

Laschet ist lange die Unbedingtheit abgesprochen worden. Seine Karriere ist eine gegen jede Wahrscheinlichkeit. Er wird früh Stadtrat, Abgeordneter in Bundestag, Europaparlament und Landtag. Doch zur Führungsreserve zählt ihn lange niemand. Erfolge scheinen ihm eher zuzufallen. Den „ewig Unterschätzten" nennt ihn einmal die *Augsburger Allgemeine*. Er gilt wahlweise als „der zahme Angreifer" (*Ostsee-Zeitung*), „der Freundliche" (*die tageszeitung*) oder allenfalls als „Mann für den zweiten Blick" (*Rheinische Post*). Seine rheinische Jovialität lässt gelegentlich daran zweifeln, ob er zur Pflege des sogenannten Markenkerns der CDU geeignet ist. Die liberale Lebenseinstellung und die seit Jugendtagen konservierte Neigung, parteipolitische Glaubenssätze vorbehaltlos zu hinterfragen, machen ihn zum „Vertreter der Großstadt-CDU" (*Frankfurter Allgemeine Zeitung*) und „Modernisierer" (*Der Spiegel*). Seine fehlende Machtaura lässt ihn als „berechenbaren Entertainer" (*Wirtschaftswoche*) erscheinen. Als Deutschlands erster Integrationsminister macht er sich zwar immerhin einen Namen, wird jedoch parteiintern als „Türken-Armin" verhöhnt. Er ist einer, der häufiger verliert als gewinnt, aber trotzdem irgendwie immer dabei bleibt.

Wer ist dieser Armin Laschet wirklich und was treibt ihn an? Bislang fährt er ganz gut damit, schwer greifbar zu sein. Laschet regiert das wichtigste Bundesland, ohne je einen Karriereplan auf dem Reißbrett entworfen zu haben. Er ist ziemlich weit gekommen, weil sich andere unmöglich gemacht haben. Sein Erfolgsgeheimnis? Wer nicht am Zaun rüttelt, weckt auch keinen Argwohn. Laschet ist in Habitus, Sprache und Regierungsstil eine ungewöhnliche Führungspersönlichkeit, die so gar nicht zum Zeitgeist zu passen scheint. Während gerade weltweit autoritäres „Leadership" viel Zuspruch erfährt und Bürger nach kantiger Interessenvertretung rufen, macht Laschet keine Ansagen, sondern moderiert und gleicht aus. Er bricht immer wieder aus der abgezirkelten Formelrhetorik der Politik aus und redet einfach drauflos. Während andere wie sein bayerischer CSU-Amtskollege Markus Söder jedes öffentliche Wort und jede Geste einem höheren Ziel unterordnen können, leistet sich Laschet verlässlich Momente unprofessioneller Emotionalität und sprunghafter Spontaneität. Er ist keine Machtmaschine. Er ist anders als viele Machtmenschen um ihn herum. Laschet ist der Machtmenschliche, der schon nach oben und gestalten will, der aber warten kann, bis die Umstände bereit sind für einen wie ihn. Zu seinen Ambitionen auf den CDU-Vorsitz hat er lange schicksalsergeben gesagt: „Es kann sein, dass ich am Ende übrig bleibe."

Laschet ist in seiner Politiker-Laufbahn der Junge vom Wahlkampfstand 1976 geblieben, der schon will, aber nicht so richtig. Bis zuletzt konnte man sich nicht sicher sein, ob er wirklich den CDU-Bundesvorsitz und das Kanzleramt anstrebt. Er hat seine Ambitionen stets hinter rheinischer Unverbindlichkeit verborgen. Als er im Februar 2020 auf der Karnevalsbühne beim Aachener *Orden wider den tierischen Ernst* steht, wirft er aus dem Narrenkäfig heraus die Frage auf, wer denn nun als Merkel-Nachfolger „Deutschlands next Mutti" werden solle. „Armin, du musst es machen", ruft der Saal. Laschet tut so, als müsse er die überraschende Zuneigung des Volkes mit rudernden Armen mühsam abwehren. „Nein, nein, nein, nicht. Ich? Quatsch!", sagt er. Er liest es vom Teleprompter an der hinteren Saalwand ab. Es ist ein kalkuliertes, ironisch gebrochenes Spiel mit der Macht. Selbst als zwei Tage später die von eigenen Fehlern und Wahlniederlagen zermürbte CDU-Vorsitzende Annegret Kramp-Karrenbauer ihren Rückzug ankündigt und damit aus Spaß plötzlich Ernst wird, greift Laschet nicht entschlossen zu. Er wartet ab, sondiert, will eine „Teamlösung" ohne Kampfkandidaturen. Man weiß nicht recht, ob er die Partei aus eigenem Karriereehrgeiz führen will oder sich bloß um ihrer Einigkeit willen zu opfern bereit wäre. Der langjährige Merkel-Intimfeind Friedrich Merz drohe die CDU zu spalten und müsse deshalb verhindert werden, gibt Laschet sorgenvoll im kleinen Kreis zu verstehen. Spricht da jemand, der unbedingt will? Oder eher jemand, der nolens volens muss?

Es ist ein spannendes Politik-Experiment: Kann jemandem wie Armin Laschet, der diese freundliche Normalität ausstrahlt, am Ende ein Amt zufallen, dem andere ihr gesamtes Leben untergeordnet haben? Lässt sich ohne unerbittliche Härte gegen sich und andere das Gipfelkreuz der politischen Achttausender erklimmen? Hat er das Format für die Bundesebene? Laschet wäre der erste Kanzler, der sich nicht fürs höchste Regierungsamt uniformiert hat. Er redet, denkt, wirkt und lebt heute noch fast genauso wie beim Parteieintritt 1979. Laschet hat sich nie einen professionellen Panzer zugelegt oder ein politisches Ich abgespalten. Kann in den höchsten Sphären der Bundespolitik, mithin auf der weltpolitischen Bühne, wirklich gut gehen, was auf Landesebene vielleicht noch einen gewissen Charme besitzt? Selbst Merkel ließ irgendwann den Stylisten kommen, trug nur noch Hosenanzüge und verbannte ihr witziges Naturell in vertraulichste Runden. Sie perfektionierte eine formelhafte Sprache und zügelte ihre Gestik in der Merkel-Raute.

Wie würde jemand wie Armin Laschet die Bundes-CDU und die politische Kultur in Deutschland verändern? Wie arbeitet und führt er? Auch nach vielen Jahren der journalistischen Nahbeobachtung und zahlreichen persönlichen Gesprächen mit ihm lässt sich diese Frage nicht auf Anhieb beantworten. Man muss sich schon auf eine Spurensuche begeben, um seinen Charakter, Antrieb und Wertekosmos näher kennen zu lernen. Es ist eine Reise durch ein knapp 60-jähriges Leben. Jahre mit Siegen und bitteren Niederlagen, in denen Laschet vor allem eines lernt: dass Erfolg in der Politik kaum planbar ist. „Wer als Politiker keine Niederlagen erlebt, verglüht auch schnell", hat Laschet mal gesagt. Er steht oft vor dem Aus und macht doch weiter. „Wir haben früher immer gesagt: In jeder Karriere sind 20 Prozent Sein, 30 Prozent Schein und 50 Prozent Schwein", erinnert sich Laschets Jugendfreund Heribert Walz. Er ist einer von über 60 Menschen, die zu Gesprächen für dieses Buch bereit waren. Familienmitglieder, Freunde, Mitarbeiter, Wegbegleiter, aber auch Gegner und Konkurrenten haben die Türen zu ihren Erinnerungen, Einschätzungen, Privatarchiven und Wohnungen geöffnet. Sie erzählen mal offen und mal vertraulich von ihren Erlebnissen mit Laschet, steuern ihre persönliche Sicht bei und geben bisher unbekannte Einblicke in das Leben dieses Politikers. Auch Laschet selbst hat sich Zeit genommen, um Rückschau zu halten und sich zu erklären – obwohl Gegenwart und Zukunft ihm im Frühjahr 2020 alles abverlangen. Er muss in der Corona-Krise weitreichende Entscheidungen treffen und wird rund um die Uhr mit dem prüfenden Blick durch die Kanzler-Brille beobachtet. Die Wochen des Überlegens sind da schon lange vorbei: Laschet ist gesprungen, kandidiert für den Bundesvorsitz der *Christlich Demokratischen Union Deutschlands*. Der Partei, die auf Bundesebene länger in Regierungsverantwortung ist als jede andere deutsche Partei seit Gründung der Bundesrepublik. Die fünf der bisherigen acht Bundeskanzler stellte – und in die Laschet selbst eigentlich nie eintreten wollte.

Der „Öcher"

Herkunft und Heimat

Die letzten Takte der Musikkapelle klingen noch über das Rund des Elisenbrunnens. Es ist ein Samstagvormittag im Februar 2020 in der Aachener Innenstadt. Einige hundert Menschen drängen sich in die offene Wandelhalle des klassizistischen Baus aus dem Jahre 1823. Das sogenannte *Bad in der Menge* des designierten Ordensritters gehört zu den festen Ritualen beim *Orden wider den tierischen Ernst*. Es ist sonnig, aber kalt – und der Blick auf die kleine Bühne fällt mitunter schwer. Der Rundbau mit seinen mächtigen Säulen verstellt manchem die Sicht, die vielen gereckten Arme der Handyfoto-Jäger tun ihr übriges.

Seit 70 Jahren erhalten Persönlichkeiten des öffentlichen Lebens gegen Ende der Karnevalszeit diesen Orden. Er gehört zu den drei Veranstaltungen, die Aachen Jahr für Jahr überregionale Schlagzeilen verschaffen. Neben dem traditionsreichen *Internationalen Karlspreis zu Aachen*, der an Persönlichkeiten verliehen wird, die sich um Europa und die europäische Einigung verdient gemacht haben, und dem weltweit beachteten Pferdeturnier *CHIO*. Beim *Orden wider den tierischen Ernst* werden nur Menschen ausgezeichnet, die laut Satzung des *Aachener Karnevalsvereins (AKV)* „Individualität, Beliebtheit und Mutterwitz in sich vereinen, vor allem aber Humor und Menschlichkeit im Amt bewiesen haben". An diesem Samstagmorgen hat die Prominenz bereits Aufstellung bezogen: Auma Obama, die Halbschwester des ehemaligen US-Präsident Barack Obama, winkt von der Bühne. Neben ihr Ordensritter Philipp zu Guttenberg, der den Preis einst in Vertretung seines Bruders Karl-Theodor annehmen musste und nun längst selbst zum Inventar beim *AKV* gehört. Dazu die Tollitäten des Karnevals mit Prinz Martin I. an der Spitze.

Der *AKV* hat die Zahl der akkreditierten Journalisten in diesem Jahr angeblich begrenzen müssen, da das mediale Interesse zu überwältigend gewesen sei. Doch jetzt am Vormittag ist noch kaum ein Berichterstatter zu sehen. Das *Bad in der Menge* ist etwas für Eingeweihte und die Aachener, die ihren neuen Ordensritter kennenlernen sollen. Während die Prominenz am Abend in feinen Roben zur offiziellen Preisverleihung und Fernsehübertragung in den Aachener *Eurogress* kommt, ist hier der – kostenfreie – Termin für das Volk. Das wissen auch die beiden Moderatoren am Elisenbrunnen. Sie heizen der Menge ortsüblich-karnevalesk ein. „Oche – Alaaf“, schallt es durch das weite Rund. Der Mann, um den es an diesem Tag gehen soll, ist nicht auf Anhieb zu entdecken: Nur 1,72 Meter groß, in einen unscheinbaren schwarzen Lodenmantel gehüllt, mit weißem Hemdkragen und dezent randloser Brille, fällt Armin Laschet auf der Bühne fast gar nicht auf. Der Moderator bittet noch eben den großgewachsenen Oberbürgermeister nach oben. „Mit dem wollen wir auch noch sprechen“, krächzt es durch die Mikrofon-Anlage, „aber das erste Wort gehört selbstverständlich dem designierten Ordensritter 2020.“ Er macht eine kurze Pause: „Leute, das ist einer von uns.“ Jubel brandet auf, der Moderator ruft: „Heimspiel, Aachen-Burtscheid, Armin Laschet.“

Der Angesprochene grinst verschmitzt, geht einen Schritt nach vorne. Es wird heftig geklatscht. Schon beim Weg zur Bühne hat Laschet einen ersten warmen Applaus entfacht, als er den kleinen Finger der rechten Hand in den Himmel reckt. Die Geste kennen Einheimische als *Klenkes*. Das Erkennungszeichen der Aachener und der Gruß untereinander. Als die Stadt noch für ihre Tuchindustrie und Nadelfabriken bekannt war, mussten die oft noch kindlichen Arbeiter mit dem kleinen Finger der rechten Hand fehlerhafte Nadeln aussortieren. Dieses *Ausklinken* am Band führte damals bei vielen zu Fehlstellungen und Verwachsungen des kleinen Fingers. Irgendwann können sich Aachener schon aus der Ferne und ohne Worte am missgebildeten kleinen Finger erkennen. Die Tuch-Industrie verschwindet irgendwann, doch der *Klenkes* bleibt. Sei es im Ski-Urlaub, beim Wochenend-Trip oder auf einer Autobahn-Fahrt – der gereckte kleine Finger der rechten Hand gibt den echten Aachener zu erkennen. Dass Laschet die Geste ausgerechnet jetzt wählt, ist wohl nicht ohne Hintersinn: Er ist der erste gebürtige Aachener in der Geschichte des *Ordens*, der diese Auszeichnung erhält. „Ein waschechter Öcher mit Liebe zum Karneval“, heißt es in der Pressemitteilung des *AKV*. Dessen Präsident Werner Pfeil, ein Landtagsabgeordneter der FDP, betont die historische Dimension der Verleihung: „70 Jahre *Orden wider den tierischen Ernst* sind genau der richtige Anlass, erstmals einen Ritter aus Aachen auszuzeichnen.“ Stolz verkündet er:

„Niemand verkörpert die Kriterien für die Ritterwürde – Humor und Menschlichkeit im Amt – besser als unser Landesvater."

Laschet wirkt in diesem Moment ganz bei sich. Er war Bundestagsabgeordneter, Europa-Parlamentarier, der erste Integrationsminister Deutschlands. Er regiert seit zweieinhalb Jahren als Ministerpräsident das bevölkerungsreichste Bundesland. Er ist stellvertretender Bundesvorsitzender der Regierungspartei CDU. Vor allem aber war und ist er: *Öcher*. So nennen sich die Aachener in ihrem Dialekt, diesem rheinischen Singsang, den auch Laschet spricht. Als bekennender Karnevalist leidet er keinen Mangel an jecken Auszeichnungen. Man hat ihm schon den *Lachenden Amtsschimmel* in Bonn verliehen und das *Närrische Steckenpferd* in Krefeld. Außerdem ist er Ehrensenator des Kölner Traditionskorps *Ehrengarde*. Als Ministerpräsident genießt er es, selbst Orden und Auszeichnungen fast inflationär zu verteilen. Doch diese Aachener Würden sind etwas Anderes, etwas ganz Besonderes. *Orden wider den tierischen Ernst?* „Das ist was für Bundesminister aufwärts", raunt Laschet schon im Jahr 2004 fast ehrfürchtig einem Journalisten zu. Es steht da die Frage im Raum, wann denn er, der Öcher Europaabgeordnete, einmal zum Ordensritter ernannt werde. Damals wird der Bremer SPD-Bürgermeister Henning Scherf ausgezeichnet. 16 Jahre später ist endlich Laschet dran, der das Glück dieser Auszeichnung in seiner Ritterrede am Abend zu ironisieren versucht. „Deshalb ist der Öcher Narrenkäfig für mich als Öcher die Krönung", ruft Laschet da, schon ein wenig heiser, der Festgesellschaft zu: „Das ist, wie wenn du an einem einzigen Tag morgens bei der Aachener Heiligtumsfahrt im Dom die Heiligtümer tragen darfst, nachmittags auf einem Pferd den Großen Preis von Aachen gewinnst und dann abends beim Abendspiel auf dem Tivoli unter Flutlicht in der neunzigsten Minute die Alemannia mit einem Freistoß gegen Bayern München in die *Champions League* schießen kannst."

Die Liste der Preisträger ist eine illustre: Adenauer ist darunter. Helmut Schmidt noch als Verteidigungsminister. Prägende Politiker wie Franz Josef Strauß, Walter Scheel, Hans-Dietrich Genscher, Heiner Geißler, Theo Waigel und Norbert Blüm. Laschets Vorgänger im Amt des Ministerpräsidenten, Johannes Rau und Jürgen Rüttgers, wurden ebenfalls zu Ordensrittern geschlagen. Sein parteiinterner Konkurrent Friedrich Merz schon vor 15 Jahren. Seine Noch-Parteivorsitzende Kramp-Karrenbauer gehört auch in diese Runde. Sogar sein bayerischer Amtskollege Söder, der mögliche Rivale um die Kanzlerkandidatur der Union. Namhafte Persönlichkeiten, die die Republik prägten und noch prägen. Doch für keine von ihnen waren die Aachener Ordens-Feierlichkeiten eine solche Reise in die eigene Vergangenheit wie für Armin Laschet. Bereits beim traditionellen Gang vom Rathaus zum Elisenbrunnen scheint Laschet an diesem Samstagmorgen bewusst zu sein, dass dies auch ein Streifzug durch sein Leben wird. Fast andächtig schreitet er da inmitten der Karnevalisten durch die Aachener Innenstadt, passiert den mächtigen Aachener Dom, in dem er einst als Messdiener gedient hat und der für ihn bis heute ein wichtiger Bezugspunkt ist. „Der Aachener Dom ist für mich der Ort, an dem ich immer wieder zur Ruhe komme", sagt Laschet oft. Er nennt ihn seinen „Öcher Lieblingsplatz", einen Ort, „wo ich Zeit finde, über die wirklich wichtigen Fragen nachzudenken".

Daran ist nun aber nicht zu denken: Die Karnevalisten marschieren voran, vereinzelt winken Menschen aus den Geschäften. Laschet hebt ebenfalls freudig die Hand, es sieht so aus, als genieße er solche Augenblicke. Insbesondere das *Bad in der Menge* mit der traditionellen Trinkprobe am Elisenbrunnen ist für Laschet an diesem Vormittag ein Eintauchen in die eigene Kindheit. „Es gibt eine Hürde, die es zu nehmen gilt, das gilt für jeden designierten Ordensritter, der den Weg zum Bad in der Menge hier in der Redoute gefunden hat", ruft einer der Moderatoren ins Mikrofon, „und das gilt selbstverständlich auch für jemanden, der das heilige Wasser hier im Elisenbrunnen, das so wohlschmeckend ist, bereits kennt, weil er hier aufgewachsen ist."

Der Elisenbrunnen ist nicht nur ein zentraler Ort der Stadt, sondern mit seinem Wasser aus der Kaiserquelle das Wahrzeichen der *Kur- und Badestadt Aachen*. Das weiß Laschet natürlich. Seine Großmutter habe früher immer das warme Wasser der Kaiserquelle geholt, um es zu trinken, den Rücken damit einzubalsamieren, die Füße darin zu baden, erzählt er auf der Bühne: „Die hat geglaubt, das sei Wunderwasser." Das schwefelhaltige Wasser verströmt den Geruch von faulen Eiern. Die Trinkprobe rückt näher. Vor dem Ministerpräsidenten stehen jetzt vier Plastikbecher. Die Moderatoren wollen den waschechten Öcher auf die Probe stellen. „Deswegen haben wir die

Aufgabe erschwert", rufen sie mit rhetorischem Trommelwirbel, „es gibt hier in einem dieser Becher Burtscheider Kanalwasser, die anderen drei sind mit Wasser aus der Aachener Redoute." Die Zuschauer johlen. Laschet lässt sich nichts anmerken. Er trinkt einen der Becher in einem Zug aus, dreht ihn anschließend mit ausgestrecktem Arm um. Leer. Die Menge jubelt. Laschet grinst.

Abgesehen von der Note des Schwefelwassers aus dem Brunnen ist es ein Tag ganz nach Laschets Geschmack. Er ist in der Heimat – und doch bundesweit gefragt und beachtet. Als er am Morgen zum Startschuss all der Ritter-Feierlichkeiten leicht verspätet bei einem Empfang im Rathaus eintrifft, scherzt er mit den Karnevalisten, hält eine kurze Rede, geht schließlich vor dem Kinderprinzen in die Knie und lässt sich einen Orden umhängen. Nur etwa eine Viertelstunde dauert diese Zeremonie, danach noch ein paar kurze Radio-Interviews, bevor Laschet mal wieder telefonieren muss. Im CDU-Präsidium herrscht Alarm-Stimmung. Politisch sind es angespannte Zeiten. In Thüringen hat die Wahl des FDP-Manns Thomas Kemmerich zum Ministerpräsidenten mit den Stimmen der AfD bundesweites Entsetzen hervorgerufen. Auch in der CDU geht es jetzt um Schadensbegrenzung. Wie lässt sich verhindern, dass die Partei nach rechts ausfranst?

Noch weiß Laschet nicht, dass es diese Tage sind, die ihm den Weg an die Parteispitze ebnen könnten. Dass am Abend seine fulminante, selbstironische Bewerbungsrede als Ordensritter („Ist Deutschland schon bereit für eine männliche Kanzlerin?"), für deren Vorbereitung er sich extra ein ganzes Wochenende frei genommen hat, überall gut ankommt. Dass die Ausstrahlung der Ordensverleihung in der *ARD* am darauffolgenden Montag starke Quoten liefern wird, obwohl die überraschende Rücktrittsankündigung von CDU-Chefin Kramp-Karrenbauer den Sendebeginn ins Spätprogramm verschiebt.

Laschet steht vor der Tür des Ratssaals und sucht ein ruhiges Plätzchen für ein paar schnelle Gespräche. Hier hat vor mehr als 30 Jahren seine politische Karriere als Ratsherr begonnen. Er schaut nach rechts, dreht sich um. Die Pförtner öffnen ihm schließlich die Tür zu einem Nebenraum, gegenüber liegt das Büro des Oberbürgermeisters. Laschet hat einen Moment für sich und die neuesten Katastrophenmeldungen aus der CDU, während draußen die Karnevalisten warten.

Aachen, die Kaiserstadt im Drei-Länder-Eck zwischen Deutschland, Belgien und den Niederlanden, ist für Laschet mehr als nur sein Geburtsort: „Das ist für mich Heimat, Abendland, Europa." Bis heute. Ein Ort, der ihn formt: die europäische Ausrichtung, die katholische Prägung, die Jahrtausende alte Geschichte der Stadt. Am 18. Februar 1961 kommt Laschet im Marienhospital in Aachen-Burtscheid zur Welt. Die Familie lebt damals in der Aachener Soers, einem ländlichen Ausläufer der Stadt. Zwei Jahre später ziehen die Laschets nach Burtscheid. Armin besucht dort den Clara-Fey-Kindergarten, der auf historischem Klostergelände gelegen ist und später Neubauten weichen muss. Direkt daneben liegt seine katholische Grundschule Michaelsberg, ein mächtiges altes Schulhaus im Schatten der Kirche. Laschets Vater wird nach Armins Schulzeit dort Rektor. Anschließend geht es zum Rhein-Maas-Gymnasium und bis zum Abitur schließlich aufs Bischöfliche Pius-Gymnasium.

„Als Ministerpräsident hat man nie gänzlich Ruhe – das ist auch in Ordnung, denn die Arbeit bereitet mir viel Spaß", wird Laschet einmal in einem Aachener Stadtmagazin zitiert, „aber in Burtscheid zu sein ist für mich Nachhausekommen." Auch als Regierungschef lässt er sich regelmäßig spät in der Nacht die knapp 80 Kilometer aus Düsseldorf heimfahren, obwohl er am nächsten Morgen wieder früh los muss. Die Verbundenheit zu Aachen im Allgemeinen und zu seinem Stadtteil Burtscheid im Besonderen ist tief. An Laschets Ritterspange, die er als *AKV*-Ordensträger erhält, ist eigens das *Burtscheider Abtei-Tor* eingearbeitet, ein Wahrzeichen des Ortes.

Die Menschen aus dem Stadtteil im Aachener Süden pflegen ihre eigene Identität. „Die Burtscheider fühlen sich bis heute eigenständig", sagt Harald Baal und lacht, „dabei sind sie seit über 100 Jahren eingemeindet." Seit 1897 gehört Burtscheid zu Aachen. Baal, langjähriger politischer Wegbegleiter Laschets, sitzt in einem Hinterzimmer des *Kapellchens,* einer Kneipe inmitten von Burtscheid. An jedem ersten Dienstag im Monat trifft sich hier zwischen holzvertäfelten Wänden und hinter Bier-, Wein- und Wassergläsern der CDU-Stadtbezirksverband Burtscheid. Neben Baal sind zehn weitere Mitglieder gekommen, unter anderem die Vorsitzende der örtlichen *Jungen Union*, die Bezirksbürgermeisterin, die einst in Laschets Vorzimmer im Landtag arbeitete, und ein ehemaliger Mitschüler vom Pius-Gymnasium. In Burtscheid, so heißt es schnell, kennt wirklich jeder jeden. Und

„den Armin" kennen sie hier alle. Schnell fliegen die Anekdoten durch das *Kapellchen.* Wie Laschet einst einen Betriebsausflug der Landtagsfraktion ins Aachener Umland organisierte und dort die beste Pommesbude kannte. Dass „der Armin" nach all den Jahren, die er bei nächtlichen Fahrten im Dienstwagen verbracht hat, inzwischen ohne Navigationsgerät alle Autobahnraststätten mit *McDonalds*-Filialen verorten könne („Das ist meistens das letzte Lokal, was dann noch auf hat"). Viele sehen den Ministerpräsidenten häufiger am Wochenende im Getränkemarkt, wenn er „immer noch persönlich das Leergut wegbringt und dann das Gefühl hat, er habe den Haushalt aufgeräumt". Gelächter am Tisch. Dienstags ins *Kapellchen* schafft Laschet es schon länger nicht mehr. Doch ihn würde immer noch interessieren, was in der Stadt vorgeht, versichert die Runde. „Er ist so normal, so bodenständig geblieben", lautet der Tenor des Abends: „Armin ist mit Leib und Seele Aachener."

Knapp hundert Meter vom *Kapellchen* entfernt findet jeden Freitag von 7 bis 13 Uhr der Wochenmarkt in Burtscheid statt. Laschets Ehefrau Susanne ist hier Stammgast, kommt mit dem Wägelchen, hält oft einen Plausch. Hinter dem langgezogenen Platz mit Bushaltestelle liegt der Eingang zu einer kleinen Einkaufsstraße. Dort dreht auch Laschet selbst samstags oft seine Runde, meist mit einem kleinen quietschblauen Elektro-Auto, einem *e.Go* aus Aachener Start-Up-Fertigung. Er bringt Leergut weg oder kauft bei *Edeka* ein. Am Ende der Einkaufsstraße thront auf einer leichten Anhöhe das *Burtscheider Abtei-Tor.* Vor dieser Kulisse stellt sich der Ministerpräsident auch regelmäßig aufs Kopfsteinpflaster, wenn er abends oder am Wochenende zu Hause ist und zu Fernseh-Interviews live zugeschaltet werden soll.

Einige Meter weiter findet man die *Taverne Lakis*, ein griechisches Restaurant. Das weiße Lokalschild ist nachts beleuchtet. Laschet ist hier Stammgast. Der Gyros-Teller mit Salat kostet sieben Euro. Oft Sonntagsabends vor dem *Tatort* holt Laschet hier Essen. Bisweilen sieht man den Ministerpräsidenten sogar drei Mal die Woche in der *Taverne Lakis.* Besitzer Joannis Bitzakis, der den Laden seit knapp 30 Jahren führt, schimpft zwar viel über die Politik, Laschet aber mag er. „Der ist lustig", sagt er, „macht Spaß." Laschet gehe auf die Leute zu, lobt auch die Frau des Wirts aus dem Hintergrund. Immer, so Bitzakis, wenn Laschet in Aachen sei, komme er vorbei. An die Wand des Restaurants hat es der NRW-Regierungschef trotz der Treue zu dem Laden aber noch nicht geschafft. Früher hing hier lange ein Foto des FDP-Politikers und ehemaligen Bundeswirtschaftsministers Jürgen W. Möllemann, der mal Gast in der *Taverne Lakis* gewesen sein muss. Eine Hinterlassenschaft des Vorbesitzers. Sie könnten doch auch mal ein gemeinsames Bild machen, hat Stammgast Laschet schon vor Jahren Bitzakis vorgeschlagen. Doch der Wirt wollte damals nicht. „Das ist noch zu früh. Sie sind außerhalb Aachens sowieso unbekannt", habe er recht uncharmant geantwortet. Das erzählt Bitzakis grinsend hinter seiner Glastheke. „Wenn Leute aus Köln oder Umgebung kommen, dann fragen die mich: Wer ist das?", habe er seinerzeit Laschet gefoppt. „Wenn du Bundeskanzler bist, dann machen wir ein Foto." Nun liegt Stolz in der Stimme des Griechen. Und Hoffnung.

Von der Glastheke in der *Taverne Lakis* ist Laschet in ein paar Minuten zu Hause. Knapp drei Kilometer sind es, insgesamt vier Mal links abbiegen. Die Adresse der Laschets lässt sich noch immer im Internet finden. Das ist kein Zufall. Laschet erinnert sich daran, wie er als Jugendlicher davon beeindruckt war, die Anschrift und Telefonnummer des einstigen Außenministers Hans-Dietrich Genscher im Telefonbuch zu finden. „Am Kottenforst 16" – er kann die Anschrift im Rhein-Sieg-Kreis auch Jahrzehnte später noch nennen. Damals hat der früh am Journalismus interessierte Laschet den Außenminister um einen Gastbeitrag für eine selbstproduzierte Zeitung gebeten. Als der Redaktionsschluss naht und der berühmte Autor noch immer nicht geliefert hat, greift der junge Laschet zum Hörer. Er ruft bei den Genschers zu Hause an. Vor dem Redaktionsschluss, so sein Credo, sind alle gleich. Genschers im Haus lebende Mutter ist am Telefon. Laschet redet länger auf sie ein und hinterlässt seine Bitte um den Beitrag. Wenige Tage später ruft er erneut an. Wieder kommt es zu einem netten Gespräch mit Mutter Genscher. „Ja, ich sage es dem Hans-Dietrich", versichert die Dame erneut. Kurze Zeit später erhält Laschet eine Nachricht aus dem Auswärtigen Amt: Man werde den Beitrag für diese Zeitung liefern, bitte aber höflichst davon abzusehen, weitere Privatanrufe bei Mutter Genscher zu tätigen. Laschet ist das nie aus dem Kopf gegangen: Ein weitgereister Staatsmann wie Genscher bleibt ansprechbar und für jedermann sichtbar im Telefonbuch. So wolle er es auch halten, wo immer ihn die Politik eines Tages hinführen werde, sagt sich Laschet seinerzeit. Trotz gepanzerter Limousinen und Personenschutz versucht er bis heute, diese Nahbarkeit zu wahren.

Das unscheinbare Reihenmittelhaus der Laschets liegt in der hinteren Ecke einer verkehrsberuhigten Einbahnstraße, die einmal im Kreis durch eine kleine Siedlung führt. Alle Häuser gleichen einander: schmal, rötliche Klinker-Fassade, Garagenhof ums Eck. Es ist funktionale Architektur der 90er Jahre. Um die Burtscheider Altstadt haben sich seit den 60ern wie Jahresringe die Wohnsiedlungen verschiedener Dekaden gelegt. In attraktiver Hanglage zwischen Feldern und Stadt leben hier viele Familien. Als Mitte der 90er Jahre die belgischen Streitkräfte aus Aachen abziehen, werden ganz in der Nähe auch die begehrten Soldatenhäuschen frei. Laschet setzt sich ab 1994 als Bundestagsabgeordneter dafür ein, dass sie vorwiegend an kinderreiche Familien vergeben werden können.

Laschets Neubau wird 1992 fertig. Beim Ausschachten des Kellers stößt der Bagger auf Schutt aus dem Zweiten Weltkrieg. Die unerwartete Entsorgung kostet ein paar tausend D-Mark extra. Bei den Laschets führt eine graue Steintreppe zum Eingang, neben der ein paar Büsche wuchern. Über der Klingel prangt unübersehbar: L A S C H E T. Der Haustürbereich besteht aus weißem Holz und viel Glas. „Als sie gebaut haben, haben sie sich gefragt: Was kommt da für eine Füllung rein?", erinnert sich Jugendfreund Heribert Walz. „Der Armin sagte dann: Wir machen da eine Glasfüllung rein. Dann ist das Haus hell und du siehst immer, wer vor der Tür steht." Seine Frau sei dagegen gewesen: „Das kannst du doch nicht machen, Armin", habe Susanne Laschet gesagt, „wenn du da sonntagmorgens durch den Flur läufst und dir deinen Kaffee holst."

Walz ist studierter Bau-Ingenieur und Geschäftsführer der *ISM-Group*. Die Abkürzung steht für *Industrieservice Meisen*, ein Unternehmen mit Sitz in Eschweiler nahe Aachen. Haupttätigkeitsfeld: Krananlagen, Torsysteme, Elektromotoren und Brandschutztore. Instandsetzung von Bestandsanlagen ist konjunkturunabhängig, die Zahlen stimmen. Walz ist ein freundlicher Mann mit weißgrauem Haarkranz, Schnauzer und neugierigen Augen, die durch eine schwarz umrandete Brille blicken. Er hat in einem alten Konferenz-Raum seines Unternehmens Platz genommen. Die Gründerväter schauen, in Öl gemalt, von den Wänden. Walz erzählt seit gut einer Stunde Geschichten aus der gemeinsamen Jugend mit Laschet. Die gläserne Haustür? Habe Laschet gegen die Bedenken seiner Frau durchgesetzt. Walz erinnert sich genau an dessen schlagendes Argument: „Wenn ein Fotograf das schafft, genau in dem Moment bei uns am Haus vorbeizukommen, wenn ich mir am Sonntagmorgen meinen Kaffee hole, dann hat er sich das auch verdient." Man muss auch „jönne könne", heißt es im Rheinland. Für Walz ist jedenfalls klar: „Die Frage mit dem Fenster war ein typischer Armin." Mittlerweile sei dort zwar schusssicheres Milchglas eingebaut worden. Die Polizei müsse für die Sicherheit des Ministerpräsidenten in dem Viertel öfter Streife fahren. Sogar die Versicherungsbeiträge sind dadurch gesunken. Was sich aber laut Walz in all den Jahrzehnten nicht geändert habe: „Das ist noch immer ein offenes Haus." Die Rollläden seien immer oben. Wenn Walz früher zum Schwimmen fuhr, hat er Susanne Laschet regelmäßig am Herd stehen sehen.

Es gibt wenige Menschen, die Laschets privates Wohnumfeld besser kennen als Walz. Er hat schon mitgeholfen, sein Burtscheider Elternhaus zu bauen. Dorthin sind die Laschets 1976 aus ihrer vorherigen Wohnung im Forsterweg umgezogen. Als die Eltern noch nicht das Eigenheim besitzen, muss sich Laschet mit zwei Brüdern ein Dachzimmer teilen. Die Schlafbereiche der Jungen sind notdürftig durch gelbe Plastik-Vorhänge abgetrennt. Walz hat auch bei Laschets heutigem Reihenmittelhaus Hand angelegt. Vieles haben sie damals in Eigenleistung geschafft. Walz weiß noch, wie er mit Familie Laschet Holzbalken nach oben gewuchtet hat und man zwischenzeitlich Sorge haben musste, dass Armin ihnen aus dem Dachstuhl entgegenkommt. Oder das Fliesenlegen: „Ich habe das immer gerne gemacht", erzählt Walz, „der Armin hat dann zwar immer versucht zu helfen, das war aber immer …" Wie oft an diesem Vormittag im Konferenzraum bei Walz strandet die Geschichte in einem lauten Lachen. Laschet als Handwerker? Der weiße Schnäuzer wackelt: „Die Falten in der Tapete im Treppenhaus sehen Sie noch heute." Walz ist ein erfolgreicher Geschäftsmann, der gerade zum dritten Mal ein neues Eigenheim gebaut hat. Es geht immer noch größer und schöner. Seine Frau sei zwar mit den Nerven am Ende, aber ihm, dem Bauingenieur, mache das eben Spaß. „Der Armin hält mich für bekloppt", sagt Walz. Obwohl der Freund Landesminister und Ministerpräsident wurde, seit Jahrzehnten sehr ordentlich verdient und vielleicht irgendwann Kanzler werden kann, denkt er gar nicht daran, ein repräsentativeres Heim zu kaufen. „Armin reicht das so", sagt Walz, „der fühlt sich wohl in seinem Einfamilienhaus." Alle drei Kinder seien dort aufgewachsen. Laschets Vater wohnt weiterhin im Elternhaus um die Ecke und kommt regelmäßig zum Abendessen.

Vor allem Laschets Frau schätze die Nachbarschaft, sagt Walz. Als im Mai 2020 in der *WDR*-Sendung *Kölner Treff* die Moderatorin Bettina Böttinger einmal das Gespräch auf einen möglichen Wohnortwechsel nach Berlin lenkt, falls Armin Laschet in der Bundespolitik Karriere machen sollte, blockt Susanne Laschet in einem ihrer seltenen Talkshow-Auftritte direkt ab: „Ich würde auf jeden Fall in Aachen bleiben. Da ist mein Lebensmittelpunkt, da hab' ich ja auch meine Arbeit, da sind meine Freunde, da sind meine sozialen Kontakte." Aachen-Burtscheid ist nicht verhandelbar.

In diesen Burtscheider Straßen verbringen Walz und Laschet ihre Jugend. Sie lernen sich über die Pfarrei kennen. 13 oder 14 Jahre alt ist er da, erinnert sich Walz. Laschet ist zwei Jahre jünger. Obwohl sie auf unterschiedliche Schulen gehen, treffen die beiden sich jeden Morgen, fahren zusammen mit dem Rad. Nachmittags und abends treffen sie sich wieder: eben in der Pfarre, bei der Jugendarbeit, im Kirchenchor oder später bei der *Jungen Union*. Walz und Laschet – das ist eine dieser kostbaren Lebensfreundschaften. Auch ihre Kinder sind heute eng miteinander. Die Familien haben viele Urlaube zusammen verbracht. Im Sommer in Umbrien, Italien. Im Winter in Lenzerheide, Schweiz.

Die gemeinsamen Jahrzehnte bescheren ihnen Erlebnisse und Geschichten, die Rückschlüsse zulassen auf die Persönlichkeit des heutigen Ministerpräsidenten. Im Winterurlaub sei Laschet einmal mit Sommerreifen angereist, berichtet Walz, „das ging natürlich schief". Laschets weißer *BMW* kam den Berg nicht hoch, der junge Familienvater musste improvisieren. „Da hat der die Koffer der Familie in ein Kinderbett gepackt und das schob er dann bis zur Ferienwohnung." Nicht hadern, sondern anpacken.

Schlechte Planung mit Kreativität retten. Das ist Walz auch beim gemeinsamen Hausbau immer wieder aufgefallen: „Technisch war das nicht nachvollziehbar, aber zielführend war es schon." Scheint hier bereits der Politikstil des Armin Laschet auf?

Walz empfindet es jedenfalls als eine von Laschets großen Stärken, dass er schon in den Aachener Jugendjahren die Dinge in die Hand nehmen will und kann. Als Gruppenführer in den endlos langen Sommerfreizeiten der Pfarrgemeinde mit Völkerball und Fahnenklau, als Organisator von Fußball-Turnieren auf der Straße, als selbsternannter Trainer einer Fußball-Mädchen-Mannschaft oder eben im Karneval. Hier offenbart sich auch schon früh Laschets Bühnentalent: In der Schule organisiert und moderiert er die Karnevalssitzung am *Fettendonnerstag* (andernorts *Weiberfastnacht*), wie der Auftakt des Straßenkarnevals in Aachen heißt. Die Veranstaltung gilt als legendär und zieht Jugendliche aus der ganzen Stadt an. Der Andrang ist schon zu Laschets Zeiten groß und die Hauptsorge des Lehrerkollegiums lautet damals wie heute: Die Schüler sollen bitte nicht schon am Mittag betrunken sein.

„Da ist er mir zum ersten Mal aufgefallen", erinnert sich Laschets ehemaliger Schulleiter am Pius-Gymnasium, Werner Knoch. Der promovierte Studienrat, der jahrzehntelang die Schule leitet, wirkt bis heute von der Moderationsleistung des Schülers Armin beeindruckt: „Die Veranstaltungen liefen zügig, rund und witzig. Und vor allem machte sich da seine große Schlagfertigkeit bezahlt."

Bei der katholischen Jugend tritt Laschet zuerst als Büttenredner auf. Die Narretei ist ihm eben von klein auf eingeimpft worden. Schon in den 60er Jahren hat Laschet als Grundschüler eine genaue Vorstellung davon, wie er sich verkleiden will: als „Daktari", was der Titel einer damals auch in Deutschland populären US-Serie über einen Tierarzt in Afrika ist. So sieht man Laschet im Burtscheider Kinderkarnevalszug mit Farmerhut und Gewehr. Auch später – als Politiker – wird er immer wieder kostümiert auf der Bühne stehen. Bei seiner umjubelten Rede im Narrenkäfig beim *Orden wider den tierischen Ernst* im Februar 2020 kann Laschet auf einen großen karnevalistischen Erfahrungsschatz zurückgreifen. Drei *Ordens*-Auftritte mit dem Grünen-Politiker Cem Özdemir liegen da schon hinter ihm. Im Bundestagswahlkampf 1998 steht er mit seiner damaligen Gegenkandidatin Ulla Schmidt (SPD) als „Nettchen und Nöll" im Aachener Heimtheater *Bühnenfreunde 1947* vor Publikum. Bei den *närrischen Ratssitzungen* Anfang der 90er Jahre im Aachener Rathaus ist er vorne dabei.

Frühe Möglichkeiten, sich darstellerisch auszuprobieren, bietet Laschet auch die Laienspielgruppe seiner Gemeinde St. Aposteln. Hier gewinnt er weitere Bühnensicherheit, etwa wenn er im Stück „Der Totentanz" mit weiß geschminktem Gesicht als personifizierter Tod aus der Kulisse tritt. Die Aktivitäten des Ensembles bleiben auch der *Aachener Volkszeitung* nicht verborgen. Am 22. Januar 1980 erscheint eine Kritik über das Stück „Die Posaune von Jericho", in der die Handlung so beschrieben wird: „Man stelle sich die kleine Redaktion einer jüdischen Tageszeitung, der *Posaune von Jericho,* vor: Neben dem Chefredakteur, der gleichzeitig als Verleger und Herausgeber fungiert, arbeiten hier ein greiser Gesetzeslehrer, eine ebenso nervöse wie naive Redakteurin der Frauenseite, ein Mini-Casanova als Sportredakteur und ein Wirtschaftsjournalist, der jeden Moment darauf wartet, endlich Vater zu werden. Es bedarf keiner allzu großen Fantasie, sich die Komplikationen auszumalen, die entstehen, wenn in diese ‚heile Welt' des jüdischen Tagesblättchens ausgerechnet zwei katholische Ordensschwestern als Hospitantinnen hineinplatzen …" Das Urteil des Lokalblatts fällt positiv aus: „Wie gut es die Laiengruppe mit der Wahl dieses erfrischend heiteren Stückes getroffen hatte, bewies der langanhaltende Applaus, der sicher auch der hervorragenden schauspielerischen Leistung der Darsteller galt. Mimik, Gestik, Sprache und Spontanität, aber auch das Bühnenbild – alles wirkte in einem Maße echt, die ans Professionelle grenzte. Der geplagte Chef des Tagesblättchens, Preßburger, wurde dargestellt von Armin Laschet. Sein Bruder Remo glänzte mit langem Rauschebart in der Rolle des Mische Turteltaub. Unter den Hauben der beiden Nonnen verbargen sich Susanne und Brigitte Malangré, die besonders von dem schlaksigen Sportreporter David Blum alias Norbert Rollinger geärgert wurden."

Die Laienspielgruppe der Gemeinde St. Aposteln versammelt bereits 1980 viele Menschen, die für Laschet extrem wichtig sind. Er steht mit seinem Bruder Remo und seiner späteren Frau Susanne Malangré auf der Bühne, geleitet wird das Ensemble von seiner Schwiegermutter in spe, Thesi Malangré. Man bekommt beiläufig einen guten Eindruck, in welch fürsorglich-forderndem katholischen Milieu Laschet aufwächst. Er bleibt nicht der Einzige, der von hier aus eine beachtliche Karriere startet. Der Sportreporter Rollinger aus dem Theaterstück etwa wird später Vorstandsvorsitzender der zweitgrößten deutschen Versicherung *R+V.* Remo Laschet macht seinen Weg als Rechtsanwalt und Hochschul-Professor. Autor der Laientheater-Kritik ist Karl Doemens, der später als Hauptstadtbüroleiter und USA-Korrespondent diverser Tageszeitungen zu den führenden Stimmen des Politik-Journalismus wird.

Überhaupt ist auffällig, wie viele Vertreter der Generation Laschet aus dem kleinen Burtscheid ihren Weg gehen. Susannes Schwester und damit Laschets Schwägerin, Nicole Malangré, wird Musical-Sängerin. Ihr Debüt gibt sie in „Die Fledermaus", einer Operette ihres Ur-Ur-Großonkels Johann Strauss. Heute arbeitet sie als Gesangcoach und sorgt mitunter dafür, dass Aachener Karnevalsprinzen den richtigen Ton treffen. Burtscheid bringt Chefärzte, Investmentmanager oder Unternehmer wie Heribert Walz hervor. Bemerkenswert ist auch eine hohe Dichte an erfolgreichen Journalisten, die hier groß werden: Die beiden *WDR*-Moderatorinnen Angela Maas (Fernsehen) und Gisela Steinhauer (Hörfunk). Oder Anne Reidt, die später die Redaktion des *ZDF-heute journals* leitet, bevor sie zur Leiterin der *ZDF*-Hauptredaktion Kultur aufsteigt. Auch Daniel Goffart, einst Hauptstadt-Bevollmächtigter der *Deutschen Telekom* und dann Chefkorrespondent des Nachrichtenmagazins *Focus,* entstammt diesem Kosmos. Goffart, der später immer wieder über Laschets Karriere schreiben wird, besucht ebenfalls das Pius-Gymnasium. Er dient wie die Laschet-Brüder als Messdiener im Hohen Dom zu Aachen.

„Diese Förderung auch jenseits des normalen schulischen Angebots befeuert natürlich solche Biografien", erinnert sich jemand, der die gleiche Sozialisation durchlaufen hat. Gemeint ist ein Zusammenspiel von Kirche, schulischen Einrichtungen und Familie. Dieses produktive Milieu wird viele Jugendliche zu Menschen formen, die später die Gesellschaft beeinflussen und prägen wollen. Laschet wächst zudem in einer Zeit auf, die es gut mit einem wie ihm meint: Das Schichtendenken erodiert immer stärker, Bildung wird zum Schlüssel für den Aufstieg. Im katholischen Burtscheid der 70er und 80er Jahre bildet sich den Erzählungen zufolge eine Art sozialer Imperativ aus, der viele Jugendliche mitzieht: Engagiert

Euch! „Durch das Vorleben des Engagements wurde dies zur Normalität – und setzt sich dann einfach später fort", erzählt ein Zeitzeuge. Familienkreise mit Debatten-Abenden, Theatergruppe, Sommer-Camps, Kirchenchor, Literatur-Abende, Sternsinger-Aktionen. Da wird auch schon einmal ein Zug gemietet, um mit vielen Familien eine Reise nach Rom zu machen. Oder eine Tour nach Israel. Das Angebot ist riesig. Denn: „Es gehörte einfach zum guten Ton, mitzumachen, sich auch ehrenamtlich zu engagieren."

Laschets Eltern und Schwiegereltern leben gleichermaßen diese Bereitschaft, sich einzubringen. Die katholische Kirche entwickelt in Burtscheid eine soziale Bindekraft über Herkunftsgrenzen hinweg, wie es heute kaum noch irgendwo möglich erscheint. Laschets Vater Heinz, der vom Steiger umlernt und schließlich Schulrektor wird, engagiert sich in der Gemeinde. Ebenso seine Mutter Marcella, die als gute Seele des Viertels gilt und regelmäßig Töpfer-Kurse anbietet. Nicht nur Laschets spätere Schwiegermutter engagiert sich in der Theatergruppe. Auch Susannes Vater Heinz Malangré, ein vielbeschäftigter Unternehmer und Präsident der *Industrie- und Handelskammer (IHK) Aachen*, ringt sich einige Stunden Freizeit für die Gemeinde ab. Er dirigiert den Kirchenchor. „Jeden Freitagnachmittag kam er auf den letzten Drücker in die Gemeinde gehetzt, die Notenblätter noch unter dem Arm", erinnert sich Laschets Bruder Remo bewundernd, fast ehrfürchtig an diese Zeit. Denn Malangré steht damals mitten im Berufsleben, ist in der Geschäftsführung eines großen Konzerns. Doch der Dienst am Gemeindeleben darf nicht zurückstehen: „Der Kirchenchor und die Arbeit mit uns Kindern waren ihm wichtig."

Diese besondere Prägung führt auch bei Armin Laschet und seinen Altersgenossen zu bemerkenswerten Initiativen. So etwa zur Gründung der *10-Prozent-Gruppe*. Das Prinzip: Jeder opfert zehn Prozent seines Taschengeldes für soziale Zwecke. Laschet ist dabei, sein Bruder Remo ebenfalls und auch Heribert Walz. Gemeinsam verkaufen die Jugendlichen Printen in der Fußgängerzone, fahren die Ware vom Bäcker aus oder sammeln Altpapier und bringen es weg: 50 D-Mark gibt es für eine Tonne. Später leihen sie sich dafür an Samstagen einen Lkw. Oder sie erfinden ein lokales Talkshow-Format und schaffen es, dass Prominenz nach Aachen-Burtscheid kommt: Der österreichische Volksheld Anton „Toni" Sailer ist darunter. Zu dem 2009 verstorbenen Skirennläufer, Schauspieler und Sänger hat einer der Mitstreiter verwandtschaftliche Beziehungen, die der umtriebige Laschet natürlich nutzt. Neben Sailer sitzen die SPD-Politikerin Annemarie Renger, von 1972 bis 1976 die erste Frau als Bundestagspräsidentin, und Bruno Duchamps, damals Herausgeber der *Frankfurter Allgemeinen Zeitung,* auf der Burtscheider Bühne. Laschet moderiert. Allein der Talkshow-Abend im übervollen Pfarrsaal erlöst 3500 D-Mark, die als Hilfszahlungen nach Polen gehen. „Ich finde das, was ihr macht, gewaltig", lobt Sailer die jungen Leute um Laschet. Der Star aus Kitzbühel akzeptiert als Gage eine selbstgebastelte Puppe.

Noch heute schwärmt Pfarrer Heribert August vom Einfallsreichtum der damaligen Gemeindejugend und ihrem großen sozialen Herzen. „Armin hat klare Prinzipien und an die hält er sich", sagt er. Der Geistliche ist der Familie Laschet seit Jahrzehnten als Pfarrer der Gemeinde St. Aposteln verbunden. Heribert August hat Armin und Susanne getraut, später ihre drei Kinder getauft und geht heute im Ruhestand zusammen mit Laschets Vater zur Wassergymnastik.

Das Aufwachsen im katholischen Burtscheid bietet Armin Laschet eine Fülle an Anregungen, Mentoren und Vorbildern. Als Glücksfall erweist sich zudem seine eher mittelmäßige Schullaufbahn. Laschet bleibt in der zehnten Klasse auf dem technisch geprägten städtischen Rhein-Maas-Gymnasium sitzen. Er kann nicht einfach wiederholen, denn er hat neben Englisch und Latein erst als dritte Fremdsprache Französisch gelernt. Im Jahrgang unter ihm gibt es jedoch nur eine Klasse, die bilingual-französisch unterrichtet wird. Da kann er unmöglich mithalten. Laschet muss die Schule wechseln. Er geht zum Bischöflichen Pius-Gymnasium, das bereits sein Bruder Remo besucht. „Das war schon dramatisch", erinnert sich Laschet an den Schulwechsel. Doch er kommt „am Pius" überraschend gut zurecht. „Dabei galt das Pius-Gymnasium eigentlich als das schwere", sagt er. Später wählt er dort die Leistungskurse Englisch und Geschichte. Die Trennung von den alten Klassenkameraden verwindet er schnell, denn auch auf dem Bischöflichen Gymnasium kennt Laschet viele Kinder. Aus der Freizeit, dem Viertel oder durch die Kirche. Die Welt in Aachen ist klein.

Am Pius-Gymnasium unterrichtet ein junger Religionslehrer: der heute emeritierte Domkustos und Domkapitular Hans-Günther Vienken, der seinerzeit zugleich Domvikar ist. Er gewinnt damals viele Schüler als Messdiener für den Hohen Dom zu Aachen. Laschet schließt sich diesem Kreis an und bleibt bis zum Studium dabei. „Das war eine sehr nette Gemeinschaft", erinnert sich Laschets Bruder Remo. Im direkten Umfeld des Bischofs Klaus Hemmerle, der die Gruppe mag, ergeben sich immer wieder neue Möglichkeiten: Gesprächskreise, gemeinsame Fahrten, viele Erlebnisse.

Ohnehin gilt das Pius-Gymnasium als etwas Besonderes. Vom Erzbistum getragen, wird die Schule 1956 als Aufbau-Gymnasium gegründet, das in den 70er Jahren ein neues Schulgebäude bekommt. Diese Bildungseinrichtung ist mit einem modernen Sportplatz ausgestattet und beschäftigt viele junge, engagierte Lehrer. Man verteidigt hier einen klassischen Bildungskanon, bietet den Schülern aber zugleich zahlreiche kreative Entfaltungsmöglichkeiten. So reifen in diesem Umfeld auffallend viele Persönlichkeiten heran, die in Aachen einen Namen haben. Schon Laschets Pfarrer August ist der erste Schülersprecher des Pius-Gymnasiums. Auch seine Brüder machen hier ihr Abitur, ebenso Rollinger und Goffart. Der langjährige SPD-Politiker und Landtagsabgeordnete Karl Schultheis ist Pius-Schüler und auch Marcel Philipp, von 2008 bis 2020 CDU-Oberbürgermeister der Stadt. „Wer etwas auf sich hielt", heißt es damals, „der schickt sein Kind auf das Pius." Dies gilt lange nur für die Söhne der Stadt. Mädchen werden erst ab 1991 in die Klassen 5 und 11 aufgenommen.

Laschet fühlt sich auf dem Pius-Gymnasium sofort wohl und darf 1981 sogar die Abiturrede halten. An seinen zentralen Punkt der Ansprache kann er sich auch Jahrzehnte später noch erinnern: „Ich warb dafür, sie für Mädchen zu öffnen. Das ist inzwischen geschehen." Dass er als Pius-Quereinsteiger überhaupt bei der Abitur-Feier ans Rednerpult darf, überrascht nur auf den ersten Blick. „An offiziellen Anlässen hat er schon damals gerne geredet", erinnert sich ein Mitschüler aus seinem Jahrgang. Laschet weiß aber, dass es nicht selbstverständlich ist, dass er im Namen des Jahrgangs sprechen durfte: „Ich glaube, dass da ein gewisses Grundvertrauen der anderen in mich da war."

Auf dem Schulhof ist längst bekannt, dass Laschet in die Politik strebt. Für ein Jahr amtiert er als Kreisvorsitzender der *Schüler-Union (SU)* in

Aachen. Sein Landesvorsitzender heißt Ronald Pofalla, der spätere Kanzleramtsminister und heutige Vorstand der *Deutschen Bahn*. Den *SU*-Bundesvorsitz hat zu diesem Zeitpunkt der spätere Bundespräsident Christian Wulff inne. Noch heute sind den Weggefährten diese Konstellationen aus ihren politischen Anfangstagen sehr präsent.

Politisiert wird die konservative Jugend vor allem durch ein Volksbegehren gegen die *Kooperative Schule* im Jahr 1978. Die sozialliberale Landesregierung in Düsseldorf will angesichts rückläufiger Kinderzahlen ein schulformübergreifendes Modell etablieren, das als Vorläufer der Gesamtschule gilt. Dagegen richtet sich das Bündnis „Stop Koop", das die Massen in Nordrhein-Westfalen mobilisiert. Laschet geht mit auf die Straße, auch wenn er noch keinen politischen Posten hat.

Laschets früheste politische Erfahrung stammt aus dem Jahr 1972, da ist er elf Jahre alt: „Das gescheiterte Misstrauensvotum von Rainer Barzel, der Willy Brandt als Kanzler ablösen wollte." Am Fernseher verfolgt Armin den Bonner Krimi über Stunden mit seinen Eltern auf dem Sofa. Den vielleicht stärksten politischen Eindruck hinterlassen beim jungen Laschet die Streiks auf der Danziger Werft 1980. Auf einmal sieht der Aachener Schüler, der im Glauben an fest zementierte Machtblöcke in Ost und West aufwächst, im Fernsehen mutige Menschen jenseits des *Eisernen Vorhangs*, die für ihre Freiheit demonstrieren. Laschet hängt sich anschließend ein *Solidarność*-Plakat in sein Kinderzimmer. Über das *Franz-Josef Strauß*-Poster des jungen Markus Söder ist häufig geschrieben worden. Dass der jugendliche Laschet dagegen einer neu gegründeten polnischen Gewerkschaft huldigt, illustriert wohl sehr anschaulich den Unterschied dieser beiden Unionspolitiker.

Später als Politiker wird Laschet immer wieder die Rolle von Papst Johannes Paul II. in den polnischen Wendetagen betonen. Freiheit und Glaube, Selbstbestimmung und Humanität, das beschäftigt Laschet früh. Er erlebt kurz vor Beginn seiner Politiker-Laufbahn die Ohnmacht im Mai 1989, als in China auf dem Platz des Himmlischen Friedens Demonstranten von Panzern überrollt werden. In einer solchen Welt kommt es auf jeden Einzelnen an.

Obwohl Laschet früh die großen Fragen der Zeit bewegen und er erkennbar ein politisches Gen in sich trägt, geht ihm doch das oft Kauzige vieler

Jungunionisten ab. Er entspricht nicht dem Bild des steifen Aktentaschen-trägers im Sakko, der in den Pausen allein in der Schulhof-Ecke steht. „Also, gelacht hat er schon damals gerne", erinnert sich ein ehemaliger Mitschüler vom Pius-Gymnasium. Er sieht Laschet heute vor allem im Fernsehen und findet: „Verändert hat er sich kaum."

Eine große Kontinuität in der Persönlichkeit erkennt auch Jugendfreund Walz. Trotz der Ernsthaftigkeit, mit der er von Kindesbeinen an die Weltläufe verfolgt, trage Laschet noch immer diese Lebensfreude aus der Jugend in sich, findet er. „Er hat Spaß daran, sich kaputt zu lachen." Immer habe Laschet irgendeinen Blödsinn im Kopf gehabt: „Als Kinder haben wir vor eine Parkuhr getreten, so dass es richtig gescheppert hat. Dann hat der Armin sich gekrümmt wie ein Verletzter", erzählt Walz, „aber in Wirklichkeit hat er sich gebogen vor Lachen, weil zwei ältere Damen so besorgt um ihn waren." Für Walz steht fest, dass dies ein Charakterzug ist: „Er wird immer – bei aller Ernsthaftigkeit bei seinem Job – so eine Art Lausbub bleiben, dieses verschmitzte Grinsen, der kann sich amüsieren wie Bolle." Deswegen, so Walz, passe es auch so gut, dass Laschet den *Orden wider den tierischen Ernst* bekommen habe: „Wenn den ein Aachener verdient hat, dann Armin." Auch Monsignore August, der Pfarrer der Heimatgemeinde St. Aposteln, ist bei der Ordens-Verleihung dabei. Er erinnert sich an Laschets Jugendjahre in Burtscheid: „Wenn es im Dorf irgendeinen Blödsinn gab, waren die Laschet-Brüder immer dabei." Wer nach Details fragt, erntet ein verschwiegenes, aber vielsagendes Lächeln.

Laschet selbst beschreibt sein Gemüt einmal in einem Interview mit der Wochenzeitung *Die Zeit* differenzierter: „Ich bin ein sehr humorvoller Mensch, aber kein Witze-Erzähler." Politische Anekdoten, Situationskomik im kleinen Kreis mit Journalisten, gehören bei ihm immer dazu. Seinen notorischen Optimismus selbst in misslicher Lage kann man bemerkenswert finden. Ob er eher dafür oder dagegen sei? Laschets Antwort: „Dafür. Immer."

Diese lebensbejahende Grundhaltung verschafft ihm offenbar ein gelassenes Urvertrauen, das später den Berufspolitiker Laschet durch zahlreiche Niederlagen steuert. Stecken in einer politischen Karriere am Ende nicht wirklich „20 Prozent Sein, 30 Prozent Schein und 50 Prozent Schwein", wie Walz einmal mit Laschet launig taxiert hat? Dass diese höchst private Rechnung ausgerechnet im Landtagswahlkampf 2017 öffentlich wird, passt Laschet gar nicht. Wie kann Freund Walz das einem Reporter erzählen? Eine Karriere, die größtenteils auf Blendwerk und Glück basiert? Richtig böse ist Laschet seinem Freund aber nicht. Bis heute streiten sich die beiden, von wem der Dreiklang „Sein/Schein/Schwein" eigentlich stammt. Beide schreiben ihn jeweils dem anderen zu. Gesichert scheint nur: Sie halten die Karriere-Rechnung in der Politik für plausibel. Wobei Walz vor allem eines wichtig ist: „Es geht auch nicht um die Prozentzahlen." Er windet sich im Konferenz-Saal seines Unternehmens: „Wenn es 80 Prozent Sein, zehn Prozent Schein und zehn Prozent Schwein sind, dann stimmt das bei Armins Karriere auch."

Aachen ist die große Konstante in Laschets Leben. Seine drei Brüder sind zwar unter gleichen Bedingungen in Burtscheid aufgewachsen, haben sich aber irgendwann ein neues Lebensumfeld gesucht. Zwei wohnen in Köln, einer in Willich am Niederrhein. Sie attestieren ihrem ältesten Bruder eine ganz besondere Nähe zur Geburtsstadt: „Das ist seine Heimat." Manche Weggefährten und Freunde erkennen in Laschets Liebe zur rheinischen Provinz sogar Parallelen zu Helmut Kohl. Obwohl der „Kanzler der Einheit" Deutschlands Geschicke so lange lenkt wie kein anderer, lebt er lange mit dem Zerrbild des tumben Provinzlers. Seine pfälzisch-vernuschelte Sprache und die Vorliebe für Saumagen gelten vielen als Ausdruck behäbigen Spießertums. Dazu die Bewirtung von Staatsoberhäuptern im *Deidesheimer Hof* nahe seines Hauses in Oggersheim. Auch Laschet, der sich seine rheinische Ch-Schwäche nicht abtrainieren will, verströmt eher die Aura des Kleinbürgers, der „nie richtig rausgekommen" ist. Man nimmt ihm ab, dass er sich wie ein Kind über einen Teller Pommes mit Mayo freuen kann. Er verleugnet seine Herkunft nicht, ist durchs katholische Milieu geformt und mit dem Aufwachsen in der Grenzregion zu einem Herzenseuropäer geworden. Für ihn ist die CDU wie bei Kohl immer auch *Familie*. Das alles macht ihn zwar noch nicht zu einem zweiten Pfälzer. Aber Laschet trägt mehr *Bonner Republik* in sich als die meisten anderen Spitzenkräfte der Union.

Er holt sich ungeniert die Welt nach Aachen. Schon als Schüler lädt Laschet 1979 den CDU-Landtagsfraktionschef Heinrich Köppler zu sich nach Hause ein. Als der überraschend zusagt, bittet Laschet seine Mutter: „Kannst du Schnittchen machen? Der Köppler kommt zu uns." Der Düsseldorfer Oppositionsführer und CDU-Spitzenkandidat für die Landtagswahl 1980 darf vor der Einkehr im Hause Laschet in der Aula der Hauptschule Franzstraße für das gegliederte Schulsystem werben. Der 18-jährige Gymnasiast Laschet hat mit der *Schüler-Union* dort einen Diskussionsabend unter dem Motto „Für eine bessere Hauptschule" organisiert. Als Köppler ein halbes Jahr später überraschend an zwei Herzinfarkten stirbt, ist Laschet am 24. April 1980 zum großen Requiem im Kölner Dom eingeladen.

Als junger Bundestagskandidat schafft Laschet es, aus dem nahen Bonn hochkarätige Politiker wie die damalige Bundestagspräsidentin Rita Süssmuth einzuladen. Und zum Abschluss seines Landtagswahlkampfes im Jahr 2017 besucht Bundeskanzlerin Angela Merkel dieses Burtscheid. Die Regierungschefin wird von Laschets Pfarrer August durch die Kirche St. Michael geführt. Während andere ihre Herkunft glamouröser machen wollen als sie ist, führt Laschet mit Stolz seine vertrauten Quadratkilometer Aachen-Burtscheid vor. „Er ist jetzt viel in Düsseldorf, oft in Berlin. Das sind andere Welten", sagt Pfarrer August, „aber Laschet weiß bis heute, wo seine Wurzeln sind, und ich denke, dass ihm das, dieser Ort, das Umfeld, auch Kraft geben."

Dieser Herkunftsstolz zeigt sich bei Laschet in allen Lebensstationen. Als Frank-Walter Steinmeier 2018 zu seinem Antrittsbesuch nach Nordrhein-Westfalen kommt, darf eine Tour durch den Aachener Dom nicht fehlen. Laschet lässt dafür extra bei Dompropst Manfred von Holtum nachfragen, ob dieser die Führung übernehmen könne. Sie wird dann aber zu einer Art Dialog-Veranstaltung. Immer wieder streut Laschet beim Gang durch das Kirchenschiff persönliche Erinnerungen aus seiner Messdiener-Zeit ein oder reicht Details nach. „Man hat schon gemerkt, dass da jemand ist, der sich intensiv mit dem Bauwerk beschäftigt hat", sagt von Holtum.

Als Ursula von der Leyen 2019 als erste Deutsche seit über 50 Jahren zur Präsidentin der Europäischen Kommission gewählt wird, nutzt Laschet die

Gunst der Stunde, um sie im Aachener Rathaus zu empfangen. Die passionierte Reiterin ist gerade zum *CHIO* in der Stadt. Laschet wird so einer der ersten offiziellen Gratulanten der neuen Kommissionspräsidentin. „Wo ich Aachen unterstützen kann, tue ich es", sagt Laschet. Die Stadt profitiert von ihrem bekannten Sohn – nicht nur durch den Glanz von Politiker-Besuchen. Der Nominierungsparteitag der NRW-CDU für die erfolgreiche Landtagswahl 2017 findet ebenso im äußersten Westen der Republik statt wie das Adventskonzert der Landesregierung oder die Taufe eines ICE-Schnellzuges der *Deutschen Bahn*. Der Name: *Euregio Maas-Rhein*.

Endgültig in den Geschichtsbüchern landen Laschets Aachen-Aktivitäten am 22. Januar 2019. Erneut ist Bundeskanzlerin Merkel zu Gast, diesmal jedoch in offizieller Mission. Auf einem fein gearbeiteten dunklen Holztisch mit Messingbeschlägen unterzeichnet die Kanzlerin mit Frankreichs Staatspräsidenten Emmanuel Macron im Krönungssaal des Rathauses die Erneuerung des deutsch-französischen Freundschaftsvertrags. Das bilaterale Abkommen regelt die deutsch-französische Zusammenarbeit bei Themen wie Integration, Sicherheits-, aber auch Jugend- und Kultur-Politik. Nach dem berühmten *Élysée-Vertrag* von 1963, den einst Bundeskanzler Adenauer und Charles de Gaulle in Paris unterschrieben, gibt es nun den *Aachener Vertrag*. Laschet erfüllt so etwas mit Stolz. Anfang 2020 lässt er den edlen Holztisch in sein Büro in der Staatskanzlei schaffen. Nach dem Zeremoniell sollte der Tisch eigentlich als Leihgabe zurück in den Fundus des Aachener *Suermondt-Ludwig-Museums*. Doch Laschet interveniert und lässt ihn nach Düsseldorf bringen. Seither verewigen sich daran Gäste der Staatskanzlei im Erinnerungsbuch des Landes.

In Laschets Büro in der Düsseldorfer Staatskanzlei thront auch eine goldene Büste von *Karl dem Großen*. Von 768 bis zu seinem Tod in Aachen am 28. Januar 814 nach Christus ist er der König des Fränkischen Reichs und der bedeutendste Herrscher aus dem Geschlecht der Karolinger. Als erster westeuropäischer Herrscher seit der Antike erlangt er die Kaiserwürde. Laschet bewundert ihn. Schon ein paar Monate nach seiner ersten Wahl in den Bundestag 1994 veröffentlicht er das Buch: „Aachen, Adenauer und die Bonner Republik. Erinnerungen an Abgeordnete aus dem ‚Wahlkreis Karls des Großen'". Für einen jungen Hinterbänkler klingt ein solcher Titel ziemlich hochtrabend.

Ohnehin sehen sich die Laschets allen Ernstes in direkter Abstammung von dem großen Kaiser. „Als gebürtiger Öcher möchte man natürlich von *Karl dem Großen* abstammen und die Wahrscheinlichkeit ist gegeben", schreibt Laschets Bruder Patrick, der heute beim Telekommunikationskonzern *Vodafone* arbeitet, auf seiner privaten Homepage. Detailliert hat er dort Stammbäume zusammengetragen und eine Auflistung erstellt, die von „Karl der Große (*748; †814)" über „Karlmann, Pippin König von Italien (*777; †810)" in insgesamt 40 Schritten zu Laschet und seinen Brüdern führt. Auf zahlreichen Fotos von Empfängen in der Staatskanzlei oder auch in diversen *Social Media*-Filmchen, in denen sich Laschet als Ministerpräsident staatsmännisch an die Öffentlichkeit wendet, wacht im Hintergrund immer die goldene Karl-Büste. Neben den Flaggen Europas, Deutschlands und Nordrhein-Westfalens bildet sie Laschets liebste Kulisse.

Bei allem Sinn für solche kaiserlichen Momente bleibt Laschet jedoch bis heute greifbar. Fast alle Gesprächspartner aus unterschiedlichsten Lebensabschnitten versichern, dass Laschet trotz aller Ämter und Pflichten leicht zu erreichen sei. Meist reicht eine SMS. Die Antwort braucht oft nur ein paar Stunden. Laschet kümmert sich. Verlässlich. Auch wenn er später als Ministerpräsident mal klagen wird: „Mich rufen heute weniger Menschen an als früher. Keiner glaubt mehr, dass ich Zeit habe, ans Telefon zu gehen. Das stimmt auch. SMS lese ich natürlich."

Laschet pflegt sein Aachener Netzwerk. „Wir reden hier von einem Mann, der in der Stadtgesellschaft jeden kennt", sagt auch SPD-Politiker Karl Schultheis, der ehemalige Pius-Schüler, der zeitgleich mit Laschet im Stadtrat saß und in Aachen mal für das Amt des Oberbürgermeisters kandidiert hat: „Von Anfang an war es Laschet wichtig, ein Netzwerk zu spannen: zu den Medien, in alle Kreise." Peter Pappert etwa ist als führender Politik-Journalist in Aachen der Familie Laschet in jahrzehntelanger Freundschaft und als Patenonkel verbunden. Es wirkt alles sehr verwoben. Auch Jürgen Linden, Aachens langjähriger SPD-Oberbürgermeister, konzediert viel Lokalkolorit: „Er ist mit Leib und Seele Aachener, wobei er selbst sagen wird: Ich bin Burtscheider."

Linden kann aus dem Stegreif einige kommunale Projekte aufzählen, in denen sich Laschet – auf welcher politischen Ebene auch immer er gerade war – eingebracht hat. Sein glänzendes Netzwerk in der Stadt ist das Ergebnis jahrzehntelanger Arbeit. Er baut es früh auf und aus. Schon als 19-jähriger Schüler wird Laschet ausgewählt, um im Bundestagswahlkampf auf dem Aachener Katschhof hinter dem Dom aufzutreten. Ein Erstwähler soll dort zusammen mit dem späteren Bundeskanzler Kohl im Wahlkampf reden, um junge Menschen zum Urnengang zu animieren. Laschet löst die Aufgabe mit Bravour. Vollkommen angstfrei und souverän sei er gewesen, erinnert sich Bernd Vincken, der heutige Geschäftsführer der *Stiftung Karlspreis*, der damals dabei war: „Beeindruckend.“

Im Hintergrund hat Jost Pfeiffer, damals die graue Eminenz der Aachener CDU, dafür gesorgt, dass ausgerechnet Laschet diesen Erstwähler-Auftritt neben Kohl bekommt. Pfeiffers Vater Kurt ist Mitbegründer des *Internationalen Karlspreises*. In Aachen hängt irgendwie alles mit allem zusammen. Fast 40 Jahre später wird Laschet ziemlich überraschend die parteilose Isabel Pfeiffer-Poensgen als Wissenschafts- und Kulturministerin in sein Kabinett berufen. Als Verwaltungsbeamtin hat sich die Tochter des Aachener CDU-Urgesteins Jost Pfeiffer einen Namen gemacht, zuletzt als Generalsekretärin der *Kulturstiftung der Länder*. Politisch ist sie kaum in Erscheinung getreten. Laschet liebt solche Überraschungsmomente, Personalien mit Signalwirkung. Es sind solche Verbindungen, die Laschet bis heute pflegt und die ihm oft helfen.

Im Mai 2019 fährt Laschet hupend durch das Werk 1 des Elektroauto-Start-ups *e.Go Mobile AG* im Aachener Stadtteil Rothe Erde. Die Mitarbeiter stehen Spalier und klatschen. Kurz zuvor hat er, der Ministerpräsident, als erster Privatkunde den Schlüssel für den neu entwickelten *e.Go Life* erhalten. Die Zukunft der Mobilität im Autoland Deutschland ist eines der Megathemen der kommenden Jahre, da passt es gut, dass dies direkt vor Laschets Haustür geschieht und Unternehmensgründer Günther Schuh, ein Professor an der *RWTH Aachen*, sein Duz-Freund ist. Er erhält sogar eine persönliche Widmung auf dem Auto: Der Name *Konrad* ist auf Laschets *e.Go* zu lesen, eine Anspielung auf Konrad Adenauer, den ersten Bundeskanzler der Republik und bislang einzigen aus NRW. Laschet besingt in diesen Tagen andauernd das neue Zeitalter der E-Mobilität und die Innovationskraft Schuhs. Als die ersten Kinderkrankheiten des Modells dafür sorgen, dass Laschet nicht einmal einen kleinen Hügel hochfahren kann, ruft er entgeistert den Konstrukteur persönlich an. Man kennt sich halt. Es ist ein ganz eigener *Öcher* Klüngel.

Zusammen mit Schuh sitzt Laschet im 1930 gegründeten *Rotary Club Aachen*. Neben Hochschullehrern und Medizinern sind dort auch Leute wie Bernd Mathieu, jahrzehntelang Chefredakteur der *Aachener Zeitung*, oder Franz Zentis, Mitinhaber der Marmeladenfabrik *Zentis*, Mitglieder. Laschet bewegt sich in schlafwandlerischer Sicherheit in den Aachener Entscheidungszirkeln. Er hat sich als Vorsitzender der *Europäischen Stiftung Aachener Dom* Verdienste erworben und ist seit Jahren Mitglied des Direktoriums der Verleihung des *Internationalen Karlspreises zu Aachen*. „Wenn wir da einmal einen Türöffner brauchen, ist Laschet für mich immer erreichbar", lobt Geschäftsführer Vincken den kurzen Draht. Die Liste von Laschets Mitgliedschaften – da ist er ganz Berufspolitiker – ist ohnehin seitenlang und spiegelt seine politische Laufbahn wider: Neben parteipolitischen Stationen (*Konrad-Adenauer-Stiftung e.V.*, Bonn) zeigen sich seine außenpolitische Zeit (*Europäische Akademie der Wissenschaft und Künste*, Salzburg; *Atlantik-Brücke e.V.*, Berlin), die Jahre als Integrations- und Familienminister (*Türkisch Deutsche Studierenden und Akademiker Plattform e.V.*; *HERAUSFORDERUNG ZUKUNFT*, Bochum), als Ministerpräsident (*Alfried Krupp von Bohlen und Halbach-Stiftung*, Essen; *Kunststiftung NRW*, Düsseldorf; *RAG-Stiftung*, Essen). Aber eben auch die Aachener Jahre: Sein langjähriges Engagement im *Aachener Karnevalsverein* dürfte bei der historischen Ordensverleihung sicherlich nicht kontraproduktiv gewesen sein. Durch seine Tätigkeit für den *Karlspreis* erhält Laschet einmal im Jahr Begegnungen und Fotos mit herausragenden europäischen Persönlichkeiten – und ist regelmäßig bei dem Ereignis der Aachener Stadtgesellschaft dabei.

Bei aller Verbundenheit hat Laschet immer darauf geachtet, dass sich sein politisches Wirken nicht im kleinen Aachen erschöpft. Er wollte immer höher hinaus. Die konkrete Aussicht, im Jahr 2008 Oberbürgermeister seiner Heimatstadt zu werden, lässt er nicht nur einfach verstreichen, sondern arbeitet aktiv daran, dass dieser Kelch an ihm vorübergeht. „Ich glaube, dass seine politischen Karriere-Planungen von Anfang an über Aachen hinaus-gingen", beschreibt es Alt-Oberbürgermeister Linden, um dessen Stuhl es damals ging. Überspitzt formuliert: Die Aussicht, sich tagtäglich mit einer selbstbewussten Verwaltung herumzuschlagen, um einmal im Jahr beim *Karlspreis* kurz die große europäische Bühne zu betreten, schreckt Laschet ab. Er weiß: Ließe er sich zum Oberbürgermeister seiner Heimatstadt wäh-len, verspräche dies zwar ein für politische Verhältnisse recht sicheres Amt. Er manövrierte sich aber zugleich in eine Sackgasse. Stattdessen sorgt er als Aachener CDU-Parteichef 2009 dafür, dass mit Marcel Philipp als Ober-bürgermeister eine fast 20-jährige SPD-Regentschaft im Aachener Rathaus beendet wird. Begonnen hatte sie 1989, an Laschets erstem Tag als Ratsherr.

Laschets politische Bilanz in Aachen ergibt ein ambivalentes Bild. Als jun-ger Mann schafft er es aus Burtscheid recht souverän in den Stadtrat, doch bleibt bemerkenswert, dass die Wahlergebnisse des Lokalpatrioten Laschet später in seiner Heimat oft mäßig sind. Als CDU-Politiker verliert er im Jahr 1998 das Bundestagsmandat im „Wahlkreis Karls des Großen", der in der Nachkriegszeit nur ein einziges Mal bisher an die SPD ging. Auch bei der Landtagswahl gut 20 Jahre später, in die Laschet als Spitzenkandidat rein- und als Ministerpräsident rausgehen wird, gewinnt er sein Direkt-mandat nur knapp mit wenigen hundert Stimmen Vorsprung. Die erlö-sende Nachricht kommt erst am Abend, unmittelbar vor einer Live-Schalte ins *ZDF-heute journal*, so dass Laschet die Frage nach seinem eigenen Wahl-kreis locker parieren kann. Dabei ist eine nordrhein-westfälische Besonder-heit besonders brisant: Ohne Sitz im Parlament kann niemand zum Minis-terpräsidenten gewählt werden. Im Hintergrund, so berichtet es *Die Welt* später, kursiert da schon ein Geheimplan: Ein gewählter CDU-Kandidat hätte für den Spitzenkandidaten Laschet als ersten Listen-Nachrücker sein Landtagsmandat aufgeben sollen und wäre dafür im Gegenzug mit einem Minister- oder Staatssekretärs-Posten belohnt worden. Das zeigt: Laschet ist sich seiner wackligen Wählerbasis in Aachen durchaus bewusst. „Das mag daran liegen, dass wir ihn kennen", sagt der parteipolitische Konkur-rent Schultheis bissig. Er sieht wohl als Grund für Laschets geringen Rück-halt an der lokalen Wählerbasis: Viel Wirbel, wenig Ertrag. Details nennt Schultheis nicht.

Karl Niederau gehört offenbar zu den wenigen Menschen in Nord-rhein-Westfalen, die 2017 nicht von der Wahl Armin Laschets zum neuen Ministerpräsidenten überrascht werden. Niederaus Bruder, ein Baudezernent im wertkonservativen Münsterland, habe während des Wahlkampfes immer gefragt: „Was willst du denn bloß mit diesem Laschet?" Doch er glaubt damals fest an den CDU-Spitzenkandidaten, denn er kennt ihn noch als Schüler. Niederau ist promovierter Oberstudienrat und schon lange pensioniert. Er hat Laschet 1981 zum Abitur geführt, das der Junge mit einem Notenschnitt von 2,4 besteht. Stolz zeigt Niederau ein Foto, das er 2017 seinem ehemaligen Schüler geschickt hat: Der Lehrer posiert darauf im Anzug und mit gerecktem Daumen vor einem von Laschets Wahlplakaten.

Es ist Frühjahr 2020. Niederau steht auf Socken in seiner Küche und fragt: „Tee oder Kaffee?" Im Flur seines Aachener Reihenhauses hängt gerahmt und für jeden Besucher gut sichtbar Laschets Danksagung für das damalige Foto. „Das war eine ganz besondere Freude – Ihr Glückwunsch und das Bild mit Wahlplakat", schreibt Laschet da in schwarzer Schreibschrift auf Ministerpräsidenten-Briefpapier an Niederau, der „unverändert aussieht". Und weiter: „Gerne denke ich an den Geschichtsunterricht zurück, auch wenn er schon 35 Jahre zurückliegt. Viel habe ich bei Ihnen gelernt, was mir auch noch heute hilft. Und vor allem haben Sie bei uns Interesse an Geschichte geweckt – das prägt mich bis heute."

Geschichte ist nicht nur in der Schule Laschets Lieblingsfach. Das Interesse hilft ihm in seinem Politiker-Leben, historische Bezüge herstellen und Entwicklungen ableiten zu können. Wer den Ursprungskonflikt und gewachsene Sensibilitäten kennt, findet in der Gegenwart leichter Lösungen, davon ist er überzeugt. Auch Laschets Jugendfreund Walz kennt diese Seite Laschets: „Das ist eine seiner herausragenden Qualitäten", sagt Walz, „Armin weiß immer, wer mit wem verbandelt ist, hat die Geschichten und gesamtgesellschaftlichen Zusammenhänge unheimlich präsent." Wenn er eine Festrede zu *40 Jahre Weltkulturerbe Aachener Dom* halten muss, fängt er nicht bei null an. Wer mit ihm Anfang 2020 nach Israel reist und ein Briefing zur innenpolitischen Lage im gelobten Land, zum Stand des Nahost-Konflikts oder zur Historie des berühmten *King-David-Hotels* in Jerusalem braucht, findet in ihm einen kundigen Gesprächspartner. Als die *Rheinische Post* einmal die Geschichtskenntnisse des Ministerpräsidenten in einem Interview spontan mit fünf Fragen antesten will, pariert Laschet gekonnt:

Wann war die Schlacht von Issos?
Laschet: 3-3-3

Genau, 3-3-3, bei Issos Keilerei, vor Christus. Wann war der Dreißigjährige Krieg, wenigstens so ungefähr?
Laschet: 1618 bis 1648.

Sehr gut. Wann wurde Napoleon geboren?
Laschet: Das weiß ich nicht.

Ungefähr?
Laschet (überlegt): Um 1760.

Nah dran, es war 1769. Wann endete der Erste Weltkrieg?
Laschet: 1918, am 11. November.

Genau. Seit wann gibt es NRW?
Laschet: Seit dem 23. August 1946.

Er habe Glück gehabt mit den Fragen, wiegelt Laschet später ab. Wenn es um Geschichtsunterricht geht, ist er konservativ. „Ich finde schon, dass man wichtige Jahreszahlen und bedeutsame geschichtliche Wegmarken kennen sollte, weil man dadurch auch die Zeiträume erfassen und einordnen kann", sagt er. „Das Bewusstsein für Geschichte prägt das Verständnis der Gegenwart. Das merken wir gerade jetzt, wenn Demokratie gefährdet wird."

An einem lauen Frühjahrsabend 2020 sitzt Laschet auf der Dach-Terrasse des frisch eingeweihten NRW-Büros in Tel Aviv. Als die Sprache auf Menschen kommt, die ihn geprägt hätten und über seinen Lebensweg gut Auskunft geben könnten, reißt der Ministerpräsident ein Stück Papier vom „Reserviert"-Schild auf seinem Tisch ab. Er kritzelt als erstes einen Namen darauf: Karl Niederau. „Ich hatte einen Lehrer, der größere geschichtliche Zusammenhänge vermitteln konnte", sagt er.

Insgesamt 34 Jahre lang hat Niederau Geschichte und Latein unterrichtet. Seit zehn Jahren ist er nun im Ruhestand. An den Wänden seines Wohnzimmers hängen Familien-Fotos, vor ihm stehen Boxen mit Unterlagen: „Das war schon ein toller Kurs damals", erinnert er sich an Laschets Schulzeit. Fünf Stunden die Woche, zwei Jahre lang, wenig Frontal-Unterricht, sondern offene Diskussion, „alle hoch motiviert, aber auch politisiert". Für die Zeit Anfang der 80er Jahre durchaus ungewöhnlich: Etwa 15 Schüler seien es gewesen, davon „mindestens sieben oder acht in der *Jungen Union* und einer bei den *Falken*". In jedem Samstagsunterricht sei dieser eine *Falken*-Schüler zu spät gekommen und jedes Mal hätten die Unionsvertreter dann „gelacht und ihre politischen Witze gemacht". Niederau löst solche Konflikte mit Humor: „Ich habe dann immer gesagt: ‚Komm, setz dich hier unter den roten Vorhang, dann bist du geschützt.'"

So muss die Atmosphäre damals in Laschets Geschichtskurs gewesen sein: hart, aber herzlich – und ambitioniert. Laschet macht auf sich aufmerksam. Eines Tages, daran erinnert sich Niederau genau, habe ihn ein Schüler ganz unvermittelt nach Laschet gefragt: „Herr Niederau, kommt der mal in den Bundestag?" Seine Antwort: „Ja, ich glaube ja." Er macht eine Pause: „Das weiß ich bis heute." Laschet sei einfach behutsam, tastend gewesen – aber wenn er eine Meinung vertreten habe, dann sei diese immer dezidiert und präzise gewesen: „Er ist auf jeden Fall durch seine Argumentation aufgefallen", sagt Niederau, „und er war fleißig." Wenn er denn wollte: Laschet habe Politik, Geschichte und „in zweiter Linie vielleicht Englisch interessiert", sagt Niederau, „die anderen Fächer weniger. Und auf keinen Fall mein Hauptfach Latein." Er schmunzelt. „Geschichte ist eben eine Leidenschaft", sagt Niederau, „davon hat der Armin was." Fast alle aus diesem Kurs hätten später Karriere gemacht: Politiker, Professoren, Beamte bei der EU-Kommission. „Ich meine, es wären sieben Einsen im Abitur gewesen", erinnert sich Niederau, „und Armin hatte eine davon." Die Klausurthemen hat er noch aufgehoben: Er kramt in den Unterlagen vor sich auf dem Tisch, findet das Aufgabenblatt von damals: „Abiturprüfung 1981 – Geschichte Leistungskurs/Niederau", ist mit der Schreibmaschine da eingefügt, darunter stehen die Themen zur Auswahl:

– Thema A: Bismarcks Bündnispolitik
– Thema B: Die nationalsozialistische Machtergreifung
– Thema C: Hitlers außenpolitisches Programm

„Laschet hat das Sieger-Thema gewählt: B", erinnert sich Niederau. Er zieht drei vergilbte Blätter aus einer Klarsichthülle. Darauf ein Schreibmaschinen-Text, in dem mit blauem Kugelschreiber Korrekturen vermerkt sind. Ganz ungewöhnliche Klausuren hat Niederau gesammelt, weil er ab und an Musteraufgaben in Buchform veröffentlichen konnte: „Klausurentraining Geschichte" erschien seinerzeit im *Cornelsen-Verlag*.

Niederau hat Jahre später einmal Laschet die Abitur-Klausur zukommen lassen. Entweder direkt oder über Laschets Sohn Johannes, den er ebenfalls unterrichtete, das weiß er nicht mehr: „Da war er natürlich platt." Auch nach der Schulzeit treffen sich Laschet und sein ehemaliger Lehrer ab und an noch einmal: in Bonn, wo Laschet später studiert, und bei einem Kongress der Studenten-Verbindung in Aachen, wo Laschet als Festredner auftritt, oder eben als Vater seines Schülers. Als es bei Johannes Laschet einmal nicht so lief, habe Niederau den Junior zur Seite genommen und gefragt: „Kannst du nicht mal mit deinem Vater üben oder sprechen? Der weiß doch, wie man so eine Arbeit strukturiert." Die nächste Arbeit sei gut gewesen.

Vor allem der Weg in den Nationalsozialismus habe den Schüler Laschet interessiert, erklärt Niederau. „Die Belastung durch Weimar, Hitler ante portas, das hat ihn sehr bewegt", erinnert sich Niederau und zeigt noch einmal auf die Abitur-Klausur zum Thema Machtergreifung vor ihm auf dem Tisch, „diese linkischen Manöver, bis der Hindenburg übernommen hat; dieser Papen, der ja hier beim Reitturnier gelegentlich seine Besuche machte; der Herr Reichskanzler a.D. Das hat ihn wohl interessiert und bis heute geprägt."

Niederaus Erinnerungen bekommen an diesem regnerischen Freitagvormittag Anfang März 2020 plötzlich einen ganz aktuellen Bezugspunkt. Einige Wochen zuvor hat sich nach monatelanger Hängepartie seit der Landtagswahl in Thüringen noch ein anderer ehemaliger Schüler von ihm zum Ministerpräsidenten wählen lassen: Thomas Kemmerich. Die Wahl des FDP-Politikers, der nach dem Abitur am Pius-Gymnasium als Unternehmer nach Ostdeutschland gegangen ist und dort politische Karriere

machte, hat ein bundesweites Beben ausgelöst. Kemmerich wird als Fraktionschef der kleinsten Partei im Thüringer Landtag im dritten Wahlgang
mit den Stimmen der rechtspopulistischen AfD von Björn Höcke ins Amt
gewählt. Ein Tabubruch. Das mediale Echo ist verheerend: „Verantwor-
tungslos", nennt es die *Süddeutsche Zeitung*, einen „historischen Einschnitt"
sieht die *Frankfurter Rundschau*, von einer „politische Schande" schreibt
Der Spiegel. Erstmals ist in Deutschland ein Ministerpräsident mit den
Stimmen von Rechtspopulisten gewählt.

Es ist eine fast ironische Verkettung: Kemmerichs Wahl bringt auch die
CDU unter Druck und treibt die Parteivorsitzende Kramp-Karrenbauer in
eine Rücktrittsankündigung. Dadurch richten sich viele Augen auf Laschet,
Kemmerichs ehemaligen Mitschüler. Der Fehltritt erzeugt Thermik für den
Aufstieg des anderen. Die Welt in Aachen ist klein. Oberstudienrat Niederau geht es nicht um solche parteipolitischen Fragen. Das große Wort,
das unsichtbar in seinem Wohnzimmer steht, lautet: Haltung. Wie kann
sich jemand, der durch seine pädagogischen Hände gegangen ist wie ein
Thomas Kemmerich, von einem Höcke als Steigbügelhalter ins Amt hieven lassen? „Es gab da einen Artikel in der *Süddeutschen Zeitung*", sagt Niederau, „soll ich Ihnen den mal zeigen?" Er steht auf, geht ins Obergeschoss,
holt aus einem weiteren Karton eine Zeitungsseite hervor: „Die Eintags-
fliege", lautet die Überschrift eines umfangreichen Textes auf der berühmten *Seite 3*. Es ist eine Rekonstruktion der Ereignisse von Erfurt, in der auch
Niederau zitiert wird. Sein Finger fährt die Zeilen entlang: „Da." Er räuspert
sich und beginnt den Absatz vorzulesen:

„Der Satz, mit dem der Weg von Thomas Kemmerich in die Staatskanzlei beginnt, fällt im Geschichtsunterricht. Kemmerich ist 15 Jahre alt, als
es in der Schule um Hitler geht, um den Faschismus, den Holocaust. Es
kommt die Frage auf, wie eine Wiederkehr solchen Unheils zu verhindern
sei, und Kemmerichs Lehrer sagt: ‚Man muss mitmachen.' Er sagt, wer solches Unheil verhindern will, der muss an Wahlen teilnehmen, der muss in
die Parteien gehen, der muss sich einbringen. Also beginnt Thomas Kemmerich, sich für Politik zu interessieren. Er beginnt mitzumachen. So erinnert sich Kemmerich im Oktober bei einem Telefonat einen Tag vor der
Landtagswahl in Thüringen. Er sagt, dass auf diesem Satz des Geschichts-
lehrers sein politisches Engagement beruhe."

Niederau blickt auf: „Das hat mir wirklich was am körperlichen Befinden getan." Er, der engagierte Geschichtslehrer, wird indirekt zu einem Mitinitiator eines rechtspopulistischen Erfolgsmoments erklärt? Zum Ausgangspunkt eines bundesrepublikanischen Tabubruchs? Er schüttelt den Kopf, blickt wieder auf die Zeitung: „Ich weiß nicht, was ihn da geritten hat", murmelt er. Schlecht möchte er nicht über seinen ehemaligen Schüler sprechen: „Grundsympathisch, ehrlich, alles Drum und Dran. Gegen jeden Verdacht erhaben." Aber: „Das hätte er wissen müssen." Kemmerich sei bei der Ministerpräsidenten-Wahl im Landtag überrumpelt worden, lautet mittlerweile Niederaus Erklärung. Sein Blick ruht auf dem Zeitungsartikel: „Der wusste selber nicht, wie er dazu gekommen war. Was er da tat."

Niederau blickt erneut auf: „Armin ist da anders, er hat einen ganz feinen Riecher. Sein in sich ruhender Grundcharakter, der verhindert solche Schnellschüsse", sagt er, „der Kemmerich hat da einen Schnellschuss gemacht: Das war Vabanque." Der ehemalige Geschichtslehrer ist sich sicher: „Das wäre dem Armin nicht passiert, weil der genau weiß: Spiel nicht mit den Schmuddelkindern. Das hat was mit Instinkt zu tun." Er legt den Artikel zurück in die Box: „Mehr weiß ich nicht." Niederau lächelt – und weist den Weg zur Tür.

Mit dem Abitur 1981 endet für Laschet ein Lebensabschnitt. Während seine Schulfreunde zum Wehr- oder Zivildienst einberufen werden, stellt ihn das Kreiswehrersatzamt zurück: *Morbus Scheuermann*, auch Scheuermann-Krankheit genannt. Eine Wachstumsstörung der jugendlichen Wirbelsäule, welche zu einer schmerzhaften Fehlhaltung führen kann. „T4" lautet die Eingruppierung. Temporär wird die Einberufung immer wieder zurückgestellt. Durch die frühe Hochzeit 1985 ist Laschet dann endgültig einer Verpflichtung entkommen. Er wäre zur Bundeswehr gegangen, anstatt Zivildienst zu machen. Die gewonnene Zeit nimmt er jedoch gerne und bewirbt sich um einen Jura-Studienplatz. Eine flüchtige Jugendidee, Priester zu werden, verwirft Laschet früh wieder. Zwischenzeitlich überlegt er ernsthaft, Lehrer zu werden. Eine Rechts-AG in Klasse zwölf, die ein Oberstaatsanwalt für Freiwillige anbietet, dreht den Berufswunsch schließlich: „Das fand ich so spannend und interessant, dass ich gesagt habe: Ich studiere Jura." Wie alle in seiner Generation schickt Laschet seine Wünsche nach Dortmund, an die *ZVS*, die *Zentrale Vergabestelle für Studienplätze*. Bis zum Jahr 2005, in dem die Universitäten anfangen, viele ihrer Studienplätze selbst zu vergeben, gilt die *ZVS* als eine Art Hochschul-Lotterie. Generationen von Studenten haben über sie geschimpft, gelacht – und auch geklagt. Denn: Die Auswahl des Studienorts hängt mitunter vom Losglück ab. Laschet aber hat einen Plan: Er will in Aachen wohnen bleiben – nicht zuletzt wegen der Kosten – und in Bonn studieren. Das politische Milieu der Hauptstadt reizt ihn. Daher kreuzt er an erster Stelle Bonn an, gefolgt von Köln und Münster. Auf Platz vier notiert er München. Er ist guter Dinge. Wochen später ist ein Brief in der Post, der Laschet die bayerische Landeshauptstadt als Studienort zuweist. Es ist die *ZVS*, die dafür sorgt, dass Laschet aus Aachen herauskommt. Noch Jahrzehnte später erinnert er sich an diesen Moment: „Hätte ich damals statt Bonn Köln bei der ZVS angekreuzt, dann hätte ich das aufgrund der Wohnort-Nähe zu Aachen auch bekommen." Stattdessen nun München. Es ist für die Familie eine finanzielle Belastung, zumal absehbar ist, dass in den nächsten Jahren auch die jüngeren Brüder studieren wollen. Zudem: Das erste Kind, das auszieht, studiert gleich in der Ferne. „Das war", erinnert sich Laschet, „vor allem für meine Mutter ein Schock." Familie ist im Hause Laschet das höchste Gut.

Der Familienmensch

Nestwärme und karrierebewusster Clan

Seit Jahrzehnten ist es ein Pflichttermin für nordrhein-westfälische Ministerpräsidenten: die Grubenfahrt. Die Archive sind gut gefüllt mit Fotos, die Johannes Rau oder Hannelore Kraft und letztendlich noch jeden Regierungschef in Steigerkluft zeigen. Kohlestaub im Gesicht, Grubenlampe auf dem Helm: „Glück auf!" Armin Laschet ist der letzte Ministerpräsident an Rhein und Ruhr, der an diesem sonnigen Septembermorgen 2019 unter Tage fahren wird. Drei Monate später schließt die letzte deutsche Steinkohlen-Zeche *Prosper Haniel* in Bottrop. Bei der Abschiedsfeier zum Jahresende wird Laschet neben Bundespräsident Frank-Walter Steinmeier stehen, dem traurige Kumpel symbolisch das letzte Stück Kohle überreichen. Schicht im Schacht. Nach über 200 Jahren.

Es sind hochemotionale Tage im Ruhrgebiet. Das Interesse an Laschets letzter Grubenfahrt im September ist entsprechend groß. „Mit dem Abschied von der Steinkohle geht eine industrielle Ära zu Ende, die das Land zwischen Rhein und Weser tief geprägt hat", sagt Laschet in viele Mikrofone. Er habe noch einmal selbst „vor Kohle" gehen wollen, um den Einsatz von Hunderttausenden Bergleuten für Wohlstand und Fortschritt Nordrhein-Westfalens zu würdigen, gibt Laschet zu verstehen. Es ist ein besonderer Termin. In anderthalb Minuten auf die siebte Hauptsohle in 1200 Meter Tiefe, dann zu Fuß und mit der *Dieselkatze*, einer kleinen Bahn, bei 30 Grad Lufttemperatur bis zum Flöz.

Laschet will in Bottrop auch ein Zeichen des gesellschaftlichen Zusammenhalts setzen. Er sei gekommen, um den Gastarbeitern und ihren Nachfahren „für den Beitrag zum Wirtschaftswunder zu danken", sagt er. Kurz zuvor hat CSU-Bundesinnenminister Horst Seehofer die Republik mit der Bemerkung aufgeschreckt, Migration sei „die Mutter aller Probleme". Laschet kann sich über solche Zündeleien aufregen, behauptet aber auf *Prosper Haniel*, er denke „1200 Meter unter der Erde nicht an Horst Seehofer". Während in der Union noch immer mit der Flüchtlingspolitik der Kanzlerin gehadert wird, empfindet Laschet Gerede wie das von Seehofer als

Verrat an der Lebensleistung gerade der Kohlekumpel. „Ich glaube, dass die Religion hier unter Tage in diesen schwierigen Zeiten keine Rolle gespielt hat", sagt er.

Laschet erinnert energisch daran, dass Deutschland die Arbeitskräfte einst mit Werbekolonnen nach Deutschland gelockt habe: „Die haben gesagt: ‚Kommt zu uns. Duisburg ist schöner als Florenz. Hier unter der Erde ist es besonders schön. Hier könnt ihr Geld verdienen.' Also man hat Argumente gefunden, jemand aus der Heimat herauszuholen, um hier für ihre Familien Geld zu verdienen." Laschet bekundet auf seine Weise Respekt. Bei der Grubenfahrt lässt er sich von Kumpeln mit Migrationshintergrund begleiten. Auch der Vater seiner türkischstämmigen Integrationsstaatssekretärin Serap Güler ist dabei. Er kam 1963 als Gastarbeiter aus Anatolien ins Ruhrgebiet und schuftete auf Zeche *Auguste Victoria* in Marl. Der Rentner ist körperlich so angeschlagen, dass er auf Sohle sieben von zwei Bergleuten gestützt werden muss. „Die Tugenden und den Zusammenhalt der Bergleute müssen wir bewahren", fordert Laschet.

Mit seinen Worten trifft der Ministerpräsident bei Leuten wie Abdelali Zalmate einen Nerv. Dessen Vater wurde 1964 aus Marokko für den Bergbau angeworben. Er selbst kam in Deutschland zur Welt, lernte Maschinenschlosser und ging gegen den Willen des Vaters ebenfalls auf den „Pütt". 28 Jahre und vier Zechen hat er nun hinter sich. Jetzt bleibt der Vorruhestand. Mit 47 Jahren. „Als Gastarbeiter", sagt er, „habe ich mich hier nie gefühlt."

Für Laschet ist die Grubenfahrt zugleich eine Reise in die eigene Familiengeschichte. „Der Bergbau hat unsere Familie geprägt wie Millionen andere im Ruhrgebiet auch", sagt er. In der langen Geschichte des Kohle-Lands Nordrhein-Westfalen ist es ausgerechnet der Rheinländer mit CDU-Parteibuch, der – als zweiter Ministerpräsident nach dem SPD-Mann Fritz Steinhoff – einen direkten Bezug zum Bergbau hat. Steinhoff, von 1956 bis 1958 für kurze Zeit dritter Ministerpräsident Nordrhein-Westfalens, wurde in eine Bergarbeiterfamilie geboren, arbeitete später selbst unter Tage. Genauso wie Laschets Vater Heinrich, den alle nur Heinz nennen.

Laschet senior, der zu diesem Zeitpunkt bereits 84 ist, begleitet die Bottroper Grubenfahrt seines Sohnes. In Bergsteigerkluft steht er da und sagt im Aachener Tonfall: „Wer einmal Bergmann war, der bleibt es sein ganzes Leben." Die umstehenden Kumpel applaudieren. Laschets Vater war bis 1968 Steiger auf Zeche *Anna I* in Alsdorf. Er kennt die Arbeit unter Tage, den Geruch einer Grube, die Bezeichnung der einzelnen Gewerke und Maschinen, mit denen er dem Sohn bei diesem Termin aushelfen kann. Ob er so eine Grubenfahrt noch durchhalte, hatte Armin Laschet den Vater vorher gefragt. Nach drei Stunden und mehreren Kilometern Wegstrecke auf Sohle sieben gibt Heinz Laschet noch Interviews. Er sagt, dass es ihn „traurig stimmt, dass diese Technik zu Ende geht".

Für Laschets Vater war schon vor Jahrzehnten Schluss. Als sogenanntes *Mikätzchen* ließ er sich in einem speziellen Aushilfsprogramm zum Lehrer weiterbilden und schaffte den Aufstieg zum Grundschulrektor. Benannt wurden Umschüler wie er nach dem damaligen nordrhein-westfälischen CDU-Kultusminister Paul Mikat, der in den 60er Jahren Praktiker ohne Studienabschluss in die Grundschulen holte. „Die harte körperliche Arbeit, die hohen Gesundheitsrisiken und der Beginn der Kohlekrise ermutigten ihn, nachts zu arbeiten und tagsüber das Seminar zu besuchen, um Lehrer zu werden", sagt Armin Laschet. Das Beispiel des Vaters soll auch 2019 noch zeigen: Es gibt ein Leben nach dem Bergbau.

Laschet nutzt die Öffentlichkeit seiner Grubenfahrt zur Hommage an den Vater. Dieser habe ihm mit seiner Lebensleistung gezeigt, „dass sich Arbeit lohnt und dass Aufstieg möglich ist", sagt er voller Pathos. Der Bergbau ist für Armin Laschet ein Ort der Tugenden, die von Generation zu Generation weitergereicht werden sollen. Er spürt eine familiäre Bindung zum Kumpel-Milieu. Schon Jahrzehnte zuvor hat er bei einer Grubenfahrt mit der *Jungen Union* seinen Vater mitgenommen. Dass sie einmal gemeinsam in Bottrop hier unten in der Tiefe dieses Kapitel deutscher Industriegeschichte beschließen würden, schien damals undenkbar. Als Ende 2019 dann wirklich Schicht im Schacht ist, fließen während der Feierlichkeiten bei Armin Laschet Tränen.

Ist Laschet nun Arbeiterkind oder Lehrer-Sohn? Wie der Ministerpräsident auf seine Biografie blickt, offenbart im Herbst 2019 ein denkwürdiges Doppel-Interview mit SPD-Altkanzler Schröder. Die *Rheinische Post* hat die beiden Politiker im Düsseldorfer Rhein-Turm zusammengespannt. Bereits das Ambiente ist ein Statement. Schröder und Laschet scherzen in 170 Meter

Höhe. Unter ihnen liegt die Landeshauptstadt. Landtag und Staatskanzlei erscheinen von dort oben im Spielzeug-Format. Ausgerechnet der Genosse Schröder hat ein Jahr zuvor in einem *Stern*-Interview als Erster Laschet Kanzlerformat bescheinigt. „Er hat enge Kontakte in die Wirtschaft. Daneben aber betont er auch die soziale Frage", adelt Schröder damals den CDU-Mann. Nun treffen sich der Altkanzler und der Vielleicht-Kanzler in Düsseldorf persönlich. Der Chefredakteur der *Rheinischen Post*, Michael Bröcker, hat monatelang um diese Konstellation gekämpft. Schröder ist als Erster zum Doppel-Interview bereit, gibt aber als alter Instinktpolitiker gleich zu bedenken, dass er Laschet damit eigentlich keinen Gefallen tun würde. Bröcker, der wenige Wochen später zur neugegründeten Firma *Media Pioneer* des ehemaligen *Handelsblatt*-Herausgebers Gabor Steingart wechselt, kann am Ende aber auch Laschet von diesem ungewöhnlichen Setting überzeugen. In der CDU wird später die Nase darüber gerümpft, wie plump sich Laschet auf Kanzler-Flughöhe zu bringen versucht. Schröder verwettet in dem Interview hemdsärmelig ein Abendessen inklusive einer guten Flasche Wein darauf, dass die Union Laschet zum Kanzlerkandidaten küren werde. Laschet wehrt die Lobhudelei allenfalls kokett ab. Ein Affront gegenüber der amtierenden Parteivorsitzenden Kramp-Karrenbauer.

Interessant wird das Interview, als Bröcker seine Gesprächspartner nach biografischen Parallelen suchen lässt. Schröder schmückt noch einmal seine oft erzählte Aufsteiger-Geschichte aus, mit allen Härten und Tiefen. Wie er abends, nachdem er tagsüber im Eisenwaren-Handel gearbeitet hat, noch zweieinhalb Stunden für die Mittlere Reife lernte. Wie er über den zweiten Bildungsweg das Abitur schaffte und dann studierte. „In den Semesterferien habe ich als Handlanger auf dem Bau gearbeitet, wenn Sie noch wissen, was das ist", erzählt der Altkanzler. „Ich habe den Vogel getragen. Das war das Gerät, in dem der Mörtel drin ist, den man in die Tonne beim Maurer kippen musste."

Dann richtet sich der Blick auf Laschet. „Herr Ministerpräsident, war Ihr erster Job auch so hart?" Eine politisch arg undankbare Situation. Gegen den steinigen Aufstieg Schröders dürften viele politische Lebenswege als gemütliche Gondelfahrt an die Spitze gesehen werden. Der behütet aufgewachsene und liebevoll geförderte Laschet hat nie „den Vogel" getragen. Er antwortet: „Nein, nicht körperlich. Ich war der Erste in der Familie, der nach der Schule studieren konnte. Das war in unserer Familie etwas Besonderes und der Weg entsprechend auch mal steinig", erzählt er. „Mein Vater war ein so genanntes *Mikätzchen*, der vom Steiger aus dem Bergbau als Quereinsteiger in den Lehrerberuf wechseln konnte." Auch Schröder merkt auf: „Das ist bekannt, das war nach dem Minister Mikat benannt, oder?" Es entsteht ein Dialog: „Ja, er war CDU-Kultusminister unter Ministerpräsident Franz Meyers. Mein Vater hat nachts unter Tage gearbeitet und sich tagsüber an der Pädagogischen Hochschule zum Lehrer ausbilden lassen", antwortet Laschet. „Wir waren vier Kinder und die *ZVS* hat mich an die Universität in München eingeteilt." Laschet gelingt in diesem Moment ein rhetorischer Kunstgriff: Er verbindet seine ziemlich gewöhnlichen Jugend- und Studienjahre mit dem beruflichen Aufstieg des Vaters zu einem Amalgam, das zumindest matt als Erfolgsgeschichte „Made in NRW" funkelt.

Den unerwarteten und fernen Studienort München erlebt Laschet, der bis dahin noch nie aus Aachen rausgekommen ist, tatsächlich als erste große Herausforderung. „Es war schön, aber auch teuer", erinnert er sich. Da der ZVS-Bescheid erst wenige Wochen vor Semesterbeginn kommt, ist Laschets Kreativität gefragt. Wo soll er wohnen? Der umtriebige Katholik schreibt alle Klöster an. Theoretisch müssten die ja Zimmer haben, denkt er sich. Klöster stehen nach seinem Gefühl eher leer. Es kommt eine positive Antwort – für ein Semester: „Die wollten mich ja erstmal sehen", erinnert sich Laschet. Odilo Lechner, der bekannte Abt von St. Bonifaz und dem Kloster Andechs, kannte Berthold Simons, den Abt von Kornelimünster in Aachen. Der wiederum ist mit Laschets künftigen Schwiegereltern bekannt. So bekommt er ein Zimmer und versteht es schnell, sich unentbehrlich zu machen. Da der Abt keinen Führerschein hat, fährt Laschet ihn in sämtliche bayrischen Klöster, wenn er dort seine Visiten macht. Der Abt ist im Erzbistum München damals der intellektuelle Gegenpart zu Joseph Ratzinger, dem späteren Papst. Sehr liberal. Einen „Menschenfreund" nennt ihn die *Süddeutsche Zeitung*, als Abt Odilo im November 2017 stirbt. „Er hat das Kloster St. Bonifaz in der Karlstraße zur Heimat für viele gemacht, die sonst keinen Platz in der katholischen Kirche finden", heißt es im Nachruf. Auch Laschet darf damals bleiben: erst im Kloster und dann im angrenzenden Studentenwohnheim. Für ihn wird das Studium somit erschwinglich: „Ich habe für 150 Mark pro Monat in einem Kloster gewohnt. Nebenbei habe ich kleine journalistische Beiträge geschrieben."

Später wird Laschet Stipendiat der *Konrad-Adenauer-Stiftung (KAS)*. An den Tag seiner Auswahltagung kann er sich genau erinnern: der 1. Oktober 1982. In Bonn unweit von Schloss Eichholz, wo die künftigen *KAS*-Stipendiaten getestet werden, findet eine politische Zeitenwende statt: Das konstruktive Misstrauensvotum von Helmut Kohl gegen Helmut Schmidt. „Wir sind immer wieder rausgerannt, um zu gucken, wie weit die Debatte war und ob die Auszählung schon begonnen hatte", sagt Laschet rückblickend. Auch für seine Familie, seine Eltern, sei dies ein wichtiger Tag gewesen.

Laschets Vorsprechen ist erfolgreich. Er wird Stipendiat der *Adenauer-Stiftung*. Vor allem die Seminare, Reisen und Kontakte seien ihm wichtig gewesen, erzählt er mit dem Abstand von Jahrzehnten. Natürlich braucht er damals auch die finanzielle Förderung. Zudem überführt Laschet als Studenten-Job Autos von München ins Rheinland. 100 D-Mark gibt das damals – und eine bezahlte Rückfahrt. So kann er Geld verdienen, seiner Leidenschaft für Autos frönen und seine damalige Freundin und spätere Frau Susanne sehen. Im Schnitt einmal im Monat kommt er so als Kurier nach NRW.

Susanne Laschet stammt ebenfalls aus Burtscheid. Sie kennen sich von Kindesbeinen an. Die ersten Begegnungen verheißen noch kein Eheglück. „Er hat mich verprügelt", berichtet Susanne Laschet einmal im Mai 2020 einer verdutzten Runde in der *WDR*-Sendung *Kölner Treff* über ihr Kennenlernen in frühester Jugend. „Ich hatte irgendeinen Krach mit einem Mädel, das er damals toll fand." Dann sei sie nach Hause gelaufen und habe gesagt: „Mama, heute habe ich den ekelhaftesten Jungen meines Lebens kennengelernt."

Näher kommen sie sich im Kirchenchor ihrer Gemeinde, den Susannes Vater Heinz Malangré leitet. Armin Laschet, eher mit mäßigem Gesangstalent gesegnet, soll vor allem wegen Susanne dabei geblieben sein. Wie sie ein Paar wurden, erzählt Laschets Frau dem *WDR*-Publikum in rheinischer Schnörkellosigkeit: „Ja, warum verliebt man sich? Er hatte schöne Augen und irgendwie, ich fand ihn ganz nett." Was ist das Geheimnis einer Sandkastenliebe, die seit nunmehr 35 Ehe-Jahren hält? „Ich kann es Ihnen nicht erklären. Ich kann nur sagen, wir haben beide immer nach rechts und links geguckt, so ist es nicht. Aber wir haben nichts Besseres gefunden. Beide, das ist einfach so." Noch heute würden sie nicht ständig „gemeinsam über die Wiese hüpfen". Die Worte klingen wohl härter, als sie gemeint sind. Susanne Laschet gilt als direkter und authentischer Typ.

Sie kommen beide aus Großfamilien. Laschet hat drei Brüder, seine Frau drei Schwestern. Doch auch wenn das Gemeindeleben in Burtscheid keine Unterschiede macht, entstammen die großbürgerlichen Malangrés doch einer anderen Schicht als die Aufsteigerfamilie Laschet. Susannes Vater und ihr Onkel sind ein Faktor in der Stadtgesellschaft. Heinz Malangré, Laschets künftiger Schwiegervater, ist Direktor der *Vereinigten Glaswerke* in Aachen, danach geschäftsführender Gesellschafter des Kirchenverlags im Bistum Aachen. Über ein Jahrzehnt führt er als Präsident die *Industrie- und Handelskammer Aachen*. Später wird er deren Ehrenpräsident. Susannes Vater sammelt zahlreiche Auszeichnungen wie die Ehrenbürgerschaft der *RWTH Aachen* und das *Große Verdienstkreuz des Verdienstordens der Bundesrepublik Deutschland*. Zudem ist er Autor diverser Bücher, vor allem über seine Heimatstadt Aachen („Aus Trümmern zur Europastadt Aachen. Bilder und Gedanken zur Heimat", „Gestalten um Karl den Großen").

Heinz Malangrés Bruder Kurt, also Susannes Onkel, ist in der Aachener CDU eine Instanz. Von 1973 bis 1989 wirkt er als Oberbürgermeister der Stadt. Parallel dazu sitzt er im Europäischen Parlament. Er gilt als Mitbegründer der *Euregio Maas-Rhein*, spielt eine zentrale Rolle bei der Restaurierung des Aachener Rathauses und ist Ehrenbürger der Stadt. Der politisch interessierte Laschet hätte es also wahrlich schlechter treffen können, als er 1985 in die Familie Malangré einheiratet. Sein Schwiegervater wird ihn später in leitender Funktion in den Kirchenverlag holen. Kurt Malangré ist 1999 sein Vorgänger als Aachener Europaabgeordneter. Auch zu den traditionellen Bischofsbesuchen am Neujahrstag, die aus Kurt Malangrés Oberbürgermeister-Zeit erwachsen sind, nehmen die einflussreichen Brüder den jungen Laschet gerne mit. So erschließt sich ihm eine Welt, die er von zu Hause nicht kennt.

Doch lässt sich schwerlich behaupten, dass erst Susannes Familie Laschets politischen Aufstieg ermöglicht hätte. Vielmehr muss er früh sein ausgleichendes Naturell zur Geltung bringen, da sich die Malangré-Brüder zunehmend fremd werden. Kurt Malangré gilt als strenger Katholik mit Nähe zu *Opus Dei*. Laschet muss ihn noch jahrelang siezen, obwohl sie gemeinsam Kommunalpolitik machen. Susannes Vater Heinz dagegen hat eine schöngeistige Seite, die ihm eher liegt. Dem jungen Laschet sei es gelungen, erzählen einige Zeitzeugen, mit beiden Brüdern gut klarzukommen.

Die großbürgerliche Prägung dürfte Susanne Laschet geholfen haben, als Politiker-Gattin nie in der Rolle als „Frau an seiner Seite" zu verkümmern. Sie strahlt das Selbstbewusstsein aus, ein eigenes Leben zu führen. In Unabhängigkeit und mit eigenen Interessen. In der Jugend spielt sie mit Armin nicht nur gemeinsam Theater, sie engagieren sich kurzzeitig auch zusammen in der *Jungen Union*. Doch sie zieht es nicht in die Politik. Als Laschet zum Studium nach München geht, macht sie eine Buchhändler-Lehre in Bonn.

Aachen-Burtscheid bleibt ihr Ankerpunkt. Am 18. Mai 1985 – an Susannes 23. Geburtstag – treten Laschet und seine Ehefrau dort aus der Kirche St. Michael. Pfarrer Heribert August hat noch genau den Moment vor Augen, als er die beiden getraut hat. Laschet war damals 24 Jahre alt. „Es gibt da diesen Moment, wenn die Eheleute aus der Kirche heraustreten und ihren Gästen gegenüberstehen", erzählt er von den ersten Minuten der nunmehr jahrzehntelangen Ehe, „dann kann man manchmal in ihr Wesen blicken." Statt zu winken, schüchtern auf den Boden zu schauen oder nach jemandem zu suchen, habe Laschet einfach abgewartet: „Der Armin war ganz ruhig. Verhalten. Ohne Pomp und große Geste. Er spitzte einfach nur den Mund und wartete ab, was passiert." So hat es der Pfarrer schon 2017 der *Rheinischen Post* erzählt. Es wird zu einem Grundmuster bei Laschet: Erst einmal abwarten. Auch in großen Augenblicken. Privat und politisch.

Susanne Laschet braucht die öffentliche Bühne einer Politiker-Gattin nicht. Sie sonnt sich nicht im Licht ihres Mannes. Aber sie beklagt auch nicht das Schicksal, häufig allein durchs Leben gehen zu müssen, weil ihr Mann immer unter Termindruck steht. Wenn man all die traurigen Geschichten über die Schattenseiten von Politiker-Ehen im Kopf hat, wirkt jemand wie Susanne Laschet ziemlich gut ausbalanciert. Sie weiß, wann es sich gehört, dabei zu sein, und es bereitet ihr keine Qual. Sie hat in ihrer Familie eben früh gelernt, was protokollarische Pflichten sind. Sie akzeptiert das. „Ich neige nicht zum Jammern", zitierte sie einmal der *Kölner Stadt-Anzeiger*, „wir haben vor langer Zeit beschlossen, so zu leben."

Susanne Laschet ist selbst kein CDU-Mitglied, aber in Aachen engagiert. Seit Jahren kümmert sie sich um das *Café Plattform*, einen Treffpunkt für Wohnungslose. Sie bringt sich auch in der Hospizstiftung *Haus Hörn* ein. Das scheint ihr wichtiger zu sein als der Galaauftritt an der Seite ihres Mannes. Beim *Kölner Treff* wird sie nach dem Begriff der First Lady gefragt. „Ich finde ihn furchtbar", moniert sie, „es gibt nur First Lady oder Landesmutter." Ihr Fazit: „Beides ist scheiße." Gelächter in der Runde.

Ab und an begleitet sie ihren Mann sogar gerne („Auch damit wir uns nicht auseinanderleben."). Sie genieße Termine wie die Privataudienz beim Papst oder eine Filmpremiere mit Hape Kerkeling, bekennt sie. Das interessiert sie wirklich. Aber einfach nur Staffage der Macht zu sein – das ist einer wie Susanne Laschet zu blöd. „Als Hündchen, das brav hinterherläuft, tauge ich sicher nicht. Hauptsache die Frisur sitzt und die Nägel sind lackiert – das ist nicht meins", hat sie schon kurz nach Laschets Wahlsieg 2017 klargestellt.

Armin Laschet kann sich im kleinen Kreis darüber amüsieren, dass es auch Politiker-Kollegen gibt, deren Frauen morgens rufen: „Aufstehen, Karriere machen." So war das bei ihm nie. Susanne Laschet definiert sich erkennbar nicht allein über ihren Mann. „Ich gönne ihm den Erfolg und bin stolz auf ihn. Das ist das Wichtigste." In politischen Fragen bekommt Laschet zu Hause schon mal die ungeschminkte Realität gespiegelt: „Die Klassen sind zu groß und es gibt zu wenig Lehrer. Ich bin schon immer gegen das Turbo-Abitur gewesen, anders als mein Mann, er konnte beiden Varianten – G8 und G9 – positive Seiten abgewinnen", hat Susanne Laschet dem *Kölner Stadt-Anzeiger* anvertraut, ohne sich als Ratgeberin der Regierung aufzuspielen. „Dass die CDU sich dann tatsächlich für G9 entschieden hat, lag aber nicht an mir. Mein Mann hört sich gerne an, was ich zu sagen habe. Bestimmt bleibt da einiges hängen. Eine 180-Grad-Wende kriege ich aber nicht hin." Sie findet: „Ist aber auch nicht notwendig."

Viel gemeinsame Zeit bleibt bei diesem Lebensentwurf nicht. Wenn Laschet am Sonntagabend in der Maske für einen Talkshow-Auftritt sitzt, guckt sie zu Hause allein *Tatort*. Auch den gemeinsamen Freundeskreis trifft sie häufiger ohne ihn. Wer sich darin umhört, bekommt dies bestätigt, dann fallen Sätze wie: „Armin lebt sehr für die Politik – schon immer." Oder: „Susanne hat ihr Leben einfach weitergeführt – und das war sehr klug und weitsichtig." Geprägt durch die selbst sehr engagierte Familie Malangré, sei ihr dies ohnehin nicht fremd gewesen. Susanne Laschet arbeitet als Buchhändlerin in Bonn und Aachen: von 1985 bis 1989 als Leiterin der literarischen Taschenbuchabteilung der Buchhandlung *Röhrscheid* in Bonn, dann – nach einer Babypause von 1989 bis 1994 – in der Aachener Buchhandlung *Meurer*. Als diese im Jahr 2014 schließen muss, führt Susanne Laschet ihre Tätigkeit selbstständig fort. *Buchinspiration* heißt ihre Website, auf der sie verschiedene Aktivitäten bündelt. „Ich habe das Gefühl, dass ich erspüre, was die Leser gerade in diesem Augenblick brauchen", schreibt sie da, „das kann mal ein banaler Krimi sein oder eben auch große Literatur." Regelmäßig bietet sie, die bis zu acht Bücher pro Woche verschlingen kann, Buchvorstellungen an. Öffentlich oder auch im privaten Kreis. „Das ist mein Hobby, meine Liebe und mein Beruf", sagt sie einmal, „wenn ich die Bücher nicht mehr hätte, dann würde ich hinwelken wie ein Pflänzchen."

Susanne Laschet schreibt auch Literaturkritiken für den *Aachener Zeitungsverlag*. 2015 beginnt sie, Buchvorstellungen für die *Mayersche* auf ganz Nordrhein-Westfalen auszuweiten. „Sie kann da richtig leidenschaftlich über Bücher sprechen", berichten Teilnehmer. Rund 20 Titel werden bei diesen Abenden präsentiert, doch Susanne Laschet schaffe es oft, alle Neuerscheinungen überzeugend anzupreisen. Auf den ausgeteilten Bücherlisten finden sich auch bei vielbeschäftigten Menschen viele Kreuze. Ihr Art kommt an: „Da denken Sie im ersten Moment: Mein Gott, die musst du alle lesen."

Es scheint, als hätten beide in einer fordernden Politiker-Ehe ihre Rollen gefunden: Es hilft offenbar, dass Laschets Frau nie einsam irgendwo sitzt und auf ihn wartet. Ihr Leben in Aachen funktioniert. Selbst wenn es Armin Laschet in die Bundespolitik ziehen sollte, wird sich nichts ändern. „Wir werden Aachen als unser Zuhause nicht verlassen", stellt der Ministerpräsident im Frühjahr 2020 klar. Er hat keine Hauptstadt-Phobie, doch er will seine Erdung nicht verlieren. Kohl sei auch in Oggersheim wohnen geblieben und Schröder in Hannover, sagt er dann gern. Bundesvorsitz? Kanzleramt? Für Laschet gibt es da gar keine Diskussion: „Der Lebensmittelpunkt bleibt Aachen. So haben wir es unser Leben lang gehalten."

Es dürfte nie zu Susanne Laschets Lebensträumen gehört haben, an der Seite eines Staatenlenkers über rote Teppiche zu flanieren. Schließlich hat sich ihr Mann entschieden, eine öffentliche Person zu sein, nicht sie. Ganz am Anfang seiner politischen Karriere ließ sie schon mal Journalisten ins Haus. Heute heißt es dagegen: Keine Home-Storys, möglichst wenige Interviews über Privates. Die Familie ist ein Schutzraum, der verteidigt werden muss.

Susanne Laschet weiß, dass man sich der Rolle der Ministerpräsidenten-Gattin nicht ganz entziehen kann und will das auch gar nicht. Gewiss würde sie sich hier etwas mehr Gleichberechtigung wünschen. „Ich finde es ein wenig ungerecht, dass die Gesellschaft erwartet, dass die Ehefrau eines Politikers öffentlich auftritt, aber der Ehemann einer Politikerin nicht", sagt sie kurz nach dem Wahlsieg ihres Mannes 2017. Scheu vor dem Rampenlicht hat sie keine. Wie auch? Wer in der Jugend Theater gespielt hat und seit Jahren vor Publikum Bücher präsentieren kann, meistert die Pflichten der *First Lady* spielerisch. „Ich sage es aber auch ganz ehrlich: Ich winke manchmal ganz gerne vom Balkon", scherzt sie.

Nur will Susanne Laschet schon selbst bestimmen, wofür sie sich hergibt. In Nordrhein-Westfalen ist es gute Tradition, dass die Eheleute der Regierungschefs die *Aktion Lichtblicke* der NRW-Lokalradios unterstützen. *Radio NRW*, der Zusammenschluss aus 40 privaten Radiosendern im ganzen Land, setzt sich für Familien in Notlagen ein. Angelika Rüttgers und Udo Kraft haben die Schirmherrschaft praktisch unbesehen angenommen. Bei Susanne Laschet ist das anders: Das ganze Team der NRW-Lokalradios muss antreten, um ihr die Aktion zunächst in einem Vortrag vorzustellen. Nach einer Woche Bedenkzeit sagt sie zu.

Wenn sie überzeugt ist, macht sie dafür richtig mit. Im Dezember 2019 steht Susanne Laschet für die *Aktion Lichtblicke* im eisigen Wind auf dem Weihnachtsmarkt in Münster. „Guten Tag. Wollen Sie nicht Weihnachtskarten oder Geschenkpapier für einen guten Zweck kaufen?", fragt sie Passanten. Eigentlich mag sie die öffentliche Inszenierung nicht, doch in diesem Fall lässt sie sich von einem Reporter begleiten. Es geht schließlich um den guten Zweck. „Ein Schulkind bekommt einen neuen Schreibtisch oder eine Mutter ein gebrauchtes E-Bike, um die Einkäufe nach Hause zu bringen", schildert sie die Ausgabenpläne.

Monate später erklärt sie sich in der Corona-Krise sofort zu einer Sonderaktion bereit. Susanne Laschet erlebt in ihrem Aachener Umfeld, wie erbarmungslos die Pandemie Lebensentwürfe durchkreuzt. „Ich kenne einige Leute, die freiberuflich arbeiten, jetzt kein Einkommen mehr haben", sagt sie in einem Interview mit den NRW-Radios. „Ich kenne durchaus Leute, die auf 450-Euro-Basis arbeiten, denen das Geld existenziell fehlt. Und ich kenne viele Alleinerziehende, die eben auch im Augenblick rudern." Die Sitzungen im Spenden-Beirat der *Aktion Lichtblicke* können mit ihr schon mal länger werden. Wenn sie etwas macht, dann richtig. „Da wird jeder einzelne Fall diskutiert", sagt Susanne Laschet, „das dauert auch eine Zeit."

Armin Laschet gehört nicht zu den Politikern, die in Interviews ständig ihre Frau zitieren müssen oder ihre angebliche Vorzeige-Ehe so lange öffentlich ausstellen, bis die *BILD*-Zeitung dann eines Tages titelt: „Alles aus!" Gesten der Zuneigung bekommen bei Laschet eher eine unfreiwillig komische Note. Am 1. Mai 2017 etwa, kurz vor der Landtagswahl, drapiert er vor seinem Haus einen Birkenstamm mit Krepppapier in Rot, Weiß und Blau. Ein Maibaum, im Rheinland noch als Gunstbeweis verliebter Männer für ihre Angebetete bekannt. Susanne Laschet erzählt daraufhin der Lokalzeitung: „Als ich den Baum vor der Tür sah, habe ich sofort an meine Tochter gedacht. Für wen sollte der Baum auch sonst sein?" Als klar wird, dass Armin Laschet nach 32 Jahren Ehe seiner Frau den Maibaum gestellt hat, besteht Tochter Eva darauf, dass die Sache öffentlich wird. Es zeige nämlich eine Seite ihres Vaters, die man so nicht kenne. Auch Susanne Laschet weiß bei aller schroffen Ironie natürlich: „Ich habe gespürt, wie wichtig ihm die familiäre Basis ist. Egal was passiert, die Familie ist immer für ihn da – und er für die Familie."

Es ist ein bekanntes Politiker-Paradox, dass sie bei jeder Gelegenheit den Wert der Familie preisen, aber doch fast nie für die eigene da sind. „Die Zeit mit meiner Familie ist mir sehr wichtig", schreibt auch Laschet an zentraler Stelle auf seiner persönlichen Website, „auch heute, wo alle unsere Kinder erwachsen sind, studieren und ihre eigenen Wege gehen, genieße ich jede Minute, die wir zusammen haben." Laschet hat zumindest immer wieder versucht, Politik und Familie unter einen Hut zu bringen. Mitstreiter können sich daran erinnern, wie er einst mit dem Kinderwagen in Wahlkämpfen von Haustür zu Haustür zog. Dass der Vater Politiker ist, hat der älteste Sohn Johannes recht früh verstanden. „Als ich fünf war, wurde er in den Bundestag gewählt. Mir war immer bewusst, dass er einen besonderen Job macht und deshalb war mir auch klar, dass er länger weg ist als andere Eltern", hat er in einem Interview mit der Zeitschrift *GQ* erzählt. „Das typische Familien-Abendessen gab es bei uns nicht. Aber ich war schon als Kind stolz darauf, was er macht und habe das mit der Zeit einfach akzeptiert. Er hat auch immer die Zeit für uns gefunden, wenn es nötig war." Wenn der Vater unterwegs war und die Mutter in der Buchhandlung arbeitete, habe die Großmutter aufgepasst. „Natürlich habe ich ihn immer vermisst, wenn er weg war", bilanziert Johannes, „es hat sich aber einfach alles viel mehr auf die Zeiten konzentriert, in denen er da war. Ob das dann Besuche bei der Alemannia auf dem Tivoli waren oder ob wir zusammen angeln gegangen sind." Auch als Ministerpräsident versucht er noch, Präsenz zu zeigen, wenn es für die längst erwachsenen Kinder wichtig ist. So sieht man den Regierungschef im März 2019 bei neun Grad, Wind und Schauerwetter am Spielfeldrand des Burtscheider TV stehen, um Sohn Julius anzufeuern, der mit der 2. Herren-Mannschaft der Fußball-Kreisliga C gegen DJK Nütheim-Schleckheim einen Pausenrückstand dreht. Laschet lädt den Privatbesuch gleich politisch auf: „Das ist echter Sportsgeist, von Tausenden in ganz NRW, Woche für Woche, bei Wind und Wetter. Alle Achtung", kommentiert er ein Foto des Spiels bei *Instagram*.

In der *Aachener Zeitung* findet sich im Jahr 1990 ein früher Hinweis darauf, wie unkonventionell Jungvater Laschet Politik und Familie gelegentlich zu vereinbaren weiß. Sohn Johannes ist damals noch kein Jahr alt und Laschet Referent bei Bundestagspräsidentin Rita Süssmuth in Bonn. Er nimmt den Kleinen mit zu einem Termin und verspricht, dass er so bald wie möglich auf den Arm kommt. Das Foto in der Zeitung zeigt dann Johannes auf dem Arm der Bundestagspräsidentin. Laschets kleiner Sohn beißt dabei herzhaft in das Redemanuskript. Süssmuth nimmt die Szene mit Humor – wohlgemerkt in einer Zeit, in der Kinder in der Politik noch nichts verloren hatten und in der CDU Erziehungsarbeit meist noch allein den Frauen zugeschoben wurde. „Der Jüngste, der je eine Rede von mir zerrissen hat", lässt sich die Bundestagspräsidentin später zitieren.

Wie in vielen anderen Familien sind heute bei den Laschets auch die Sozialen Netzwerke eine Brücke, auf der sich die Generationen begegnen. Susanne Laschet zieht zwar den persönlichen Kontakt vor: „Ich bin weder bei *Facebook*, *Twitter* oder irgendwas, weil ich das nicht lesen will." Sie lässt ihr Handy auch schon mal klingeln: „Wenn ich mich unterhalte, springe ich nicht ans Telefon. Da bin ich eben Dinosaurier." Ihr Mann dagegen nutzt die neuen digitalen Möglichkeiten intensiv und gern. Sohn Johannes kann ihn dabei beraten. Er studiert Jura in Bonn, arbeitet nebenher als Model und ist ein sogenannter *Influencer*, der sich „Joe" nennt. Seinen über 90.000 Followern bei *Instagram* präsentiert er vor allem klassische Herrenmode, Whiskey-Sorten oder auch Pfeifen.

Der Vater schaut sich bei Johannes einiges ab. Dass Laschets *Social Media*-Aktivitäten vergleichsweise professionell daherkommen, habe sicherlich auch mit dem Sohn zu tun, heißt es in seinem Umfeld. Im *GQ*-Interview erzählt Johannes: „Ich gebe ihm aber gerne *Social-Media*-Ratschläge, wie er sich in dem Bereich noch verbessern kann. Da ist noch Spielraum nach oben." Im Februar 2020 greift sogar die Bundes-CDU auf die Digital-Expertise von Laschet junior zurück: Beim *Digital Bootcamp* in der Berliner Parteizentrale sitzt Johannes auf der Bühne und spricht in seiner Rolle als Mode-Influencer über Trends in der digitalen Kommunikation. Bei *Instagram* oder auf Laschets *Twitter*-Account finden sich neben Fotos seiner vielen Politiker-Termine ab und an Schnappschüsse mit den Kindern. Bei der Premiere eines Dokumentarfilms über das Leben des Fußball-Nationalspielers Toni Kroos posiert Laschet etwa mit seinem jüngsten Sohn Julius. Am Rande eines Konzerts von Mark Forster in Aachen präsentiert er der *Social Media*-Gemeinde seine „einzige und einzigartige Tochter Eva".

Auch bei der Bottroper Grubenfahrt zeigt sich, wie Laschet Politisches und Privates für sich immerzu in eine Gesamterzählung bringt. Neben Vater Heinz und Frau Susanne hat er auch noch seinen Bruder Remo mit unter Tage genommen. Seine Frau habe schließlich beim Abendbrot, wenn er selbst unterwegs war, so viele Geschichten des Vaters von der Zeche gehört, begründet der Ministerpräsident den ungewöhnlichen „Familienausflug im Förderkorb", wie die *Westdeutsche Allgemeine Zeitung* damals titelt. Dabei ist es keineswegs so, dass Armin Laschet der Star der Familie wäre, um den sich alles zu scharen hat. Bei der Grubenfahrt kommt die prominente Besuchergruppe abseits der vielen Kameras noch einmal in der Kaue zusammen. Bernd Tönjes, Chef der milliardenschweren wie mächtigen *RAG-Stiftung,* ist ihr Gastgeber. Tönjes war selbst Bergmann, bevor er als Manager bei der *Ruhrkohle AG* Karriere machte. Er sucht das vertrauliche Gespräch mit Heinz Laschet, gewissermaßen vom ehemaligen Kumpel zum ehemaligen Kumpel. Ob er denn stolz sei auf seinen Sohn, will Tönjes wissen. Heinz Laschet schaut ihn fragend an: „Auf welchen?"

Armin Laschet ist auch als Spitzenpolitiker nur einer von vier Söhnen geblieben. Jeder Lebenslauf verdient Respekt und gegenseitige Aufmerksamkeit; erst als Gesamtheit des Laschet-Clans empfinden sie Stolz füreinander. Welche Bedeutung dieser spezielle Familiensinn bei ihnen hat, zeigt sich auch an einem Februar-Tag im Jahr 2015. Bei der Familienfeier zum 80. Geburtstag des Vaters hält Armin Laschet als Erstgeborener die Rede auf den Jubilar. Vor Heinz Laschet stehen aufgereiht vier Söhne, deren Ehefrauen und 14 Enkelkinder. „Guck mal hier, Papa", sagt Laschet, „Du bist als Einzelkind groß geworden und jetzt steht hier deine Großfamilie." Laschets Jugendfreund Walz, der ebenfalls eingeladen ist, hat die Szenerie noch genau vor Augen: „Als Einzelkind groß geworden und nun 14 Enkel: Das ist schon eine Nummer."

Den besonderen Stellenwert der Familie im Hause Laschet hat Walz oft genug selbst erlebt. Er hat sich fast adoptiert gefühlt. Das Burtscheider Reihenmittelhaus, in dem die Laschet-Brüder aufwachsen, wird auch für Walz „ein Stück Elternhaus". Häufig bleibt er zum Essen. Alle zusammen hätten sie dann in der kleinen Küche gesessen. Vater Heinz vor Kopf, die Jungen auf der Bank – und Walz mittendrin. „Die Atmosphäre bei den Laschets war streng, aber warmherzig", erinnert er sich. „Wenn ich zu Gast in großer Runde beim Abendbrot saß, hatte eines der Kinder immer Küchendienst: Speisen auftragen und spülen." Von seinem eigenen Zuhause kannte Walz das nicht. „Bei Laschets gab es immer ein offenes Haus. Das war eine ganz gesellige, herzliche Angelegenheit."

Auch Pfarrer August erinnert sich an viele solcher Treffen: „Da saßen immer acht bis zehn Leute", sagt er, „und einer der Jungs hatte Dienst, damit sich die Eltern um die Gäste kümmern konnten." Wenn um halb elf oder elf Uhr alle Arbeiten erledigt sind, darf der diensthabende Sohn dann gehen.

Bis heute zeige sich diese früh gelernte Geselligkeit bei vielen Familienfesten: „Glaube, Freundschaft, Liebe", sagt Walz, „das ist schon ein Zugehörigkeitsgefühl innerhalb der Familie, wie es auch bis heute praktiziert wird und wie sie es ganz selten finden."

Über dem geselligen Leben der Großfamilie Laschet liegt gleichwohl ein Schatten, den von außen kaum jemand erkennen kann. Zwei Jahre nach Armin Laschet wird 1963 der zweite Sohn Frank geboren. Er stirbt als Säugling bereits nach wenigen Wochen. Laschet hat an seinen vierten Bruder naturgemäß keine Erinnerung. Er ist damals noch zu klein, um diesen für die Eltern schlimmen Schicksalsschlag zu verstehen. „Ich kenne den nur aus Erzählungen", sagt der Ministerpräsident. Obwohl die Laschets vier gesunde Söhne großziehen, bleibt die Trauer um Frank Laschet lange präsent. „Wenn der Januar kam, wurde davon erzählt. Und wir gingen auch immer zum Waldfriedhof, wo das Grab war."

Armin Laschet ist als Erstgeborener so etwas wie das Oberhaupt der nächsten Generation. Doch scheinen die Brüder ohne familientypische Eifersüchteleien ihren Weg zu gehen. Sie eint vielmehr eine auf den ersten Blick merkwürdige Faszination, Teil einer rheinischen Ahnenreihe zu sein. Laschets jüngster Bruder Patrick widmet sich mit Hingabe der Stammbaum-Forschung. Die Familie väterlicherseits stammt aus Hergenrath, einem kleinen Dorf, das zwischen Aachen und Eupen im heutigen Belgien liegt. Bis die Stadt im Jahr 1920 durch den *Versailler Vertrag* Belgien zugeordnet wurde, gehört die Region zu Preußen. Die dort lebenden Deutschen, darunter auch Laschets Vorfahren, hatten die Möglichkeit zu wählen, ob sie Deutsche oder Belgier sein wollen. Einige der insgesamt neun Geschwister von Heinz Laschets Vater Hubert entschieden sich – auch wegen des Beamtenverhältnisses bei Post und Bahn –, Deutsche zu bleiben. Andere wurden Belgier.

Die europäischen Grenzen im Drei-Länder-Eck bei Aachen werden für Armin Laschet zu einem Lebensthema. Schon als Kinder fahren sie nach Belgien ins Freibad und kaufen in den Niederlanden ein. „Das Denken und das Leben über die Grenzen hinweg war für mich prägend. Das war immer eine meiner Triebfedern, ein Europa mit offenen Grenzen zu wahren", sagt Laschet heute. Sein Bruder Remo erinnert sich an diese besondere frühkindliche Prägung: „Unser Leben bewegte sich da im Drei-Länder-Eck vollkommen frei." Es sind im Wortsinn Grenzerfahrungen, die sich den Laschets einbrennen. Remo Laschet erinnert sich etwa an den ältesten Bruder des Großvaters Hubert, der als Soldat in Potsdam stationiert war und nach der deutschen Teilung in der DDR geblieben ist. Als er mit dem 65. Geburtstag endlich ausreisen darf und zu ihnen nach Aachen kommt, will er noch einmal sein Elternhaus sehen. Das steht aber nun in Belgien. „Er hatte nur eine Ausreisegenehmigung für die Bundesrepublik", erzählt Remo Laschet. Ein Visum war schwer zu bekommen. Vater Heinz setzt kurzentschlossen einfach die Kinder und den Onkel ins Auto und fährt über Schleichwege der grünen Grenze bis nach Hergenrath. Der Onkel habe fast einen Herzschlag bekommen, sagt Remo Laschet: „Das hat uns als Kindern gezeigt, dass Grenzen offenbar anderswo doch eine große Bedeutung haben."

Im deutsch-belgischen Grenzgebiet der Eifel bewegen sich die Laschet-Brüder mit großer Selbstverständlichkeit. Die Familie der Mutter stammt aus dem damaligen Kreis Monschau. „Für uns war das das Normalste von der Welt", sagt Remo Laschet, „so etwas wie Grenzen kannten wir nicht." Marcella Laschet, geborene Frings, führt ihre Familie immer wieder in die Gegend rund um den Rursee.

Die 2013 verstorbene Mutter ist die prägendste Figur für Laschet und seine Brüder. „Die Mutter war der Mittelpunkt", sagt Jugendfreund Walz. In Burtscheid kennt sie jeder. Sie engagiert sich in der Kirchengemeinde und hütet ganze Nachmittage sämtliche Kinder der Nachbarschaft. „Sie war die gute Seele des Viertels", sagt auch Pfarrer August, der den Trauergottesdienst hält, „wir waren alle sehr traurig, als sie gestorben ist." In der großen Traueranzeige der *Aachener Zeitung* heißt es am 1. Mai 2013: „Gestärkt durch das Sakrament der Krankensalbung ist sie uns nach einem engagierten und erfüllten Leben in das Himmlische Jerusalem voraus gegangen." Drei Tage später wird Marcella Laschet nach einer großen Trauerfeier in der vertrauten Pfarrkirche St. Michael in Burtscheid beerdigt. Mit 79 Jahren.

Ihr Tod kommt vollkommen überraschend. Wenige Tage zuvor hat sie noch gefeiert. Während eines Besuchs in Köln bei Laschets Bruder Carsten erleidet sie einen Schlaganfall. Sie wird in die Kölner Uni-Klinik gefahren, wo sie noch einige Tage im Koma liegt, bevor sie am 28. April 2013 stirbt.

„Meine Mutter war eigentlich unter all ihren gleichaltrigen Freundinnen noch die Fitteste", erinnert sich Laschet, „der Gehirnschlag kam wirklich aus dem Nichts." Bei ihrer Beisetzung ist ganz Burtscheid auf den Beinen, die Kirche ist voll. Laschet weiß, dass das seiner Mutter gefallen hätte: „Wenn man in einem hohen Alter stirbt, kommen ja normalerweise nicht mehr viele Leute, weil einen nicht mehr viele kennen."

Marcella Laschet gilt als Wirbelwind. „Wo meine Mutter war, war immer was los", sagt Remo Laschet. Egal, ob im Haushalt, bei der Arbeit in der Gemeinde, auf Karnevalsfeiern oder anderswo. Marcella, deren Name in und um Aachen „Mar-zella" ausgesprochen wird, ist immer vorn dabei. Wenn die Söhne in jungen Jahren anrufen und für den Abend im heimischen Partykeller 20 oder mehr Gäste ankündigen, stellt sie die Getränke parat. Freunde dürfen im Hause Laschet gern auch über Nacht bleiben. „Solange es keine Mädchen waren", erzählt Remo Laschet, „meine Mutter war sehr katholisch geprägt." Remos spätere Frau darf erstmals bei Laschets übernachten, als beide bereits verlobt sind – und da bis zur Hochzeit nur in getrennten Zimmern.

Wer sich mit Marcella Laschet beschäftigt, erkennt problemlos Wesenszüge des Ministerpräsidenten Armin Laschet wieder. Sie ist ein Unruhegeist. Auch wenn sie lang und ausgiebig feiert, steht sie früh auf. Sie sagt: „Ausruhen kann ich mich, wenn ich tot bin." So hat es nicht nur Laschet selbst in Erinnerung. Ihre Unverwüstlichkeit ist in Burtscheid geradezu Legende. „Bis heute ist Marcellas Tod ein großer Verlust für die Gemeinde", sagt Pfarrer August. Er weiß noch, wie Marcella Laschet ihm den Wunsch antrug, den Kellerraum des Gemeindezentrums zu einem Töpferraum umzubauen. „Da steckst du 60.000 Euro in den Keller und in ein, zwei Jahren ist das vorbei", habe er damals gedacht. Er tut es dennoch. Marcella Laschet nutzt den Raum bis zu ihrem Tod 15 Jahre lang für Kursangebote. „Sie hat zusammengehalten. Sie hat aber auch gefordert", sagt August.

Laschets Mutter stammt aus einfachen Verhältnissen und hat sich einem traditionellen Rollenbild gefügt. Während der Vater den Aufstieg vom Steiger zum Grundschulrektor schafft, kümmert sie sich um Haushalt und Kinder. Heinz Laschet macht einen eher bedächtigen Eindruck. Das Impulsive muss Armin Laschet von seiner Mutter geerbt haben. „Marcella hatte den Laden im Griff. Da wurde nicht widersprochen, das war eine natürliche

Dominanz", sagt Heribert Walz. „Disziplin – ohne Wenn und Aber." Hart, aber herzlich: Selbstverständlich bekommt auch Walz zum Geburtstag von Marcella Laschet einen Kuchen gebacken. Er habe Laschets Mutter nie im Liegestuhl gesehen, sie sei auch nie krank gewesen. Die Gegensätzlichkeit der Eltern Laschets kann Walz an einer kleinen Begebenheit aus der gemeinsamen Kindheit mit Armin deutlich machen: „Heinz kommt nach der Arbeit nach Hause und sagt zu seiner Frau Marcella: Hast du gesehen? Draußen die Blumen, die riechen ganz toll." Da habe Marcella ihn angefahren: „Riechen, riechen. Ich habe keine Zeit zu riechen." Walz macht eine Pause: „Ich will damit sagen: Heinz war eher der ruhige Typ, während Marcella eher der Antreiber war."

In Armin Laschet scheinen beide Temperamente zu schlummern: mal das Nachdenkliche, Bedächtige, dann wieder das unwirsch Aktionistische. Laschets Vater ist Vorsitzender des Gemeinderats und als Schulrektor auch eine Führungspersönlichkeit. Zu Hause gibt er den Gegenpart zu seiner Frau. Den Kindern bekommt die Mischung offenbar ganz gut. „Wenn man das jetzt einmal im Nachhinein betrachtet, dann hat Armin von beiden was", findet auch Walz, „das Temperament und das Engagement von Marcella, das klug Abwägende dagegen von seinem Vater."

Bei Geburtstagen und Familienfeierlichkeiten erwartet Marcella Laschet Vollzähligkeit. Auch Jahre nach ihrem Tod hält Armin Laschet daran fest, dass er sich zu bestimmten Anlässen einfach Auszeiten von der Politik nehmen muss. Am 86. Geburtstag seines Vaters gönnt er sich werktags ein ausführliches Mittagessen mit ihm, einem Bruder und einem der Enkel. Eigentlich passt das gar nicht in seinen Terminkalender. Am Abend steht eine heikle Nominierung im Landesvorstand für die Wahl zum Bundesparteivorsitzenden auf der Tagesordnung. Auch auf dem Höhepunkt der Corona-Krise, die ihn rund um die Uhr fordert, sucht er die kleinen familiären Fluchten. Wenn die Pandemie schon keinen engeren Kontakt zulässt, setzen sich die Laschets am Karsamstag wenigstens abends mit den Kindern und Vater Heinz um ein kleines Osterfeuer in den Garten. „Es wird leider immer weniger", sagt er selbst.

Die Politik kann einen auffressen. Und alles zerstören, was einem mal lieb und teuer war. Laschet kennt die Gefahr und versucht, irgendwie für die Familie greifbar zu bleiben. So kommt es vor, dass er an einem Sonntagmorgen mit belegter Stimme zum Radio-Interview im Studio erscheint. Am Vorabend hat er die *Silberne Hochzeit* seines Bruders Patrick mitgefeiert. Wenn einer der Brüder Geburtstag hat, räumt er sich fast immer ein paar Stunden frei. „Er genießt es dann, wenn wir unter uns sind", sagt der drei Jahre jüngere Bruder Remo, „dann bekommt er auch durch uns und unsere Freunde mit, welche Themen die Gesellschaft bewegen."

Laschets Frau hält hin und wieder Lese-Abende für den Kölner Freundeskreis von Carsten Laschet ab. Der Ministerpräsident stößt dann schon mal als Überraschungsgast dazu. Im Wahljahr 2017 sieht man Armin Laschet auch im rot-weißen Ringelhemd im Kölner Traditionslokal *Marienbildchen*. Carsten Laschet, der Sprecher des Junioren-Förderkreises des *Festkomitees Kölner Karneval von 1832 e.V.* ist, hat hier eine Kostümfete organisiert. Der Höhepunkt des Abends ist irgendwie Laschet-typisch: Das Kölner Kinderdreigestirn tritt an, mit Carstens Sohn Conrad als Prinz. Es bleibt alles in der Familie. Beim traditionellen NRW-Empfang der Jugend-Dreigestirne in der Düsseldorfer Staatskanzlei, trifft Conrad später noch auf die SPD-Ministerpräsidentin Hannelore Kraft. Auf den Schulhöfen trommeln Laschets Nichten und Neffen da bereits für den Machtwechsel in Düsseldorf: „Bitte Onkel Armin wählen."

Die Brüder begleiten Laschets politische Karriere vom ersten Tag an bis heute. Remo Laschet ist schon bei den Schlachten der *Jungen Union* in den 80er Jahren dabei. Er scheint damals die nötige Ruhe auszustrahlen. Bei einer hitzigen Versammlung, bei der Armin Laschet einen Kandidaten in einer Kampfabstimmung unterstützt, packt der Bruder kurzerhand – wie seinerzeit nur bei den Grünen üblich – Wolle und Stricknadeln aus. „Da kam ein Jüngling mit seinem Strickzeug ordentlich voran", notiert die erstaunte *Aachener Volkszeitung* nach der turbulenten Sitzung.

Patrick Laschet wird vor allem 2012 im Dunstkreis seines Politiker-Bruders gesehen. Er chauffiert Armin Laschet im eigenen Auto zu Regionalkonferenzen durch NRW, bei denen der sich seiner Parteibasis als künftiger Landesvorsitzender empfehlen will. Während sein damaliger Konkurrent Norbert Röttgen als Bundesminister auf einen funktionierenden Apparat inklusive Fahrer zurückgreifen kann, bleibt Außenseiter Laschet nur die

Familie. Auch Carsten Laschet hilft seinem Bruder immer wieder im politischen Geschäft. Schon in Laschets erstem Bundestagswahlkampf 1994 fungiert er als Büroleiter. Zusammen gehen sie Listen mit Delegiertennamen durch, um für die Wahlkreis-Aufstellung genug Stimmen zu sichern. Sie entwickeln innovative Plakate und neue Wahlkampfformate. Oft fährt Carsten nach morgendlichen Sitzungen im Haus seines Bruders mit dem Wahlkampf-Bus direkt zur Uni.

Auch in den Stunden seines größten politischen Erfolgs sucht Armin Laschet die Nähe der Familie. Am 14. Mai 2017, dem Tag der Landtagswahl in Nordrhein-Westfalen, geht Laschet erst wählen und fährt anschließend zum Kölner Dom, um die Solidaritätsaktion des katholischen Hilfswerks *Renovabis* zu eröffnen. Die folgenden bangen Stunden bis zu den *Exit Polls*, den ersten Vorabberechnungen der Umfrageinstitute, verbringt er bei seinem Bruder Carsten zu Hause in Köln. Hier findet er Ruhe, ja Geborgenheit. Sie gehen noch einmal alles durch, am Abend wird ein gewaltiger Medienrummel über ihn hereinbrechen. So oder so. Als die Schließung der Wahllokale näher rückt, macht sich Laschet allmählich auf den Weg. Ganz langsam, wie er damals erzählt, bricht er auf nach Düsseldorf.

Vor wichtigen Reden oder bedeutenden Auftritten schickt Laschet bis heute den Brüdern sein Manuskript. Er braucht eine ehrliche Meinung von Leuten, die es gut mit ihm meinen. Sogar bei heiteren Reden wie beim *Orden wider den tierischen Ernst* holt Laschet Rat bei seinen Brüdern ein. Wenn er nach seinen wichtigsten Beratern gefragt wird, vergisst der Ministerpräsident nie seine Brüder.

Sie sehen sich ähnlich. Dunkle Typen, die sich gerne gut kleiden. Sie haben große Familien und alle ein gewisses Sendungsbewusstsein. Jeder der Laschet-Brüder saß oder sitzt im jeweiligen Kirchenvorstand der Heimat-Gemeinde. „Jeder hat seinen Weg gemacht, sind alle was geworden", sagt Heimatpfarrer Heribert August, der für alle immer noch eine Anlaufstelle ist. Patrick ist der Einzige, der in Aachen studiert und kein Jurist werden will. Er macht seinen Abschluss in Elektrotechnik und Informationstechnik an der *RWTH* und arbeitet bei *Vodafone* in Düsseldorf. *Service Assurance Manager – IP Transport Operations* lautet seine Berufsbezeichnung. Patrick Laschet sucht im Vergleich zu seinen Brüdern seltener die Öffentlichkeit.

Remo und Carsten Laschet studieren Jura an der *Universität zu Köln*, mit auswärtigen Stationen in Gießen oder London. Anders als Armin Laschet sind beide Volljuristen, Remo promoviert mit einer Arbeit über die Programmgrundsätze für den kommerziellen Rundfunk. Die Brüder werden Rechtsanwälte. Während Carsten sich im Bereich Haftungs- und Versicherungsrecht vor allem für Aufsichtsräte und Geschäftsführer spezialisiert und mittlerweile zum Geschäftsführenden Partner in der bundesweit tätigen Großkanzlei *Friedrich Graf von Westphalen & Partner* aufgestiegen ist, kümmert sich Remo vor allem um Erb-, Immobilien- und Wirtschaftsrecht. An der *Rheinischen Fachhochschule Köln* gründet er im Jahr 1998 den Studiengang Wirtschaftsrecht, wird dort später geschäftsführender Direktor des *Rheinischen Instituts für Konfliktforschung in der Wirtschaft* und führt seitdem auch einen Professoren-Titel. Auch Bruder Carsten lehrt dort – neben einem weiteren Lehrauftrag in Saarbrücken.

Parteipolitisch treten die beiden Brüder Laschets nicht groß in Erscheinung. Die Umtriebigkeit des Laschet-Clans wird gleichwohl auch bereits in höchsten Kölner Kreisen registriert. „Ihr macht Euch auch überall breit", witzelt einmal Konrad Adenauer, der Enkel des ersten Bundeskanzlers. Das ist im Jahr 2018. Adenauer hat da gerade erfahren, dass Carsten Laschet Syndikus des Kölner Doms geworden ist. Für einen ganzseitigen Bericht im *Handelsblatt* lässt er sich von einem Reporter durch das Hauptportal des Doms begleiten: „Dort haben sich bekannte Kölner Familien und Freunde des mit 157 Metern weltweit dritthöchsten Gotteshauses verewigt und einige der teuren Domfenster bezahlt, wofür sich die Kirche mit Namensgravur bedankt. Unter einem besonders prachtvollen und farbenfrohen Fenster an der Südseite steht da etwa der Name Oppenheim geschrieben", heißt es im Text. Adenauer, Oppenheim, Laschet. Wie groß ist der dynastische Ehrgeiz dieser Familie aus Aachen-Burtscheid?

Engagiert, umtriebig und standesbewusst wirken alle Laschet-Brüder. Dass Carsten Laschet seit Jahren Mitglied im katholischen Ritterorden vom Heiligen Grab ist, dem sogenannten Rotary-Club der Kirche, hat bei der prestigeträchtigen Berufung zum Domsyndikus sicherlich nicht geschadet. Und qua Amt wird er nun in den nächsten Jahren auch bei einem der sichtbarsten und weitreichendsten Bauvorhaben Kölns mitreden: der Gestaltung der *Historischen Mitte*. Auf historisch römischem Boden soll dort –

zentral in der Stadt – ein gewaltiges, über 130 Millionen Euro teures Neubauprojekt entstehen. „Einige in der Stadtgesellschaft wollen natürlich gerade die unbebauten Flächen so gestalten, dass sie für Veranstaltungen nutzbar sind", lässt sich Carsten Laschet im *Handelsblatt* zitieren, „der Kirche geht es insbesondere darum, die Bedeutung des Doms als Weltkulturerbe und Mittelpunkt des Erzbistums zu bewahren." Unweit des Doms, in den schicken Kranhäusern direkt am Rhein, hat Carsten Laschet sein Büro. Neben dem Engagement im Kölner Karneval ist er zudem noch Mitglied im Vorstand des *Bundes Katholischer Unternehmer (BKU)*. Ähnlich wie Armin Laschet strahlt Carsten Laschet immer auch journalistische Ambitionen aus: Er taucht nicht nur häufig als Rechtsexperte in den Medien auf, veröffentlicht juristische Aufsätze, sondern hat auch einen Bildband über die Brückenstadt Köln herausgegeben und verfasst Buchrezensionen über die damals neuen Bücher von Bischof Reinhard Marx und Friedrich Merz.

In Remo Laschets Lebenslauf spiegelt sich ebenso eine Umtriebigkeit, die man Laschet-typisch nennen möchte. Hat das etwas Adenauer-haftes? Mit Kanzler-Enkel Adenauer, einst Notar in der Domstadt, dessen Brüder eine große Baufirma führen und die in vielen Stiftungen und Gremien die Geschicke der Stadt lenken, trifft sich Remo Laschet im *Kölner Haus- und Grundbesitz*-Verein. Adenauer ist Vorsitzender, Laschet sitzt im Beirat. Neben seiner wissenschaftlichen Tätigkeit taucht Remo Laschets Name mal als Rechtsanwalt des Kölner Profifußballers Anthony Modeste auf, dann wieder als Kuratoriumsvorsitzender der *Deutschen Stiftung Eigentum*.

Remo und Carsten Laschet sind mit ihren Familien Mitglied in Hockey-Vereinen der Domstadt. Carsten bei Rot-Weiß Köln, Remo bei Schwarz-Weiß. Feldhockey gilt als Sportart des Bürgertums. Hier treffen sich einflussreiche Leute der Stadtgesellschaft. Remo Laschet und seine Familie werden zusätzlich Mitglied bei Rot-Weiß, dem eigentlich konkurrierenden Club. Das Engagement führt ihn sogar bis ins Präsidium des *Deutschen Hockey-Bundes (DHB)*. Er wird Vizepräsident für Recht und Finanzen, erhält später noch weitere Zuständigkeiten. Nach einem verbandsinternen Machtkampf sieht sich Remo Laschet Vorwürfen ausgesetzt, er würde Mitarbeiter seiner eigenen Kanzlei bevorzugen. Bewiesen wird es nicht, ehemalige Mitstreiter springen ihm öffentlich bei. Am Ende kandidiert er nicht erneut. Auswirkungen auf die Karriere von Armin Laschet haben die unschönen Schlagzeilen um den Bruder nicht – die Verbindung stellt niemand her. Dennoch kreuzen sich die Wege von Remo Laschet auch immer irgendwie mit denen von politischen Weggefährten seines Bruders. Zusammen mit dem früheren NRW-Innenminister Ingo Wolf (FDP) sitzt er zwischenzeitlich im *DHB*-Präsidium. Mit dem Ehemann von Laschets heutiger Umweltministerin Ursula Heinen-Esser ist er zeitweise Namensgeber einer Kanzlei.

Bislang kommen sich die Laschet-Brüder bei ihren Tänzen auf ziemlich vielen Hochzeiten in NRW nicht in die Quere. Wer den Familienmenschen Armin Laschet mit den zahllosen Aktivitäten seiner Brüder konfrontiert, erntet nur ein wissendes Lächeln.

Der Journalist

Grenzgänger zwischen Medien und Politik

Die Ärmel des hellblau-weiß karierten Hemdes sind hochgekrempelt, der Blick ist konzentriert auf den Bildschirm gerichtet. So sitzt Armin Laschet im März 2011 in seinem Düsseldorfer Landtagsbüro. „Also ich bin noch nicht sicher, was diese Woche das Thema wird. Ich habe mir gedacht, vielleicht könnte man mal über die Bedeutung des Wortes schreiben", sagt er ins Mikrofon der *Deutschlandfunk*-Reporterin, die ihm in diesem Moment über die Schulter schauen darf. Laschet sinniert weiter: „Worte können die Welt verändern, können Klima verändern, können Dinge bewegen. Und das könnte mal Thema für eine Kolumne sein." Er schaut aus dem Fenster. Draußen glitzert der Rhein, ein Frachtschiff stemmt sich gegen die Strömung. Drinnen tickt die Uhr. In zwei Stunden muss Laschet das Stück fertig haben, das er für die türkische Tageszeitung *Hürriyet* verfasst.

Die Rolle als Kolumnist ist ein Überbleibsel aus seiner Zeit als NRW-Integrationsminister, die mit der Abwahl der schwarz-gelben Landesregierung im Jahr zuvor jäh zu Ende gegangen ist. Laschet hat danach in kurzer Folge auch die parteiinternen Kämpfe um den Vorsitz der Landtagsfraktion und des CDU-Landesverbandes verloren. Es blieb ihm nur noch der Job des 1. Parlamentarischen Geschäftsführers der Fraktion – und eben jener des *Hürriyet*-Kolumnisten. Samstag für Samstag kann die türkische Community in Deutschland jetzt Laschets Gedanken zum Zeitgeschehen lesen. *Hürriyet* ist damals mit 40.000 Exemplaren die auflagenstärkste türkischsprachige Zeitung im Land. In seiner ersten Kolumne hatte sich Laschet dem Thema Frauenquote gewidmet. Seine Forderung: Deutschland solle sich ein Beispiel an der Türkei nehmen und seine kulturelle Arroganz ablegen. Schließlich habe es bereits in den 90er Jahren eine türkische Regierungschefin gegeben: Tansu Ciller. Immerhin 14 Prozent der Vorstandsvorsitzenden in der Türkei seien weiblich, in Deutschland liege der Wert bei null. Frauen-Quote, Familie, Fußball, Freundschaft: Die Themen seiner Rubrik sollen die Vielfalt des Lebens in Deutschland abbilden. Statt Parteipolitik thematisiert Laschet in der Zeitung das, was ihm persönlich im Zusammenleben zwischen Deutschen und Türken wichtig erscheint.

Das publizistische Engagement hat gewiss auch einen politischen Hintergrund. Laschet glaubt schon länger, dass die CDU Formen finden muss, Migranten besser anzusprechen. Dass er sich jedoch gerade jetzt als Kolumnist verdingt, da im Frühjahr 2011 seine politische Karriere einem Tiefpunkt entgegen trudelt, ist kein Zufall. Die journalistische Arbeit hilft ihm dabei, seine Gedanken zu ordnen. „Ich merke jetzt, dass es gut ist, neben dem Kleinklein der Tagespolitik, was natürlich in einer Oppositionsfraktion wichtig ist, sich auch mit ein paar grundsätzlichen Dingen zu beschäftigen", erklärt er geduldig der *Deutschlandfunk*-Reporterin, obwohl der Redaktionsschluss allmählich drängt. „Dass man eben auch wieder schreibt. Mehr als man das vorher gemacht hat und deswegen ist das auch ein Stück Rückkehr." Der angenehme Nebeneffekt der Kolumnisten-Tätigkeit: Laschet erhält in trister Lage zumindest ein bisschen Aufmerksamkeit. *Der Spiegel* bezeichnet ihn damals als „neue deutsche Stimme in der *Hürriyet*".

Ein Stück Rückkehr. „Mein großer Wunsch war, Journalist zu werden", so steht es noch heute auf Laschets persönlicher Politiker-Website. In den Aachener Jugendjahren unternimmt er früh erste journalistische Gehversuche. Berührungsängste, Scheu vor großen Namen oder Lampenfieber scheinen ihm fremd zu sein. Bereits als 14-Jähriger versucht Laschet regelmäßig, sich montagabends telefonisch in die legendäre Hörfunk-Sendung *Funkhaus Wallrafplatz* zuschalten zu lassen. Über Jahrzehnte bietet der *Westdeutsche Rundfunk* seinen Hörern hier die Möglichkeit, live mit dem Moderator verbunden zu werden. Es geht darum, mit Programm-Verantwortlichen, Prominenten und Medienwissenschaftlern über Inhalte und Sendepolitik des *WDR* zu diskutieren. Im Dezember 2015 wird *Funkhaus Wallrafplatz* zum letzten Mal ausgestrahlt. In den 70er Jahren ist es jedoch gar nicht so leicht, bei der beliebten Sendung dabei zu sein. „Mein Bruder ist mehrfach durchgekommen", erinnert sich Remo Laschet. Da sich Armin Laschet zu dieser Zeit noch das Dachzimmer mit den jüngeren Brüdern teilt, muss er seine jugendlichen Diskussionsbeiträge unter erschwerten Bedingungen absetzen. Während Laschet mit dem Hörer am Ohr darauf wartet, seine Argumente vortragen zu können, albern Remo und Patrick im Hintergrund herum. Ihr Ziel: Den älteren Bruder durch die gelben Trennvorhänge im Zimmer zum Lachen zu bringen. Sie rufen immer wieder „Aaii" und wollen, dass es live und landesweit über den Sender geht.

Das Zusammenspiel von Recherchieren und Präsentieren im Journalismus übt auf Laschet einen großen Reiz aus. „Das Hinterfragen von geschichtlichen, personellen, gesellschaftlichen Zusammenhängen hat ihm gefallen", erinnert sich Jugendfreund Walz. „Auf der einen Seite diese Entwicklungen zu analysieren, auf der anderen Seite aber auch das Ganze zu präsentieren. Das mochte er." Bereits in jungen Jahren schreibt Laschet für die Schülerzeitung. Erst am Rhein-Maas-Gymnasium, deren Postille den Namen *Oben ohne* trägt. Eine Doppeldeutigkeit wegen eines fehlenden Titels. Nach dem Wechsel ans Pius-Gymnasium schreibt Laschet dann für die *Pius-Post*. Er tritt außerdem immer wieder als Moderator bei Karnevals- und Schulveranstaltungen auf. Auch im Impressum der Abiturzeitung seines Jahrgangs, die den vielversprechenden Titel *Tanga* (Untertitel: „Leicht verhüllt und doch gesehen") trägt, findet sich das Redaktionsmitglied Armin Laschet. „Frech, frivol, richtungsweisend, hintergründig, aufklärend", lautet das Versprechen auf der Titelseite. Laschet verfasst darin einen launigen Rückblick auf die Schulzeit mit der Schlagzeile: „Armin und die weinenden Schüler der 13".

Später gibt Laschet eigenhändig eine Studentenzeitung heraus. Der Name: *Libertas*. Es ist ein Titel, der durchaus etwas über seinen Gründer erzählt: „Dieses Wort ‚Freiheit' prägt mich bis heute", wird Laschet später mal als Ministerpräsident sagen. Die lateinische, etwas hochtrabend klingende Übersetzung passt zum katholisch geprägten, ambitionierten Laschet. Eine Schwester seiner Frau ist damals Teil des *Libertas*-Redaktionsteams. Und wie beim Kirchenchor und in der *Jungen Union* ist natürlich auch Walz an der Seite des Jungjournalisten Laschet.

Walz kann sich entsinnen, wie er mit Laschet für ein Interview mit dem damaligen CDU-Schatzmeister und Bundestagsabgeordneten Walther Leisler Kiep nach Bonn gefahren ist. „Das war schon eine Nummer", erzählt er. Laschet greift gern hoch ins Regal. Es gibt in jeder Ausgabe ein Interview und einen Gastbeitrag, den dann eben auch mal Außenminister Genscher verfassen sollte. Laschet selbst bezieht in der *Libertas* immer wieder zu aktuellen Fragen Position. So etwa vor der Bundestagswahl 1983. Obwohl Laschet längst CDU-Mitglied ist und glühender Anhänger des ungleichen Unionsgespanns Helmut Kohl und Franz Josef Strauß, wünscht er sich keine absolute Mehrheit für seine Partei. Er favorisiert eine Neuauflage der schwarz-gelben Bundesregierung. „Die Konstellation Kohl/Genscher fand ich ganz gut", sagt er rückblickend.

Die Erfahrung mit den Schüler- und Studentenzeitungen wirkt bei Laschet bis heute nach. Wenn der Ministerpräsident hin und wieder von Jungredakteuren als Interviewpartner angefragt wird und das Landespresseamt bereits den „Abgelehnt"-Stempel gezückt hat, kann es vorkommen, dass der Chef persönlich interveniert. Seine Devise lautet: Prüfen und eher zusagen. Laschet weiß, wie schwierig es für Schülerzeitungen ist, prominente Gesprächspartner zu bekommen. Er kann beurteilen, dass das Engagement von Schüler-Redaktionen für die Autoren selbst, aber auch für das gesamte Schulleben bedeutsam ist. Laschet hat selbst davon profitiert, dass er mit seinen ersten publizistischen Aktivitäten von einigen Wohlmeinenden ernst genommen wurde. Im Aachen der frühen 80er Jahre spricht sich schnell herum, dass er eine ganz ordentlich gemachte Zeitung herausgibt. Zu den Abonnentinnen gehört etwa Franziska Neumann, seine spätere CDU-Fraktionschefin im Aachener Stadtrat, die sich als wichtige politische Förderin erweisen wird.

Als Laschet Anfang der 80er Jahre zum Jura-Studium nach München aufbricht, begleitet ihn sein journalistisches Grundinteresse. Als Neuling in der großen Stadt wird er Mitglied der katholischen Studentenverbindung *Aenania*. Im Jahr 1851 gegründet, ist die farbentragende, nichtschlagende Verbindung Gründungsmitglied des *Cartellverbandes der katholischen deutschen Studentenverbindungen*, kurz *CV*. In diesem Zusammenschluss hat die *Aenania* die amtliche Nummer Eins, ein prestigeträchtiger Rang. Unter den Mitgliedern, die einmal die Farbkombination Dunkelgrün-Weiß-Gold getragen haben, finden sich diverse spätere Minister, Oberbürgermeister, Richter am Bundesverfassungsgericht oder Hochschulprofessoren. Es gibt auch viele Bezüge zum Journalismus. Der frühere *ZDF*-Chefredakteur Nikolaus Brender, der ehemalige Intendant des *Bayerischen Rundfunks*, Albert Scharf, und der Medienanwalt Otto Gritschneder stehen in dieser

Ahnenreihe. Gritschneder verteidigte 1964 den *Spiegel*-Herausgeber Rudolf Augstein im Nachgang der sogenannten *Spiegel-Affäre* gegen Franz Josef Strauß. Da der jeweilige Erzbischof von München und Freising als sogenannter Protektor der Verbindung fungiert, ist der spätere Papst Benedikt XVI. der *Aenania* ebenfalls verbunden. Oder auch Reinhard Kardinal Marx. Zu Marx, der von 2014 bis 2020 Vorsitzender der Deutschen Bischofskonferenz ist, pflegt Laschet über die Jahre einen engen Kontakt. Die *Aenania* scheint überhaupt wie gemacht für den jungen Laschet, der begierig Kontakte knüpft und überall Anregungen sucht. Noch 1986/87 wird er stellvertretender Vorortspräsident, obwohl er da schon wieder überwiegend im Rheinland lebt. Freund Walz hat ein ähnliches Amt in Aachen inne.

„Wir sind uns bei einer katholischen Studentenverbindung in München erstmals begegnet", erinnert sich Michael Rutz Jahrzehnte später in einem Telefonat, „da trafen sich Studenten, die nicht schlagen wollten, aber ihrem Studentenleben einen christlichen Aspekt mitgeben wollen." Der Journalist, damals beim *Bayerischen Rundfunk* tätig, wird später Chefredakteur des *Rheinischen Merkur*. Rutz ist zehn Jahre älter als Laschet. Er ist in Würzburg *CVer* geworden. Zu Laschet findet er in München schnell einen Draht. Dessen Herkunft und Lust am offenen, aber tiefgründigen Austausch faszinieren Rutz: „Wir haben beide einen bildungsbürgerlichen Hintergrund, kommen aus Elternhäusern, in denen wie selbstverständlich Bücher gelesen und in denen auch immer ein Bezug zur Geschichte hergestellt wurde." Über die vielen Gespräche und Diskussionen entsteht eine sehr persönliche Freundschaft: „Bis heute sind daraus viele nachdenkliche Gespräche erwachsen, in denen es oft um den zweiten und dritten Gedanken ging und geht." Rutz und Laschet können leidenschaftlich über Privates, Politik, Journalismus, über Gott und die Welt reden.

Als Jura-Student hört Laschet allerhand Vorlesungen von Kapazitäten ihres Fachs. In München lehren zu dieser Zeit herausragende Juristen und Namensgeber von Standardwerken wie Professor Dieter Medicus im Bereich Zivilrecht, der anerkannte Staatsrechtslehrer Peter Lerche und der sogenannte Strafrechtspapst Claus Roxin. Der spätere Bundesverteidigungsminister Rupert Scholz, der bereits als Berliner Justiz-Senator in die Politik gewechselt ist, lässt sich für seine Vorlesungen einfliegen. Das damals eher verschulte bayerische Jura-Studium kommt Laschet entgegen. Obwohl an der Ludwig-Maximilians-Universität im Wintersemester 1981/82 gut 1200 Jura-Studierende anfangen, werden die Gruppen nach Alphabet sortiert. „Ich war quasi immer mit den gleichen 200 Leuten zusammen", erinnert sich Laschet, „mein ganzer Freundeskreis aus der Studienzeit trägt einen Nachnamen zwischen K und N."

Mit seiner Kontaktfreude und den Möglichkeiten des *CV*-Netzwerkes kann Laschet parallel zum Jura-Studium seine journalistischen Ambitionen verfolgen. Neben Rutz lernt er rasch weitere einflussreiche Journalisten kennen. Zum Beispiel den Rundfunk-Mann Norbert Matern, der die Hauptabteilung Erziehung und Gesellschaft beim *BR* leitet. Vor allem aber Heinz Klaus Mertes, der ebenfalls ein sogenannter Kartellbruder von Laschet ist. Mertes, früher Ressortleiter beim *Manager Magazin* und Wirtschaftskorrespondent für die *Welt am Sonntag*, arbeitet beim *Bayerischen Rundfunk,* übernimmt später die Leitung des Bereichs Aktuelles und des ARD-Politikmagazins *Report München*. 1990 avanciert er zum Fernsehchefredakteur des Senders. Mertes kann sich noch gut daran erinnern, wie Laschet ihn damals bei einer Konferenz der *Hanns-Seidel-Stiftung* angesprochen hat: „Solche Veranstaltungen haben wir gerne genutzt, um unseren journalistischen Nachwuchs zu akquirieren." Laschet darf ab 1. Januar 1988 beim *BR* in der Redaktionsgruppe *Aktuelles und Report* mitarbeiten. Zunächst kann er für die *Rundschau,* die regionale Nachrichtensendung des *BR,* in München Auslandsberichte bearbeiten, die vorwiegend mit Material aus *Euro-News* zusammengestellt werden. Auch an einigen Beiträgen für das politische Magazin *Report aus München* soll er als Mitautor beteiligt gewesen sein. Mertes ist die Art des jungen Aacheners auch nach Jahrzehnten noch präsent: „In Diskussionen oder später in Redaktionssitzungen hat er nie verbissen argumentiert, vielmehr immer geschmeidig und zugleich konsequent mit Fakten und in Zusammenhängen." Selbst bei kontroversen Bewertungen, so Mertes, vermochte er dies auf eine freundliche, doch bestimmte Art rüberzubringen. Er selbst habe damals ja eher als hartkantig in politischen Bewertungen gegolten, mitunter auch bewusst gegenläufig provozierend zum Medienmainstream. „Der junge redaktionelle Mitarbeiter Laschet war da nicht selten ein intelligenter, klug differenzierender jüngerer Kollege", so Mertes, „ein Rheinländer wie ich selbst, aber in seiner Wertorientiertheit ein Stück verbindlicher und immer deutlich konsensorientiert. Er war ja auch jünger und generationengemäß etwas linker sozialisiert."

Jenseits von Studium und Journalismus findet Laschet Gefallen an München. Seine damalige Freundin und spätere Frau Susanne und der Aachener Kumpel Walz kommen ihn besuchen. Sie verbringen lustige Abende auf dem Oktoberfest. Auch als Ministerpräsident freut sich Laschet heute noch auf jede Dienstreise in die bayerische Landeshauptstadt. Er genießt es, wenn er sich kleine Auszeiten nehmen kann, um noch einmal durch das Studentenviertel in der Münchener Maxvorstadt zu laufen.

Im Sommer 1983 – nach vier Semestern in München – kehrt Laschet bereits ins Rheinland zurück. Wie ursprünglich schon nach dem Abitur geplant, kann er an die Universität Bonn wechseln. Dort macht er im Jahr 1987 am Oberlandesgericht Köln sein erstes juristisches Staatsexamen. Die Note ist ordentlich: Befriedigend. Dabei ist seine Vorbereitung auf das Examen durchaus ungewöhnlich: Laschet verbringt den Tag unmittelbar vor der mündlichen Prüfung entspannt beim *Studententag* der Verbindung im Berliner Reichstagsgebäude und kehrt erst abends per Flugzeug zurück. Parallel zu den Examensvorbereitungen hatte er überdies viel Zeit im Abgeordnetenbüro von Stercken verbracht. Der CDU-Mann notiert 1987 in Laschets Arbeitszeugnis voller Bewunderung: „Obwohl er eine engagierte Mitarbeit geleistet hat und sich auch immer wieder publizistisch betätigte, hat er seine Vorbereitungen für sein Erstes juristisches Staatsexamen zielstrebig betrieben. Er tat dies in einer von mir bewunderten Disziplin und Arbeitsökonomie."

Obwohl Laschet Jahrzehnte später resümieren wird, dass ihm das Jura-Studium viel gebracht habe („Sie lernen zu strukturieren und Dinge zu analysieren. Außerdem bekommen Sie ein Gespür, um juristische Fragestellungen abwägen zu können."), bewirbt er sich nicht um ein Referendariat. Sein Ziel: Er will Journalist werden. Als *CV*er wechselt er mit dem Umzug aus München von der *Aenania* zur *KDStV Ripuaria Bonn*.

Seine journalistischen Kontakte aus Bayern nutzt Laschet, um künftig aus der Hauptstadt zu berichten: „Er hat bei *Radio Charivari* den Bericht aus Bonn gemacht", erzählt Walz. Über Jahre hinweg schildert Laschet jeden Morgen in knapp dreiminütigen Aufsagern, was wichtig wird in der Bundespolitik. *Radio Charivar*i ist der Münchener Privatsender *95.5 Charivari*, der am 1. April 1986 auf Sendung geht und bis heute als selbsternanntes *Hit-Radio* sendet. Laschet findet hier eine journalistische Heimat und hält auch nach seiner Rückkehr ins Rheinland noch lange den Kontakt. In seinen Münchner Tagen hat er einen der späteren Gründer des Senders kennengelernt: Christian Marx. Er ist Laschets Leibbursche in der Verbindung gewesen. Neben großen Verlagen hatte sich Marx auf eine Sendelizenz beworben und ein paar Stunden pro Tag bekommen. Anders als die Verlage will Marx aber von Anfang an selbst Radio machen. Da die Medienhäuser Interesse an einem durchgehenden Programm haben, gibt das dem Einzelkämpfer eine starke Stellung. Marx wird Geschäftsführer im Verlag des *Charivari*-Teilhabers *Münchener Merkur* und Laschet ist ab dem ersten Tag als Journalist dabei.

Die Anfangszeit bei *Radio Charivari* bietet kreativen Köpfen wie Laschet alle Chancen des Ausprobierens. „Das war ein bisschen wie Volkshochschule", sagt er über sein erstes journalistisches Politik-Angebot, „da musste ich dann auch Institutionen wie den Bundesrat erklären." Nach dem ersten juristischen Staatsexamen durchläuft Laschet eine Ausbildung bei dem Sender. Statt eines klassischen Volontariats mit festen Ausbildungsblöcken entspricht dies bei der neugegründeten Station aber eher einer Art Trainee-Programm. *Learning-on-the-job* eben. Bis heute sind sie in München stolz auf ihren einstigen Mitarbeiter. Nach der Wahl zum Ministerpräsidenten gratuliert das bayerische Hit-Radio über die sozialen Netzwerke: „Ehemaliger *Charivari*-Korrespondent gewinnt NRW-Wahl."

Die medialen Umwälzungen der 80er Jahre erweisen sich für Laschet als Glücksfall. „Das war die Zeit des Pioniertums des privaten Hörfunks in Deutschland. Es gab ja bislang nur die Öffentlich-Rechtlichen", sagt Oliver Luxenburger, „und wir waren plötzlich angetreten, privates Radio zu machen und wollten es den Großen und Etablierten zeigen." Luxenburger ist seit mehr als drei Jahrzehnten bei *Radio Charivari*. Zwei Wochen nach dem Sendestart im April 1986 hat er als München-Reporter dort angefangen, heute ist er Chefreporter. Die Zusammenarbeit mit Armin Laschet ist ihm noch im Gedächtnis. Schon kurz vor dessen Wahl zum Ministerpräsidenten im Sommer 2017 soll Luxenburger in seinen Erinnerungen kramen. „Wir waren besonders stolz, dass wir damals einen eigenen politischen Korrespondenten in Bonn hatten, der hervorragende Arbeit gemacht hat", erzählt er da. Ganz im Duktus des Privatfunks schmückt Luxenburger die gemeinsame Zeit mit Laschet etwas schillernd aus: „Er konnte blitzschnell auf aktuelle politische Themen reagieren und hat diese sehr, sehr gut umgesetzt." Luxenburger glaubt sogar, dass Laschet bei *Radio Charivari* nicht nur das journalistische Handwerk gelernt hat: „Ich kann mir auch vorstellen, dass er da dieses Bürgernahe gelernt hat, diese Denkweise, so zu sprechen, wie es auch draußen bei den Leuten ankommen soll. Und eben nicht in einem politischen Fachlatein, das keiner versteht." Gerade für einen privaten Unterhaltungssender sei dies wichtig gewesen: „Wir haben den Leuten gezeigt, dass sich eben auch ein richtig cooles, lockeres Radio mit einem tiefen journalistischen Anspruch verbinden lässt. Und da hat der Armin tolle Arbeit geleistet."

Mitunter habe der Hauptstadt-Korrespondent Laschet aus dem Stegreif liefern müssen, erzählt Luxenburger. „*On-Demand*, wie man heute sagt." Telefonanruf in Bonn und schon habe der Kollege losgelegt. Anders als im Digitalzeitalter ist es damals umständlicher. „Früher mussten wir das mühsam per Telefon überspielen. Ich saß hier im Studio und musste ihn dann immer mit Bandgeräten aufzeichnen." Häufiger hätten sich die Bänder verworren, wären runtergefallen. Bandsalat. „Armin, bitte mach es nochmal, das Band ist kaputtgegangen." Neu ansetzen, am Stück durchsprechen. Eine Erfahrung, die Laschet später als Ministerpräsident bei seinen Neujahrs-Ansprachen durchaus nützlich ist. „Ja", sagt Luxenburger und lacht, „mit diesem Problem haben wir damals gekämpft." Trotz mancher Pannen sei Laschet immer locker und lustig drauf gewesen, „ein sehr netter Kollege". Persönlich haben sich die beiden nicht oft gesehen: „Ich habe ihn bloß immer gehört", sagt Luxenburger.

Bis zum Jahr 1990 ist Laschet für *Radio Charivari* tätig. Mitschnitte von damals gibt es keine mehr beim Sender. Auch Luxenburger persönlich hat nichts archiviert aus dieser Zeit, „in der man noch näher an der Politik war". Es müssen herrliche anarchische Momente bei diesem Sender gewesen sein. Einmal unternimmt Luxenburger den kühnen Versuch, telefonisch zum damaligen Bundeskanzler durchzukommen. Welch ein Schreck, als er im

Vorzimmer landet und die Sekretärin sagt: „Ich kann leider gerade nicht zu Doktor Kohl verbinden, denn er ist gerade aus einem Zimmer raus." Jahre später probiert Luxenburger den gleichen Gag bei Armin Laschet, der da schon Landesminister ist. „Da wollte ich ihn sprechen, als alter Kollege. Und da hat es im Vorzimmer schon länger gedauert, um zu ihm als Minister durchzukommen." Doch die Verbundenheit zwischen Laschet und seiner journalistischen Heimat *Radio Charivari* ist geblieben.

Seine Tätigkeit für den *Bayerischen Rundfunk*, die er Anfang 1988 aufgenommen hat, führt Laschet parallel zu den Privatradio-Aktivitäten noch bis Ende 1990 weiter. Ab 1989 ist er am Aufbau eines eigenen *BR*-Korrespondentenbüros in Bonn beteiligt. „Für unsere damals neugegründete Nachrichtensendung *Rundschau* brauchten wir journalistische Mitarbeiter in der damaligen Bundeshauptstadt", erinnert sich Mertes, „kein dickes Studio, sondern freie Leute als orts- und politikkundige Antennen im Bonner Politikgetriebe vor Ort." Der junge Laschet schien Mertes dafür prädestiniert: „Er war ganz klar ein politischer Kopf, umtriebig, ein guter Netzwerker, wusste Bescheid." Die Aufgabe: Termine durchgeben, je nach Bedarf O-Töne einholen, mal eine Zulieferung machen, Pressekonferenzen besuchen oder auch mal selbst einen Bericht fertigen. Laschets Nachfolger beim *BR* ist später Stephan Mayer, der Jahrzehnte als Korrespondent aus der Hauptstadt berichten wird.

Als Politiker verweist Laschet jahrelang gern auf diese redaktionellen Tätigkeiten in München und Bonn. Nur klingen sie im offiziellen Lebenslauf etwas stringenter und glamouröser, als sie allem Anschein nach waren. „1987 bis 1994: Ausbildung zum Journalisten. Tätigkeit als freier Journalist für bayerische Rundfunksender und das bayerische Fernsehen", heißt es auf dem Portal des Landes Nordrhein-Westfalen. Journalistische Belege dafür finden sich aber nicht. „Leider konnten wir keine Folgen von *Report München* finden, bei denen Armin Laschet als Mitwirkender dokumentiert wurde. Eine allgemeine Recherche nach Fernsehbeiträgen von Armin Laschet blieb ebenfalls ergebnislos", lautet die Auskunft aus der *BR-Hauptabteilung Archiv, Dokumentation, Recherche*. Auch eine weitere Nachfrage bleibt erfolglos: „Die Möglichkeit, dass Beiträge nicht archiviert wurden, besteht natürlich immer", heißt es dann aus München, „was ich Ihnen mit

Sicherheit sagen kann, ist, dass es in unseren Beständen, egal ob digital oder analog, keine Beiträge von einem Autor Armin Laschet gibt."

Ein paar Wochen nach dieser Auskunft sorgt im Herbst 2019 auch eine Meldung der *Wirtschaftswoche* für Gesprächsstoff in Düsseldorf. Unter der Überschrift „Spurlos in München" notiert das Magazin: „Im gesamten Archiv des Senders allerdings sind aus den fünf Jahren Tätigkeit keine Belege dafür zu finden." Die Erklärung von Laschet und seinem einstigen Förderer Mertes: Der Ministerpräsident habe wohl nur „Zulieferarbeiten" getätigt. Von „Wirbel um Armin Laschets Lebenslauf" schreiben einige Regionalzeitungen, doch die Zweifel an den frühen Jahren des Regierungschefs verfangen politisch nicht weiter. Mertes sieht darin die unlautere Suche nach einer schnellen Schlagzeile. Er hat Laschet damals immerhin ein Arbeitszeugnis für Tätigkeiten vom 1. Januar 1988 bis 31. Dezember 1990 ausgestellt, in dem er ihm die Produktion eigener Beiträge und die Vorbereitung der „Logistik für das heutige Bonner Korrespondentenbüro des Bayerischen Fernsehens" bescheinigt. Mertes lobt Laschet in der Beurteilung als „äußerst fundierten Journalisten, als guten Reporter, als in jeder Hinsicht umsichtigen und zuverlässigen Mitarbeiter".

Doch der Eindruck eines Politikers, der ein wenig zu dick aufgetragen hat, drängt sich auf. Lebenslauf-Schummeleien sind gefährlich, erst recht, wenn sich ein Regierungschef mit namhaften Sendungstiteln schmückt. Dass sich an Laschets erstes juristisches Staatsexamen eine reguläre journalistische Ausbildung und dann eine klassische Hauptstadt-Korrespondenten-Tätigkeit bis 1994 angeschlossen habe, lässt sich in dieser Kontinuität wohl nicht recht darstellen. Dass er aber für *Radio Charivari* und den *BR* tätig war, ist belegt.

In Laschets Biografie findet sich eine weitere Stelle, die heutzutage Fragen aufwerfen würde. Parallel zu den Telefon-Berichten für *Charivari*, den Arbeiten für den *BR* und der späteren Tätigkeit als Chefredakteur der Aachener Kirchenzeitung versucht sich Laschet immer wieder auf dem Bonner Parkett in einem seltsamen Balance-Akt zwischen journalistischem Beobachter und politischem Akteur. Schon als Referent für den Bundestagsabgeordneten Stercken zwischen 1984 und 1987 erweist er sich als ausgesprochen flexibel. Der CDU-Politiker Stercken ist als Vorsitzender des Auswärtigen Ausschusses viel in der Welt unterwegs. Auf seinen Reisen darf ihn der junge Laschet ab und an begleiten, etwa 1984 in das von der Hungerkatastrophe gebeutelte Äthiopien. Allerdings gibt es für den Referenten kein Spesenkonto. Laschet bietet deshalb als freier Journalist Beiträge aus Äthiopien an und finanziert sich so den Flug. Die Übernachtung vor Ort organisiert wiederum Stercken über die Deutsche Botschaft. Auch in Nicaragua ist Laschet dabei, als im Februar 1990 überraschend die Zeitungsverlegerin Violeta Chamorro gewinnt und die Herrschaft der Sandinisten beendet.

Zu diesem Zeitpunkt ist Laschet auch schon in der Verwaltung des Deutschen Bundestags angestellt. Im Juni 1987, unmittelbar nach seinem Staatsexamen, beginnt er mit einer halben Stelle als Redenschreiber im Büro des damaligen Bundestagspräsidenten Philipp Jenninger, Referat PZ3. Zusammen mit Thomas Läufer, der später Deutscher Botschafter in den Niederlanden wird, arbeitet er im Präsidialbüro. An der aufsehenerregenden Jenninger-Rede am 10. November 1988 ist Laschet allerdings nicht beteiligt. Der Bundestagspräsident spricht zum 50. Jahresgedenken der Novemberpogrome von 1938 und löst damit einen internationalen Skandal aus. Jenninger will das politische Klima in Deutschland veranschaulichen, das Hitler erst möglich gemacht hat, und nutzt dabei das Stilmittel der erlebten Rede. Für die Zuhörer ist nicht nachvollziehbar, warum sich der Bundestagspräsident zum Teil eines Vokabulars der Nationalsozialisten bedient. Mehrere Abgeordnete verlassen empört den Saal. Das Medienecho ist verheerend. Jenninger tritt sofort zurück.

Der Historiker Wolfgang Benz analysiert später, dass an der Rede inhaltlich wenig zu beanstanden gewesen sei, doch das komplizierte Manuskript habe Jenninger überfordert. Am Ende geht der „unglückliche Staatsakt" als unwürdiges Gedenken in die Geschichte ein. Laschet bekommt in Bonn alles aus der Nähe mit, ist aber nicht verantwortlich. „Damals war ich zu jung, ein ganz junger Referent, an solchen großen Reden durfte ich nicht mitarbeiten", sagt er später einmal. Mit seinem Schwiegervater Heinz Malangré gibt er allerdings im *Einhard-Verlag* sofort ein Buch zur Jenninger-Rede heraus, das den Wortlaut und die Reaktionen dokumentiert.

Referent, Redenschreiber, Journalist – Laschets Bonner Aktivitäten-Mix würde heute wohl einen veritablen Skandal auslösen. Ob er zuerst dem

Wahlkreisabgeordneten Stercken dient, dem Präsidialbüro, seinen beginnenden kommunalpolitischen Ambitionen in Aachen oder der unabhängigen Berichterstattung, lässt sich schwer erkennen. Noch als Redakteur der *Kirchenzeitung* und Ratsherr in Aachen Anfang der 90er Jahre dient er per „Werkvertrag" weiter der Bundestagspräsidentin Süssmuth als „wissenschaftlicher Berater". Eine solche Konstellation mit ihren natürlichen Interessenkonflikten hat mit dem kritischen Journalismus, den Laschet später als Ministerpräsident immerzu lobt, natürlich wenig zu tun.

Er selbst taucht die Vergangenheit in milderes Licht. „Ich war immer ein bisschen politisch, kommunalpolitisch engagiert. Das ist noch vereinbar, aber wenn man es beruflich macht, muss man Journalismus und Politik trennen", betont Laschet später einmal. Tatsächlich sind im Bonn der 80er Jahre Journalisten und Korrespondenten häufiger noch selbst Partei-Mitglieder oder zumindest eindeutig in der Farbenlehre zu verorten. Deshalb wohl entwickelt Laschet bei seinen Grenzgängen als Redenschreiber und Berichterstatter in Personalunion auch kein Störgefühl. „Nein, das war überhaupt kein Thema", sagt er, „zumal es ja keine parteipolitischen, sondern eher grundsätzliche Reden waren."

Laschets Auftraggeber erkennen in seinen Nebentätigkeiten ebenfalls keinerlei Konfliktstoff. Laschets *BR*-Förderer Mertes nimmt bald wahr, dass dieser „Homo Politicus von Format" über die bloße Betrachtung des politischen Geschehens hinaus als Akteur in die politische Welt drängt: „Das war dann ja auch sein Weg in die Politik als Beruf", so Mertes, dem selbst nachgesagt wurde, der CSU und der bayerischen Staatsregierung nahezustehen. Ein Einstellungshindernis soll Laschets Agieren in der politisch-medialen Grauzone niemals gewesen sein. Auch beim *BR* – damals in einer breiten nachrichtlichen Ausbauphase begriffen – hätte Armin Laschet gewiss Karriere gemacht, ist sich Mertes sicher: „Wenn er den Finger gehoben hätte, dann hätten wir ihn bestimmt fester an uns gebunden, aber so blieb es bei einem freien Zulieferer, der gleichwohl professionelle Spuren hinterließ."

Trotz des frühen Berufswunsches, Journalist zu werden, orientiert sich Laschet mit den Jahren immer zielstrebiger Richtung Politik. Das Geschehen nur vom Rand aus zu beobachten und zu analysieren ist nicht seine Stärke. Er will eingreifen. „Eigentlich war er immer schon ein Gestalter", glaubt Jugendfreund Walz. Auch Pfarrer August, der Laschet seit seinem 16. Lebensjahr kennt, verfolgt einen Prioritätenwechsel: „Dieses Interesse am Journalismus war da, darin war er wohl auch gut, aber am Ende wollte er eben doch mehr Politiker sein." Der Geistliche denkt nach und sagt nach kurzer Pause: „Er ist wirklich mit Fleisch und Blut Politiker." *BR*-Mann Mertes wechselt später zum Privatsender *Sat1* und betreibt heute eine TV-Produktionsgesellschaft in Tutzing. Einmal hat er Laschet noch nach Jahrzehnten am Berliner Flughafen wiedergetroffen. Es muss eine herzliche Begegnung gewesen sein.

Die letzten Takte des Musik-Duos *Doyna* sind verklungen, als Armin Laschet an einem frühen Oktoberabend 2019 im holzvertäfelten Veranstaltungsraum des *Landschaftsverbandes Rheinland (LVR)* ans Rednerpult tritt. Der Hauptsitz des großen Kommunalverbandes liegt in Köln, direkt auf der anderen Rheinseite sieht man den Dom. Laschet hat sich extra durch den dichten Feierabendverkehr rund um Nordrhein-Westfalens einzige Millionenstadt fahren lassen, um einer Frau die Ehre zu erweisen, die maßgeblich war für seine politische Prägung. „Ehrenring des Rheinlandes – Verleihung an Frau Bundestagspräsidentin a.D. Prof. Dr. Dr. h.c. mult. Rita Süssmuth", steht auf der Einladung. Allein der Titel benötigt sechs Zeilen. Mit weißem Blazer, schwarzem Rock und der charakteristischen Kurzhaarfrisur sitzt Süssmuth in der ersten Reihe. Aufmerksam lauscht sie der Laudatio des Ministerpräsidenten, der mal als kleiner Mitarbeiter bei ihr angefangen hat.

„Deine politische Karriere hat etwas unvermittelt begonnen – mit einer unbekannten Bonner Nummer", beginnt Laschet seine Rede. Er erinnert an den überraschenden Anruf von Kanzler Kohl, der die Professorin für Erziehungswissenschaft in die Politik geholt hat. Laschet listet Süssmuths Verdienste, Posten und Positionen auf. „Das alles und viel mehr sind die formalen Tätigkeiten", sagt Laschet dann und macht eine Pause: „Für mich war sie allerdings erst einmal die Chefin. Denn: Mit 27 Jahren war ich damals Redenschreiber bei Rita Süssmuth." Süssmuth folgt auf Jenninger als Bundestagspräsidentin. Fünf Jahre habe er den Job gemacht, erzählt Festredner Laschet verschmitzt: „Das war eine Tortur." Gelächter im Saal. „Die richtigen Worte zu finden, die sie dann ohnehin nicht genutzt hat", sagt er und steuert auf die nächste Pointe zu: „Meine Redenschreiber verzweifeln auch schon, weil das alles hier nicht steht …" Laschet zeigt auf seine Rednermappe und spricht frei weiter: „Das war eine anspruchsvolle Zeit mit großem Krafteinsatz." Laschet erinnert an späte Rückfahrten in das Amtshaus in Bonn-Bad Godesberg. An den frühen Arbeitsbeginn um sieben Uhr, wenn die Chefin ihn dann mit den Worten begrüßte: „Ich habe heute Nacht ein wenig Eugen Drewermann gelesen – haben Sie das Kapitel so und so schon gelesen?" Laschet schüttelt theatralisch den Kopf: „Nein, die Kraft hatte ich nicht." Der Ministerpräsident schafft es an diesem Abend im *LVR*, die *Ehrenring*-Verleihung mit einer heiteren und doch würdigen Ansprache zu bereichern. Man merkt ihm an, dass die Worte aus dem tiefen Innern kommen. Er bilanziert hochachtungsvoll: „So war auch die Art der Zusammenarbeit: Die Reden waren vorbereitet – daraus sog sie ihre Grundstruktur, aber sprach dann frei – und je freier die Rede war, desto besser. Das muss ein Redenschreiber dann demütig hinnehmen."

Kurz darauf tritt Rita Süssmuth ans Rednerpult: „Ich freue mich, dass sich unser Ministerpräsident zu so einem Anlass auch noch die Zeit nimmt", sagt sie zu Beginn, „aber ich muss Ihnen sagen. Er hat zwar gerade eben gesagt, wie anstrengend das alles war … Ja, ich bin anstrengend, das weiß ich. Aber: Keiner kann es allein. Natürlich ist mein wichtigster Berater mein Mann." Mit keiner weiteren Silbe wird Süssmuth an diesem Abend auf die fast unterwürfigen Vorlagen aus der Vergangenheit eingehen, die Laschet ihr geboten hat. Stattdessen nutzt sie ihre Dankesrede für politische Botschaften, beispielsweise zum Engagement der Demokraten, für Europa, zur Gleichberechtigung von Mann und Frau. Das Schwelgen in der Vergangenheit scheint nicht Süssmuths Charakter zu entsprechen. Bei ihr geht es um Inhalte, fast alles ist politisch. Auch beim abschließenden Foto mit der Urkunde steht Laschet eher wie ein junger Referent neben seiner ehemaligen Chefin. Er wirkt nicht wie der Ministerpräsident, der die in Neuss lebende Bürgerin Süssmuth auszeichnet.

„Sie hat eine große Diskussions-Leidenschaft", sagt Laschet ein paar Minuten später bei einem Zigarillo vor der Tür des *LVR*, „Vorschläge diskutieren, erörtern, abwägen – zusammen mit den Mitarbeitern. Das habe ich bei ihr gelernt. Und: Dass man für eine Sache kämpfen muss." Süssmuth habe „bei vielen Themen eine starke eigene Überzeugung gehabt", ob beim Streit um die Verhüllung des Reichstags durch den Künstler Christo oder beim Umgang mit der Krankheit *AIDS* in den 80er Jahren. „Sie hat dafür gekämpft. Und auch, wenn sie am Anfang oft nicht die Mehrheit hinter sich wusste, hat sie am Ende vieles erfolgreich durchgesetzt." Laschet zieht am Zigarillo: „Sie hat viel gefordert, aber selbst auch rund um die Uhr gearbeitet, wenig geschlafen. Und die Mitarbeiter mussten, wenn sie mithalten wollten, ebenfalls liefern." Die Begegnung mit Süssmuth wird für ihn zum Glücksfall. „Die Zeit hat mir sehr gefallen, mich bereichert, und mich als meine erste Berufserfahrung bis heute geprägt", sagt er. Über den Dom-Türmen setzt die Dämmerung ein. Laschet muss los. Er steigt in seinen Dienstwagen und ist weg.

Es dauert einige Wochen, bis Süssmuth nach diesem Abend beim *LVR* zu einem Gespräch bereit ist. „Armin Laschet und Rita Süssmuth pflegen ein sehr enges, vertrauensvolles Verhältnis", lässt der Referent ausrichten. In Zeiten, in denen sich ihr einstiger Mitarbeiter um den Bundesvorsitz der Partei bewirbt, ist Süssmuth vorsichtig mit öffentlichen Äußerungen. Schließlich sagt die inzwischen 83-Jährige doch noch zu. Als Süssmuth 1988 Bundestagspräsidentin wird, hat sie vom jungen Referenten Laschet im Bonner Betrieb schon gehört, „aber er war damals einer von den noch Unsichtbaren". Dennoch: „Er war für mich schon mit dem Thema junge Christen verbunden." Süssmuth bittet Laschet und Thomas Läufer aus Jenningers ehemaligem Präsidialbüro zum Gespräch: „Es ging mir darum, beide kennenzulernen", sagt sie, „und dabei ging es mir vor allem um Wertungs- und Haltungsfragen. Also, wie gehen sie mit Israel und der Bearbeitung des Holocaust um? Welche Einstellungen haben sie in den aufkommenden Gesellschaftsfragen? Bei der Gleichberechtigung von Frau und Mann? Bei der Integration?" Süssmuth überlegt. „Es ging auch darum, wie schaffen wir es, das Getrennte wieder zu einem Zusammengehörigen zu fügen", sagt sie, „in diesem Sinne ist Armin Laschet auch ein interdisziplinärer Mann, der über die engen Grenzen von Fachressorts hinausschaut. Der die Frage stellt: Wen und was müssen wir dabei berücksichtigen?"

Süssmuths Sätze, die sie aus dem Jahr 1988 zurückholt, klingen in dem Augenblick ziemlich aktuell. Es sind Aussagen, die irgendwie den Politiker Laschet im Jahr 2020 beschreiben. Damals lässt sich Süssmuth Zeit mit der

Entscheidung, Laschet und Läufer in ihren Stab zu übernehmen. „Ich musste immer erst einmal nachdenken. Es gab aber damals eine natürliche Empathie. Diese Menschen sprachen mich an und es gab eine Grundbereitschaft." Nach zwei, drei Tagen sagt sie Beiden zu. Läufer wird Büroleiter, Laschet Redenschreiber und Berater. Jahrzehnte später weiß sie, dass sie das richtige Gespür hatte. „Diese Beiden, wenn ich sie mal zusammennehme, sind schon gestandene Persönlichkeiten." Stolz klingt durch: „In der Politik haben Sie immer schnell Freunde, wenn Sie erfolgreich sind, und fühlen sich noch schneller verlassen, wenn Sie Konflikte haben. Da braucht es Menschen wie Laschet, zu denen Sie Vertrauen haben."

Süssmuth gehört in der Bonner Republik zu den wenigen Frauen, die Karriere machen. Als Seiteneinsteigerin gerät sie schnell in politische Grabenkämpfe, wenn sie sich in Machtfragen einmischt. Sie hat erfahren, wie sich der Wind drehen kann. Ganz besonders, als sie sich später gegen ihren Förderer Kohl stellt. Werte, Ehrlichkeit und Vertrauen – das sind große Worte, die Laschet in Süssmuths Umfeld aufgesogen hat. Er weiß, dass man in der wetterwendischen Politik immer skeptisch und ganz bei sich bleiben muss. „Heute sind alle freundlich", murmelt er im Frühjahr 2020, als er von positiven Urteilen ehemaliger Weggefährten über sich erfährt. Süssmuth meint er sicher nicht, deren schonungslose Ehrlichkeit kennt er zu gut.

Im Büro Süssmuth ist damals genau das gefragt: Ihr Arbeitsstil basiert auf einer offenen und kritischen Diskussionshaltung. „Zu meiner Auseinandersetzung mit Redemanuskripten gehörte aus deren Wahrnehmung wahrscheinlich eine sehr hässliche Eigenschaft von mir: Wenn es dann geschrieben stand, erst einmal eine gegenteilige Position aufzubauen und die durchzubuchstabieren", sagt Süssmuth. Das sei unbequem, aber wichtig. Laschet muss Reden verfassen und Positionspapiere formulieren, vor allem im kirchlichen Bereich. Es ist eines seiner Fachgebiete. Süssmuth formuliert immer einen hohen Anspruch: „Was wollen wir an die Menschen weitergeben? Was ist unsere Botschaft?"

Süssmuth kann ihrem jungen Mitarbeiter eindrucksvoll mitgeben, wie man einer scheinbaren Minderheitenposition durch beharrliche Überzeugungsarbeit zur Mehrheit verhilft. Als Gesundheitsministerin verfolgt sie im Umgang mit *AIDS* einen deutlich liberaleren Kurs als vor allem die

CSU. Sie werden das nicht schaffen, heißt es, die Mehrheit der Bevölkerung will schärfere Kontrollen. Ressentiments gegen Homosexuelle und Moralurteile über einen angeblich sündigen Lebenswandel prägen das Debattenklima. Es ist ein Kampf, den Süssmuth mit in ihre neue Funktion als Bundestagspräsidentin nimmt. Ihr geht es um Krankheitsprävention: „Wie erweitert man die Gruppe der Mitmachenden?" Laschet kann sich gut einbringen: „Das hat mir sehr geholfen. Laschet hatte durch sein Studium ja die juristische, abstrakte Sprache kennengelernt, aber danach als Journalist gearbeitet", erinnert sich Süssmuth, „ich selbst kam ja ursprünglich aus der Wissenschaft, in der man nicht so bildhaft und anschaulich spricht." Laschet setzt erste Akzente. „Für die Kommunikation brauchen wir ein gutes analytisches Vermögen und in der Umsetzung eine bildhafte Sprache", sagt Süssmuth, „und all das brachte Armin Laschet mit." Im Laufe von Laschets eigener politischer Laufbahn ist Süssmuth eine Unterstützerin und besucht ihn auch in Aachen. Das Verhältnis bleibt eng. „Meistens telefonieren wir", sagt Süssmuth. Auf die Frage nach ihrem Einfluss auf die Prägung Laschets winkt sie ab: „Da bin ich vorsichtig mit mir selbst. Armin Laschet hat seine eigene Prägung, offen für den Austausch mit anderen, kein Ausgrenzender, kein polarisierender Partner, sondern konzentriert auf Tatbestände und Problemlösungen."

Die Stadt Bonn wird auch privat für Armin Laschet zu einer wichtigen Wegmarke. Hier zieht er erstmals mit Susanne zusammen. Laschet selbst wohnt zunächst in einer Studentenwohnung in Bonn-Kessenich, später leben sie dann gemeinsam in der Graurheindorfer Straße. Susanne arbeitet in der Buchhandlung, während er sich bevorzugt im Regierungsviertel tummelt. Sie mögen die Stadt. Ihr erster Sohn Johannes, der auch in Bonn geboren ist, wird später hier studieren. „Joe" Laschet nutzt häufig die schicken Altbauten der Bonner Südstadt als Kulisse für seine *Instagram*-Fotos. Auch Armin Laschet kennt Bonn noch immer gut. Bei einem Termin als Ministerpräsident mit Pressebegleitung leitet er einmal den Fahrer seiner Staatskarosse persönlich durch Nebenstraßen ans Ziel – was natürlich öffentlichkeitswirksam aufgeschrieben wird.

1990 ziehen die Laschets zurück in die Heimat Aachen. Erst in den Stadtteil Richterich, zwei Jahre später bauen sie das Haus in Burtscheid. Laschet hat es über die Münchener und Bonner Jahre geschafft, in Abwesenheit Beisitzer der örtlichen CDU zu bleiben und 1989 erstmals für den Stadtrat aufgestellt zu werden. Jetzt muss er sich entscheiden. Wenn er Ernst machen will mit der Politik, muss er näher an der Basis leben. In der Hauptstadt bleibt Laschet dennoch stundenweise Süssmuths Berater. Regelmäßig fährt er nach Bonn, doch auch in Aachen eröffnen sich neue berufliche Perspektiven.

Heinz Malangré steht an einem Stehtisch im *Einhard-Verlag*, in dem die Aachener Kirchenzeitung erscheint. Es ist der 24. Mai 1991, ein Freitagnachmittag, als der geschäftsführende Gesellschafter des Hauses das Wort ergreift. Vor ihm sitzen seine Mitarbeiterinnen und Mitarbeiter, die führenden Köpfe der Aachener Presselandschaft, aber auch Journalisten aus Köln sowie der Aachener Generalvikar. Es ist die Abschiedsfeier für Karlheinz Pierroth. Über 30 Jahre war Pierroth für den Verlag tätig, zuletzt Chefredakteur: Malangré würdigt Pierroths Berufsleben, seine außergewöhnliche Einsatzbereitschaft und Pflichttreue und dankt ihm vor allem dafür, dass er bereit gewesen ist, den Pensionsbeginn um ein halbes Jahr nach hinten zu verschieben, um seinen Nachfolger hinreichend einarbeiten zu können: „Sie haben sich um die Kirchenpresse verdient gemacht", sagt Malangré.

Auch Laschet sitzt im Raum. Er trägt einen dunklen Anzug, weißes Hemd und Krawatte. Vor ein paar Monaten ist er 30 Jahre alt geworden. Jetzt soll er dem mehr als doppelt so alten Pierroth nachfolgen. Malangrés Worte werden ein paar Tage später gedruckt in der Kirchenzeitung erscheinen: „Mit Laschet sei ‚die Kontinuität der Kirchenzeitung gewahrt und gesichert'. Er besitze nicht nur eine hohe journalistische Qualifikation, sondern verfüge auch über wichtige Marketing-Erkenntnisse." Malangré selbst kommt dann doch noch auf eine nicht ganz unwichtige private Eigenschaft des jungen Mannes zu sprechen: „Sein einziger Nachteil ist, dass er mein Schwiegersohn ist", sagt Malangré, „aber ich habe seine Berufung nicht vorgeschlagen."

Fragt man Laschet selbst nach der ungewöhnliche Karriere im Verlag von Susannes Vater, fällt der Name Paul Dahm. Er gilt als einer der Pioniere der katholischen Presse und stirbt 2005 im Alter von fast 80 Jahren. 1969 tritt Dahm als Chefredakteur der Elternzeitschrift *Leben und Erziehen* in den *Einhard-Verlag* ein. Das Blatt zählt damals 750.000 Abonnenten. Später wird er als Chefredakteur die Kirchenzeitung und als Vorsitzender der *Gesellschaft Katholischer Publizisten Deutschlands* die Öffnung der Kirche publizistisch vorantreiben. Dahm soll es gewesen sein, der Laschet zur Kirchenzeitung geholt hat. „Mein Schwiegervater stand dem sicherlich nicht im Weg", sagt der Ministerpräsident heute. Bei seiner Berufung zum Chefredakteur ist Laschet gut ein Jahr im Verlag und dank Pierroth eingearbeitet.

„Einen Journalisten soll man nicht daran messen, wie er redet, sondern wie sein Blatt aussieht", fasst sich Laschet in seiner Ansprache als neuer Chefredakteur kurz. Zugleich lässt er Ambitionen durchblicken. Trotz ihrer räumlich begrenzten Verbreitung werde die Kirchenzeitung niemals provinziell sein: „Gerade die Kirche in Aachen hat schließlich weltweite Ausstrahlungskraft", sagt Laschet und zählt auf: „Aachen ist Sitz der großen Hilfsorganisationen *MISEREOR*, *MISSIO* und des *Päpstlichen Kindermissionswerks*. Und auch der soziale Katholizismus hat gerade in Aachen immer eine große Rolle gespielt." Laschets Anspruch: „Unser Blatt soll kein kirchlicher Anzeiger oder Parteizeitung sein, sondern die große Vielfalt von Kirche engagiert widerspiegeln."

Karlheinz Pierroth blättert in einem Papierstoß, den er vor sich auf den Tisch gelegt hat. Laschets Vorgänger als Chefredakteur der Kirchenzeitung ist mittlerweile 94 Jahre alt. Er stützt sich auf zwei Gehhilfen, hat sich aber nicht davon abhalten lassen, seinen Gast persönlich von der Haustür abzuholen. Pierroth ist ein höflicher, zuvorkommender Mann und kann sich noch gut an seinen ehemaligen Kollegen erinnern. Zum 90. Geburtstag hat Laschet ihm einen persönlichen Brief geschickt. Pierroth zeigt Zeitungsartikel von damals, er hat sie alle aufgehoben. „Geistschreiber im Chefsessel" wird Laschet da genannt. Für Pierroth war es keine leichte Aufgabe, den damals jungen, journalistisch wenig erfahrenen Laschet, der zugleich Schwiegersohn des Verlagsleiters sowie CDU-Ratsherr der Stadt war, einzuarbeiten und in der Redaktion zu vermitteln. Der alte Herr wird in diesem Gespräch über Laschet viel lächeln, immer wieder abstrakt betonen, wie schwer doch die Aufgabe des Journalisten sei, die Sachverhalte richtig aufzuschreiben. Dem Inhalt, trotz aller Verbindungen, Abhängigkeiten und Sichtweisen, gerecht zu werden. Pierroth zieht das Manuskript seiner Rede von damals hervor. Es ist seine „erste und letzte Rede", das ist auch schon in den vor ihm liegenden Artikeln überall notiert. „Ich habe mich immer bemüht, dass etwas in der Zeitung stand", steht da geschrieben, „und nicht darum, dass ich in der Zeitung stand." Pierroth lächelt.

Wer heute in einem kleinen Raum im ersten Stock des *Einhard-Verlages* durch die dicken, gebundenen Jahrbücher der *Kirchenzeitung* blättert, kann erkennen, dass Laschet seine damaligen Ankündigungen umgesetzt hat. Man liest griffige Editorials, die noch heute aktuell wirken. Anlässlich des Welt-Umweltgipfels in Rio schreibt Laschet da beispielsweise: „Nach dem Ende des Ost-West-Konflikts steht jetzt die Zukunft des Planeten auf dem Spiel. […] Wenn wir selbst und unsere Nachfahren leben wollen, müssen wir jetzt tätig werden. […] aber Rio bietet die Chance, auch dem letzten zu verdeutlichen, dass unsere Zeit andere Prioritäten braucht, als neue Schwimmbäder in Städten und Gemeinden." Er scheut sich nicht, kirchenpolitisch schwierige Themen wie den Umgang mit Geschiedenen, das Zulassen von Ministrantinnen oder auch die Abschaffung der Kirchensteuer zu thematisieren. Er plädiert für eine Abschaffung des Pfingstmontags, um damit die Pflegeversicherung zu stärken, und ruft die Leser auf, darüber abzustimmen. Es findet sich aber auch eine Doppelseite „Asyl und die Deutschen – Jugend im Streitgespräch mit Rita Süssmuth". Da ist der Redenschreiber der Bundestagspräsidentin und Chefredakteur wieder ganz ein Mann in Doppel-Mission und ohne professionelle Trennschärfe.

Laschet macht das Blatt zweifellos politischer. Wer heute darin blättert, findet viele seiner Grundüberzeugungen wieder. So fordert er eine europäische Bischofskonferenz angesichts politischer Entscheidungen im europäischen Raum oder die Seligsprechung des französischen Politikers Robert Schuman In den aufgewühlten Zeiten Anfang der 90er Jahre mit Umweltzerstörung, Arbeitslosigkeit, Molotow-Cocktails und Asyl-Debatte plädiert Laschet dafür, „Wertevermittlung statt Wohlstandsvermehrung zum Staatsziel zu erheben". Oder er ruft zu einer Demonstration gegen Ausländerhass auf. Laschet geißelt die Doppelmoral, mit der Karneval wegen des Golfkriegs ausfällt. Beim „Schlachten auf dem Balkan", wie er den Jugoslawien-krieg nennt, gelte dies nicht. Selbst spricht er sich dafür aus, trotzdem zu feiern. Wer den Karneval kenne, der wisse ihn so zu begehen, „ohne andere zu missachten oder Feste zu politisieren", schreibt Laschet. Darunter erscheint ein Gastbeitrag des Präsidenten des *Ausschusses Aachener Karneval*. Titel: „Ist Lachen katholisch?"

Ohnehin finden sich viele namhafte Gastautoren in Laschets Blatt: Die spätere Bundesbildungsministerin Annette Schavan, die damals als Geschäftsführerin des *Cusanuswerks* in Aachen arbeitet, ist darunter. Ebenso der damalige Bundesumweltminister Klaus Töpfer und Bundeskanzler Kohl als Träger des *Internationalen Karlspreises zu Aachen*. Laschet holt nicht nur große Namen in die Zeitung. Die Ausländerbeauftragte des Oberbürgermeisters der Stadt Dresden etwa schreibt darüber, wie sich die Bevölkerung Ostdeutschlands nach der Wiedervereinigung als Menschen zweiter Klasse vorkäme. Auch ein Redakteur der *Antenne Mecklenburg-Vorpommern* aus Schwerin kommt zu Wort.

Aus der eher eingestaubten Kirchenzeitung im Stile eines Verlautbarungsorgans wird ein Magazin, das deutlich debattenfreudiger wirkt und talentierten Jung-Journalisten viele Möglichkeiten bietet. „Plötzlich war es auch möglich, weite Reisen zu machen", erinnert sich Ursula Kals, „die Themenplanung war angenehm sachlich, unideologisch. Laschet war Sachthemen immer aufgeschlossen und hat in inhaltlichen Auseinandersetzungen auch nachgegeben, wenn dies gut argumentiert war." Kals wird später zur *Frankfurter Allgemeinen Zeitung* wechseln. Im Bereich Bildung ist sie heute eine bundesweit wahrgenommene Stimme. Abseits der redaktionellen Ausrichtung versucht Laschet, der Kirchenzeitung mit seinen bisweilen kreativ-eigenwilligen Ideen zu helfen. So tritt er eines Tages an Johannes Schumacher heran, der ein engagiertes CDU-Mitglied ist, aber vor allem Bäckermeister mit 26 Filialen in der Aachener Region. Ob er für seine Abonnenten jeweils einen Christ-Stollen haben könne, fragt ihn Laschet. Schumacher, ganz Geschäftsmann, wittert guten Umsatz. Klar, kann ich machen, habe er sofort gesagt, erzählt er Jahrzehnte später. Als das Gespräch auf den Preis kommt, der sich auf einige tausend D-Mark belaufen würde, habe Laschet etwas weiter ausgeholt. Die Kirche habe ja kein Geld, die Kirchenzeitung erst recht nicht, ob man nicht statt Bezahlung ein halbes Jahr lang auf der Rückseite der Kirchenzeitung Werbeanzeigen für Schumacher schalten könne. „Anzeige gegen Ware also“, erinnert sich Schumacher. Er lehnt ab.

Trotz der Umtriebigkeit bleibt Laschets Berufung zum Chefredakteur der Kirchenzeitung seines Schwiegervaters in Aachen nicht ohne Beigeschmack. Als junger Mann nach so kurzer Verlagszugehörigkeit, ohne echte berufliche Ausbildung und dazu als aktives Mitglied einer Partei direkt in den Chefsessel gehievt zu werden – das sorgt im Verlag für Murren. „Das hatte schon etwas von rheinischem Klüngel, dass jemand, der nur so eine Pseudo-Ausbildung gemacht und nie richtig volontiert hat, auf einmal an allen vorbei Chef wird“, heißt es dort. „Es hat natürlich immer ein Geschmäckle, wenn ein Journalist in einer Partei ist“, sagen Leute, die mit den Verhältnissen vertraut sind. Namentlich zitiert werden möchte heute niemand mehr. „Wir haben die Arbeit gemacht, er hatte den Titel“, heißt es bissig über Laschet. Und: „Das Polster am Stuhl hat er jedenfalls nicht durchgesessen, sondern von dort eher seine politische Karriere vorangetrieben.“

Fakt ist: Parallel betreibt Laschet tatsächlich seine Parteikarriere voran und zieht 1994 in den Bundestag ein. „Ab dann musste man das sauber trennen“, sagt er selbst rückblickend und versichert: „Es waren immer zwei getrennte Dinge: Politik und Journalismus.“ Die Kirchenzeitung ist für ihn eine wichtige Absicherung. Die Aussichten auf eine Laufbahn in der Berufspolitik sind vage. Hätte sich Laschet 1993 nicht bei der Aufstellungsversammlung für den Bundestagswahlkreis durchgesetzt, „wäre ich wahrscheinlich nie mehr im Leben Politiker geworden, sondern hätte weiter Journalismus gemacht. Vielleicht nicht bei der Kirchenzeitung, aber das war damals ein gutes Bewährungsfeld.“ Er bleibt beim Verlag, selbst als er längst im Bundestag ist. Nach dem Ausscheiden seines Schwiegervaters wird Laschet ab 1995 sogar Verlagsleiter.

Laschet will auch als Berufspolitiker immer noch ein wenig Journalist bleiben. Durch all seine Jahre als Abgeordneter zieht sich als Konstante ein reger Veröffentlichungsdrang. Laschet tritt immer wieder als Autor oder Herausgeber in Erscheinung. Sozusagen als publizistischer Politiker. „Einen Ruf als großer Theoretiker hat er sich nie erworben“, bilanziert trotzdem der *Zeit*-Journalist Stefan Willeke im Frühjahr 2020. Es gibt wenige Manifeste und Denkschriften, die sich dauerhaft mit Laschet verbinden würden. Keine Lehrsätze, die man noch Jahre später zitiert. Laschet veröffentlicht eher zahlreiche Fest- und Gedenkschriften, gewissermaßen zwischen Buchdeckel gebundene Geschenke. Ein Sammelband über die Aachener Abgeordneten im „Wahlkreis Karls des Großen" zum 50. Geburtstag der CDU. Außenpolitische Gedanken mehr oder minder prominenter Autoren zum 70. Geburtstag des Bundestagsabgeordneten Stercken. Oder eine Festschrift für Süssmuth zum 65. Geburtstag. Über Jahre hinweg wird er zudem anlässlich der *Karlspreis*-Verleihung in Aachen das jeweils aktuelle Thema begleitend in Buchform bündeln. Beispielsweise eine Beziehungsanalyse zum europäisch-amerikanischen Verhältnis anlässlich der Ehrung von US-Präsident Bill Clinton. Noch Jahrzehnte später verweist Laschet gern auf seine Bücher. Sie sind ihm wertvoll. Bei Gesprächen kommt es vor, dass er aufspringt und suchend am Bücherregal entlangläuft. Die Herausgeber-Rolle entspricht seinem politischen Naturell, verschiedene Richtungen in einem Ganzen zusammenzubinden.

Selbst das Büchlein, das die ideale Plattform hätte bieten können für Grundsätzliches, erschöpft sich eher in Problembeschreibung: der 146 Seiten starke Band „Rede und Reaktion" anlässlich der umstrittenen Gedenkrede Jenningers. Warum dem Bundestagspräsidenten die Rede derart verrutscht ist? Ob der Rücktritt unausweichlich war? Wie die Erinnerungskultur der Bundesrepublik ein halbes Jahrhundert nach den November-Pogromen buchstabiert werden müsste? Trotz der interessanten Innensicht, die Laschet auch als junger Referent schon aus dem Büro Jenninger hätte liefern können, beantwortet das Buch solche Fragen nicht. Stattdessen lässt Laschet mit seinem Schwiegervater seitenweise Pressestimmen und Bürger-Briefe an Jenninger abdrucken. Ein Urteil muss sich der Leser selbst bilden.

Dabei scheut sich Laschet nicht, Position zu beziehen. Es ist wohl schwer, einen Politiker zu finden, der in seiner ganzen Politiker-Laufbahn mehr Gastbeiträge in Zeitungen veröffentlicht hat als Laschet. Schon als junger Bundestagsabgeordneter schreibt er oft für die Rubrik *Fremde Feder* in der *Frankfurter Allgemeinen Zeitung*. Auch Gregor Peter Schmitz, der später für den *Spiegel* aus den USA und für die *Wirtschaftswoche* aus Berlin berichtet sowie Chefredakteur der *Augsburger Allgemeinen* wird, hilft dabei als junger Mitarbeiter in Laschets Bonner Büro. Jahrzehnte später bringt er als Ministerpräsident seine Gedanken häufiger in der *Welt am Sonntag* unter. Auch andere Zeitungen veröffentlichen seine Gastbeiträge. Laschet scheut sich von Anfang an nicht, als Autor groß zu denken. Mal wirkt es sogar vermessen. Im Zuge einer USA-Reise als junger und völlig unbekannter Außenpolitiker versucht er Mitte der 90er Jahre selbstbewusst, mit einem *Open-Ed,* einem prominenten Meinungsbeitrag, in der *New York Times* zu landen.

Laschets Meinungsäußerungen kommen – bei allen stabilen Grundüberzeugungen – meist als schnelle Kommentare zu Fragen der Zeit daher. Sie sind keine ausufernden, tiefschürfenden Theoreme. Es ist auffällig, dass sich zu fast jeder beruflichen Station von Laschet auch ein gedrucktes Werk findet. Das frühe Buch zur Jenninger-Rede. Später nach seinem Bundestagseinzug ein Sammelband „Außenpolitik im 21. Jahrhundert", herausgegeben von Wolfgang Schäuble und Rudolf Seiters. Darin finden sich 21 junge Außenpolitiker der CDU/CSU-Bundestagsfraktion zusammen, um Zukunftsthesen aufzustellen. Neben Laschet sind Talente wie Christian Schmidt, Gerd Müller, Peter Altmaier, Friedrich Merz, Ruprecht Polenz, Claudia Nolte, Hermann Gröhe und Hartmut Koschyk dabei. „Plädoyer für globale Politik" lautet die Überschrift über Laschets Kapitel. Zudem veröffentlicht er zahlreiche Europa-Bücher. In seiner Zeit als Integrationsminister erscheint: „Die Aufsteigerrepublik: Zuwanderung als Chance."

Ist das Schreiben bei Laschet eine Methode, um Gedanken zu ordnen und Leitplanken aufzustellen? Oder ist er eher ein Journalist geblieben, der das Tagesgeschehen verarbeitet und den Aufmerksamkeitsfokus schnell wieder auf ein neues Feld richtet? Gerhard Papke erinnert Laschets politische Arbeit jedenfalls häufiger an einen Berichterstatter, der abends die Festplatte leer räumt, um sich am nächsten Morgen auf ein neues Sujet zu stürzen: „Wenn die ihren Artikel fertig haben, dann geht es am nächsten Morgen wieder von neuem los, vielleicht ist das auch ein Stück weit unumgänglich, wenn man als Journalist arbeitet, um völlig offen zu sein für das, was am nächsten Tag passiert." Politik läuft nach Papkes Verständnis aber anders. Der FDP-Politiker führt als Fraktionschef die Liberalen im NRW-Landtag, als Laschet zwischen 2005 und 2010 Landesminister im schwarz-gelben Kabinett von Ministerpräsident Jürgen Rüttgers ist. Papke hat damals so seine Schwierigkeiten mit Laschets sprunghafter Begeisterungsfähigkeit.

Der FDP-Fraktionschef legt viel Wert auf Organisation, Disziplin und Ordnung. Laschets Arbeitsstil bleibt ihm eher fremd. Politiker müssten sich zwar wie Journalisten auf wechselnde Herausforderungen einstellen, „zugleich aber eine klare Richtung vorgeben können und dann Kurs halten, nötigenfalls auch bei kräftigem Gegenwind", so Papke. Die damaligen Gesetzesvorhaben aus Laschets Familien- und Integrationsministerium orientierten sich wohl zu oft an Stimmungen des Zeitgeistes. Trotzdem würde Papke seinem ehemaligen Kollegen nie eine Haltung absprechen: „Ich empfinde großen Respekt vor der Arbeit Armin Laschets als Ministerpräsident. Er will ehrlich etwas für die Menschen erreichen, und die spüren das. Klar ist aber auch, dass er wie Angela Merkel für die Verwässerung des konservativen CDU-Profils steht. Wenn alle staatstragenden Parteien immer weiter nach links driften, wird das auf Dauer nicht gutgehen."

Laschet konserviert in all den Politiker-Jahren die journalistische Grundhaltung, immerzu staunen zu können und sich für viele Dinge zu interessieren. Er hat die schon früh von Süssmuth erkannte Gabe, frische Eindrücke gedankenschnell zu plakativen Thesen zu verarbeiten. Das verschafft einem Generalisten wie ihm ein weites Register an Wissen und Themen, das er bei jeder Gelegenheit ziehen kann. Zugleich strahlt so jemand wenig Ruhe und Stetigkeit aus. Bei einigen früheren Mitarbeitern hinterlässt er den Eindruck, eher an den raschen Effekt zu denken als an die lange politische Linie. Als er etwa einmal als Landesminister kurz vor einem anderweitigen Pressetermin mit einer Idee für ein künftiges Projekt konfrontiert wird, will Laschet das sofort mitpräsentieren. Es sei doch erst einmal eine Idee, warnen die Mitarbeiter den Minister. Die Skizze reicht, Details klären sich irgendwie – so wirkt auf sie Laschets Herangehensweise.

Auch als Ministerpräsident sieht er sich später immer wieder Vorwürfen ausgesetzt, ein politischer Verpackungskünstler zu sein. Einer, dem Hochglanzfotos wichtiger sind als die Gebrauchsanweisung. Öffentlich wird der Streit um einen Bildband zum NRW-Tag 2018 in Essen. Das traditionelle Bürgerfest ist eigentlich überparteilich angelegt. Die Opposition im NRW-Landtag registriert verärgert, dass Laschet erstmals ein Erinnerungsbuch dazu herausgeben lässt. 50 Fotos darin zeigen den Ministerpräsidenten Laschet. Auf 98 Seiten. „Personenkult auf Kosten der Steuerzahler", kritisiert die Opposition. Laschet weist die Vorwürfe zurück.

Auffassungsgabe, Analysefähigkeit und Darstellungsdrang kennzeichnen die meisten Journalisten, nur muss das Mischungsverhältnis stimmen. Beim Journalisten im Politiker Laschet zeigt sich über die Jahre immer wieder große Ambivalenz. „Ihn zeichnet aus, dass er keine Berührungsängste hat. Er ist ein guter Kommunikator, schließlich war er selbst einmal Journalist", sagt Christine Lüders, die für ihn als Pressesprecherin gearbeitet hat. In Laschets Zeit als NRW-Integrationsminister kann sie ihn in vielen Talkshows platzieren. Später wird sie selbst Leiterin der Antidiskriminierungsstelle des Bundes und lernt den Hauptstadtbetrieb bestens kennen. Im Vergleich mit anderen, die sie erlebt, lobt Lüders: „Laschet kann gut zuhören, vieles sehr schnell aufnehmen und dann auch entsprechend umsetzen."

Das Vertrauen in die eigene Spontaneität und die Furchtlosigkeit im Auftritt gehen bei Laschet auch häufig genug gründlich schief. Ein Millionenpublikum erlebt das während der Corona-Krise 2020 gleich nach dem *Tatort* am Sonntag. Laschet sitzt in der Talkshow bei *Anne Will*. Schon nach Minuten wird klar: Er ist schlecht vorbereitet, undiszipliniert in seinen Wortbeiträgen, wirkt fahrig und unprofessionell. Der vermasselte Auftritt sorgt in der eigenen Partei für Entsetzen. Die *Süddeutsche Zeitung* zitiert anschließend einen hochrangigen CDU-Vertreter: „Der Armin komme in Talkshows immer schlecht rüber, leider gehe er trotzdem so gern hin, heißt es dann."

Politik im *Social-Media*-Zeitalter wirkt ohnehin impulsgetrieben. Da kommt jemand, der obendrein zu emotionalen Ausbrüchen und Unschärfen in Formulierungen neigt, schnell als Bruder Leichtfuß daher. Laschets sprunghafter Politik- und Kommunikationsstil ließe sich womöglich abfedern, wenn seinem Umfeld das gelingen würde, was man neudeutsch *Framing* nennt. Der Rahmen, in dem Laschet denkt und arbeitet, müsste für jeden sichtbar herausgearbeitet werden. Die Botschaften müssten so eindeutig und kontinuierlich sein, wie es Lehrmeisterin Süssmuth immer verlangt hat. Trotz aller Leichtfüßigkeit gibt es bei Laschet ja durchaus einen Vorrat an Überzeugungen und Werten, auf den er immer wieder zurückgreift. Nur weiß das niemand, weil seine Flatterhaftigkeit im Auftritt selbst im Ministerpräsidenten-Amt nie durch eine professionelle Kommunikation ausgeglichen wurde. Besonders augenfällig wird dies in der Corona-Krise, in der Laschet öffentlich als Zauderer mit Zick-Zack-Kurs dasteht.

Dabei hat er als bundesweit erster Spitzenpolitiker das richtige Gespür gehabt, einen Mittelweg zu suchen zwischen Infektionsschutz für Risikogruppen und dem Abfedern von wirtschaftlichen und sozialen Folgeschäden des nationalen „Lockdown". Sein differenzierter Ansatz vermittelt sich kommunikativ nicht. Laschet steht in der Öffentlichkeit als leichtsinniger Lockerer da.

Für einen ehemaligen Medienschaffenden geht Laschet bis heute erstaunlich leichtfertig mit öffentlichen Äußerungen um. Wenn er gefragt wird, antwortet er in der Regel ansatzlos und wortreich. Da wirkt er wie der *Radio Charivari*-Reporter von einst, der vom Kollegen Luxenburger angerufen wird und sofort mit dem „Bericht aus Bonn" loslegen muss. Andere Spitzenpolitiker, Manager oder Fußball-Trainer sind routiniert darin, kritischen Fragen oder schwierigen Themenkomplexen nüchtern auszuweichen. So etwas lernt man in Medientrainings, weil ein unbedachtes Wort kursrelevant oder politisch gefährlich sein kann. Laschet dagegen geht mit einer frappierenden Sorglosigkeit auf jedes Thema ein und lässt mitunter seinen Emotionen freien Lauf.

Immer wieder leistet er sich so Unschärfen in seinen Aussagen, die nicht selten ein Nachspiel haben. In der Corona-Krise lässt sich dieses öffentliche Agieren besonders deutlich beobachten. Im April 2020 stellt der Bonner Virologe Hendrik Streeck in der Staatskanzlei erste Zwischenergebnisse seiner sogenannten *Heinsberg-Studie* vor. Der Professor hat im Auftrag der Landesregierung die frühe Verbreitung des Corona-Virus in dem westlichen Landkreis untersucht. Laschet wird zum Ende einer gemeinsamen Pressekonferenz mit Streeck noch nach der PR-Arbeit für diese Studie gefragt. *Storymachine*, eine PR-Agentur um den ehemaligen Chefredakteur der *BILD*-Zeitung, Kai Diekmann, hatte den Forschern offenbar kostenlos angeboten, das Projekt in den sozialen Medien in Szene zu setzen. Streeck hat Verbindungen zu *Storymachine*. Es ist ein Randaspekt angesichts eines Landes im Ausnahmezustand. Laschet soll erklären, ob die Agentur mit Steuergeld bezahlt wurde.

Angela Merkel hätte in vergleichbarer Situation womöglich geantwortet, ihre ganze Konzentration gelte nun der Eindämmung der Pandemie. Sie sei dankbar für alle Erkenntnisse aus der Wissenschaft, die helfen können,

Leben zu retten. Die Details der PR-Bezahlung hätte sie ihren Apparat klären lassen. Laschet dagegen geht sofort in die Vollen: Das Land fördere eine wissenschaftliche Studie, sagt er ins Mikrofon. Wer darüber hinaus „wie wen berät bei dieser großen Öffentlichkeitsarbeit, die da ja im Moment wohl weltweit da ist, entzieht sich der Kenntnis des Landes". Das Land jedenfalls habe keine PR bezahlt. Eine absolute Aussage, die sich nicht mehr zurückholen lässt. Zehn Tage später ist die Arbeit der PR-Agentur dann erneut Thema. Im *Deutschlandfunk* sagt Laschet, dass er diese Agentur nicht beauftragt habe und es ihm auch „etwas zu kleinteilig" sei, „jetzt darüber zu diskutieren, welche PR- oder welche Pressestelle die Studie begleitet hat".

Einen Monat und viele Medienberichte später muss Laschets Landesregierung einräumen, doch frühzeitig von einer Beteiligung der Agentur gewusst zu haben. Unbedachte Kommunikation bringt Laschet immer wieder in die Defensive. Dabei will er eigentlich „nur das sagen, was man wirklich weiß". So lautet einmal die Überschrift eines Laschet-Interviews im *Westfälischen Anzeiger*, in dem er über die Medienwelt und sein eigenes Nutzungsverhalten doziert. Man erfährt dort, dass er selbst noch Zeitung auf Papier liest und die Tücken des Pressespiegels kennt. „In der Presseschau der Staatskanzlei sehe ich zwar viele Artikel, aber nicht, wie sie aufbereitet sind." Laschet liest seine Heimatzeitungen und überregionale Publikationen, schaut „fast ausschließlich die Öffentlich-Rechtlichen sowie den Nachrichtensender *n-tv*, im Radio höre ich vor allem *WDR2* und den *Deutschlandfunk*."

Trotz der vielen Probleme, die er sich seit Jahrzehnten mit seiner ungestümen Öffentlichkeitsarbeit einhandelt, entwickelt Laschet jedoch nie eine Mikrofon-Allergie. Eher verwundert reagiert er deshalb, als im August 2015 erste Berichte über einen sich zuspitzenden Konflikt zwischen der *Landespressekonferenz (LPK)* in Nordrhein-Westfalen und der amtierenden SPD-Ministerpräsidentin Hannelore Kraft erscheinen. Kraft sträubt sich damals, Rede und Antwort zu stehen. „Also wenn Sie mich einladen, ich komme gerne", ruft er vergnügt einer Gruppe von Journalisten im Foyer des Düsseldorfer Landtags zu. Es ist ein Scherz. Laschet weiß natürlich, dass er als Oppositionsführer – mit zu dieser Zeit nur verschwindend geringer Aussicht auf ein Regierungsamt – für die Berichterstatter nur mäßig interessant ist. Er muss froh sein, wenn er überhaupt einmal vor einem vollen *LPK*-Saal sprechen kann.

Die *Landespressekonferenz* ist ein traditionsreicher Zusammenschluss aus etwa 120 Korrespondenten unterschiedlichster Medienhäuser in NRW, der gegenüber Parlament, Regierung und allerlei Lobbyverbänden möglichst optimale Bedingungen für eine unabhängige Berichterstattung erstreitet. Im März 2015 artikuliert sich bei der Jahresversammlung der Journalisten gehöriger Unmut darüber, dass Ministerpräsidentin Kraft nicht für regelmäßige Fragerunden zur Verfügung stehe. In Baden-Württemberg stellt sich schließlich der Regierungschef jede Woche dem Pressekorps. Kraft ist seit ihrem fulminanten Wahlsieg 2012 der Star der Sozialdemokratie. Mancher Vertreter der jahrzehntelang so mächtigen NRW-SPD wähnt sich augenscheinlich bereits zurück in der großen Zeit des leutseligen Landesvaters Rau, der immer selbst entschied, wann er zu Journalisten spricht und wann nicht.

Die *LPK* beschließt einstimmig, Kraft zumindest monatlich zu einer solchen offenen Fragerunde einzuladen. Als sich fünf Monate lang nichts tut und die Ministerpräsidentin irgendwann über ihren Regierungssprecher ausrichten lässt, dass ihr Terminkalender einen regelmäßigen Pressekonferenz-Turnus nicht zulasse, wird die Auseinandersetzung öffentlich ausgetragen. Kraft gerät als Politikerin, die keine Zeit für unabhängige Presse hat, in die Defensive. Mehrere Zeitungen und Sender nehmen den Fall zum Anlass, die Arbeitsbedingungen politischer Journalisten zu beleuchten. Zumal Krafts Unlust, sich bohrenden Fragen auszusetzen, im Widerspruch zur Ankündigung der rot-grünen Landesregierung steht, eine „Koalition der Einladungen" zu sein.

Laschet verfolgt den Streit mit Interesse. Er weiß zwar aus Erfahrung, dass es alles andere als komfortabel sein kann, sich einem medialen Kreuzverhör auszusetzen. Doch für ihn gehört es zur Stellenbeschreibung eines Politikers, sich kritische Fragen gefallen zu lassen – sogar vorwurfsvolle, ungerechte oder manchmal unverschämte. Diskursverweigerung, wie Kraft sie betreibt, ist in demokratischen Gesellschaften keine Option, findet er. Als es im Frühjahr 2016 nach mühsamen Verhandlungen schließlich doch zu einem Auftritt von Kraft vor der *Landespressekonferenz* kommt, erlebt Laschet am Bildschirm einen denkwürdigen Augenblick. Die Fragerunde läuft schon eine ganze Weile, in der die Ministerpräsidentin immer wieder angespannt in ihren Unterlagen blättert und manchen Journalisten genervt abblockt. Ein Rundfunk-Journalist greift zu einer bewährten Methode erfahrener O-Ton-Jäger. Er lockt Kraft mit einer schnodderigen Frage-Einleitung aus der Reserve, indem er wissen will, ob sie noch „große Themen" bis zur Landtagswahl 2017 vorhabe oder man sich jetzt schon auf Wahlkampfgeplänkel einstellen müsse. Doch, doch, die Landesregierung habe noch einige „große Themen" auf der Agenda, windet sich Kraft. Sie kramt in ihren Unterlagen, blättert, überlegt und sagt schließlich: „Reichen wir nach. Ich finde den Zettel gerade nicht." Als die Pressekonferenz später zu Ende ist und sich der Saal bereits leert, ruft Kraft den Journalisten hinterher: „Ha, ich habe ihn gefunden." Dann liest sie noch einige politische Vorhaben ab.

Die Szene wird bis zur Landtagswahl 2017 wieder und wieder gesendet, beschrieben, eingeordnet. Sie wird auch von überregionalen Medien als Indiz für Planlosigkeit oder Überforderung im Amt ausgeschlachtet. Laschet ist in den Tagen danach keine Häme anzumerken. Die Ministerpräsidentin scheint dem Oppositionsführer vielmehr leid zu tun. Er weiß, dass sich alles nur unter Menschen abspielt und jeder einmal einen Blackout haben kann. Wer noch nie im Brennpunkt der Öffentlichkeit stand oder den skeptischen Blick eines berufskritischen Publikums aushalten musste, kann wohl den Druck nicht nachempfinden. Künstler oder Top-Manager dürfen wenigstens auf grundsätzliches Wohlwollen von Fans oder das disziplinierende Abhängigkeitsverhältnis von Mitarbeitern und Geschäftspartnern bauen. Aber Politiker? Sie müssen permanent mit Argwohn, Dauerkritik und offener Ablehnung leben und dabei noch ein freundliches Gesicht machen. Ihre Währung sind dafür Einfluss, Gestaltungsmacht und Alltagsprivilegien.

Laschet beklagt sich über dieses Rollenmodell nicht. Wenn er darauf angesprochen wird, wie sich Kraft 2016 auf offener Bühne so sehr verzettelt hat, sagt er gern in gespieltem Ernst: „So etwas werden Sie bei mir nicht erleben. Nie!", ist er sich sicher, „wenn mir gar keine Antwort auf Ihre Fragen mehr einfällt, sage ich einfach: Ich arbeite jeden Tag zum Wohle unseres Landes." Er weiß wohl selbst am besten, dass auch ihm bei vielen missratenen Auftritten diese professionellen Ausflüchte nicht eingefallen sind.

Immer fröhlich im Umgang mit den früheren „Kolleginnen und Kollegen" aus dem Journalismus ist der Politiker Laschet beileibe nicht. Zwar schickt er regelmäßig persönliche Glückwunsch-Schreiben zum Geburtstag, doch am Erscheinungstag einer kritischen Laschet-Analyse kann es vorkommen, dass beim jeweiligen Autor ein Anruf mit unterdrückter Nummer eingeht. Dann meldet sich ein rheinisch intonierter Zweisilber: „La-schet". Das Gespräch beginnt in fürsorglicher Beiläufigkeit etwa so: „Sie können ja berichten, was Sie wollen, aber ich wollte nur darauf hinweisen, dass ..." Oder eine offensichtliche Beschwerde wird zunächst als kollegiale Sorge um die korrekte Darstellung eines Sachverhalts getarnt: „Ich weiß ja nicht, woher Sie Ihre Informationen für solche Analysen beziehen, aber ..." Noch ohne die Bürde des Ministerpräsidenten-Amtes redete sich Laschet in solchen Momenten auch schon mal in Rage, wurde laut, widersprach und quittierte eine Uneinsichtigkeit seines Telefonpartners irgendwann mit einem finalen „Na, jut. Tschüss".

Genauso schnell wie Laschet sich aufregt, scheint er sich auch wieder beruhigen zu können. Die meisten Journalisten in Düsseldorf und Berlin pflegen mit ihm einen unkomplizierten Umgang. Er ist nicht nachtragend. Als jemand, der selbst einmal halbwegs in diesem Metier war, erwartet er keine Ergebenheitsadressen. Politische Journalisten sind nun einmal nicht für weltanschauliche Verlässlichkeit bekannt. Hof-Schranzen, die ihm publizistisch huldigen, nimmt einer wie Laschet in Wahrheit wohl nicht ernst. Gewiss ärgert er sich über kritische Kommentare, manche treffen ihn sogar persönlich, aber er will sich gedanklich nicht abschotten. Zuweilen gewinnt man fast den Eindruck, der gut geschriebene Verriss sei ihm lieber als eine plumpe Lobeshymne. Laschet schätzt den einen Journalisten mehr als den anderen, hat mit einigen schon viele Jahre zu tun, aber er führt keine schwarzen Listen mit unliebsamen Berichterstattern.

Ganz entziehen kann sich auch Laschet nicht dem Gefühl vieler Politiker, von den Medien unzureichend gewürdigt und verstanden zu werden. Am Misserfolg sind meist „die Medien" schuld. Wer 70 Stunden in der Woche für seine Aufgabe brennt, empfindet kritische Berichterstattung irgendwann als Nörgelei und publizistische Alternativvorschläge als Besserwisserei. Die Einbahnstraße bei der Verteilung von Haltungsnoten, die immer nur vom Journalismus Richtung Politik führt, lässt sich auch für ihn in Stresssituationen schwer ertragen. Zumal das Missverhältnis mit jedem politischen Aufstieg immer deutlicher wird: Drinnen die permanente Bestätigung durch wachsende Bataillone von Mitarbeitern, Abgeordneten und Lobbyisten, die einem auf die Schulter klopfen; draußen der Journalismus mit seiner völlig anderen Wahrheit. Sich in dieser bipolaren Welt zu erden, fällt einem ehemaligen Journalisten womöglich leichter als anderen. Laschet hat in der Schlussphase der Regierungszeit Kohls in Bonn, aber auch am unschönen Ende der kurzen Ära Rüttgers 2005 aus der Nähe erlebt, wie brutal Eigen- und Fremdwahrnehmung irgendwann auseinanderklaffen können. Der Ministerpräsident Laschet lacht wissend, wenn sein rustikaler Arbeitsminister Karl-Josef Laumann (CDU) nach Pressekonferenzen den Journalisten schon mal scherzend mit auf den Weg gibt: „Berichten Sie gut über uns, dann sind Sie immer ganz nah an der Wahrheit."

Die frühen Bonner Jahre im problematischen Interessengeflecht aus Journalismus, Kommunalpolitik und Referententätigkeit mögen es Laschet heute mitunter nicht ganz leicht machen, die unterschiedlichen Welten klar zu trennen. Die Sensibilität dafür, dass Politik und Medien systemisch nie vermengt werden dürfen, wirkt bei ihm nicht sonderlich ausgeprägt. So handelt er sich gleich mit seiner ersten medienpolitischen Entscheidung als Ministerpräsident 2017 erheblichen Ärger ein. Laschet macht Stephan Holthoff-Pförtner, den langjährigen Vertrauten von Bundeskanzler Kohl, Inhaber einer renommierten Anwalts-Kanzlei in Essen und Anteilseigner der *Funke-Mediengruppe*, zum Minister für Bundesangelegenheiten, Europa, internationale Beziehungen und Medien. Er ist stolz, einen so unabhängigen Geist mit besten Kontakten für die Landespolitik gewonnen zu haben. Dass die Berufung den Anschein einer Interessenkollision erwecken könnte, sieht Laschet nicht. Der Besitzer des größten Medienhauses in NRW und bisherige Präsident des *Verbandes Deutscher Zeitungsverleger* als Medienminister? Die Opposition in NRW skandalisiert die Personalie. Professor Hans-Herbert von Arnim, ein Verfassungsrechtler der Universität Speyer, findet markige Worte: „Dass man also den Bock zum Gärtner macht, das ist ja sprichwörtlich keine gute Idee." Um sich und die Medienlandschaft nicht weiter zu belasten, verzichtet Holthoff-Pförtner nach einigen Wochen auf die Medien-Zuständigkeit. Laschet soll das Problem bis zuletzt nicht begriffen haben.

Das Medienverständnis des Ministerpräsidenten und ehemaligen Journalisten Laschet wird immer wieder mal Gegenstand öffentlicher Debatten. Groteske Züge etwa trägt Ende 2019 das sogenannte *Oma-Gate*. Im Auftrag des *WDR* singt damals ein Dortmunder Kinderchor eine umgedichtete Version des Ulkliedes *„Meine Oma fährt im Hühnerstall Motorrad, Motorrad, Motorrad"* ein. Damit soll die zu dieser Zeit omnipräsente Umwelt-Debatte ironisiert werden. Es geht in dem Text um SUVs, Fleischverzehr und Kreuzfahrten der älteren Generation. Der Refrain lautet*: „Meine Oma ist ne alte Umweltsau!"* Das als Satire gedachte Video sorgt für Furore: Die sozialen Netzwerke laufen heiß. Hunderte Strafanzeigen werden gestellt. *WDR*-Intendant Tom Buhrow lässt den Beitrag aus dem Netz nehmen und entschuldigt sich öffentlich.

Als Laschet sich persönlich einmischt, wird der Vorgang zur bundesweiten Debatte über Satire- und Medienfreiheit. Der Ministerpräsident sieht durch das Lied die ältere Generation diffamiert und setzt sich mit seiner Einlassung dem Vorwurf aus, rechten Hetzern eine Legitimation für deren Propaganda gegen das Rundfunkgebühren-System zu liefern. Doch Laschet legt immer weiter nach. „Wo sind Maß und Mitte geblieben?", fragt er in einem Gastkommentar für *Die Zeit*, „warum nur kann man nicht für Klimaschutz eintreten, ohne daraus einen Generationenkonflikt zu konstruieren?" Und in einem Interview mit dem Nachrichtenmagazin *Der Spiegel* moniert er die Privilegien der öffentlich-rechtlichen Finanzierung: „Alles ist staatlich garantiert, egal ob es einer schaut oder nicht: Der Sender sendet."

Als Regierungschef des bevölkerungsreichsten Bundeslandes pocht er auf sein privates Recht, das *Umweltsau*-Lied öffentlich in den Senkel stellen zu dürfen: „Ich bestimme gar nichts. Ich bin Armin Laschet, ich habe eine Meinung und die äußere ich gelegentlich. Es kann nicht sein, dass Sie in Deutschland alles kritisieren dürfen, vom Papst abwärts – nur nicht die Beiträge des *Westdeutschen Rundfunks*." Zornig nimmt er sich später bei informellen Begegnungen in Düsseldorf einzelne *WDR*-Mitarbeiter zur Brust, die ihm zu verstehen geben, dass sie eine Mäßigung des Regierungschefs in solchen Fragen für angemessener hielten.

Auch hier ist Laschet wohl wieder die öffentliche Kommunikation verrutscht, denn er gehört eigentlich zu den Verteidigern eines starken öffentlich-rechtlichen Rundfunks. Das zeigt sich immer dann in Ministerpräsi-
dentenkonferenzen, wenn es um den strittigen Rundfunkbeitrag geht.
Laschet mache eine andere Rechnung auf, glauben enge Mitarbeiter: Gerade weil er selbst den Öffentlich-Rechtlichen Rundfunk nicht in Frage
stelle, erwarte er Kritikfähigkeit der Senderverantwortlichen. Dass er als
Ministerpräsident über das Budget derer entscheidet, die ihn kontrollieren
und kritisieren, während er sich selbst immerzu zurückhalten soll – solch
ein Rollenverständnis bereitet Laschet Probleme.

Es ist spät geworden an einem Abend im März 2017. Zwei Monate vor der
Landtagswahl hat der Oppositionsführer ein gutes Dutzend Journalisten in
sein Fraktionsvorsitzenden-Büro im Düsseldorfer Landtag eingeladen.
Laschet lässt mehrere Tische zusammenschieben, damit alle Platz haben.
Die Luft ist schlecht, weshalb einer die Fenster öffnet. Man hört die Fracht-
schiffe, die sich durch die Dunkelheit mühen. Solche Hintergrundgespräche, aus denen nicht zitiert werden darf, dienen dem vertraulichen Gedankenaustausch zwischen Politikern und Journalisten. Viele Politiker nutzen
diese Runden jedoch auch, um in vorgeblicher Offenheit genehme Botschaften einsickern zu lassen. Sie versuchen, die Berichterstatter in einen
Kreis der Wissenden zu ziehen, um ihnen so subkutan die eigenen Thesen
einzuimpfen.

Laschet wirkt an diesem Abend gelöst, obwohl die Umfragen für die
CDU katastrophal sind. Die SPD ist nach den Zahlen mehrerer Institute
klare Nummer eins in NRW. Dass Laschet in acht Wochen zum neuen Ministerpräsidenten gewählt werden könnte, glauben nicht einmal seine engsten Vertrauten. Vielmehr geht eine andere Angst um. Wenn die Grünen
wegen des allgemeinen Unmuts über die von ihnen verantwortete Schulpolitik weiter schwächeln sollten, könnte die vom *Schulz-Effekt* beflügelte
Ministerpräsidentin Kraft einfach mit der FDP weiterregieren. Die CDU
wäre aus dem Spiel. Laschets wendiger Freund Christian Lindner lässt bereits erkennen, dass er sich als FDP-Chef eine Partnerschaft mit der SPD
wie in den siebziger Jahren sehr gut vorstellen kann. „FDP-Chef zu Gesprächen über sozialliberale Koalition bereit", titelt der *Kölner Stadt-Anzeiger*

am 16. März 2017. Viele Politiker würden in vergleichbarer Situation Hintergrundgespräche mit Journalisten nutzen, um unerschütterliches Selbstbewusstsein an den Tag zu legen. Sie würden darlegen, warum Umfragen nur Momentaufnahmen und wie sehr sie auf Erfolg gepolt sind. Sie würden mit manipulativem Eifer glauben machen wollen, dass Rot eigentlich Blau und Grün doch ganz offensichtlich Gelb sei.

Laschet hält das anders. „Das spielt bestimmt eine Rolle: Man kennt die andere Seite, man hat mehr Verständnis für den anderen", antwortet er einmal in einem Interview auf die Frage, welche Rolle es für ihn als Politiker spielt, selbst einmal Journalist gewesen zu sein: „Je glaubwürdiger und selbstkritischer man das tut, umso glaubwürdiger ist man gegenüber Journalisten. Deshalb ist es ein großes Pfund, dass man auch zugibt, wenn etwas schlecht gelaufen ist." Oder schlecht laufen könnte. An diesem Abend im März 2017 strahlt Laschet trotz misslicher Lage einen glaubwürdigen Realismus aus, wie man ihn von Menschen kennt, die sich nichts vorzuwerfen haben. Motto: Die Situation ist schlecht, aber von Selbstmitleid wird sie auch nicht besser.

Laschet weiß damals: Wenn nicht in 14 Tagen die CDU-Kollegin Kramp-Karrenbauer bei der Landtagswahl im Saarland den Trend bricht, ist in NRW im Mai nichts zu holen. Und wenn SPD und FDP in Düsseldorf wirklich eine sozialliberale Koalition bilden, verliert die NRW-CDU wohl auf Jahre jede Machtperspektive. Laschet ist an diesem Abend schonungslos. Wie ein Journalist unter Journalisten sitzt er da und durchleuchtet ungeschönt sein eigenes Schicksal. Er genießt es offenkundig, mit allerlei Theorien zu hantieren, seien sie für ihn selbst auch noch so unschön. Das in der Politik so anstrengende „Spin-doktoren", also die Berichterstatter manipulativ in eine Richtung zu drängen, scheint ihm zuweilen selbst zu blöd zu sein. Wer, wie Laschet selbst, als Journalist einmal darin geübt war, Für und Wider von mehreren Seiten abzuwägen, tut sich wohl mit selektiver Betrachtung schwerer als andere.

Das Politik-Talent

Einstieg in den Stadtrat,
Aufstieg in der Aachener CDU

Wer dem politischen Aufstieg Armin Laschets nachspüren will, fängt vielleicht in diesem zurückgesetzten, schön bewachsenen Reihenhaus mit Backsteinfassade in Aachen-Eilendorf an. Es ist ein kalter Januarmorgen 2020.
Leo Frings hat schon die erste Radtour hinter sich. Der 92-Jährige ist gern
früh mit seinem Pedelec unterwegs. Das hält ihn fit. Im Garten zieht er
auch im hohen Alter noch selbst Gemüse. Frings trägt einen beigen Pullover zur farblich abgestimmten braunen Cordhose. Auf dem massiven
Couchtisch aus Eichenholz stehen frische Schnittblumen. Von seinem Fens-
terplatz aus hat er immer einen guten Überblick. Es wird viel gebaut in der
Gegend. Überall Kräne. Eilendorf wandelt sich. Leo Frings lebt schon seit
Jahrzehnten hier mit seiner Frau Marlene. Sie haben fünf Kinder groß
gezogen. Zu ihrer Diamanthochzeit vor drei Jahren drängen sich mit
Schwiegerkindern, Enkeln und Urenkeln mehr als 30 Personen auf dem
Erinnerungsfoto.

Zu Frings' politischen Ziehsöhnen gehört Armin Laschet. Der alte Herr
würde das selbst nie so sagen. Frings gehört nicht zu denen, die plötzlich
als Mentor des Ministerpräsidenten in die Öffentlichkeit streben. Es weiß
heute kaum noch jemand, dass er es ist, der 1988 Laschets Karriere den
vielleicht entscheidenden Schub gibt. Frings ist seit mehr als 70 Jahren in
der CDU. An die ersten politischen Gehversuche „von dem Armin", wie
er den Regierungschef immer etwas väterlich mit bestimmtem Artikel
nennt, erinnert er sich genau. Aufgefallen ist er ihm schon in den frühen
80er Jahren, obwohl er in der *Jungen Union* gar keine führende Position
hatte. „Der konnte reden und sich gut verkaufen. Außerdem gefielen mir
seine Ansichten", sagt Frings.

1988 führt sie dann eine Krise der Aachener CDU zusammen. Im lange
erfolgsverwöhnten Kreisverband läuft es da schon länger nicht mehr. Die
beiden Landtagswahlkreise sind an die SPD gefallen, es drücken 400.000

D-Mark Schulden, der Kursstreit in der Partei zwischen konservativen Kaufleuten und Christsozialen gewinnt an Schärfe. Für die Kommunalwahl 1989 verheißt das alles nichts Gutes. Frings wird gefragt, ob er als Übergangsvorsitzender die Aachener CDU stabilisieren könnte. Er ist zu diesem Zeitpunkt bereits 40 Jahre kommunalpolitisch aktiv und schon wegen seiner Biografie eine Autorität.

Als Sohn eines Maurers und christlichen Gewerkschafters wird Frings trotz der Repressionen der Nationalsozialisten katholisch erzogen. Erst mit der Schulentlassung zwingt man ihn in die *Hitlerjugend (HJ)*. Als ihn noch 1944 der Einberufungsbefehl an die Front erreicht, während Aachen schon evakuiert wird, taucht er unter. Als Deserteur überlebt er. Nach dem Krieg absolviert Frings eine Ausbildung zum Fernmeldehandwerker bei der Post und engagiert sich gewerkschaftlich. So wird er Personalratsvorsitzender, Chef des CDU-Arbeitnehmerflügels CDA, ein lokaler Norbert Blüm.

Ein bekennender Parteilinker, noch dazu dem Rentenalter nahe, als neuer Vorsitzender der Aachener CDU? Frings sagt 1988 nach Bedenkzeit zu, will jedoch einen der Jungen an seine Seite holen. „Ich habe mir Armin Laschet als meinen Stellvertreter gewünscht", sagt er. Der 27-jährige Laschet hat da gerade das erste Staatsexamen abgelegt und tummelt sich im Journalismus. In der Rangfolge der Jungen in der Aachener CDU steht er nicht an erster Stelle. Doch Frings will ihn wegen seines ausgleichenden Stils: „Er war nicht so konservativ wie die anderen, aber er hat sich auch nie einem Flügel zugeordnet, wie ich persönlich das als Arbeitnehmervertreter immer gemacht habe. Der Armin hat immer versucht, ein Gleichgewicht zu halten." Laschet ist damals nicht klar zuzuordnen und damit wählbar sowohl für die einflussreichen Kaufleute der Aachener CDU als auch für die CDA-nahen Mitglieder um Frings. Ebenso für die Alten, die den quirligen Burtscheider mögen, aber auch für die junge Generation, der er selbst angehört. Mit diesem Profil gewinnt Laschet die Kampfabstimmung gegen zwei offizielle Mitbewerber der *Jungen Union*, die sich eigentlich mit ihren Funktionären am Zug wähnte. Unter anderem will der damalige Vorsitzende der *Jungen Union*, Bernd Vincken, stellvertretender Kreisvorsitzender werden.

Die Methode Laschet scheint von Anfang an darin zu bestehen, anschlussfähig zu möglichst vielen Seiten zu sein. Frings erlebt den jungen Laschet als eine Art personifizierte Volkspartei. Er will ausgleichen, verbinden, Konflikten die Spitze nehmen. „Er ist Mitglied bei uns in der CDA gewesen, aber nie bei irgendwelchen Versammlungen aufgetaucht. Ob er auch Mitglied bei der Mittelstandsvereinigung war, kann ich nicht sagen. Es war jedenfalls nie so, dass die Konservativen ihn verhindern wollten", sagt Frings.

Auseinandersetzungen habe Laschet „nie mit harten Bandagen geführt". Deshalb gebe es auch keine politischen Feinde. Eine Karriere als wandelnder Kompromiss? Frings wäre eine solche Betrachtung wohl zu negativ. Jede Großorganisation braucht einen, der die Enden zusammenbringt. Einen freundlichen Moderator, auf den sich alle irgendwie verständigen können. Frings will das nicht mit Beliebigkeit verwechselt wissen. Er hat beobachtet, dass Laschet sehr früh seine katholische Erziehung als „zentrale Wurzel" des politischen Handelns verstanden habe. Gerechtigkeit, Frieden, gegenseitige Wertschätzung, Verzeihen-Können – Laschet leite alles Politische aus seinem Glauben ab. Als die Wochenzeitung *Die Zeit* den Ministerpräsidenten im Jahr 2019 einmal fragt, ob er heute politisch noch genau das denke, was er mit 15 Jahren gedacht habe, antwortet dieser: „Ich habe meine politischen Grundüberzeugungen bewahrt – ich lasse mich aber auch überzeugen, wenn die Argumente stimmen oder auf neue Entwicklungen reagiert werden muss. Die Grundhaltung und die Grundwerte jedoch bleiben." Wenn Frings über Laschet redet, klingt das ähnlich.

Außerdem fällt er schon als Endzwanziger mit Visionen auf, die über das kommunalpolitische Kleinklein hinausreichen. Laschet macht sich Gedanken über Rentenpolitik, Staatsbürgerschaftsrecht und Mitbestimmung. „Das hatte er alles schon als junger Mann drauf", sagt Frings. Da sei er auch deutlich politischer gewesen als der damalige Europaabgeordnete und CDU-Oberbürgermeister Malangré, Susanne Laschets Onkel. Überhaupt könne man nicht sagen, dass Laschet von der Familie Malangré protegiert worden sei. Geschadet habe es ihm sicher auch nicht, in diese hochpolitische und sehr angesehene Aachener Familie eingeheiratet zu haben. „Dass der Armin aber irgendwo sagte, der Oberbürgermeister ist übrigens der Onkel von Susanne, habe ich nie erlebt. Das war in Aachen bekannt, aber er hat es nicht ausgespielt", erinnert sich Frings.

Laschet sei natürlich schon früh ein begnadeter Netzwerker gewesen, „der hatte überall hervorragende Kontakte", so Frings.

Als die Aachener CDU Ende der 80er Jahre versucht, endlich wieder einen Kandidaten in den Düsseldorfer Landtag zu bringen, hat der junge Laschet eine zündende Idee. Der damalige Generalsekretär der NRW-CDU, Helmut Linssen, signalisiert zu dieser Zeit, dass der Kreisverband nur mit einem aussichtsreichen Platz auf der Landesliste rechnen könne, wenn er eine qualifizierte Frau aufbiete. Laschet schlägt Frings eine gewisse Annette Schavan vor. Sie wohne in Aachen-Burtscheid und habe mal beim Generalvikariat des Bistums eine Leitungsfunktion gehabt. „Ich kannte die gar nicht, aber der Armin wusste sowas", erzählt Frings. Schavan sagt schließlich für den NRW-Landtag ab, macht später in Baden-Württemberg Karriere und wird 2005 Bundesbildungsministerin. Ein Wiedersehen mit der Aachener CDU gibt es 2016: Als Botschafterin am Heiligen Stuhl empfängt Schavan in Rom eine große Delegation um Laschet zur *Karlspreis*-Verleihung an den Papst. Bernd Vincken, Laschets Konkurrent von 1988, ist da längst Geschäftsführer der Gesellschaft für die Verleihung des *Internationalen Karlspreises*.

Frings hat Laschet im CDU-Kreisverband der späten 80er Jahre gewissermaßen für die Rolle seines weiteren politischen Lebens entdeckt: Er ist da, wenn die Karre im Dreck steckt. Er ist der Kompromiss, wenn sich alle anderen blockieren. Er ist einer, der mit Netzwerk und Nettigkeit den Laden zusammenhalten kann. „Der Armin hat immer das Verbindende gesucht, den Mittelweg, daran hat sich bis heute nichts geändert", sagt Frings. Nach exakt einer Stunde kommt seine Frau Marlene ins Wohnzimmer. Sie sagt kein Wort, doch die Botschaft ist klar: Ihr Mann hat genug erzählt, er soll sich nun schonen.

Als Laschet 1979 in die CDU eintritt, erlebt er eine stark politisierte Jugend in NRW. Im Jahr zuvor hat das Volksbegehren „Stop Koop" Tausende auf die Straße gebracht. Der ideologische Kampf gegen die unter Gleichmacherei-Verdacht stehende neue „Gesamtschule" beflügelt vor allem den konservativen Nachwuchs. Laschet orientiert sich an Leuten wie Wolfgang Vorbrüggen, den er aus der Burtscheider Kirchengemeinde kennt. Der ist acht Jahre älter und arbeitet später nach seinem Medizinstudium als Radiologe. Trotz des Altersunterschieds finden Laschet und Vorbrüggen auf Anhieb einen Draht zueinander. „Armin hatte einen Sinn für das Allgemeinpolitische und wollte gleichzeitig ganz konkrete lokale Projekte umsetzen", sagt Vorbrüggen. Er ist derjenige, der Laschet für die CDU gewinnt.

Der Arzt lebt heute im Vorruhestand in Würselen. Vorbrüggens Lebensgefährtin fragt, ob sie bei dem Gespräch über Laschet dabei sein dürfe. Es ist auch für sie spannend, Anfang 2020 noch einmal zurückzuschauen: Wie konnte aus dem Gemeindefreund von einst der Ministerpräsident des bevölkerungsreichsten Bundeslandes werden? Vielleicht liegt es auch daran, dass Laschet früh auf unabhängige Köpfe wie Vorbrüggen trifft. Der findet selbst einen unkonventionellen Weg in die CDU. Vorbrüggen ist in den 70er Jahren der Meinung, dass die Konservativen dieser „Willy wählen"-Euphorie des linksliberalen Lagers nichts entgegenzusetzen haben. Dabei findet er das linke Denken in Gruppen grundfalsch. Für ihn ist der Mensch immer Träger der Freiheit. Warum bringt keiner mal die Idee der Eigenverantwortung zur Geltung? Vorbrüggen geht zur Kreisgeschäftsstelle der CDU und macht seinem Ärger Luft. So wird er Mitglied und engagiert sich in Burtscheid, „weil Meckern allein nicht reicht".

Vorbrüggen wird später ein Kommunalpolitiker, der sich häufiger außerhalb der ausgetretenen Parteipfade bewegt. „Ich war immer der Öko", sagt er und lacht. Früh interessiert er sich für die Energiewende und sucht nach Möglichkeiten, sie betriebswirtschaftlich möglich zu machen. Er legt sich zu einer Zeit im Stadtrat mit dem Energiekonzern *RWE* an, als andere Kommunalpolitiker in NRW eher unterwürfig auf lukrative Gremiensitze bei dem Stromriesen spekulieren. Vorbrüggen ist auch beim sogenannten *Aachener Modell* dabei. Es ist auf CDU-Anregung die frühe schwarz-grüne Idee eines Energieeinspeisesystems, in dem sich Ökostrom rechnet. Vorbrüggen kann sich dabei auf die Unterstützung Laschets verlassen. Sie sind eine Minderheit von sechs CDU-Ratsleuten, die mit den Grünen stimmen.

Laschet wird schnell Kreisvorsitzender der *Schüler-Union*. Dort lernt er Ronald Pofalla kennen, der in dieser Zeit Vorsitzender der *Schüler-Union* im Rheinland ist. Es ist eine fast schicksalhafte Begegnung. Pofalla wird der Einzige bleiben, der Laschet über 40 Jahre durch alle Wechselfälle der Politik irgendwie begleitet.

Es ist Ende April 2020. Die Corona-Krise zwingt Pofalla ins Homeoffice. Von Mülheim an der Ruhr aus muss er als Vorstandsmitglied der *Deutschen Bahn* die Folgen der Pandemie für den Fernverkehr abfedern. Eine Telefonkonferenz jagt die nächste. Im Hintergrund macht sich Sohn Valentin bemerkbar. Pofalla ist im Jahr zuvor zum ersten Mal Vater geworden. Mit 60 Jahren. Jetzt soll er aus der Zeit erzählen, als Laschet und er selbst noch halbe Kinder waren. „Armin ist mir damals schon positiv aufgefallen. Er hatte wie ich viel Spaß daran, Geist und Haltung der 70er Jahre und all das, was viele Lehrer in den Schulen erzählten, auch einmal kritisch zu hinterfragen. An Politik als Beruf haben wir beide noch nicht gedacht", sagt Pofalla.

Er habe Laschet auch in Glaubensfragen als leidenschaftlichen Diskussionspartner erlebt: „Als Protestant fand ich es immer ungeheuer spannend, wie groß bei Armin die Bereitschaft war, über seinen tiefen katholischen Glauben und ethische Grundsatzfragen mit mir in den Austausch zu gehen. Ich habe diese rheinisch-katholische Offenheit bei ihm immer sehr geschätzt."

Pofalla ist für Laschet damals unter den jungen Führungsfiguren in NRW die wohl interessanteste. Anders als er selbst kommt er nicht aus dem bürgerlichen oder zumindest bildungsorientierten katholischen Milieu, sondern hat sich aus „einfachsten Verhältnissen" hochgearbeitet, wie es immer etwas abschätzig über weniger begüterte Familien heißt. Pofalla wächst mit zwei Geschwistern als Sohn einer Reinigungskraft und eines Feldarbeiters in Weeze am nördlichen Niederrhein auf. Er besucht die Hauptschule und wird erst über den zweiten Bildungsweg Diplom-Sozialpädagoge und schließlich Volljurist. Ohne die finanzielle Unterstützung eines lokalen Unternehmers hätte Pofalla sich das Studium neben der frühen politischen Arbeit gar nicht leisten können. Wer behütet und gefördert aufgewachsen ist wie Laschet, ahnt wohl, dass die wenigen Pofallas in der CDU immer etwas mehr leisten müssen als all die anderen, um nach oben zu kommen.

Laschet und Pofalla pflegen bis heute einen guten Kontakt zueinander und sind doch ein ungewöhnliches Gespann. Einer, der beide schon lange kennt, attestiert Pofalla viel mehr Ehrgeiz, Härte und Präzision als Laschet. Er habe einen ganz anderen Zug zur Macht. „Der Ronald war schon immer ein großer Stratege", sagt er. Pofalla führt nach der *Schüler-Union* ab

1986 auch die *Junge Union* als Landesvorsitzender. Viele lieben diese Macht-spielchen dort, das Männerbündlerische, die Simulation von großer Poli-tik in der Nachwuchsorganisation. In diesem Biotop lernt man vieles, was in der Berufspolitik später unverzichtbar ist.

Laschet bleibt die Welt der *Jungen Union* eher fremd. Er ist ehrgeizig und aufstiegswillig, aber doch ein ungewöhnlicher Machtmensch: Laschets Leidenschaft gilt der Politik als solcher, die Ämter sollen folgen. Bei vielen anderen ist es eher umgekehrt. Nach einem Jahr im Kreisvorsitz der *Schü-ler-Union* kümmert Laschet sich lieber um den Heimatstadtteil Burtscheid und um sein Studium. Die Aachener Jungunionisten sind zu dieser Zeit eine rauflustige Truppe. Zwei Lager bekriegen sich. Mittendrin der umstrit-tene Langzeit-Vorsitzende Edgar Lamm. Einmal versucht auch Laschets Freund Vorbrüggen, Lamm zu stürzen. Es misslingt mit 47 zu 51 Stimmen knapp. In der *Jungen Union* werden die großen Fragen gewälzt wie Nach-rüstung, Oder-Neiße-Linie oder das Festhalten am für viele unrealistischen Ziel der Wiedervereinigung. Für einen „ausgesprochen pragmatischen und unideologischen Typen" wie Laschet sei das wohl nichts gewesen, vermu-tet Bernd Vincken. „Er wollte nicht den Kalten Krieg sezieren, sondern vor Ort etwas konkret voranbringen", sagt Vincken. Edgar Lamm, der die lokale Nachwuchsorganisation der CDU lange prägt, fasst es mit 40 Jahren Abstand so zusammen: „Armin Laschet kam auch ohne die *Junge Union* zurecht, weil er in seinem Stadtbezirk sehr aktiv war."

Es ist dieser Stadtbezirk und darin vor allem der langjährige Vorsitzende Joseph Hugot, der Laschets Karriere maßgeblich stützt. Anfang der 80er Jahre wird Laschet Beisitzer in der Burtscheider CDU, muss dann aber zum Studium nach München. „Die haben mich immer mit durchgeschleppt, die haben mich immer weiter zum Beisitzer gewählt", erinnert sich Laschet Jahrzehnte später lachend. Noch immer weiß er, wem er das zu verdanken hat. „Es war vor allem Joseph Hugot, der immer wieder gesagt hat: Den brauchen wir", erzählt Laschet, „diese Hilfe ermöglichte es mir, als ich dann durch die Bonner Nähe wieder häufiger in Aachen war, eine Chance bei der Kommunalwahl zu bekommen." Er ist sich dieser glücklichen Fügung bewusst: „Normalerweise, wenn du zum Studium nach München gehst, meldest du dich ab und dann ist das beendet."

Laschet verschafft sich über sein Engagement in Burtscheid, über die Pfarre und den Karneval eine eigene Machtbasis. Er hält sich überdies an Hans Stecken, den Aachener Bundestagsabgeordneten. In dessen Bonner Büro darf er Bürgeranfragen und erste inhaltliche Zuarbeiten erledigen. So schnuppert Laschet früh Hauptstadt-Luft. Dass er 1988 an den Funktionären der *Jungen Union* vorbei gleich stellvertretender Kreisvorsitzender bei Leo Frings wird, gefällt nicht jedem. Doch Laschet schafft es schon damals, nie irgendwo verbrannte Erde zu hinterlassen. Sein damaliger Konkurrent Vincken wirkt bis heute erstaunt darüber, dass Laschet Politik nicht als Kampfsport betreibt: „Wir haben damals schon eine Rivalität gehabt, die aber nie richtig übel ins Persönliche abgeglitten ist.“

Auch Rolf Einmahl erlebt hautnah, wie Laschet scheinbar ohne Ellenbogen seinen Weg in der Aachener CDU macht. Er sei keiner für die Grabenkämpfe der *Jungen Union* gewesen, erinnert sich der 70-jährige Rechtsanwalt. Einmahl wird 1992 Laschets Fraktionsvorsitzender im Stadtrat und später für einige Jahre sogar sein Abgeordnetenkollege im Landtag. Heute engagiert sich Einmahl noch als CDU-Fraktionsvorsitzender in der Landschaftsversammlung im Rheinland. Wenn man ihm zuhört, erscheint der Politik-Neuling Laschet als jemand, der sich lieber auf sich selbst verlässt als auf Seilschaften. Auch die guten familiären Verbindungen seiner Frau seien demnach nicht entscheidend gewesen für Laschets raschen Aufstieg. „Er hat überzeugt, weil er als junger Mann schon die Fähigkeit hatte, Sachverhalte schnell zu erfassen und so darzustellen, dass alle sie kapierten und politische Schlüsse daraus ziehen konnten“, glaubt Einmahl.

Laschet schafft es augenscheinlich in der verkrusteten Aachener CDU der 80er Jahre, als sanfter Reformer zu erscheinen, der Dinge anders macht, aber niemanden verprellt. „Er wollte Veränderung und Einigkeit in der Partei“, sagt Einmahl. Neues ohne Bruch mit dem Alten? Fortschritt, ohne jemanden zurückzulassen? Noch Jahrzehnte später wird Laschet als politischer Boxer beschrieben, der immer nur durch den Ring tänzelt und nie zuschlägt. Bernd Vincken glaubt dagegen, „dass bei Armin Laschet vieles auch über die zwischenmenschliche Beziehung läuft“. Er fühlt sich am wohlsten, wenn er keine Verwundeten zurücklässt. Vorsichtig antizipiert Laschet mögliche Verletzungen anderer.

So hat es auch Einmahl erlebt, als 2009 in der Aachener CDU die Entscheidung über die Oberbürgermeister-Kandidatur ansteht. Laschet will damals gern den jungen Burtscheider Marcel Philipp durchsetzen, den Sohn des bekannten Malermeisters und früheren Bürgermeisters Dieter Philipp. Er fürchtet jedoch, der langjährige Ratsfraktionschef Einmahl könnte sich ebenfalls berechtigte Hoffnungen auf eine Kandidatur machen. Menschlich harte Entscheidungen liegen Laschet nicht. Vertraute sagen bis heute, ihm fehle die Fähigkeit zum Abservieren und Durchregieren. Laschet lädt Einmahl also zu sich nach Hause ein. Der wundert sich, dass im Wohnzimmer bereits Marcel Philipp sitzt. Laschet wirkt erleichtert, als klar wird, dass Einmahl gar kein Oberbürgermeister werden will.

„Ich verpflichte mich, dass ich meine Aufgaben nach bestem Wissen und Können wahrnehmen, das Grundgesetz, die Verfassung des Landes und die Gesetze beachten und meine Pflichten zum Wohle der Gemeinde erfüllen werde. So wahr mir Gott helfe." Am Abend des 18. Oktober 1989 spricht Armin Laschet im Aachener Rathaus zum ersten Mal in seinem Leben eine Eidesformel als gewählter Politiker. Er ist mit 28 Jahren der jüngste Ratsherr. Bei der Kommunalwahl am 1. Oktober 1989 hat er den Wahlkreis 16 in Burtscheid mit 46,4 Prozent klar gewonnen. Freuen kann er sich über den Erfolg kaum. Die Wahl bedeutet eine tiefe Zäsur in Aachen. Nach 40 Jahren absoluter CDU-Mehrheit erringen SPD und Grüne zum ersten Mal eine knappe Mehrheit. Als der Wahlleiter um 21.15 Uhr im Krönungssaal des Rathauses das vorläufige Endergebnis verkündet, ist das Undenkbare plötzlich amtlich: SPD und Grüne kommen zusammen auf 30 Sitze. Die um 8,5 Prozent gegenüber der letzten Wahl 1984 abgestürzte CDU schafft es gemeinsam mit der FDP, der nach langer Abstinenz die Rückkehr in den Rat glückt, nur noch auf 29 Sitze.

„Das ist sicher ein historischer Tag für Aachen, auf den die Sozialdemokraten seit vielen Generationen hingearbeitet haben", sagt damals der SPD-Spitzenkandidat Jürgen Linden. Der 42-jährige Rechtsanwalt wird neuer Oberbürgermeister und löst Kurt Malangré nach über 16 Jahren ab. Die CDU ist in Schockstarre, bemüht sich aber um Haltung. „Der Wähler hat das Ergebnis, so wie es jetzt vorliegt, gewollt. Das ist nun mal das Wesen der Demokratie. Wir werden in die Opposition gehen", kommentiert Kreischef Leo Frings. Die Einflussmöglichkeiten im Rathaus sind künftig begrenzt. Mit dem Posten des Oberbürgermeisters, der erst nach der Kommunalreform in NRW zehn Jahre später zum Hauptamt wird, geht der CDU viel Prestige verloren.

Das neue Gesicht Aachens ist Linden, ein jugendlich wirkender Schnauzbart-Träger, der bei der Wahlparty mit offenem Hemdkragen und drei netten kleinen Kindern posiert. Malangré, der im Hauptberuf Europaabgeordneter bleibt, trägt die Abwahl mit Fassung: „Die Amtskette des OB ist zwar ein ehrenvoller Schmuck, aber sie drückt auch auf den Schultern. Ich werde als normales Ratsmitglied im Rat bleiben."

Kreispartei-Vize Laschet hat bis zuletzt dafür gekämpft, dass „der Staatsmann Malangré", wie ihn die Lokalzeitung nennt, im Amt bleiben kann. Er wirft sich als eine Art Wahlkampfleiter für Susannes Onkel in die Schlacht und sucht die Zuspitzung: „Die Alternative heißt Rot-Grün oder Malangré", zieht der junge Laschet in den letzten Stunden vor dem Tag der Entscheidung seine Wahlkampfbilanz. Man müsse aufklären „über das, was im Falle eines rot-grünen Bündnisses Aachen bevorsteht". Den Bürgern macht die Aussicht auf einen historischen Wechsel aber offenbar weniger Angst als der CDU. Auch der Verweis auf die politische Bilanz von 40 Jahren verfängt kaum noch. Die lange CDU-Regentschaft habe der Stadt doch nicht geschadet, zetert Laschet Anfang September 1989 bei dem Diskussionsabend „30 Tage vor der Wahl" im Tonnengewölbe des Ratskellers. Aachen sei eine der ersten Städte mit einem Umweltdezernat gewesen, sagt er. Seine Botschaft: Es braucht die Grünen gar nicht! Laschet stellt sich tapfer in den Wind der Erneuerung, der spürbar entfacht ist.

Gelegentlich muss er in dem schwierigen Wahlkampf auch als Ausputzer für Malangré herhalten. Zwei Wochen vor der Wahl kassiert die CDU eine gerichtliche Schlappe. Der Oberbürgermeister hat öffentlich behauptet, dass der Leiter des wirtschaftsgeografischen Instituts, der 15 Jahre zuvor aus der CDU ausgetreten war, Sozialdemokrat sei. Die Malangré-Rede wird in einer Wahlbroschüre in hoher Auflage abgedruckt. Der angesehene Aachener Professor lässt das nicht auf sich sitzen, denn er ist nie der SPD beigetreten. Er geht juristisch gegen die CDU vor. Das Gericht ordnet an, die Broschüre zu schwärzen. Laschet wirkt getroffen, weist auf einen Entschuldigungsbrief

Malangrés hin und beklagt in der Lokalpresse, bei der Angelegenheit sei es „nicht ganz sauber" zugegangen. Da ahnt der 28-Jährige wohl längst, dass in diesem Wahlkampf nur noch wenig für seine Partei zusammenläuft.

Wenige Monate zuvor versucht Laschet noch, die immer lauter werdende Kursdebatte der Bundespartei auch in Aachen zu verankern. Das soll wieder Luft unter die Flügel bringen. Generalsekretär Heiner Geißler versucht in dieser Phase schon länger, mit einem reformfreudigen Kurs neue Wählerschichten etwa bei Jüngeren und Frauen zu erschließen. Laschet gefällt das. Bundeskanzler Kohl, an dessen Gestaltungskraft in den eigenen Reihen längst heftig gezweifelt wird, will dagegen mit gemäßigt konservativer Politik die zu den Republikanern oder in die Wahlenthaltung geflohenen Stammwähler zurückgewinnen.

Auch in Aachen finden solche Rechts-Links-Diskussionen ihren Niederschlag. Die Etablierten um Oberbürgermeister Malangré sehen eher in den Republikanern die größte Konkurrenz. Ein linker Christdemokrat wie Kreischef Frings wünscht sich eine liberalere Ausrichtung, damit „die Partei stärker auf die Bürger zugeht", wie er im Frühjahr 1989 bei einem CDU-Stammtisch fordert. Laschet scheint zwischen den Lagern zu vermitteln. Im April 1989 nimmt er die Diskussionsentwürfe Geißlers für den im Herbst bevorstehenden Bundesparteitag zum Anlass, auf lokaler Ebene grundsätzliche Fragen diskutieren zu lassen. Jahrzehnte später führt Laschet einmal in einem Fragebogen aus, was ihn an Heiner Geißler so fasziniert habe: „Der hat es verstanden, neue Themen zu öffnen, aber trotzdem einen engagierten Wahlkampf zu machen und Politik aus unseren Grundsätzen heraus abzuleiten."

In kirchlichen Fragen tickt der junge Laschet gleichwohl wenig reformfreudig Da verfolgt er, der 1991 Chefredakteur der Kirchenzeitung wird, noch eher die traditionelle Linie seines Bistums. „Die Beschäftigung mit den christlichen Werten in der Politik bildet den Schwerpunkt unserer Aktivitäten in den nächsten Wochen", so benennt er im Jahr 1989 eine aus seiner Sicht wichtige CDU-Aufgabe. Laschet will für den Schutz des ungeborenen Lebens demonstrieren lassen und sich wieder stärker den Kirchen zuwenden. 93,6 Prozent aller CDU-Mitglieder gehörten einer christlichen Kirche an, sagt Laschet und fügt hinzu: „Es wäre bedauerlich, wenn eine solche Partei sich in der Regierungsverantwortung nur um tagespolitische Streitthemen und nicht zugleich auch um die ethische Grundlage und die Wurzel allen politischen Handelns kümmern würde."

Es schimmert in dieser Phase durch, dass sich das kommunalpolitische Interesse des jungen Laschet nicht in der nächsten Umgehungsstraße erschöpft. Er will in einer lebendigen Partei die großen Fragen erörtern, aber den Grundwerten verhaftet bleiben. Zwei Wochen vor Laschets erster Kommunalwahl kommt es beim legendären Bremer Parteitag zur Ablösung Geißlers als Generalsekretär, nachdem sein Putschversuch mit Lothar Späth und Laschets Bonner Mentorin Rita Süssmuth gegen Kohl kläglich gescheitert ist.

Nach der Kommunalwahlniederlage hofft die Aachener CDU noch einige Tage, dass SPD und Grüne schon sehr bald der beschwerliche Alltag einholen werde. Das rot-grüne Regierungsprogramm umfasst 46 Seiten; einen solch umfangreichen Vertrag kennt man im lange tiefschwarzen Aachen naturgemäß noch nicht. Geht da vielleicht doch noch etwas? Bekommen SPD und Grüne ihre absolute Mehrheit von 30 Stimmen im entscheidenden Moment zusammen? Ein einzelner Abweichler in der Oberbürgermeister-Wahl würde reichen, und der rot-grüne Wahlsieg verkehrte sich in eine Blamage. CDU und FDP schicken deshalb am 18. Oktober 1989 noch einmal Malangré gegen SPD-Wahlgewinner Linden ins Rennen.

Hunderte Bürger drängen ins Rathaus, um bei diesem politischen Krimi dabei zu sein. Die *Aachener Nachrichten* schreiben anderntags: „Im Sitzungssaal und im Foyer herrschte ein Gedränge, als ob Karlspreis und Tierischer Ernst auf einen Tag gefallen wären." 22 Minuten dauert der Wahlgang. Um 18.34 Uhr verkündet Alterspräsident Anton Grundwald (SPD) das Ergebnis: „Mit 30 Stimmen wurde Dr. Linden ..." Der Rest des Satzes geht im Geschrei und Geklatsche unter. Im Foyer des Rathauses stehen Menschen auf den Stühlen, andere wischen sich Tränen aus dem Gesicht. Aachen hat einen Sozialdemokraten als Stadtoberhaupt. In der CDU-Fraktion regt sich keine Hand. Mit frostigen Mienen verfolgen Laschet und Kollegen den Jubel der Anderen.

Dass Linden 20 Jahre im Amt bleiben und ein auch bei CDU-Anhängern geachteter Oberbürgermeister werden würde, ahnt damals niemand.

Laschet kann sich in diesem Moment ebenso wenig ausmalen, dass er mit Linden eines Tages eng im Direktorium des *Karlspreises* zusammenarbeiten würde. Sie schätzen einander heute ausdrücklich. Der neue SPD-Oberbürgermeister nimmt den jungen CDU-Ratsherrn schon damals als politischen Kopf wahr: „Armin Laschet war zu diesem Zeitpunkt schon rhetorisch hervorragend und konnte durch manchmal bissige Rhetorik im Stadtrat Kontroversen heraufbeschwören", erinnert sich Linden mit mehr als 30 Jahren Abstand. Er sei ihm auch deshalb als „kommunalpolitisch auffällige Erscheinung" vorgekommen, so Linden, „weil er immer schon gerne Zusammenhänge mit der großen Politik herstellte".

Stadtarchiv Aachen, Anfang 2020. Die 30-jährige Sperrfrist, der Ratsprotokolle unterliegen, ist zumindest für die ersten drei Monate der 12. Wahlperiode abgelaufen. Im Lesesaal wartet ein Aktenwagen mit dicken Bänden. Die freundliche und erfahrene Archivarin dämpft sogleich die Erwartungen. Die erste Rede von Armin Laschet im Stadtrat? Sie könne leider nur Einsicht in die Protokolle bis Ende des Jahres 1989 gewähren. Ob Herr Laschet aber als Rats-Neuling so schnell in einer Sitzung das Wort ergreifen durfte? „Das kann Monate dauern, wenn nicht Jahre", erklärt sie, „bis ein politischer Frischling einmal reden darf." Wer gerade erst seine kommunalpolitische Karriere startet, muss sich hinten anstellen, soll das wohl heißen.

Es dauert dann doch nur wenige Minuten, bis man Laschets Jungfernrede in der Hand hält. Gleich in seiner zweiten Ratssitzung am 8. November 1989 meldet er sich zu Wort. Es ist der Abend, bevor in Berlin die Mauer fällt. Doch das wirkt damals unvorstellbar weit weg. In der Rückschau bezeichnet Laschet später einmal den Mauerfall als das politische „Schlüsselerlebnis schlechthin" für seine Generation: „Wir haben diese Mauer gesehen und gedacht, die wird sich nie verändern. Die wird immer stehen. Das ist unvorstellbar, dass ein riesiges System zusammenbricht und die Mauer mal nicht mehr da ist."

Deshalb geht es am Vorabend des Mauerfalls im Aachener Rathaus auch ganz routinemäßig um den Neuzuschnitt der Dezernate zu Beginn der neuen Wahlperiode. Rot-Grün will hier eigene Akzente setzen, um die über Jahrzehnte CDU-dominierte Stadtverwaltung auf den neuen politischen

Kurs zu trimmen. Irgendwann greift Laschet in die Debatte ein. Der jüngste Ratsherr im Saal spricht nicht wie ein unsicherer Novize, sondern geht seinen Vorredner, den Grünen Heiner Jüttner, frontal an. „Herr Oberbürgermeister, meine Damen und Herren", beginnt er seine erste Rede im Stadtrat routiniert. Dann zeigt Laschet, der im Laufe seiner weiteren Karriere oft als zu weich und zu nett beschrieben wird, seine „ursprünglich etwas bissige Art", die Oberbürgermeister Linden auch Jahrzehnte später noch im Gedächtnis geblieben ist. Demut? Laschet vergibt lieber gleich Haltungsnoten. Die rhetorische Figur, als Debattenredner schon einmal die Debatte zu reflektieren und mit ironischen Bemerkungen zu garnieren, wird man bei ihm auch Jahrzehnte später wiederfinden. Der typische Laschet-Sound ist schon an diesem Abend im November 1989 angelegt.

„Wenn man als neues Ratsmitglied zum ersten Mal bei einer solchen Debatte ist, muss man sich schon sehr verwundert zeigen", sagt er. Zunächst sei ein Redner seiner Fraktion ans Mikrofon gegangen und habe „mit Sachargumenten" angefangen, so Laschet, „und im Laufe der Debatte kommen dann Herr Jüttner und Frau Ortstein rein mit politischen Argumenten, die zeigen, dass es hier um Parteibuchfilz geht und nicht um Sachpolitik." Damit löst der Neuling Beifall und Unmutsäußerungen aus. Oberbürgermeister Linden als Sitzungsleiter muss eingreifen. Dann fährt Laschet schneidig fort: „Ich danke Ihnen, Herr Oberbürgermeister, was das Zweite angeht, ist die Mengenlehre, ich weiß nicht, welchen Schultyp die Redner besucht haben, aber wenn Sie die Beigeordneten hier einmal durchzählen, müssen Sie redlicher Weise sagen, dass davon lediglich vier der CDU angehören im Gegensatz zu allen Ruhrgebietsstädten, wo vom Pförtner bis zum Oberstadtdirektor jeder das SPD-Parteibuch hat."

Immer wieder notiert das Protokoll Beifallsunterbrechungen. Laschet legt noch einmal nach und deutet eher unbewusst an, worin die wahre Besorgnis seiner CDU in diesen Tagen liegen muss: Erstreckt sich die SPD-Dominanz in NRW künftig auch bis nach Aachen? Ministerpräsident Johannes Rau hat die Landtagswahl mit seinem allumfassenden Slogan „Wir in Nordrhein-Westfalen" 1985 mit dem Sensationsergebnis von 52,1 Prozent gewonnen. Kippt jetzt auch dauerhaft eine schwarze Bastion wie Aachen? Laschet sieht jedenfalls die Methode Rau auf die Kommunalpolitik seiner Heimatstadt zukommen und formuliert das in seiner Jungfernrede so: „Ein dritter und letzter Punkt, und das betrifft ein wenig auch Fragen der politischen Kultur. Wir haben es in Aachen immer so gehandhabt, dass der Oberbürgermeister sein Amtszimmer nicht zur Parteipolitik oder zur Politik missbraucht hat, und deshalb ist man 45 Jahre lang ohne ein Oberbürgermeisteramt, ohne neue personelle Vorschläge aus Reihen der eigenen Partei, die dort zu einem Amt aufgebläht werden, zu Lasten des Steuersäckels der Aachener Bürger, ausgekommen. Ich appelliere hier an die neue Mehrheit in Aachen, sich an diesen Stil zu halten und den Oberbürgermeister nicht zu Parteizwecken und zur Parteizentrale der SPD auszubauen, wie es die Düsseldorfer Staatskanzlei bereits ist.“

Oberbürgermeister Linden kontert Laschets bissige Hinweise auf die legendäre SPD-Parteibuchwirtschaft in NRW souverän mit einer ironischen Bemerkung: „Nach der zweiten Anregung zur Düsseldorfer Staatskanzlei muss man allmählich anfangen, darüber nachzudenken.“

Laschet entwickelt sich rasch zu einem scharfzüngigen und gewitzten Debattenredner, der immer wieder den politischen Überbau der kommunalen Fragen darzustellen versucht. So arbeitet er sich in seiner vierten Ratssitzung Ende 1989 bereits an der Frage ab, ob Aachen fit genug ist für den EU-Binnenmarkt 1992, wie die konjunkturellen Aussichten der Landesregierung auf den Stadthaushalt durchschlagen werden und welche Bedeutung die Wirtschaftsorientierung für die Kommune im Drei-Länder-Eck hat. Wenn Aachen keine unternehmerfreundliche Stadt mehr sei, führt Laschet aus, „dann werden wir natürlich auch erleben, dass es dann keine bürgerfreundliche Stadt mehr ist, weil die Bürger von neuen Arbeitsplätzen in Aachen ganz entscheidend profitieren“. Von Zwischenrufen und Protesten lässt er sich nicht irritieren, im Gegenteil. „Ja, das geht hier etwas prägnanter und kürzer als bei meinem Vorredner“, lässt er die rot-grüne Koalition selbstbewusst abtropfen und schließt seine Rede donnernd: „Ich muss Ihnen sagen, wenn ich Ihr Arbeitsprogramm gelesen hätte und Kämmerer bei dieser rot-grünen Mehrheit wäre, dann würde ich da noch drastischer malen, um viel von dem Unfug zu verhindern, den Sie mit viel Geld planen.“

Jahrzehnte später, in der Staatskanzlei sitzend, ist sich Laschet durchaus bewusst, dass ihm die historische Wahlniederlage der CDU damals in Aachen geholfen hat. „Dadurch wurde die ganze erste Reihe abgeräumt, es war klar, dass es einen Neuanfang geben musste", sagt er, „wenn alles so weitergelaufen wäre, dann hätten wir Jungen uns schön hinten einreihen können."

Laschet wird in seiner ersten Wahlperiode im Stadtrat stellvertretender Vorsitzender des neuen Bürger- und Beschwerdeausschusses. Die direkte Beteiligung der Bürger an der Kommunalpolitik ist da noch Neuland. Für Laschet erweist sich die Aufgabe als Glücksgriff. „Er hat sich gerne für die Anliegen der Bürger eingesetzt und hatte Spaß daran, mit ganz konkreten Problemen konfrontiert zu werden. Ich glaube, in diesen ersten Jahren im Rat hat er unheimlich viel für seinen weiteren Weg mitgenommen", sagt Claudia Plum, die Laschet seit Jahrzehnten aus der Aachener CDU kennt. Womöglich schärft er im Umgang mit den Petitionen auch sein Sensorium für Stimmungen in der Bevölkerung.

Das wird im Herbst 1990 deutlich, als die Aachener Lokalpolitik diskutiert, wie mit dem bevorstehenden „Tag der deutschen Einheit" umzugehen sei. Der rot-grünen Ratsmehrheit steht der Sinn erkennbar nicht nach schwarz-rot-goldenem Taumel. Erste Überlegungen für eine zentrale Feier werden nicht weiterverfolgt. Das findet Laschet empörend geschichtsvergessen. Er organisiert deshalb mit der CDU für den 3. Oktober auf eigene Faust eine „Nacht der Einheit" auf dem Aachener Markt. Claudia Plum erinnert sich noch, wie Laschet mit trotzigem Elan zu Werke geht: „Wenn die anderen nicht wollen, stellen wir eben etwas für die Aachener auf die Beine", habe er gesagt. Die *Aachener Zeitung* schreibt später spitz: „Die CDU hatte eingeladen, weil niemand anders den Bedarf für dieses Fest sah."

Die *Junge Union* wird hinter die Bierstände und Bratwurstbuden eines *Einheitsdorfes* beordert. 15.000 Wunderkerzen werden gekauft, ohne zu wissen, wie viele Menschen wirklich mitfeiern wollen. Am Ende wird es ein Riesenerfolg. Auf dem Markt und auf den überfüllten Nebenstraßen drängen sich Tausende Besucher. Ein Grußwort von Helmut Kohl, eigens verfasst für die Aachener, wird eingespielt. Laschet moderiert den Abend über auf der Bühne und schaltet live zum Abgeordneten Stercken vor den Reichstag. Auch das Läuten der Freiheitsglocke in Berlin wird auf eine Großbildleinwand nach Aachen übertragen. Aus den Lautsprechern strömt „Wunder gescheh'n". Um Mitternacht ist der Markt ein Meer aus Wunderkerzen, und Tausende singen „Einigkeit und Recht und Freiheit". So hatte sich Laschet eine würdige Feier zum Tag der Deutschen gewünscht.

Seinen Mut zum Pathos wird er in seiner Karriere noch häufiger zeigen. Jahrestage und Ehrungen sind ihm wichtig. Er hält sie für ein Instrument, mit dem sich eine immer individualisiertere Gesellschaft wenigstens hin und wieder noch ihrer selbst vergewissern kann.

Der junge Ratsherr Laschet wird in Aachen als Energiebündel beschrieben, der für die Politik lebt. Dabei wird er 1989 zum ersten Mal Vater. Im Bundestagswahlkampf 1990 des Wahlkreisabgeordneten Stercken sieht man Laschet bei Wochenendaktionen der CDU schon mal mit Sohn Johannes im Kinderwagen über Stock und Stein klettern. Politik-Einstieg und die Phase der Familiengründung fallen bei Laschet in einen Zeitkorridor. Das bringt Härten für alle mit sich. Es ist ohnehin nie leicht, eine emotionale Bindung zu den Kindern aufzubauen, wenn man sein Leben eigentlich vorrangig mit der Partei teilt. Die traurige Kindheitsbilanz der Söhne Helmut Kohls steht beispielhaft für das schwierige Leben im Schatten eines Spitzenpolitikers. Doch Laschet scheint es irgendwie zu gelingen, trotz der permanenten Abwesenheit einen emotionalen Draht zu seinen Kindern zu halten. Er geht bei der Familienarbeit unkonventionelle Wege. Als er 1999 Europaabgeordneter wird, verabredet er mit seiner Frau, die gesamte Familie zumindest über den Jahreswechsel immer in eine andere europäische Stadt zu entführen. „Unter dem Weihnachtsbaum war dann immer ein Puzzle, das die nächste Stadt verraten hat", erzählt Johannes.

Laschet kniet sich früh rein und schaut über den Tellerrand der Kommunalpolitik hinweg, kann reden und in der schwierigen Aachener CDU Brücken bauen. Es dauert nicht lange, bis sich viele in seinem Umfeld sicher sind: „Der Armin wird Berufspolitiker." Zu Laschets frühen Entdeckern gehört auch seine erste Ratsfraktionschefin Franziska Neumann. Die heute 85-jährige Oberstudienrätin ist eine bemerkenswerte Frau, die in den 80er Jahren ihrer Zeit um mindestens 20 Jahre voraus war. So hat es Laschet selbst Jahrzehnte später einmal in einer Laudatio eingeordnet. Neumann zieht bereits in den 70er Jahren in den Stadtrat ein und setzt sich – als Frau – 1985 in der konservativen CDU als Fraktionsvorsitzende durch.

Obwohl Laschet in Aachen für sehr viele nur „der Armin" ist, bleiben Neumann und er seit Jahrzehnten beim „Sie". Es scheint eine Frage des gegenseitigen Respekts zu sein. Noch heute weiß Neumann, dass ihr dieser Armin Laschet lange vor seiner Politiker-Laufbahn aufgefallen ist. Sie hat seinerzeit für ein paar Pfennige die Schülerzeitung im Abo, die Laschet herausgibt. Die Umtriebigkeit des jungen Mannes gefällt ihr. Seine politische Antenne, dieses Sendungsbewusstsein. Sie lernen sich kennen. Neumann behält Laschet im Blick, auch als er ein paar Jahre zum Studium aus Aachen verschwindet. „Für mich war völlig klar: Der wird Berufspolitiker", habe sie damals gedacht, sagt sie heute.

Als die Kommunalwahl 1989 sie beide in der Ratsfraktion zusammenführt, macht Laschet der Chefin viel Freude. „Ich fand, die Jungen müssen ran, die müssen lernen und auch Posten bekommen", sagt Neumann in der Rückschau. Bei den Altgedienten kommt sie mit ihrer Förderung des Nachwuchses nicht nur gut an. Die Platzhirsche wollen selbst nach der schlimmen Niederlage von 1989 nicht sofort der nächsten Generation Platz machen. Die Bereitschaft, die CDU neu auszurichten, ist nicht sonderlich ausgeprägt. Laschet sei es leicht gefallen, sich bei den Alten durchzusetzen, sagt Neumann: „Er war von Anfang an redegewandt und auf den Punkt. Ein Schnelldenker. Da gab es nichts zu meckern." Neumann beobachtet damals, wie clever Laschet die politische Debatte im Rat führt: „Er schlug nicht auf die Gegner ein, sondern argumentierte viel geschickter." Kein Niedermachen, keine Schärfe, kein quälender Streit. „Bei schwierigen Diskussionen hat er uns oft rausgerissen, weil er seine Position mit einem Scherz verbinden konnte", erinnert sich Neumann.

Laschet ist für die Chefin eine Stütze in der Fraktion, weil er sich nicht „von den Kaufleuten, den konservativen Übervätern" habe vereinnahmen lassen: „Er gehörte zu denen, die schon als junger Mann die Notwendigkeit zur Veränderung gesehen haben." Laschets schnelle Auffassungsgabe imponiert ihr. Er erfasst den Kern einer Ratsvorlage schneller als andere.

Eine Eigenschaft jedoch ist schon in den kommunalpolitischen Anfangstagen spürbar, die Laschet noch manches Mal in Probleme bringen wird: seine Impulsivität. „Er hatte nur einen Fehler: Er konnte schnell ausrasten und sich furchtbar aufregen", sagt Neumann. Sie habe mit ihm früh über seine Ausbrüche gesprochen und sich gewundert, wie einsichtig und dankbar er für ihre Rückmeldung gewesen sei. Selbstreflexion gehört schließlich nicht zu den hervorstechenden Politiker-Eigenschaften.

2008 erhält Franziska Neumann, die bis 1992 Fraktionschefin bleibt, das Bundesverdienstkreuz. Laschet darf es ihr überreichen. In seiner kleinen Rede schwingt eine besondere Verbundenheit mit: „Es ist etwas Besonderes, wenn derjenige, der die Auszeichnung überreichen darf, und diejenige, die die Auszeichnung bekommt, sich sehr lange kennen. Das hat einen unschätzbaren Vorteil: Ich muss mich hier gar nicht allein auf die Autorität und Urteilskraft des Bundespräsidenten verlassen, obwohl das schon ausreichte. Ich weiß vielmehr aus unmittelbarer eigener Erfahrung, aus langer gemeinsamer Zeit mit Ihnen in Aachen, dass Sie diese Auszeichnung ganz und gar verdient haben."

Es sind eher Querdenker, die Laschet in seinen politischen Anfangstagen faszinieren. Eben Leute wie der christlich-soziale Flügelmann Frings, der sich im Zweiten Weltkrieg dem Fronteinsatz widersetzt hat. Oder Jugendfreund Vorbrüggen, „der Öko" der Aachener CDU. Der weltgewandte Bundestagsabgeordnete Stercken, der ihn früh als Mitarbeiter in Bonn unter seine Fittiche nimmt. Nicht zuletzt Ratsfraktionschefin Neumann, die als Frau in einer Männer-Domäne Maßstäbe setzt. Oder auch das Bonner Vorbild Heiner Geißler, der die Union für neue Wählerschichten öffnen will. Ganz bestimmt Bundestagspräsidentin Süssmuth, deren Unabhängigkeit Laschet als Referent seit 1988 aus der Nähe erlebt.

Man fragt sich beim Blick auf Laschets Ein- und Aufstieg in der CDU: Wäre es nicht viel naheliegender gewesen, sich allein an Oberbürgermeister Malangré auszurichten, dem Onkel seiner Frau? Wäre es nicht sogar leichter gewesen, sich als Chefredakteur der Bistumszeitung mit den lange tonangebenden Konservativen der Aachener CDU zu verbinden? Schon in den Anfangsjahren seiner politischen Karriere zeigt sich, dass Laschet Orientierung sucht bei unabhängigen und bisweilen unbequemen Vorbildern. Er ist kein Mann für die klassischen Seilschaften einer *Junge-Union*-Karriere. Das Konformistische eines politischen Kampfverbandes scheint ihm fremd zu sein. Dafür hat Laschet zu viel Freude am intellektuellen Austausch, auch und gerade mit Andersdenkenden. Er ist zwar ein Kind der CDU durch und durch, mit einem stabilen Wertekanon, schätzt aber vor allem die

Individualisten, die es in hierarchischen Organisationen wie Parteien oft schwer haben. Ein Widerspruch?

Seine Förderer von einst leiden noch Jahrzehnte später fast körperlich, wenn Laschet in der öffentlichen Wahrnehmung als rheinischer Luftikus missverstanden wird, der die Dinge nicht zu Ende denken kann. Besonders deutlich wird dies in der Corona-Krise. Zur Eindämmung der mitunter gefährlichen Virusinfektion werden kurzerhand zahlreiche Grundrechte ausgesetzt. Die Pandemie gibt den Regierungen weltweit nahezu freie Hand. Es ist die Stunde der Exekutive, und die Bürger honorieren es mit traumhaften Popularitätswerten. Laschet dagegen fragt nach einer Ausstiegs-Strategie. Er muss sich dafür zunächst als „leichtsinniger Lockdown-Lockerer" oder als „Exit-Eiferer" beschimpfen lassen. Als einer, der die Pandemie und ihre Gefahren nicht richtig verstanden hat. Dabei treibt ihn bloß die Frage um, wo die Virus-Bekämpfung hinführen und wo sie enden soll. Kirchen und Grenzen schließen? Grundrechte aussetzen? Bei sozialen und wirtschaftlichen Kollateralschäden einfach zusehen? So etwas überlegt sich einer wie Laschet dreimal. Er glaubt einfach nicht, dass eine demokratische Industriegesellschaft über Monate virologische Optimalbedingungen zur Austrocknung eines Virus und dem Beenden einer Pandemie aushalten kann. Er wirbt für eine „Rückkehr in eine verantwortungsvolle Normalität". Laschet ist selbst kein totalitärer Typ, bewundert keine autoritär auftretenden Politiker und will in keinem diktatorischen Staat leben. Deshalb ruft er zunächst ziemlich einsam: „Hier steht nicht Leben gegen Geld, sondern es stehen Lebenschancen gegen Lebenschancen." Selbst in der eigenen Partei schüttelt man zeitweilig den Kopf über den Eigensinn des NRW-Ministerpräsidenten.

Rita Süssmuth dagegen, seine frühere Chefin, stellt sich in diesen schweren Tagen im Frühsommer 2020 öffentlich hinter Laschet. „Da ist im Augenblick so eine Situation eingetreten, wo ich mir wünsche, dass er als der wahrgenommen wird, der er wirklich ist", sagt sie. Laschet gehöre nicht zu denen, die blind „Tempo, Tempo, Tempo" riefen. Süssmuth zieht wieder die Parallele zum Umgang der Politik mit *AIDS* in den 80er Jahren. Damals erlebt Laschet in ihrem Umfeld, wie die Bundestagspräsidentin für Augenmaß in der Virusbekämpfung streitet. Aus Bayern kommt der Ruf, HIV-Infizierte wegzusperren, um die Krankheit einzudämmen. „Wir bekämpfen die Krankheit, nicht die Kranken", habe sie damals gegen Widerstände klargestellt, erzählt Süssmuth. Nimmt sich daran Laschet in der Corona-Krise ein Beispiel? Irgendwie gehe es darum ja auch heute, findet Süssmuth. Es gebe nicht nur die Not der unmittelbar Infizierten, sondern auch die derer, die unter den Konsequenzen der Pandemie-Bekämpfung schwer zu leiden hätten. Laschet werbe um Verhältnismäßigkeit und stelle die zentrale Frage: „Wie finden wir wieder zusammen dabei und brechen nicht auseinander?"

Von Helmut Kohl stammt die bittere Politik-Lehre, „dass die Hand, die füttert, immer als erstes gebissen wird". Der Altkanzler und CDU-Patriarch kann bis an sein Lebensende Undank und Illoyalität in den eigenen Reihen nicht vergessen. Ist es also eine Gesetzmäßigkeit, dass Förderer von ihren Zöglingen irgendwann enttäuscht werden? Gibt es tatsächlich diese Aufstiegsamnesie in der Politik, die einen in höchsten Ämtern vergessen lässt, wer einen auf den beschwerlichen Flachetappen einst gestützt hat? Wer Laschets frühe Wegbegleiter mehr als 30 Jahre später spricht, trifft eher auf milden Stolz und fast elterliche Freude über den Erfolg des Jungen. Sie sind allesamt unabhängige Köpfe, die sich nicht als Macher des Ministerpräsidenten brüsten müssen.

Laschet selbst vergisst seine treuen Förderer nicht. Als er im Jahr 2010 im Kampf um den CDU-Parteivorsitz in NRW mit Norbert Röttgen zu Regionalkonferenzen durchs Land zieht, macht der Tross auch in Aachen Station. Mitten in seiner Vorstellungsrede entdeckt Laschet plötzlich Leo Frings im mit über 800 Mitgliedern gefüllten Saal. Er ist gerade dabei, die verschiedenen Wurzeln der CDU zu erklären, und ruft: „Das ist so eine christsoziale Wurzel bei uns, der wird heute übrigens 83 Jahre alt. Herzlichen Glückwunsch, lieber Leo." Applaus im Saal. Frings strahlt.

Die Verbundenheit des Ministerpräsidenten rührt viele seiner Förderer. Aber: Er ist ihnen nichts schuldig. Ihnen reicht die Gewissheit, mit ihrer Einschätzung des Politik-Talents Armin Laschet einst nicht ganz falsch gelegen zu haben. Der 92-jährige Leo Frings sagt an jenem kalten Januar-Morgen in Aachen-Eilendorf noch: „Wenn ich den Armin anrufen wollte, um etwas zu diskutieren, könnte ich das bestimmt machen, aber in meinem Alter mache ich das nicht mehr. Er hat doch genug um die Ohren."

Der Katholik

Christ und Christdemokrat

Wenn Armin Laschet im Gottesdienst sitzt, kommt er zur Ruhe. „Dort fällt Anspannung von mir ab. Es ist eine ungewöhnliche Stunde. Ich telefoniere da nicht, twittere nicht, schaue nicht auf das Handy. Ich sitze nur da, nehme teil", verrät er einmal der Wochenzeitung *Die Zeit.* Er ist da ganz in seiner Welt: „Ich mag es, dass die katholische Kirche Weihrauch hat. Und Orgeln. Das spricht die Sinne an." Diese Momente, in denen er zu sich kommt, weiß er zu schätzen: „Echte Stille ist nur schwer auszuhalten. Manchmal wünscht der Pfarrer, dass die Menschen eine Minute schweigen. Dass sie über sich selbst nachdenken. Dann fangen schon die Ersten an, sich zu räuspern, sich zu bewegen." Laschet dagegen kann das aushalten. Früher fiel es ihm noch leichter. Als Jugendlicher hat er sich mit 15 Freunden zum Schweigen in der Eifel verabredet. Von Freitag bis Sonntag war dann Ruhe. Das würde ihm heute kaum noch gelingen. Wann immer es zeitlich passt, geht Laschet aber immerhin zur inneren Einkehr in den Gottesdienst. Es ist eine Konstante seines Lebens, wie er häufig betont: „Meine Pfarrei ist St. Michael in Aachen-Burtscheid. Dort predigt noch der Pfarrer, der mich getraut hat. Die Kirche ist 800 Jahre alt."

Die älteste Pfarrkirche des Stadtteils liegt auf einer Anhöhe des Michaelsberges. Nach der Zerstörung im Zweiten Weltkrieg konnte das markante Bauwerk mit der Backsteinfassade wieder aufgebaut werden. Der rötliche Anstrich, von dem sich hell Fensterlaibungen und Portalrahmung abheben, fällt schon von weitem ins Auge. In 49 Metern Höhe steht auf dem Turm eine Michaelsfigur. Mit einer Länge von 52 Metern und einer Breite von 21,50 Metern ist die Kirche zwar nicht besonders groß, die Hanglage lässt sie jedoch imposanter erscheinen.

Am Tag vor der für Laschet so entscheidenden Landtagswahl 2017 ist Bundeskanzlerin Merkel zu Gast in der kleinen Aachener Vorortkirche. „Sie wollte sehen, wo ich herkomme", sagt Laschet. Es ist nicht überliefert, in wie viele Gotteshäuser Merkel schon von den Spitzenkräften der Union geführt wurde. Aber der Pfarrerstochter dürfte sich in Burtscheid vermittelt haben, dass dies für Laschet ein besonderer Ort ist. Anders als oft geschrieben wird, ist St. Michael jedoch nicht seine Taufkirche. Zum Zeitpunkt seiner Geburt leben Laschets Eltern noch in der Aachener Soers. Das erste Sakrament erhält er deshalb im Kloster St. Raphael, das unweit ihrer damaligen Wohnung im Strüver Weg liegt. Hier ist seinerzeit noch die Ordensgemeinschaft der Töchter vom Heiligen Kreuz beheimatet, heute steht dort das *Wohnquartier Raphaelhöfe Soers*.

Nach dem Umzug nach Burtscheid werden die historische Kirche St. Michael und das in den frühen 70er Jahren erbaute, etwa einen Kilometer entfernte Gemeindezentrum St. Aposteln für Laschet zur zweiten Heimat. Hier geht er zur Kommunion, zur Firmung, ist als Messdiener engagiert und heiratet. Hier werden seine Kinder getauft und gefirmt. Familie Laschet ist voll ins Gemeindeleben integriert. „Die Pfarrer, die wir hatten, waren alle sehr modern, bodenständig, aber schon früh sehr interessiert, Laien in fast alle Dienst einzubeziehen. So durfte der Liturgiekreis, dem Armin und ich angehörten, sogar den Gottesdienst vorbereitet", erinnert sich Bruder Remo. „Wir riefen dann beim Pfarrer an und erkundigten uns nach der Predigt, und dann haben wir mit dem Messbuch alle nicht liturgischen Texte und Betrachtungen für die Gottesdienste zusammengesucht. Das machten bei uns die Laien und nicht der Pfarrer."

Laschets Jugendpfarrer ist ein politischer Mann. Hugo Baurmann war als Kaplan sogar an der lokalen Gründung der CDU beteiligt. Laschet selbst leitet hier Jugendgruppen und ist „Pfarrgemeinderat der Jugend". Armin Laschets allererstes politisches Engagement entsteht also im Umkreis dieser Kirche. „Das waren natürlich ganz prägende Momente", glaubt sein Bruder. Auch Laschets Frau Susanne und deren Familie sind gläubig und in der Gemeinde stark engagiert.

St. Michael bleibt ein Leben lang sein Kristallisationspunkt. Auch als Berufspolitiker schickt er regelmäßig über die sozialen Netzwerke Fotos seiner Kirche in die Welt. Es ist ihm wichtig, in einer zunehmend säkularen Gesellschaft öffentlich für seinen Glauben einzutreten. „Ostern ist für Christen wichtiger als Weihnachten. Die Osternacht feiern Millionen Christen überall in unserem Land und weltweit. Allen wünsche ich ein gesegnetes Fest und den Frieden und die Hoffnung der Osterbotschaft", verkündet er dann zum Beispiel über *Twitter*. Für ihn ist das keine Folklore einer Partei, die das *C* im Namen trägt. Er glaubt, dass gerade seine Generation das Bewusstsein für das Christentum wachhalten und die Freude am Bekenntnis weiterreichen muss. So hält Laschet es auch zu Hause. Wenn sein Sohn Johannes gefragt wird, was die wichtigsten Eigenschaften seien, die er von seinem Vater geerbt habe, antwortet er: „Die christlichen Werte Toleranz, Offenheit, Nächstenliebe." Und der Junior stellt klar: „Für mich war auch die Pfarrgemeinde ein wichtiger Ort."

Der Glaube ist für Laschet keine reine Privatsache, sondern Quell seines politischen Handelns. Ohne seinen katholischen Hintergrund wäre sein Engagement gar nicht zu verstehen. „Der Glaube an Gott ist prägend für mein Verständnis der Welt", fasst er es einmal selbst zusammen, „wenn man daran glaubt, dass es nach dem Tod irgendwie weitergeht, macht man auch Politik anders als zum Beispiel ein Kommunist, der bis zum Lebensende dringend mit allen Mitteln das Paradies auf Erden schaffen will. Ein Christ weiß, dass jeder einzelne Mensch seinen Wert und seine Würde hat, und dass nicht alle Menschen gleichgemacht werden müssen. Das ist Verpflichtung und Ansporn zugleich."

Laschet findet im Glauben offenbar viele Antworten auf programmatische Fragen, die sich in seinem Alltag andauernd stellen. Wenn er unsicher ist, welche Richtung er einschlagen soll, gibt ihm die Kirche Orientierung. Was angesichts der Beschleunigung der Welt und der Komplexität ihrer Probleme aus der Zeit gefallen klingt, scheint bei Laschet zu funktionieren. Er kann das Politische für sich so herunterbrechen, dass es ins Werteraster seiner Religion passt. „Das christliche Menschenbild ist Dreh- und Angelpunkt meiner Politik. Ich bin der festen Überzeugung, dass es das Beste ist, was wir den Menschen anbieten können. Es basiert auf der universellen und unantastbaren Würde eines jeden Einzelnen. Und es sieht den Menschen zugleich als Individuum und als Teil der Gemeinschaft", sagt Laschet. Was leitet sich daraus ab? „Das bedeutet, dass jeder zugleich Verantwortung für sich selbst und alle Verantwortung füreinander tragen. Freiheit, Gerechtigkeit und Solidarität sind die zentralen Werte, die sich aus dem christlichen Menschenbild ableiten lassen."

Eine CDU, wie Laschet sie sich wünscht, nimmt genau hier Maß: „Auch die Soziale Marktwirtschaft beruht auf dem christlichen Menschenbild. Sie ist zugleich Wirtschafts- und Werteordnung, denn sie verbindet Freiheit mit Solidarität und sozialem Ausgleich." Es erscheint nur folgerichtig, dass es einst der Gemeindefreund Wolfgang Vorbrüggen war, der Laschet in die Partei geholt hat. Dass die Wochenzeitung *der Freitag* 2019 einmal einen Text über Laschet mit „Der Katholischste von allen" betitelt, dürfte ihn kaum stören. Möglicherweise stimmt es sogar.

Heribert August wohnt direkt gegenüber von St. Michael. Seine Wohnung liegt im zweiten Stock des Gebäudes, das sich an eine äußere Ecke des Gotteshauses anschmiegt. Der Pfarrer sitzt an diesem Morgen in einem sonnendurchfluteten Zimmer. Vorne raus schaut man direkt auf die rot-weiße Kirche, hinten raus ins Grüne. „Der Glaube ist für Armin Laschet ein fester Anker in dem durchaus turbulenten Leben eines Politikers", sagt August. „Neben der Familie und seiner Heimat hier in Burtscheid gibt ihm das auch in Niederlagen Kraft, aufzustehen und weiterzumachen."

August kommt nach dem Theologie-Studium und der Priesterweihe über Stationen in Krefeld und Mönchengladbach Ende der 70er Jahre nach Aachen zurück, in seine Heimatstadt. Erst ist er Diözesankaplan der *Christlichen Arbeiterjugend (CAJ)* und wird dann auf Wunsch der Gemeinde St. Michael zum dortigen Pfarrer ernannt. Er kennt die Familie Laschet seit Jahrzehnten. Als Merkel die Kirche St. Michael besucht, übernimmt der längst emeritierte Pfarrer August die Führung für die Kanzlerin. Es ist Laschets ausdrücklicher Wunsch.

„Er trägt seinen Glauben ja nicht als Schild vor sich her, sondern er hat einfach eine feste Beheimatung in seinem christlichen Glauben", sagt August über Laschet: „Das ist nicht sektenhaft, er ist auch offen für andere Religionen." In dessen Zeit als NRW-Integrationsminister geht es August sogar ein bisschen zu weit, wie empathisch Laschet mit dem Islam umgeht. „Hast du denn auch den Christen zur Fastenzeit geschrieben und nicht nur den Muslimen zum Opferfest?", habe er ihn einmal spitz gefragt. Gute Idee, habe der nur geantwortet. „Das zeigt, dass er selber weiß, wo er steht. Wer er ist, an wem er sich ausrichtet, aber gleichzeitig auch offen ist für andere. Er will niemanden ausgrenzen", analysiert der Pfarrer.

August, das ist an diesem Vormittag in seinem Wohnzimmer zu spüren, kennt Laschet gut, obwohl er erst fest in die Gemeinde gekommen ist, als der schon im Erwachsenenalter ist. Er steht wie Laschet für einen zupackenden Katholizismus, der sich einmischen will. Nach dem Jugoslawien-Krieg in den 90er Jahren unterstützt August etwa mit Hilfe von Aachener Handwerkern und vielen Spendern den Wiederaufbau der Herz-Jesu-Kathedrale von Sarajevo. Der Burtscheider Priester wird 2003 von Erzbischof Vinko Puljić zum Ehrendomherrn der Kathedrale ernannt. 2010 verleiht ihm Papst Benedikt XVI. auf Puljićs Betreiben hin den Titel eines *Päpstlichen Ehrenprälaten*. Seitdem wird August mit *Monsignore* angesprochen. Am 13. April 2013 erhält er außerdem das *Bundesverdienstkreuz am Bande*.

August ist ein hochdekorierter Mann und vermittelt doch den Eindruck, dass sich ein katholischer Pragmatismus am Menschen zu orientieren hat. Womöglich ist es diese Glaubenshaltung, die ihn mit Laschet verbindet. „Er leidet sicher auch unter der Situation der katholischen Kirche heute", sagt August über den Ministerpräsidenten. Die stark sinkende Zahl an Christen in Deutschland und die Verfehlungen und Skandale der Kirche machen den Pfarrer betroffen. Er sagt Sätze, die auch von Laschet stammen könnten: „Ich bin schon traurig und sehe das mit großer Sorge, wo die Werte hingehen und wo die Ethik bleibt. Nach welchen Werten wollen wir leben? Ich finde Taufen richtig und wichtig, weil man sich anbindet. Nicht katholisch oder evangelisch, sondern an das Christentum." Er macht eine Pause: „Wir haben die christlichen Werte minimiert oder fast abgeschafft, aber nichts an die Stelle gesetzt." Das betreffe die Familie, die Erziehung, die Gesellschaft und natürlich auch die Politik. „Es ist so eine Bindungslosigkeit, so eine Fundamentlosigkeit entstanden, die mir Sorgen macht", sagt August, „nur noch das Ich ist wichtig. Wir haben keine Orientierung mehr."

August ist sicher, dass jemand wie Laschet dafür kämpfe, dass es eine ethisch-moralische Grundhaltung gebe: „Der Politiker Armin Laschet steht für eine vernünftige Ethik des Zusammenlebens, das hat er in der Flüchtlingspolitik deutlich gemacht. Er steht auch für eine Offenheit und eine Chancengleichheit. Das ist seine christliche Prägung, die er nicht abgelegt hat."

Seit 1984 ist August Kuratoriumsvorsitzender der *Stiftung Marienhospital Aachen*. Er hat Ausbau und Modernisierung des Krankenhauses maßgeblich vorangetrieben. Sein Sommerfest ist in der Aachener Stadtgesellschaft ein Highlight, die Einladungen sind begehrt. Laschet ist immer dabei. Im Sommer 2016 guckt er hier zwischen anderen Besuchern das EM-Viertelfinale Deutschland gegen Italien. Er sucht die Nähe zu seinem Pfarrer. Auf die Frage, ob Laschet ihn um Rat frage, lächelt August: „Sagen wir mal so, es ist ihm nicht unwichtig", antwortet er, „er spricht immer von ‚meinem Pastor‘."

August ist anzumerken, dass es ihn mit Stolz erfüllt, wie ihn der Spitzenpolitiker noch immer ins Vertrauen zieht. Am Rande einer Familienfeier im Frühjahr 2020 geht der Pfarrer sogar aufs Ganze. Es sind die Wochen, in denen Laschet überlegt, ob er als CDU-Parteivorsitzender kandidieren soll. August spricht ihn direkt darauf an: „Wie ist es denn nun mit dem Parteivorsitz und der Kanzlerkandidatur?" Laschet habe sehr ruhig, sehr nachdenklich gewirkt und dann zurückgefragt: „Würdest du es denn machen?" August macht jetzt eine dramaturgische Pause, lässt einen den Dialog vom Familienfest nachfühlen und gibt dann seine Antwort von damals im Wortlaut wieder: „Armin, ich kenne dich jetzt seitdem du 16 Jahre bist, ich habe immer nur erlebt, dass du politisch aktiv warst. Du bist so durch und durch Politiker. Von Anfang an gewesen und gewollt. Ich kann mir nicht vorstellen, dass so jemand, der so aus Fleisch und Blut Politiker ist, an der letzten und größten Herausforderung stehenbleibt." Der Geistliche erzählt, dass er es natürlich verstehen würde, wenn Laschet es nicht wollte. Aber es würde nach seinem Geschmack nicht zu einem richtigen Politiker passen, sagt August damals: „Und ein richtiger Politiker bist du." Laschet habe einfach nur genickt.

Es sind katholische Autoritäten wie August, an denen sich Laschet orientiert. Oder der Abt von St. Bonifaz München und Andechs, Odilo Lechner, in dessen Kloster er während der ersten Studienjahre wohnen darf. Laschet schreibt 1989 die Rede für Bundestagspräsidentin Süssmuth zum 25-jährigen Abtsjubiläum seines ehemaligen Hausherrn. „Die hat Riesenfurore gemacht", freut er sich noch Jahrzehnte später, „weil sie ein wenig kirchenkritisch und reformerisch war." Süssmuth macht sich in der von Laschet konzipierten Rede für Geschiedene und Wiederverheiratete stark. Die Bundestagspräsidentin berichtet da von bedrückenden Erfahrungen „engagierter Christen, deren Ehe aus den für Außenstehende oft gar nicht nachvollziehbaren Gründen zerbrochen ist und die nun ihr Leben neu verantwortlich gestalten wollen". Süssmuth bezweifelt vor den versammelten Würdenträgern, dass es im Sinne der christlichen Botschaft sein könne, dass kirchliche Personalverwaltungen geschiedenen Ärzten, Lehrern oder Krankenpflegern empfehlen, mit ihren neuen Partnern lieber unverheiratet zusammenzuleben und „den Schein zu wahren". Das sitzt. Bis heute hat Laschet das Datum des Festakts präsent: 14. Juli 1989. „200. Jahrestag der Revolution, August Everding hielt die Hauptrede und dann fand auf dem Königsplatz eine Revolutionsfeier statt. Das war eine ganz tolle Atmosphäre, halb Bayern war da versammelt." Auch diese Festlichkeit wird später in zwei Bänden in Buchform verewigt. Der Titel: „Weite des Herzens, Weite des Lebens. Beiträge zum Christsein in moderner Gesellschaft. Festschrift zum 25jährigen Abtsjubiläum für Abt Odilo Lechner". So etwas macht Laschet stolz.

Als Politiker ist Laschet von 2008 bis 2016 Mitglied im *Zentralkomitee der deutschen Katholiken (ZdK)*, der Institution der Laienvertretung und weiterer Persönlichkeiten aus Kirche und Gesellschaft in Deutschland. „Christliche Werte spielen in meinem Leben bis heute eine große Rolle, auch wenn ich manchmal mit der katholischen Kirche hadere", sagt Laschet. Es gibt unzählige Interviews, Gastbeiträge, Reden und Positionspapiere, in denen sich seine christliche Sozialisation und sein Wertebild zeigen. In seiner Partei gibt es nicht mehr viele, die in den häufig nach Wahlniederlagen wüsten Rechts-Links-Kursdebatten seine akademisch klingende katholische Grundierung verstehen. „Wir müssen deutlich machen, dass der Markenkern der Christlich Demokratischen Union eben nicht das Konservative ist, sondern dass das christliche Menschenbild über allem steht", fordert Laschet Anfang 2018 in einem vielbeachteten Interview in der *Frankfurter Allgemeinen Sonntagszeitung*. Auch in der Flüchtlingskrise, bei der im Jahr 2015/16 Hunderttausende Geflüchtete nach Deutschland kommen, bleibt sich Laschet treu. Aus seinem Glauben heraus kann er den umstrittenen, aber humanitären Kurs der offenen Grenzen von Kanzlerin Merkel aus voller Überzeugung mittragen. Als es im Landtagswahlkampf 2017 taktisch opportun erscheint, auf Distanz zur Kanzlerin zu gehen, schlägt Laschet solche Ratschläge in den Wind.

In einer politischen Landschaft, die immer stärker marktgängige Botschaften verlangt, leistet sich Laschet seit Jahren den Luxus, über Religion zu reden. Er lässt sich auf Bitten der Wochenzeitung *Die Zeit* auch auf das Gedankenspiel eines Weltuntergangs ein. „Ich würde viel darüber sprechen, dass das Ende der Welt nicht wirklich das Ende des Lebens ist. Als gläubiger Christ würde ich das vermitteln wollen", sagt Laschet da in einem *Politischen Fragebogen*. Auch die Nachfrage, ob ihn ein potentieller Weltuntergang nicht an seinem Glauben zweifeln lassen würde, pariert er bereitwillig: „In meinem Glauben ist klar, dass sie irgendwann untergeht. Wir kennen nur nicht das Datum."

Verdruckst auftretende Gläubige in der Politik sind Laschet suspekt. Er verspürt da eine Bekenntnisfreude und bringt sie gern zum Ausdruck. Bei einer Veranstaltung zum Thema „Christ & Demokratie – meine Verantwortung für Politik und Gesellschaft" in der evangelischen Freikirche im Kölner Stadtteil Ostheim hebt er im April 2017 zu einem Appell an: „In der Politik gibt es zu wenige Christen. Es tut dem gesamten politischen Spektrum gut, dass sich Christen engagieren." Christen müssten selbstbewusster auftreten, fordert er da: „Christen sollten viel öfter sagen: Wir haben eine Überzeugung, die sogar Mauern zum Einstürzen bringen kann, wenn wir den Mut dazu haben." Die christliche Botschaft sei „das Beste, was wir der Welt anbieten können. Wenn sich daran alle hielten, hätten wir weniger Krieg und anderes auf dieser Erde."

Das Katholische an Armin Laschet ist inzwischen so ungewöhnlich in der Spitzenpolitik, dass es immer wieder auch Argwohn weckt. Die Wochenzeitung *der Freitag* hat einmal seine Lebensstationen zu einer Karriere im „erzkatholisch männerbündischen Honoratioren-Milieu" und im „Aachener Klüngel" verwoben. Tatsächlich bewegt er sich ja seit Jahrzehnten in einem bestimmten Milieu. Die Tätigkeit bei der Kirchenzeitung seines Schwiegervaters. Die *Opus Dei*-Nähe des Onkels seiner Frau Susanne, Kurt Malangré. Später der erzkatholische Hintergrund seines Staatskanzlei-Chefs Nathanael Liminski. Dazu die häufigen Einlassungen Laschets zu Kirchenfragen. Doch anders als in den USA, wo im Wahlkampf des späteren US-Präsidenten John F. Kennedy Sorgen laut wurden, der Kandidat könnte vom Vatikan gesteuert sein, gibt es in Deutschland kaum mehr die Sorge vor einer Übergriffigkeit der Kirche auf den Staat. Und der Pragmatismus des rheinisch-katholischen Laschet lässt ihn nicht als religiös verbohrt erscheinen. Auch beim Abend in Köln-Ostheim zieht er klare Grenzen: Die Bibel könne nicht zur allgemeinen Lebensregel aller Deutschen gemacht werden, sagt Laschet da. „Das Zusammenleben ist geregelt durch das Grundgesetz, nicht durch religiöse Regeln." Zudem sei die Bibel kein Handbuch, das Ratschläge für die Tagespolitik gebe. „Die Bibel sagt nichts zum Stau auf der Leverkusener Brücke oder wie genau ein Gesetz gemacht werden soll. Aber das Menschenbild hat man im Kopf, im Herzen, im Glauben – das kann man übertragen."

„Politik ist auf den Rat von Kirchen angewiesen, auf den moralischen Impetus, den man gibt, auch auf den konkreten, den man für politisches Handeln gibt", steht in Laschets Redemanuskript für eine Tagung der 12. Synode der evangelischen Kirche im November 2017 in Bonn. Immer wieder kommt Laschet auf die Parallelen zwischen Kirche und Politik zu sprechen. Er bekräftigt bei solchen Gelegenheiten seine womöglich unpopuläre Haltung in der Flüchtlingsfrage: „Ich sage noch immer: Wir schaffen das. Ich sage: Ohne die Kirchen und die vielen vor Ort hätten wir 2015 das, was in der europäischen Flüchtlingskrise geleistet worden ist, nicht leisten können."

Hin und wieder wirkt es so, als verstehe Laschet nicht, dass kaum jemand mehr Schönheit und Kraft des christlichen Glaubens wahrnimmt. „Gestern war *Sankt Martin*", sagt Laschet auf der Synode, „diese Botschaft des heiligen Martin: ,Wenn du teilst, verlierst du nicht, sondern gewinnst du'. Das ist die Botschaft von Sankt Martin. Ist mir immer noch lieber als die drohende Forderung: Süßes, sonst gibt's Saures!" Laschet ruft in Erinnerung: „Es sind die christlichen Werte, die uns geprägt haben. Das Teilen ist etwas anders als das, was als neue Kultur heute manchmal aus Amerika herüberschwappt." Er habe nichts gegen Kinder, die Halloween feierten. Aber für welche Werte soll dieser Streifzug von Tür zu Tür stehen?

Beim evangelischen Kirchentag in Dortmund im Juni 2019 trifft der Christ Laschet auf eine besondere Herausforderung. Die Organisatoren bitten den prominenten Gast, eine Stelle aus der Bibel zu interpretieren, von der er vorher nicht weiß, welche es sein wird. Laschet ist zwar ziemlich bibelfest, aber auf der Bühne im großen Saal des Dortmunder Konzerthauses kann ein Ministerpräsident in dieser Konstellation schon mal ins Schlingern geraten. Wenn man weiß, dass Laschet sonst für jede kleinste Begegnung dicke Mappen zur Terminvorbereitung zusammengestellt bekommt, lässt sich das Ausmaß der Nervosität in seinem Stab ermessen.

Der Bibeltext stammt aus dem Alten Testament, Buch Hiob. Hiob ist ein frommer Mann, wohlhabend, bei bester Gesundheit und Vater von zehn Kindern. Als Gott jedoch dem Teufel gestattet, ihn zu prüfen, verliert Hiob alles. Erkrankt, mittellos, sitzt er schließlich im Dreck, schabt mit einer Scherbe seine Wunden und ringt mit der Frage, wie der barmherzige Gott das nur zulassen konnte. Kurzum: Der Text handelt vom Leid in der Welt und wirft die Frage auf, ob und wie sich dennoch an einen Gott glauben lässt.

Laschet macht sich daran, die Stelle für das Publikum auszulegen. Für ihn sei das Ganze „faszinierend aktuell". Auch heute stehe das Leid zwischen Gott und Mensch. Der Ministerpräsident schildert in entwaffnender Offenheit ein persönliches Schicksal. Eine Schwester seiner Frau habe vor Monaten eine Krebsdiagnose erhalten. Sie sei mit nur 50 Jahren gestorben und habe drei Kinder hinterlassen. „Vor solchen Schicksalsschlägen ist niemand sicher", sagt er. Einmal in Fahrt, fächert Laschet verschiedenste Gedanken und Facetten zum Thema auf. Er redet davon, dass sich niemand letztendlich schützen könne, egal ob gläubig oder ungläubig. Egal, ob gut oder böse. Laschet kommt auf Terroranschläge zu sprechen, bei denen Menschen in Gottesdiensten erschossen wurden. Muslime im neuseeländischen Christchurch, Christen in Sri Lanka, Juden in Kalifornien. Laschet wird laut: „Erschossen im Gebet zu Gott!" Die große Frage steht im Dortmunder Konzerthaus: Warum? Wie kann Gott das zulassen?

„Laschets Hadern mit Gott" betitelt die *Welt am Sonntag* später den Auftritt. In dem Text ist von einem „seltenen Einblick" die Rede, den Laschet in seinem Schwanken zwischen Christ und Politiker gewährt habe: „Aus dem vorsichtig formulierenden, manchmal stockenden Redner, der bisweilen in den inneren Monolog abzugleiten scheint, während er um sein privates Credo ringt, wird der Politprediger, der in gewinnenden, selbstgewissen Formulierungen sein politisches Credo herunterschnurrt."

Laschet gesteht an diesem Vormittag beim Dortmunder Kirchentag seine Ratlosigkeit als Christ ein: „Mit diesem Rätsel müssen wir wohl leben." Zugleich rückt er sein Rollenverständnis auf der Bühne zurecht: Er spreche hier „nicht als Theologe, sondern als Politiker" und als solcher müsse er Lösungen bieten.

Das Verhältnis von Kirche und Staat sorgt auch in der Corona-Krise für einen Schlüsselreiz bei Laschet. Während in der Öffentlichkeit im Ausnahmezustand des Frühjahrs 2020 vor allem über das Schließen von Kitas und Schulen, Spielplätzen und Tierparks, Theatern und Museen, Bars und Kneipen, Kinos und Bordellen diskutiert wird, thematisiert der NRW-Ministerpräsident einsam den Umgang mit Religionseinrichtungen. Auch wenn der Infektionsschutz nach drastischen Maßnahmen verlangt, scheint für Laschet die Freiheit der Religionsausübung der letzte Damm der bürgerlichen Grundrechte zu sein. Er begreift nicht, dass im Namen der Corona-Eindämmung alle Tabus ohne jede Diskussion fallen sollen. „Wir sind doch kein Staat, der Synagogen schließt und Gottesdienste verbietet", zitiert ihn die *Süddeutsche Zeitung* aus einer internen Bund-Länder-Schaltkonferenz. Laschet selbst erinnert sich nicht genau, wann dieser Satz gefallen sein soll. Aber die Aussage macht er sich zu eigen: „Dass wir als Staat Kirchen und Synagogen schließen, da spürte ich eine klare Hemmschwelle. Mir war es wichtig, dass die Religionsgemeinschaften von sich aus eine Lösung finden", sagt er.

Zum Bild des engagierten Christen Laschet gehört die Tatsache, dass er über Jahre vom Bistum Aachen bezahlt wird. Als Chefredakteur und späterer Geschäftsführer des *Einhard-Verlages* in Aachen steht er auf der Lohnliste der Kirche. Seine Editorials von damals sind für eine Kirchenzeitung ungewohnt politisch, spiegeln aber häufig seine christlichen Überzeugungen. So springt er seiner ehemaligen Förderin Süssmuth bei, die den neuen Bonner Plenarsaal segnen lassen will. Er verteidigt die Kirchen in der Diskussion um die Enteignungen in der ehemaligen DDR oder gegen kritische Berichte in anderen Medien.

Dennoch zeigt sich Laschet in diesen Jahren nicht als linientreuer Chefredakteur. Viele seiner Texte sind politisch und stehen konträr zur allgemeinen Kirchen-Haltung. Laschet fordert immer wieder einen progressiven Umgang der Kirche mit Geschiedenen und hebt eine Reportage über einen Ehe-TÜV aus dem fränkischen Schweinfurt ins Blatt. Er verantwortet eine

Titelgeschichte unter der Überschrift: „Dialog statt Dialogverweigerung – wie in der Kirche untereinander umgehen?" und begleitet die Bischofskonferenzen durchaus kritisch.

„Es war keine Hofberichterstattung", sagt der ehemalige Dompropst Manfred von Holtum über Laschets Wirken im Kirchendienst. Als er die Bistumszeitung verlässt, bilanziert Laschet das Spannungsfeld seiner redaktionellen Arbeit so: „Die Kirchenzeitung kann helfen, einen Gedankenaustausch in unserem Bistum in Gang zu setzen, wenn sie, wie unser verstorbener Bischof Klaus Hemmerle es in einem Gespräch mit unserer Redaktion einmal formulierte, die ‚Vielfalt kirchlichen Lebens' widerspiegelt. Unsere Zeitung ist kein Amtsblatt und erst recht keine Parteizeitung." Dennoch habe er Stimmen erlebt, die Verlautbarungs-Journalismus und Zensur vermuteten. Angesichts von Abläufen in herkömmlichen Medien, „muss ich sagen, dass ich in der Kirchenpresse, vor allem in unserem Bistum, mehr Freiraum und Liberalität des Herausgebers erfahren habe, als sie in manchen weltlichen Medien üblich erscheinen."

Laschet geht trotz seiner engen Kirchenbindung immer wieder auch in den Konflikt mit Bischöfen. „In meinem Arbeitszimmer hing natürlich ein Kreuz", sagt er einmal über seine Zeit als NRW-Integrationsminister. Dies hindert ihn aber nicht daran, sich in dieser Funktion 2006 mit dem Kölner Erzbischof Joachim Kardinal Meisner anzulegen. Dieser hat seinerzeit allen katholischen Schulen und katholischen Religionslehrern die Teilnahme an multireligiösen Gottesdiensten untersagt. Der Minister geht auf Konfrontationskurs. „Mich hat die Türkeireise des Papstes sehr beeindruckt. Ich stehe im interreligiösen Miteinander dem Papst näher als Kardinal Meisner", sagt Laschet und appelliert: „Ich glaube, unsere Zeit braucht nicht weniger, sondern mehr Gemeinsamkeit zwischen den Religionen." Die prägnante Kritik macht erwartungsgemäß Schlagzeilen.

Über zehn Jahre später, am 5. Juli 2017, würdigt Laschet den verstorbenen Kardinal Meisner dennoch als „prägende Persönlichkeit der katholischen Kirche und streitbaren Theologen". Warmherzig formuliert er: „Die Gläubigen im Erzbistum und wir alle, auch die, die in der Politik Verantwortung trugen, wussten, was sie an ihrem Kardinal hatten."

Trotz seiner liberalen Grundhaltung und der Toleranz gegenüber anderen Religionen bleibt Laschet in einer gesellschaftlich relevanten Frage überraschend klar der Traditionslehre verhaftet: Er lehnt die Gleichstellung der gleichgeschlechtlichen mit der konventionellen Ehe ab. Bevor dies im Juli 2017 beschlossen wird, ergreift Laschet sogar in dem CDU-internen, jahrelangen Abstimmungsprozess in dieser Frage das Wort, um sich dezidiert gegen eine Gleichstellung auszusprechen. Verschiedene homosexuelle Politiker berichten trotzdem glaubhaft, dass Laschet schon vor Jahrzehnten zu den Wenigen in der Union gehört habe, die wertschätzend und offen mit anderen Lebensmodellen umgegangen seien. Toleranz und Nächstenliebe stehen bei ihm offenbar nicht im Widerspruch zum Glauben an die Einzigartigkeit der Ehe von Mann und Frau.

Als Laschet im Herbst 1994 als Chefredakteur der Kirchenzeitung ausscheidet, formuliert er eine Art publizistisches Vermächtnis: „Seit 1991 habe ich wöchentlich versucht, im Editorial an dieser Stelle Gedanken und Überlegungen zu gesellschaftlichen, kulturellen und orts- und weltkirchlichen Fragestellungen zu formulieren. Trotz der dramatischen Veränderungen, die die Welt und die Kirche in diesem kurzen Zeitraum erlebt haben, bleibt die Stellungnahme, das Wort der Kirchen, wichtig. Auch wenn in Deutschland die Zahl der Christen, die sich zu Kirche bekennen, von Jahr zu Jahr kleiner wird, wird die Zahl derer, die erkennen, dass die Botschaft des Evangeliums in der Welt von heute dringend Gehör braucht, größer."

Das ist Laschets Überzeugung – bis heute. Auch als Ministerpräsident rückt er immer wieder das Thema Religion in den Vordergrund. Ob zum Ende des Ramadans und Fastenbrechens der Muslime, zum Pessachfest der Juden oder zum Osterfest der Christen – verlässlich sendet Laschet gute Wünsche.

Bisweilen treibt seine Hinwendung zur Kirche auch kuriose Blüten. Als Laschet Ende Mai 2018 im Apostolischen Palast im Vatikan zu einer Privataudienz vom Heiligen Vater empfangen wird, lässt er dies anschließend in einer Pressemitteilung allen Ernstes so festhalten: „Papst Franziskus und Ministerpräsident Laschet betonten gleichermaßen die Bedeutung des gesellschaftlichen Zusammenhalts, der zunehmend auch vom friedlichen Zusammenleben der Religionen abhinge. Der Ministerpräsident versicherte dem Papst, dass die Landesregierung ein gutes Verhältnis zu den Kirchen und Religionen pflege und das friedliche Zusammenleben der Religionen nach Kräften unterstütze."

In Rom trifft Laschet damals auch einen alten Bekannten aus seiner Zeit bei der Kirchenzeitung. Beim Pressetermin nach der Privataudienz sitzt der Ministerpräsident Roland Juchem gegenüber, der als Korrespondent für die *Katholische Nachrichten-Agentur (KNA)* arbeitet. Laschet hatte ihn einst als Geschäftsführer des *Einhard-Verlages* als seinen Nachfolger auf dem Chef-redakteurs-Stuhl ausgewählt. Auf der Terrasse direkt neben dem Vatikan plaudern sie über alte Zeiten in Aachen.

Laschet und der *Einhard-Verlag* – das bleibt über Jahre eine sehr spezielle Beziehung. Der angehende Politiker sucht bei allem katholischen und jour-nalistischen Sendungsbewusstsein auch eine Plattform, von der aus er öf-fentlich wirken kann. Er wird bezahlt und hat alle Freiheiten, sich neben-her breit parteipolitisch zu engagieren. Für die Kirche, die trotz der Anteile von Laschets Schwiegervater Haupteigner des *Einhard-Verlages* bleibt und das Sagen hat, besitzt die Konstellation ebenfalls Charme. Es habe schon ein Interesse daran gegeben, dass jemand, der die Kirche gut kennt und ihr auch im Glauben verbunden ist, politische Karriere macht, erinnert sich ein früherer leitender Angestellter. Der einstige Generalvikar des Bistums, der zugleich als Herausgeber des Blattes fungiert, habe in Nebensätzen schon mal auf Laschets Bedeutung für das Bistum hingewiesen. „Wie ernst das jetzt war, weiß ich aber nicht", sagt der frühere *Einhard*-Mitarbeiter.

Fakt ist: In Laschets Fall dient die kirchliche Anstellung nicht nur als Aus-gangspunkt für die politische Karriere, sondern vor allem als funktionie-rendes Nebentätigkeitsfeld und wirtschaftliches Auffangbecken nach poli-tischen Rückschlägen. Im Bundestagswahlkampf 1994 verzichtet Laschet darauf, Editorials in der Kirchenzeitung zu schreiben, und verabschiedet sich nach dem Einzug in den Bundestag auch von seinem Posten. Der Ver-lag verkündet das damals nüchtern: „Als Vertreter des Herausgebers der Kirchenzeitung für das Bistum Aachen und als Vorsitzender des Aufsichts-rates des Einhard Verlages gebe ich bekannt, dass Herr Dr. Heinz Malangré als Geschäftsführer des Verlages und Herr Armin Laschet nach seiner Wahl in den Bundestag als Chefredakteur der Kirchenzeitung am 31. Dezember 1994 aus ihren Ämtern scheiden", teilt Prälat Karlheinz Collas mit. Etwas versteckt am Ende dieser Mitteilung findet sich dann der Hinweis: „Auf Vorschlag des Aufsichtsrates hat die Gesellschafterversammlung des Einhard Verlages die Herren Leo Blees und Armin Laschet zum 1. Januar 1995 als gleichberechtigte Geschäftsführer bestellt. Herr Blees bleibt weiterhin als Vertriebsleiter tätig; Herr Laschet wird neben seiner Bundestagstätigkeit seine Aufgaben im Verlag wahrnehmen."

Laschet wird also Nachfolger seines Schwiegervaters und als Abgeordneter weiterhin von der Kirche bezahlt. Es ist eine Stelle, die er über die Bundestagsjahre behalten wird. Nach der überraschenden Wahlniederlage und dem Ausscheiden in Bonn dient ihm der Geschäftsführer-Posten als „Brücken-Funktion", bis er 1999 ins Europäische Parlament gewählt wird. „Die Schwarzen sind beim Auffangen und zwischenzeitlichen Parken ihrer politischen Kräfte schon immer sehr gut gewesen", kommentiert Laschets politischer Gegner und persönlicher Freund aus Aachen, der ehemalige Grünen-Fraktionschef im Düsseldorfer Landtag, Reiner Priggen. Es ist ein Satz, der aus dem Mund des politischen Profis fast anerkennend klingt.

Auch nach seiner erfolgreichen Rückkehr in die hauptberufliche Politik will Laschet 1999 weiterhin parallel Geschäftsführer des *Einhard-Verlages* bleiben. Doch die finanzielle Lage des Bistums Aachen ist desaströs. Im Jahr 1997 weist es ein Defizit von 64 Millionen D-Mark aus. Der neue Generalvikar Manfred von Holtum muss sparen. Später wird es Großdemonstrationen gegen die Entlassungspläne der Bistumsleitung geben und harte Einschnitte. Es ist eine Zeit, in der sich das Bistum im Kirchenverlag keinen Teilzeit-Geschäftsführer Laschet leisten kann. Von Holtum trifft sich zum Krisengespräch mit dem Abgeordneten Laschet und seinem Schwiegervater Heinz Malangré, mit dem er zusammen im *Rotary-Club* sitzt. Es wird ein eher unangenehmer Termin: „Er hat sich damals sehr zurückgehalten", erinnert sich von Holtum. Während Laschet schweigt, redet sein Schwiegervater, vertritt sozusagen die Position der Familie Malangré/ Laschet. Eine weitere Beschäftigung Laschets als Geschäftsführer ist aus Sicht der klammen Kirche mitten im Sparkurs nicht zu machen. Laschet scheidet aus der Geschäftsführung aus. „Er war ja dann über das Europa-Parlament finanziell abgesichert", sagt von Holtum.

Immerhin bleibt ihm so in Brüssel die Nebenjob-Debatte erspart, der sich zahlreiche Kollegen später stellen müssen. Trotz der Irritationen zum

Abschied ist Laschet bis heute dem Bistum verbunden: „Das hatte keine Auswirkungen auf die späteren Kontakte", stellt von Holtum klar, der später zum residierenden Domkapitular und 2014 zum Dompropst am Hohen Dom zu Aachen ernannt wird. Immer wieder treffen sich von Holtum und Laschet bei Sitzungen des Direktoriums der Gesellschaft für die Verleihung des *Karlspreises*. Zu von Holtums Abschiedsfeier im Aachener Dom im Juli 2019 kommt der Ministerpräsident und hält eine Rede, obwohl er an diesem Tag noch einen Termin am anderen Ende von Nordrhein-Westfalen hat. „Da hat er, was im Dom eigentlich eher selten ist, brausenden Applaus bekommen", erinnert sich von Holtum.

Der Grünen-Versteher
Pizza-Connection und politische Prägung

Der Start in die Berufspolitik beginnt für Armin Laschet mit einer doppelten Backpfeife. Als der 33-Jährige am Abend des 16. Oktober 1994 im Krönungssaal des Aachener Rathauses auftaucht, klatscht ihm Hans Stercken die linke und rechte Handfläche gleichzeitig auf die Wangen. „Er hat einen tollen Wahlkampf hingelegt", ruft Stercken stolz. Der 71-Jährige freut sich wie ein Vater. Mit souveränen 46,2 Prozent hat Laschet soeben den Aachener Bundestagswahlkreis gewonnen und damit noch Sterckens 44,9 Prozent aus dem Wiedervereinigungsjahr 1990 übertroffen. Fünfmal hintereinander hat Stercken das Direktmandat in der lange so verlässlichen Hochburg Aachen erobert. Insgesamt 18 Jahre lang vertritt er damit seine Heimatstadt in Bonn. Länger als jeder andere Aachener Abgeordnete.

Stercken ist eine Instanz in der Stadt. Weltgewandt, promoviert, verheiratet mit einer angesehenen Bonner Geschäftsfrau, Vorsitzender des Auswärtigen Ausschusses im Bundestag. Ein Mann mit klarer politischer Orientierung. Sogar in seiner Ferienwohnung im Tiroler Ötztal hat Stercken ein gerahmtes Foto von Konrad Adenauer aufgehängt und sich selbst die Aufforderung darunter notiert: „Immer an ihn denken." Die deutsch-französische Freundschaft, Einigung Europas, Aussöhnung mit Israel, Westbindung – Stercken lebt die Gewissheiten der Bonner Republik. Nun übergibt er an Laschet, den jungen Ratsherrn und Chefredakteur der Kirchenzeitung im Bistum. Schon seit einigen Jahren tummelt sich Laschet ja schon in Bonn. Er läuft irgendwie mit im bundespolitischen Betrieb. Als Mitarbeiter in Sterckens Büro, als wissenschaftlicher Referent der Bundestagspräsidenten Jenninger und Süssmuth, als Journalist mit erstem juristischen Staatsexamen. Alles auf einmal.

Seine erfolgreiche Wahl in den Bundestag begreift Laschet nicht als Erbfolge, sondern macht sie an seinem eigenen Themenkanon fest: „Ich habe den Leuten zugehört, und ich habe ihnen gesagt, wofür ich eintrete: Familienpolitik, die ökologische Marktwirtschaft, die europäische Orientierung Deutschlands und ein klares Nein zu einem neuen Nationalismus", zitiert ihn die *Aachener Zeitung* am Wahlabend. Stercken, der in den 50er Jahren ebenfalls als Zeitungsredakteur den Weg in die Politik nehmen konnte, hat schon länger Gefallen an diesem Armin Laschet gefunden. Obwohl sie auf den ersten Blick nicht viel verbindet. Stercken gilt als akribischer Einzelgänger mit wenig Sinn für Selbstvermarktung, Laschet dagegen schon damals als umtriebiger Tänzer auf vielen Hochzeiten. Der Alte schätzt an dem Jungen womöglich das, was er bei vielen Kollegen im Bundestag vermisst: „Wir brauchen heiße Herzen", lautet einer von Sterckens Leitsätzen. Laschet brennt erkennbar für die Politik und stürzt sich hinein. So etwas gefällt Stercken. „Mir hängen die ewigen Bedenkenträger zum Hals heraus, die nie irgendeine Originalität wagen", sagt er einmal.

Fehlende Originalität kann man Laschets erstem Bundestagswahlkampf nicht nachsagen. Über 5000 Hausbesuche absolviert er in den Wochen vor dem Wahltag und legt eine Werbekampagne ganz neuen Zuschnitts hin. „Er hat seine ganze Kompetenz und Persönlichkeit eingesetzt", lobt Stercken 1994. Über die Jahre ist er Laschet zum Freund und Ratgeber geworden. Als er 1999 an Krebs stirbt, ist Laschet anzumerken, dass er nicht nur seinen Wahlkreis-Vorgänger und verdienten Parteikollegen verabschieden muss.

Dabei ist Laschets Aufstieg zugleich eine Loslösung von der alten Aachener CDU. Das wird schon einige Monate vor der Bundestagswahl deutlich, als er sich bei der innerparteilichen Nominierung zum Wahlkreiskandidaten überraschend deutlich gegen den angesehenen Unternehmer Dieter Bischoff durchsetzt. Die Jungen um Laschet wollen weg von der thematischen Verengung auf lokale Infrastrukturfragen rund um die Petersstraße oder die A4, sie wollen die CDU wieder auf die Höhe der Zeit bringen. „Wir brauchen eine ideelle Leitlinie", fordert Laschet beim Nominierungsparteitag 1993.

Das klingt lange befremdlich in der selbstbewussten Aachener CDU, die vor allem von erfolgreichen Kaufleuten getragen wird und stets die Selbstgewissheit der tiefschwarzen Bischofsstadt atmet. Es gibt seit Jahren Abwehrreflexe der Etablierten etwa gegen den spürbar wachsenden Einfluss der Universität. Seit sich die traditionsreiche *Rheinisch-Westfälische Technische Hochschule (RWTH)* ab Mitte der 60er Jahre auch einigen nicht-technischen Fakultäten geöffnet hat, kommen andere Denkschulen in die Stadt.

Ab Mitte der 80er Jahre etablieren sich zudem in den Gründerzentren rund um die Universität kleine, innovative Firmen mit einem ganz neuen Typus von Arbeitgebern. Kurzum: Zugereiste Professoren und Heerscharen von aktuellen oder ehemaligen Studenten verändern das lokale Klima schneller, als es viele in der Aachener CDU wahrhaben wollen. Die Etablierten wollen nicht ändern, was doch immer so erfolgreich war.

Die erste Quittung für die Beharrungskräfte hat es schon bei der Kommunalwahl 1989 gegeben. Dass seither nach 40-jähriger CDU-Dominanz ein SPD-Mann wie Jürgen Linden als Oberbürgermeister Aachen regiert, wird auch im Hause Laschet als Ding der Unmöglichkeit aufgefasst. Laschets Mutter Marcella, der keinerlei parteipolitische Engstirnigkeit nachgesagt wird, empfindet die kommunalpolitische Zeitenwende als regelrechten Schock. Der honorige Kurt Malangré, Susannes konservativer Onkel, wurde als OB einfach abgewählt. In Aachen!

Obwohl SPD-Mann Linden durch und durch bürgerlich daher kommt, verspürt Mutter Laschet damals ernsthafte Sorge, dass nun alles den Bach hinuntergehen könnte. Es ist ein weitverbreitetes Gefühl des politischen Heimatverlustes in katholisch-konservativen Familien Aachens. Die CDU-Ratsfraktionsvorsitzende Franziska Neumann bringt den Gemütszustand damals gegenüber der *Aachener Zeitung* mit einem gewissen Trotz zum Ausdruck: „Wir Aachener haben die Römer und Hunnen überstanden, Rot-Grün überstehen wir auch."

In der CDU bricht nach der Wahlklatsche eine Kursdebatte los, die Laschet so ähnlich in den folgenden Jahrzehnten noch häufiger erleben wird. Hat man den Republikanern, die 1989 mit 4,4 Prozent nur knapp den Einzug in den Stadtrat verpassen, zu viel Raum gelassen? Oder sind die Grünen die eigentliche Herausforderung für die Union? Die neue Ökopartei ist in der Kaiserstadt nach 1984 zum zweiten Mal mit einem zweistelligen Ergebnis ins Rathaus gekommen. Sie wird so schnell nicht mehr verschwinden.

Dem jungen Ratsherrn Laschet genügt seinerzeit ein Blick in die Statistik, um zu erkennen, dass seine machtverwöhnte CDU an einer Wegscheide steht. Die Grünen-Ratsfraktion hat 1989 einen Akademikeranteil von 67 Prozent, ist zur Hälfte mit Frauen besetzt und zählt ein Durchschnittsalter von nur 42 Jahren. Findet hier eine ganze Generation ihre neue politi-

sche Adresse? Ihn macht das nachdenklich. Laschet erlebt, wie die kaum
ältere Gisela Nacken als Vorstandssprecherin der Aachener Grünen einige
Themen anspricht, die auch sein Umfeld bewegen. Sie mache Politik, „damit unsere Kinder nicht eine baumlose Stadt erleben", erklärt Nacken 1989
in einem lokalen Wahlaufruf. „Dem Verkehrskollaps in der Innenstadt setzen wir ein umweltfreundliches Verkehrskonzept entgegen." Ist die CDU
gerade dabei, den Anschluss an bestimmte Wählergruppen zu verlieren?
Muss die Union ihre klugen Köpfe wie Klaus Töpfer, den gerade berufenen
ersten Bundesumweltminister, weiter vorn ins Schaufenster stellen? Solche
Fragen treiben einen wie Laschet da bereits um.

Mehr als 30 Jahre später sitzt Gisela Nacken in ihrem Wohnzimmer in
Aachen. Die Diplom-Ingenieurin gehört als Landtagsabgeordnete und
Dezernentin über Jahrzehnte zu den dominierenden Aachener Grünen.
Wenn sie an ihre politischen Anfangstage zurückdenkt, erinnert sie eine
regelrechte Abwehrhaltung, mit der die gesamte Stadtverwaltung damals
auf die rot-grüne Mehrheit reagiert habe. Wie die Römer und Hunnen wollen augenscheinlich viele Beamte in Aachen diese neuen Ökopaxe nur
irgendwie überstehen. Gerade zwischen CDU und Grünen herrscht anfangs Sprachlosigkeit.

Doch die Neuen verändern nachhaltig die Sitten in der Kommunalpolitik. Plötzlich sprechen in Ratssitzungen nicht mehr nur die Fraktionschefs,
sondern auch Fachpolitiker. Selbstbewusste Frauen treten häufiger auf. Die
oft steifen Rituale im Rathaus lockern sich. Die Grünen sind gekommen,
um zu bleiben. Laschet gehört zu den jüngeren CDU-Kräften, die den Einfluss der neuen Partei auf den politischen Klimawandel mit Interesse verfolgen. Diese kommunalpolitische Erfahrung seit 1989 ist die Folie, vor
der 1994 seine erste Bundestagskandidatur stattfindet.

Laschet weiß zu dieser Zeit längst, dass nicht alles so bleiben kann wie immer. Bei aller Verehrung für Hans Stercken: Auch der Aachener Wahlkreis
braucht einen neuen Impuls. Er will deshalb seine Kampagne nicht zu sehr
von der Bonner CDU-Zentrale aus dirigieren lassen. Vorgedruckte Plakate?
Standard-Werbeträger mit den immer gleichen Botschaften? Nein, Laschet
will eine eigene Bürger-Ansprache. „Wir machen etwas Anderes", sagt er
immer wieder. Laschet sammelt lokale Spenden, um Wahlplakate nach

seinem Geschmack drucken zu lassen. Im Konrad-Adenauer-Haus heißt Regionalisierung einer Kampagne bis dahin: Man lichtet den lokalen Kandidaten staatstragend im Anzug ab und schreibt neben „Erfolgreich für Deutschland" noch „Erfolgreich für Aachen". Laschet hält solche Wahlwerbung nicht mehr für zeitgemäß. Er kreiert stattdessen einen Slogan, der ihm so gut gefällt, dass er ihn Jahrzehnte später bei seiner Wahl zum Ministerpräsidenten 2017 noch einmal aus dem Archiv ziehen wird: „Zuhören, Entscheiden, Handeln."

Es ist ein Dreiklang, den er als Plakatserie mit Überraschungseffekt in die Aachener Straßen bringt. In Phase eins zeigen die Poster nur ein abgebildetes Ohr, dann eine Hand, zum Schluss den ganzen Kandidaten Laschet. Gemessen an der gediegenen Einfallslosigkeit damaliger politischer Kampagnen ist das eine kreative neue Bildsprache.

Solche Ideen entstehen in Laschets eigener kleiner „Kampa", die er gern morgens um sechs zur Strategiesitzung im Keller seines Reihenhauses versammelt. Sein jüngster Bruder Carsten ist dabei. Außerdem Garnet Kasperk, die heute als Wirtschaftswissenschaftlerin an der *RWTH* arbeitet. Ebenso der früh verstorbene Michael Müller, ein Bruder seiner Schwägerin. Auch Laschets langjähriger Freund Peter Pappert, der viel mit Wahlkreis-Vorgänger Stercken zu tun hatte und sich als Journalist gerade bei der *Aachener Zeitung* einfädelt. Schließlich Claudia Plum, die damals noch Kemmerich heißt. Sie ist die Schwester des Vier-Wochen-Ministerpräsidenten von Thüringen im Februar 2020, Thomas Kemmerich. Plum ist damals ein Aktivposten der *Jungen Union*. Sie hilft Laschet bereits bei der Kommunalwahl-Kampagne 1989, als sie mit ihrer Zwillingsschwester Lydia für eine Erstwähler-Kampagne Modell steht. Die jungen Frauen strahlen damals als Gesichter der „Wählerinitiative Malangré macht's" aus dem Anzeigenteil der Lokalzeitung.

Laschet unternimmt 1994 auf seinem Weg in den Bundestag den ehrgeizigen Versuch, der Aachener Honoratiorenpartei CDU einen modernen Anstrich zu geben. Eine andere Bürger-Ansprache soll her, neue Themen, frische Formate. Er animiert seine Vertrauten, aus gewohnten Mustern auszubrechen. „Das war ein Wahlkampf, wie ich ihn noch nicht kannte. Ein ganz neuer Spirit. Armin machte vieles anders, als es damals in der CDU der alten, weißen Männer üblich war. Er brachte immer wieder tausend

Ideen mit, um Menschen für die CDU zu begeistern", schwärmt Claudia Plum noch heute. Sie hat inzwischen die 50 überschritten, ist Mutter und hält der Kommunalpolitik seit Jahrzehnten die Treue. Plum leitet nunmehr im Aachener Stadtrat den Finanzausschuss, die Erinnerungen an Laschets Wahlkampf 1994 hält sie in Ehren. „Es hat uns allen wahnsinnig viel Spaß gemacht, sich da einzubringen", sagt sie. Ihre Augen strahlen. Wie sie da sitzt in einem Café am Aachener Markt, im Rücken das historische Rathaus in milde Frühjahrssonne getaucht, vermittelt Claudia Plum ein Vierteljahrhundert später den Eindruck, als würde sie am liebsten gleich noch einmal in Laschets Keller gehen, um die nächste Kampagne auszuhecken.

Die junge Truppe um Laschet überlegt, wie man Menschen ansprechen kann, die typischerweise nicht zu Parteiveranstaltungen kommen und eher einen Bogen um CDU-Wahlstände machen. Als stellvertretender Kreisvorsitzender hat Laschet seit geraumer Zeit das Diskussionsformat *Zukunftswerkstatt* etabliert und sorgt mit prominenten Referenten aus Bonn für volle Säle. Doch er will auch die Jungen und Politikfernen erreichen, die sich keinen Vortrag von Rita Süssmuth oder Volker Rühe anhören. So entsteht die „Woche der Nachtarbeiter": Laschets Team kreuzt überall dort auf, wo Menschen ihrem Job nachgehen, während andere schlafen. Sie gehen in Diskos, Krankenhäuser, zur Post. Obwohl seine Kampa-Mitglieder tagsüber arbeiten oder studieren müssen, sind alle dabei. Als Anfang 1994 beim traditionsreichen Aachener Reifenhersteller *Uniroyal* eine Verlagerung von 200 Arbeitsplätzen nach Hannover geplant ist, empfängt Laschet die Frühschicht morgens um 5.30 Uhr vor dem Werkstor mit Flugblättern. „Die Reaktion bei der Belegschaft ist ganz positiv gewesen", bilanziert er danach zufrieden.

Laschet erweist sich als Ideenbündel. So organisiert er wenige Wochen vor der Bundestagswahl eine Herbstwanderung von Aachen-Burtscheid nach Bonn, an der für einige Kilometer auch Bundesarbeitsminister Norbert Blüm teilnimmt. „Ich lauf' halt gerne", sagt das dienstälteste Kabinettsmitglied der Regierung Kohl zu den vielen Wanderern, die den Bonner Promi umringen. Der damals noch völlig unbekannte Laschet ist stolz, dass einer wie Blüm ihn „ein Stück auf dem Weg von Aachen nach Bonn" begleitet. Drei Tage vor dem Wahltag grüßt Laschet auch noch aus einem

Heißluftballon in die Kameras. Mit dem Generalsekretär der NRW-CDU, seinem späteren Vertrauten und Innenminister Herbert Reul, will er öffentlichkeitswirksam von Aachen nach Bonn fliegen. Der Ballon-Pilot weist zwar dezent darauf hin, dass der Wind aus der falschen Richtung bläst und Laschet wohl eher nach Belgien tragen wird, doch der Wahlkampfgag zündet.

In dieser ersten Kampagne als angehender Berufspolitiker blitzen bereits Eigenschaften auf, die Laschet in den nächsten Jahrzehnten ausmachen werden: kreativ sein, quer denken, sich nie schonen und für nichts zu schade sein, begeisterungsfähig bleiben. Aber auch: improvisieren, wenn für gründliche Planung keine Zeit bleibt. Laschet wirkt von Anfang an nicht wie ein Mann des präzisen politischen Handwerks, eher wie einer fürs Handgestrickte, aber immer mit viel Herz. Vor allem ist er früher als andere bereit, sich und die eigenen politischen Glaubenssätze zu hinterfragen. „Wer nicht mit der Zeit geht, geht mit der Zeit" – dieses oft bemühte Zitat, das dem in den 70er Jahren in Aachen bestens bekannten Dressurreiter und Versandhauskönig Josef Neckermann zugeschrieben wird, hat Laschet offenbar verinnerlicht.

Auf Neues reagiert er, anders als viele Konservative, ohnehin nie abwehrend. Als etwa Jahrzehnte später die sozialen Netzwerke aufkommen, will er dabei sein. Früh erkennt er auch, dass das Smartphone die politischen Abläufe völlig verändern wird, und lässt sich darauf ein. Als die junge, netzaffine Piraten-Partei ab 2010 kurzzeitig für Furore sorgt und die Parlamente stürmt, plant Laschet gleich eine Revolution der Gremienarbeit seiner NRW-CDU. Man solle durch die Mitmach-Software *Liquid Feedback* mehr Mitglieder einbeziehen, schlägt er vor. Die Piraten sind schnell wieder aus der Parteienlandschaft verschwunden, und auch im Meinungsbildungsprozess der Union läuft vieles weiter wie vorher auch. Ein durchgearbeitetes Laschet-Konzept für eine digitale Mitgliederbeteiligung wird einer größeren Öffentlichkeit nie bekannt. Doch selbst wenn die Halbwertszeit solcher Innovationsbegeisterung bei ihm nicht immer allzu lang scheint, ist Laschet ein seismografisches Interesse an Veränderungsströmen kaum abzusprechen. Er ist kein Zeitgeist-Surfer, will aber wissen, woher der Wind der Veränderung weht.

Als einflussreichste politische Reformbewegung erlebt Laschet seit den 80er Jahren eben die Grünen. So ist es wenig verwunderlich, dass er 1994 nach dem eigenen Einzug in den Bundestag gerade ihnen besondere Aufmerksamkeit schenkt. Noch 1990 hatten die Grünen krachend die erste gesamtdeutsche Bundestagswahl verloren. Ihre Idee der Zweistaatlichkeit von BRD und DDR trifft nicht den Nerv der Wendejahre. Ein schnelles Ende der jungen und zunächst erfolgreichen Partei gilt damals als nicht ausgeschlossen. Durch den mühevollen Zusammenschluss mit dem ostdeutschen *Bündnis'90* und einer realpolitischen Neuorientierung fassen die Grünen ab 1993 wieder Tritt. Die Bundestagswahl 1994 bringt sie nicht nur mit 49 Mandaten zurück in den Bundestag. An der Fraktionsspitze stehen mit der erst 31-jährigen, frisch examinierten Volljuristin Kerstin Müller und dem illustren Joschka Fischer, der für den Wechsel nach Bonn sein Landesministeramt in Hessen aufgibt, zwei interessante Führungsfiguren.

„Einer wie Joschka Fischer war natürlich auch für die jungen Schwarzen eine unheimlich spannende Persönlichkeit", erinnert sich der Grüne Cem Özdemir, der 1994 gemeinsam mit Laschet in den Bundestag einzieht. Dieser rhetorisch begnadete Raufbold, der mit seiner Vergangenheit in der militanten Studentenszene, den Turnschuhen und seiner unkonventionellen ersten Amtszeit im Bundestag bis 1985 („Mit Verlaub, Herr Präsident, Sie sind ein Arschloch") zum regelrechten Feindbild vieler Konservativen geworden ist, macht beim CDU-Nachwuchs Eindruck. Ein politisches Naturereignis wie Fischer fasziniert natürlich auch Laschet. „Die junge Truppe der Union in Bonn bestand damals aus Modernisierern und Leuten, die aufgeschlossen und interessiert waren. Das kann man nicht mehr unbedingt mit der *Jungen Union* von heute vergleichen, die ja leider eher eine konservativ-rückwärtsgewandte Strömung ist", analysiert Özdemir rückblickend.

Als sich die Bundestagsneulinge aller Fraktionen in Bonn eingerichtet haben, erreicht sie eine Einladung der Bundeswehr. Besonders viele Politiker in der Alterskohorte um die 30 Jahre stellen CDU und Grüne. Die Jung-Parlamentarier sollen die Streitkräfte aus der Nähe kennenlernen, einmal Panzer fahren und an Bord eines Marineschiffs gehen. Obwohl Laschet selbst nicht gedient hat, feixt er mit seinen CDU-Kollegen über die vermeintliche Zumutung für die friedensbewegten Grünen: Was wollen diese zutiefst pazifistischen Ökos bei der Bundeswehr?

Der Ausflug muss nachhaltigen Eindruck hinterlassen haben. Schwarze und Grüne stellen fest, dass sie zwar aus unterschiedlichen politischen Lagern und Prägungen kommen, nicht aber aus verschiedenen Welten. „Es war eine Lernerfahrung für die jungen Schwarzen, aber auch für uns. Wir haben gedacht: Hey, die schauen ja dieselben Filme, hören dieselbe Musik und lachen über dieselben Sachen", sagt Özdemir. Die Grünen, die aus ebenso bürgerlichen Elternhäusern stammen, sich aber als Kinder der 68er fühlen, sehen so klar wie selten zuvor: Die kulturelle Hegemonie der Linken ist längst Allgemeingut geworden. Auch junge CDU-Politiker wie Laschet können zum Beispiel über den schwarzen und gelegentlich blasphemischen Humor der britischen Komikertruppe *Monty Python* lachen.

Nach der Bundeswehr-Exkursion heißt es: Wir müssen uns öfter mal treffen. Hermann Gröhe, bis 1994 Bundesvorsitzender der *Jungen Union*, und der erst 23-jährige Grünen-Abgeordnete Matthias Berninger sollen mal etwas auf die Beine stellen. Es ist anfangs kein zuvorderst strategisches Interesse, das Schwarze und Grüne zusammenführt. Sie haben einfach eine gute Zeit miteinander, lachen zusammen und lästern über die Schrullen ihrer Altvorderen. Berningers Sekretärin ist eine ehemalige Wirtin aus Bonn und kennt sich gut aus in der lokalen Gastronomie-Szene. Sie schlägt das italienische Restaurant *Sassella* im Stadtteil Kessenich als Treffpunkt vor.

Im Juni 1995 kommt es im *Sassella* zum ersten gemeinsamen Abendessen. Nicht im Schankraum, den auch Kanzler Kohl gelegentlich besucht. Sondern im Weinkeller, den man durch die Küche erreicht, über verwinkelte Kellergänge an *San-Pellegrino*-Kisten und Olivenöl-Vorräten vorbei. „Wenn man einen Film über verschwörerische Geheimtreffen drehen wollte, hätte man keinen besseren Drehort finden können", sagt Hermann Gröhe ein Vierteljahrhundert später und unterbricht sich selbst immer wieder mit einem fröhlichen Glucksen. Der inzwischen 59-Jährige sitzt an einem Freitagmittag im März 2020 in seinem Wahlkreisbüro am Neusser Münsterplatz, rührt entspannt in seinem Espresso und blättert mit dieser wohligen Weißt-du-noch-Stimmung in seinem gedanklichen Foto-Album. Seit mehr als einem Vierteljahrhundert gehört Gröhe dem Bundestag an. Er war CDU-Generalsekretär und Bundesgesundheitsminister. Er hat einen Wahlkampf gemanagt, der die Union 2013 fast zur absoluten Mehrheit geführt hätte. Und er musste erleben, wie 2017 für ihn, den Spitzenkandidaten der NRW-Landesliste, kein Platz mehr war im Bundeskabinett. Triumphe, Einfluss und Wohlstand hat ihm die Politik beschert, zugleich Entbehrungen, Frust und herbe Enttäuschungen. Wenn Gröhe aber auf die ersten Kontakte zu den Grünen in Bonn zurückschaut, erinnert er eine besondere Phase seiner Laufbahn. „Wir kamen aus derselben Generation. Die meisten von uns haben sich nie gesiezt. Natürlich hatten wir jungen Leute auch Spaß daran, dass das ein Stück Tabubruch war."

Die politische Geografie ist bis dahin schön übersichtlich: Die erste Abgeordneten-Generation der Bundesrepublik sortiert sich im Streit um Westbindung und Ostpolitik. Die zweite tritt infolge der 68er-Studentenproteste mit dem Ruf nach größerer gesellschaftlicher Liberalität den Marsch durch die Institutionen an oder hält dagegen. Doch was ist mit der dritten Generation? Laschet, Gröhe oder Özdemir, die erst in den 60er Jahren geboren sind, können mit überkommenen Feindbildern und altem Lagerdenken wenig anfangen. „Ich war schon bei grünen Freunden zur Hochzeit eingeladen, als in der CDU noch manche dachten, dass Grüne gar nicht heiraten", hat Gröhe die kulturelle Kluft zwischen Jungen und Alten in der eigenen Partei einmal in einem Interview mit dem *Focus* beschrieben. Dass Politiker mittlerweile Migrationshintergrund haben oder bekennend schwul sind, wird Mitte der 90er Jahre längst nicht von allen in der Union so liberal gesehen wie von Leuten wie Laschet oder Gröhe.

Als Schwarze und Grüne nach Plenarsitzungen regelmäßig im *Sassella* zusammenkommen, sind viele dabei, die später steile politische Karrieren machen. Bei der CDU etwa neben Gröhe und Laschet auch Ronald Pofalla, Eckart von Klaeden, Andreas Krautscheid, Peter Altmaier, Thomas Rachel und ab und an auch Norbert Röttgen. Bei den Grünen neben Berninger und Özdemir noch Oswald Metzger, Volker Beck, Andrea Fischer und Christine Scheel. „Vom Lebensgefühl standen uns die jungen Grünen näher als manche aus der eigenen Partei, die 30 Jahre älter waren", hat Laschet einmal gesagt.

In der Union werden diese Zusammenkünfte ausgesprochen kritisch beobachtet. Der CSU-Generalsekretär Bernd Protzner kündigt damals an: „Wir werden diese *Pizza-Connection* aufmerksam im Auge behalten." So bekommt die Runde ihren Namen, der wohl nicht zufällig an einen sizilianischen Drogenring erinnert. Obwohl die Bonner Brüder Giorgio und Francesco den Jung-Politikern im Keller des *Sassella* gar keine Pizza servieren. Die Grünen sind für Essen und Wein zuständig und bevorzugen Edleres. Kanzler Kohl ist durch sein weit verzweigtes Netz an Zuträgern früh über die schwarz-grüne Annäherung im Bilde. Beim ersten Treffen der *Pizza-Connection* sitzt Juliane Weber im Restaurant, seine mächtige Büroleiterin. „Ob Zufall oder nicht: Wer in den Keller stieg, musste direkt an ihrem Tisch vorbei", erinnert sich Laschet Jahre später in einem Interview.

In Bonn-Kessenich werden keine Koalitionen geplant, aber dennoch ist allen Beteiligten klar, dass alles Private hier sehr wohl auch politisch ist. Schon nach wenigen Wochen *Pizza-Connection* senden die *ARD-Tagesthemen* einen Beitrag über das unerhörte schwarz-grüne Tauwetter. Die FDP als natürlicher Koalitionspartner der Kohl-CDU ist gerade wieder in Nöten. Das beflügelt die Bündnisfantasie im politischen Bonn. In dem Beitrag tritt der Hinterbänkler Armin Laschet als Grünen-Erklärer in Erscheinung. „Ich weiß aus meinem Wahlkreis in Aachen, dass die Grünen dort Hochburgen haben, wo auch die CDU-Hochburgen sind. Es sind also ähnliche Wählergruppen, um die wir konkurrieren. Das prägt natürlich auch einzelne Politiker", erklärt Laschet dem Fernsehpublikum. Die Parteispitze will zu diesem Zeitpunkt schwarz-grüne Koalitionen maximal auf Kommunalebene dulden. „Vieles, was links-ideologisch vertreten wird, fällt mir natürlich schwer, aber nicht alle Grünen sind Linke", hebt Laschet in dem Film zur Verteidigungsrede auf die neuen Freunde an. Auch Matthias Berninger kommt zu Wort und begründet die *Pizza-Connection* damit, „dass wir, was das ganze Leben und Lebensgefühl angeht, eigentlich sehr viel ähnlicher sind, als wir das früher mal waren". Oft stammten Leute aus der *Jungen Union* ebenfalls aus der Friedensbewegung. „Auch eine überraschende Erkenntnis, die ich hier gewonnen habe", erklärt Berninger in diesem Filmbeitrag im Juli 1995.

Eine Begegnung mit Matthias Berninger mehr als 25 Jahre später. Der bald 50-Jährige betritt schwungvoll den lichten Konferenzraum im zweiten Stock der Zentrale des *Bayer*-Konzerns in Leverkusen. Es ist der Tag nach der Bilanz-Pressekonferenz 2020. Berninger – Brille, sorgfältig gestutzter

Bart, dunkelroter Rollkragenpullover, Sakko – ist dafür extra aus den USA angereist. Er lebt schon seit einigen Jahren mit seiner Frau und fünf Kindern in Washington. 2019 hat er bei *Bayer* als Leiter des Bereichs „Öffentlichkeit und Nachhaltigkeit" angefangen. Er soll das Image des Konzerns aufpolieren. Seit der umstrittenen Übernahme des US-Konkurrenten *Monsanto* gibt es bohrende Fragen zu dessen Pflanzenschutzmittel *Glyphosat*. Es steht im Verdacht, Krebs zu erregen. *Glyphosat* ist jetzt ein *Bayer*-Problem. In Deutschland machen vor allem die Grünen Front gegen den Einsatz des Wirkstoffs. *Monsanto* steht für eine industrialisierte Landwirtschaft, die sie immer bekämpft haben.

Das ist Berningers Herausforderung. Er soll die Bedenken eines Milieus entkräften, dem er selbst entstammt. Bereits als 19-Jähriger sitzt er für die Grünen im Gemeinderat seiner Heimatstadt Kassel, 1994 zieht er als bis dahin jüngster Grünen-Abgeordneter in den Bundestag ein, mit 29 Jahren ist er jüngster Parlamentarischer Staatssekretär im Bundesministerium für Verbraucherschutz, Ernährung und Landwirtschaft. Ausgerechnet dieser Ur-Grüne verlässt 2005 bereits die Politik und wechselt die Seiten. Berninger wird Lobbyist. Zunächst für den US-Süßwarenhersteller *Mars* in Brüssel. Der Aufschrei ist groß. Als er schließlich bei *Bayer* anheuert, entzündet sich daran erneut eine moralische Debatte. Hat er seine Ideale verkauft?

Berninger hat ein einnehmendes Wesen. Er schafft es, gleich eine persönliche Ebene herzustellen. Er sei nicht zu *Bayer* gegangen, obwohl er bekennender Grüner sei, sondern weil er bekennender Grüner sei, lautet seine Standardformel. Er sagt sie immer dann auf, wenn ihm Verrat vorgeworfen wird. Sie soll wohl bedeuten: An führender Position in einem Weltunternehmen könne er grüne Ideale sogar besser in die Praxis umsetzen als in den Theoriestuben der Politik. Berninger ist noch immer Grünen-Mitglied und in Berlin bestens vernetzt. Wenn die Bundestagsfraktion ihr traditionelles Sommerfest gibt, geht er gern hin.

Denkt Berninger an die frühen Begegnungen mit Laschet in der *Pizza-Connection* zurück, hat er einen jungen Christdemokraten vor Augen, mit dem man nicht nur den in der Politik so häufig oberflächlichen Spaß haben kann. „Es gab Leute, die mittendrin waren, und es gab Leute, die dabei waren", erinnert sich Berninger, „Laschet war mittendrin." Er sei oft im *Sassella* dabei gewesen.

Dass Laschet im Zweifel seinen Überzeugungen folgt, macht Berninger an einer denkwürdigen Abstimmung des Bundestags im Spätherbst 1995 fest. Außenminister Klaus Kinkel (FDP) hat den iranischen Außenminister Ali Akbar Welajati zu einer zweitägigen Islam-Konferenz auf den Bonner Petersberg eingeladen. Das stößt auch bei den jüngeren CDU-Abgeordneten auf Unverständnis. Teheran hat gerade die Ermordung des israelischen Ministerpräsidenten Jitzchak Rabin als „Strafe Gottes" gefeiert und fordert ungerührt die Tötung des Schriftstellers Salman Rushdie. Wie kann Kinkel einem Vertreter des Mullah-Regimes den roten Teppich ausrollen?

Ein Instinktpolitiker wie Joschka Fischer spürt damals sofort, dass die knappe Regierungsmehrheit Kohls wackeln könnte. Er formuliert und begründet in getragener Rede einen Entschließungsantrag, der die Ausladung Welajatis fordert. Als die Abstimmung kein eindeutiges Bild ergibt, wird der Hammelsprung angeordnet. Im Bundestagsfoyer kommt es zu tumultartigen Szenen. CSU-Landesgruppenchef Michael Glos und CDU/CSU-Fraktionsgeschäftsführer Joachim Hörster versuchen, die Mitglieder der eigenen Fraktion von der Ja-Tür wegzudrängen. Der Druck ist gewaltig. Der Regierung Kohl droht eine Blamage.

Berninger weiß noch, dass Laschet zu denjenigen gehört hat, die unbeirrt durch die Ja-Tür gehen und gegen die eigene Bundesregierung stimmen. Am Ende votieren 268 zu 225 Abgeordnete für die Ausladung des iranischen Außenministers. Kohl tobt. Kinkel denkt an Rücktritt. Bei Laschet wird es eine Konstante in seinem politischen Leben bleiben: Wenn es um die Solidarität mit Israel geht, gibt es bei ihm kein Wackeln.

Während Berninger das erzählt, hört man auch Jahrzehnte später Respekt heraus. Laschet – das ist für ihn jemand, der Überzeugungen hat und zu ihnen steht, selbst wenn es mal ungemütlich wird. Auch in der Außen- und Integrationspolitik oder beim Thema Rente sei Laschet für CDU-Verhältnisse sehr fortschrittlich gewesen. „Er hat schon damals die Generationenfrage gestellt", so Berninger. Die Öffnung gegenüber den Grünen habe Laschet damals sehr klar betrieben: „Das hat er alles schon sehr früh gemacht." Berninger attestiert ihm die Fähigkeit, „Vertrauen zu bilden, er hat ein ehrliches Interesse an Menschen". Sie haben sich nicht aus den Augen verloren. Als *Bayer*-Lobbyist stattet Berninger dem *Pizza-Connection-*

Bruder heute in der Düsseldorfer Staatskanzlei gerne mal einen Besuch ab.

Die großen außenpolitischen Fragen befeuern immer wieder die Diskussionen im Keller des *Sassella*. Holzschnittartig lässt sich dabei feststellen: Die jungen Schwarzen sind eher mit Kohl und Ronald Reagan politisch sozialisiert, während die Grünen ihren US-Kompass an Woodstock und Martin Luther King ausrichten. Der unkonventionelle Auftritt des neuen US-Präsidenten Bill Clinton, der scheinbar unaufhaltsame Siegeszug der Demokratie nach dem Zusammenbruch der Sowjetunion, der erfreulich große Elan der frisch eingezogenen Washingtoner Administration in den Nahost-Friedensbemühungen – viel Stoff für die *Pizza-Connection*, um gemeinsam von Bonn-Kessenich aus auf die Welt zu blicken.

Laschet sei mit seiner Diskussionsfreude immer „positiv anstrengend" gewesen, erzählt einer der Teilnehmer mit Jahrzehnten des Abstands. Er habe immer besonders genau verstehen wollen, warum jemand exakt anderer Meinung war als er selbst. Laschet gehört zu denen, die hier wirkliche Freunde finden und Erkenntnisse gewinnen wollen. „Armin Laschet zeichnete in dieser Runde aus, dass er seine Position sehr deutlich machen konnte und zugleich respektvoll mit den anderen umging", sagt Hermann Gröhe heute.

Die eigentlich vertraulichen Treffen ziehen damals Kreise im Bonner Regierungsviertel, so dass sich eines Tages das Büro des neuen US-Botschafters John Kornblum meldet. Ob der Top-Diplomat einmal diese sagenumwobene Geheimrunde kennenlernen dürfe? Als Kornblum als erster und letzter Nicht-Politiker zur *Pizza-Connection* stößt, haben sich aus Höflichkeit sogar die Grünen einen Anzug angezogen. Kornblum ist in Baumwollhose und kariertem Hemd im Keller des *Sassella* erschienen. Er mustert die fein gewandeten jungen Politiker und stutzt: „So ist das also, wenn sich Deutsche informell treffen."

Der Blick auf die *Pizza-Connection* ist über die Jahre gewiss verklärt und deren politische Bedeutung überhöht worden. Für Laschet bleibt die Runde gleichwohl eine wichtige Wegmarke seiner Laufbahn. „Das ist schon ein Stück Nostalgie. Was für Helmut Kohl der *Deidesheimer Hof* ist, das ist für uns das *Sassella*. Ich erinnere mich gerne an diese schöne, spannende Zeit in der Bonner Republik", erzählt er im Herbst 2012 in einem Interview. Es zieht ihn immer wieder hin. Als Nordrhein-Westfalen 2011 die zentralen Feierlichkeiten zum Tag der deutschen Einheit in Bonn ausrichtet, nutzt Laschet die Gelegenheit zum Abstecher ins *Sassella*. Oder Anfang 2019: Da trifft er in dem Restaurant die Intendanten der *ARD* zu einem Hintergrundgespräch und posiert mit Besitzer Giorgio für ein Foto. Er twittert es gleich – in Erinnerung an die *Pizza-Connection*.

Warum ist ihm dieser Kreis bis heute so wichtig? Seine rheinisch-katholische Liberalität bringt Laschet bereits 1994 mit nach Bonn. Auch die Erfahrung aus der Aachener CDU hat sich ihm da längst eingebrannt, dass seine Partei sich zu schwer tut mit der Veränderung einer Stadtgesellschaft und dem Erstarken der Grünen. Nicht zuletzt die Lehrjahre als Referent bei Rita Süssmuth haben sein Weltbild schon vorher verfestigt.

Ohnehin ist Laschet ein Kind der *Bonner Republik*. Die Akteure dieser Jahrzehnte prägen ihn als Kind und Jugendlicher. Hier macht er erste Schritte als Referent und eben junger Abgeordneter. Auch Jahrzehnte später, als Ministerpräsident, lässt sich Laschets Handeln oft durch diese Prägung erklären. Berlin ist da längst Hauptstadt, aber Laschet sieht die Zeit am Rhein stets positiv: „Die Gelassenheit der *Bonner Republik* trotz kontroverser Debatten hat Deutschland gutgetan. Durch den Umzug hat sich der Politikbetrieb tatsächlich verändert. Er ist hektischer geworden." Das stört ihn, die Bonner Mentalität ist eher seine.

Die *Pizza-Connection* als Begegnung von Gleichaltrigen und Gleichgesinnten bietet ihm damals die Chance, den Horizont noch einmal entscheidend zu erweitern. Vor allem tankt der ohnehin nicht auf den Mund gefallene Laschet hier zusätzliches Selbstbewusstsein, um als Neuling an den Kursdebatten der Union in den letzten Kohl-Jahren teilzunehmen. Erstaunlich klar positioniert sich Laschet etwa in der Flüchtlingspolitik. Anfang 1998 kommt es zu einer Auseinandersetzung zwischen Bundesinnenminister Manfred Kanther (CDU) und der Regierung Italiens über Grenzsicherungspflichten im Schengen-System. Kanther wirft Rom vor, kurdische Flüchtlinge nach Deutschland durchzuwinken. „Es ist nicht hinnehmbar, dieses Thema zu billigen Profilierungsversuchen bei der inneren Sicherheit oder als vermeintlichen Beweis für die mangelnde Europatauglichkeit

Italiens zu missbrauchen", wettert Laschet in einem Interview mit dem *Express*. Der Hinterbänkler aus Aachen wirft einem Schwergewicht wie Kanther öffentlich sogar einen „belehrenden Ton" vor und analysiert: „Die Einwanderungs- und Asylproblematik lässt sich nur gesamteuropäisch lösen."

Es sind Sätze, die Laschet in der großen Flüchtlingskrise 2015, also fast 20 Jahre später, wortgleich wiederholen wird. Das *Express*-Interview mit ihm führt 1998 ironischerweise der Journalist Thomas Breustedt, der später engster Berater von Nordrhein-Westfalens Ministerpräsidentin Hannelore Kraft (SPD) wird. Im Landtagswahlkampf 2017 versucht die Kraft-SPD Laschet als „Wackeldackel" zu verhöhnen, der ständig seine Position ändere. Es verfängt nicht. Wohl auch, weil ein Politiker-Typus wie Laschet viele Angriffsflächen bieten mag, aber eine große Kontinuität in Haltungsfragen und Leidenschaftsthemen lässt sich ihm schwerlich absprechen.

Auf die Quittung für seinen Angriff gegen Kanther muss Laschet 1998 nicht lange warten. In der nächsten Fraktionssitzung fordert der Innenminister mehr Unterstützung aus den eigenen Reihen ein, da andernfalls die Probleme in der europäischen Asylpolitik von anderen Parteien aufgegriffen würden, an deren Erstarken die Union kein Interesse haben könne. Fraktionschef Wolfgang Schäuble nimmt sich Laschet persönlich zur Brust, weil dieser Kritik an der Regierung öffentlich geäußert hat. Doch der Neuling bleibt stur. „Als Laschet danach um Verständnis für die Haltung der italienischen Regierung warb, reagierte die Fraktionsmehrheit mit Unmutsäußerungen", notiert damals die *Frankfurter Allgemeine Zeitung*.

Obwohl Laschet in seiner Laufbahn vollkommen zu Recht häufig als abwartend, vorsichtig, ja risikoscheu beschrieben wird, erhebt er in der Kohl-Dämmerung der 13. Wahlperiode doch immer wieder den Anspruch, als Vertreter der jungen, liberalen CDU Einfluss auf den künftigen Weg der Union zu nehmen. Seine guten Kontakte zu den Bonner Korrespondenten, die er seit Ende der 80er Jahren als eine Art „Kollege" mit seinen Beiträgen für *Radio Charivari* und Zuarbeiten für den *Bayerischen Rundfunk* aufgebaut hat, helfen augenscheinlich dabei. So fordert er 1997 in der *Bild am Sonntag* kühn eine Kabinettsumbildung, um der ausgelaugten Regierung Kohl auf den letzten Metern bis zur nächsten Bundestagswahl noch eine Frischzellenkur zu verpassen. Außerdem wirft er sich Anfang 1998 für Fraktionschef Schäuble in die Bresche, der einen modernen Programmentwurf der CDU fordert, in dem auch heiße Eisen wie Klimaschutz und eine neue Energiebesteuerung angefasst werden. Laschet ist klar, dass es wenig erfolgversprechend sein wird, allein auf die PDS einzudreschen und die Verdienste Kohls nach 16 Jahren Amtszeit zu belobigen. „Statt auf Parolen zu setzen, sollten wir lieber das Zukunftsprogramm Schäubles offensiver vertreten", fordert er. Viele Wähler wollen den Wechsel. Die „neue Mitte" der urbanen und liberalen Stadtgesellschaft wird von der Kohl-CDU immer weniger erreicht. Zumal der damals 68-jährige *Kanzler der Einheit* mit dem telegenen SPD-Herausforderer Gerhard Schröder konkurrieren muss. Fast resignativ klingt Laschet, als er im April 1998 gegenüber der *Sächsischen Zeitung* klagt: „Im Moment geht es doch eher darum, welche Partei den jüngeren und schlankeren Kandidaten hat und welcher Bewerber am besten bei den Frauen ankommt. Ich hoffe, dass wir von dieser Amerikanisierung des Wahlkampfes wieder wegkommen. Eine Bundestagswahl ist nämlich kein Schlager-Grand-Prix."

Es sind wohl diese Erfahrungen zum Ende der Ära Kohl, die sich Laschet als Warnung einprägen, sich selbst nie genug zu sein. „Das ist das Grundproblem von Volksparteien: Repräsentieren sie sich selbst oder die Gesellschaft und ihre Wähler?", sagt er 2018 in dem vielzitierten Interview mit der *Frankfurter Allgemeinen Sonntagszeitung (FAS)*. Damit ist skizziert, warum er in der Migrationspolitik oder der Anerkennung verschiedener Lebensformen früher als andere in der CDU überkommene Einstellungen in Frage stellt. Laschet ist davon überzeugt, dass eine Partei gesellschaftliche Veränderungen im Zweifel nachvollziehen muss. Auch deshalb trägt er ab 2012 als CDU-Bundesvize bereitwillig alle Häutungen und Modernisierungsschübe unter Angela Merkel mit. Er kann mit Links-Rechts-Debatten und der diffusen Sehnsucht nach konservativen Haltelinien nichts anfangen. Laschet bezweifelt sogar, dass die CDU je eine Sammlungsbewegung der Konservativen war. Dagegen habe sich schon Konrad Adenauer gewendet. „Das Wort konservativ tauchte in keinem Gründungsprogramm der CDU auf", sagt er in dem *FAS*-Gespräch von 2018. Erst Ende der 70er Jahre sei das Konservative als eine Wurzel der Partei überhaupt benannt worden. Er erntet in den sogenannten bürgerlichen Kreisen dafür auch

Unverständnis und Ablehnung. „Konservativ" ist für viele in seiner Partei eben nichts Rückständiges, sondern das Gegenteil von beliebig. Für Laschet dagegen kann Werteorientierung nichts Statisches sein, das sich in einmal beschlossenen Parteiprogrammen erschöpft: „In den Gründungsdokumenten der CDU nach dem Krieg stand immer das christliche Menschenbild im Mittelpunkt." Mit dieser festen Verankerung fühlt er sich frei, politisch auf Veränderungen der Gegenwart zu reagieren.

Die Jahre im Bundestag, die Debatten in der *Pizza-Connection*, die für die Union so schmerzhafte rot-grüne Wende 1998 – dem Jung-Politiker Laschet hilft gerade diese Phase bei der Selbstvergewisserung. Die Arbeit als Volksvertreter begreift er auch als ständige Prüfung, ob man tatsächlich noch das Volk vertritt. „Dieses Ringen um die richtige Balance von Tradition und Moderne hat bei Armin Laschet etwas Wesenhaftes", analysiert Hermann Gröhe nach fast 30 Jahren Nahbeobachtung. Laschet nehme häufig Bezug zu seiner kirchlichen Identität, weil sie Ausgangspunkt für das politische Engagement sei. Die Anpassung seiner Grundsätze an die Herausforderungen der Moderne, das bleibt sein Thema in der CDU.

Es ist auffallend, dass viele später erfolgreiche CDU-Politiker der *Pizza-Connection* wie Armin Laschet aus schwarzen Hochburgen stammen. Sie müssen die Glaubenssätze der Partei nie stur gegen einen äußeren Gegner verteidigen und unkritisch weitertragen. Sie können deshalb ihre Auffassungen in der kritischen Auseinandersetzung mit den eigenen Leuten und überkommenen Lehren schärfen.

Gerade für Spitzenpolitiker, die auf Zustimmung, Bestätigung und Selbstgewissheit besonders existentiell angewiesen sind, kann es sehr schmerzhaft oder zumindest anstrengend sein, sich permanent zu überprüfen und in Frage zu stellen. Viele suchen deshalb den Schonraum von Küchenkabinetten, Kampfverbänden oder Seilschaften. Hier drohen weder Widerspruch noch zermürbende Debatten. Stattdessen wartet regelmäßig ein angenehmes Vollbad im Gefühl, auf der richtigen Seite der Geschichte zu stehen. Laschet dagegen kultiviert in den Bonner Jahren seine Angewohnheit, Freundschaften mit Andersdenkenden zu schließen. Er findet Menschen, die anders aufgewachsen sind, andere Meinungen vertreten, über andere Erfahrungen verfügen augenscheinlich interessanter.

Aus der *Pizza-Connection* erwachsen Laschet Freundschaften, die bis heute halten. „Freund" ist gewöhnlich eine Bezeichnung, die in der Politik inflationär gebraucht wird und doch nur Allianzen auf Zeit meint, weil hier Beziehungen selten zweckfrei sind. Laschet aber baut etwa zu Cem Özdemir ein Verhältnis auf, das nicht interessengeleitet erscheint. Sie können herrlich miteinander streiten, kennen gegenseitig ihre Familien, stützen sich in schweren Zeiten. Als Laschet 1998 seinen Wahlkreis verliert und Bonn schweren Herzens verlassen muss, reißt der Kontakt zu Özdemir nicht ab. Sie treffen sich weiter, telefonieren, beraten die Lage.

Laschet weiß nach dem Bundestags-Aus 1998 zunächst nicht, wie es mit ihm weitergehen soll. Die Erfahrung, von einem auf den anderen Moment politisch vor dem Nichts zu stehen, scheint ihn mit Özdemir zusammenzuschweißen. Wer aus Parlamenten und Ämtern fliegt, spürt häufig eine für Gremienmenschen schwer zu ertragende Einsamkeit. Der Terminplan ist leer, die gefühlte Bedeutung schlagartig weg, langjährige Vertraute melden sich nach den ersten Beileidsbekundungen nicht mehr. Özdemir selbst erlebt 2002 sein persönliches *annus horribilis*. Er tritt als innenpolitischer Sprecher der Grünen-Bundestagsfraktion zurück und erklärt seinen Verzicht auf das Mandat nach der anstehenden nächsten Bundestagswahl. Özdemir hat einräumen müssen, einen Privatkredit über 80.000 D-Mark zu einem Zinssatz von 5,5 Prozent vom PR-Berater Moritz Hunzinger angenommen und dienstlich erworbene Bonusmeilen privat verflogen zu haben. Damit scheitert er an den moralisch hohen Ansprüchen der Grünen.

Özdemir, dessen Karriere bis dahin nur eine Richtung kennt, wird plötzlich zur Unperson. Er kehrt der Politik den Rücken, flieht in die USA und hält an der *University of Wisconsin* Vorträge. „Armin und ich haben beide schon in der Politik erlebt, dass man plötzlich nicht mehr der tolle Hecht ist, sondern verzichtbar, dass alles ohne einen weiterläuft. Diese Erfahrung hat unsere Freundschaft noch tiefer gemacht, glaube ich", sagt Özdemir. Er will damals seine politische Laufbahn beenden, mit nicht einmal 40. Zu den Vertrauten, die ihn davon abbringen, gehört Laschet. Es wird viel telefoniert. Raus aus dem Schmollwinkel, das ist seine Botschaft.

Laschet ist inzwischen Mitglied des Europaparlaments und rät Özdemir eindringlich, doch ebenfalls in Brüssel einen Neuanfang zu versuchen. Bei der Europawahl 2004 tritt Özdemir tatsächlich an und wird EU-Parlamentarier. Ihre Wege kreuzen sich in Brüssel noch ein Jahr lang, bis Laschet im Sommer 2005 überraschend als Landesminister nach Düsseldorf wechselt. Als Özdemir am 18. Januar 2006 im Europaparlament eine Rede zur europäischen Nachbarschaft hält, stellt der Grüne seinem Manuskript einen Satz voran: „Ich möchte die Gelegenheit aber auch nutzen, ausdrücklich Armin Laschet für die bislang geleistete Arbeit zu danken."

Laschets bis heute enge Beziehung zu Gröhe ist ebenfalls eine Hinterlassenschaft der *Pizza-Connection*. Sie sind gleich alt, doch sehr unterschiedlich sozialisiert. Das macht es für Laschet so spannend. Gröhes Eltern sind aus der DDR geflohen. Er engagiert sich seit Jahrzehnten in der evangelischen Kirche. Gröhe ist das gleichberechtigte Miteinander aller Gläubigen im Protestantismus wichtig. Der durch und durch katholisch aufgewachsene Laschet kann mit jemandem wie ihm die wirklich wichtigen Fragen des Lebens diskutieren. Sie rufen sich auch an, wenn sie privat etwas bedrückt. Die Familien kennen sich. Als Gröhes zweiter Sohn zum Studium nach Aachen zieht, schickt ihn Laschet erst einmal in den Kaiserdom, „damit er weiß, wo er hier ist".

Viele Mitstreiter aus der *Pizza-Connection* trifft Laschet im *Leichlinger Kreis* wieder. Es ist eine informelle Gesprächsrunde, die nach dem Wohnort ihres Gründers Herbert Reul benannt ist. Der heutige Innenminister von Nordrhein-Westfalen holt schon seit Jahrzehnten unregelmäßig sonntagnachmittags Mitstreiter aus der CDU zu Beratungen zusammen. Zunächst tagt man im *Nudelbrett*, einem früheren Restaurant in der Nähe des Kölner Hauptbahnhofes. Später bei einer bergischen Kaffeetafel mit Waffeln und Milchreis im *Leichlinger Bürgerhaus*, einer ehemaligen Fabrikantenvilla aus dem 19. Jahrhundert.

Es gibt bei Reul keine Tagesordnung und keine Beschlüsse, stattdessen Kontaktpflege und Gedankenaustausch. Die Runde ist entstanden in der *Jungen Union* des Rheinlands in den 80er Jahren. Es geht damals um eine Kursbestimmung der nächsten Politiker-Generation. „Wir wollten eine liberal ausgerichtete Partei und den konservativen Kräften unter den Jungen nicht allein das Feld überlassen", erinnert sich Reul. Der Zirkel versteht sich nicht so sehr als Karrierenetzwerk oder Seilschaft, sondern eher als Diskussionsforum, damit die CDU inhaltlich nicht auf Abwege gerät.

Der *Leichlinger Kreis* tagt in wechselnder Besetzung, mancher Teilnehmer ist schon lange nicht mehr in der Politik. Zu den Aktivposten gehören über Jahre neben Reul noch Hermann Gröhe, Peter Hintze, Ronald Pofalla und Thomas Rachel. Sie werden zu bestimmenden Figuren der Union – vor allem im Westen. Reul fungiert zwölf Jahre lang als „kleiner Generalsekretär" der NRW-CDU, wie er es nennt. Hintze, Pofalla und Gröhe dienen der Bundes-CDU später als Generalsekretäre im Machtzentrum der Kanzlerschaften Kohls und Merkels. Rachel ist über 15 Jahre Parlamentarischer Staatssekretär im Bundesbildungsministerium.

Reul hilft Laschet, als der nach dem Ausscheiden aus dem Bundestag recht nahtlos ins Europaparlament strebt. Sein CDU-Bezirk Aachen will ihn 1999 auf der Landesliste zur Europawahl absichern. Reul ist als Generalsekretär in Düsseldorf erfahren im Postenschacher und nimmt hinter den Kulissen Einfluss beim finalen Listen-Poker der Bezirkschefs. Trotz der fast zehn Jahre Altersunterschied werden sie zu einem Gespann, das wirklich offen miteinander reden kann. Es hilft, dass sie ebenso wie Gröhe und Pofalla lange demselben Mann vertrauten: Peter Hintze, dem klugen und witzigen Pfarrer, der bei Kohl Karriere macht und doch ein unabhängiger Kopf bleibt. Gröhe fährt mit Hintze in den Urlaub. Pofalla holt sich bei ihm schon in ganz jungen Jahren als Hauptschüler aus einfachen Verhältnissen Ratschläge, wie aus ihm etwas werden könne. Laschet lässt sich später sogar von Hintze seine Interviews redigieren, weil er weiß, dass es niemand erfahren wird. Wenn es politisch oder privat schwierig wird, rufen sie alle „den Peter" an.

Die *Pizza-Connection*, der *Leichlinger Kreis*, die Grünen, Laschet – als Herbert Reul im Frühjahr 2020 all dies sortiert, fällt immer wieder der Name Hintze. Reul stockt, macht eine Pause und sagt leise: „Peter wäre am Samstag 70 geworden." Hintze stirbt 2016 an Krebs. Nach dem Tod Hintzes rückt Laschet in die Kerntruppe des *Leichlinger Kreises* auf. Reul lädt ihn gemeinsam mit Gröhe, Pofalla und Rachel immer wieder regelmäßig zum Abendessen ein. Dahinter steckt wohl auch die Sehnsucht, dass es in diesem oft intriganten Jeder-gegen-Jeden-Sport namens Politik einen Kreis geben muss, der die gleichen Werte teilt und sich gegenseitig kein Bein stellt.

Als Reul 2004 nach fast 20 Jahren im NRW-Landtag irgendwie die Lust an der Berufspolitik verliert und an einen Neuanfang mit 51 denkt, ruft er

Hintze und Laschet an. Sie reden auf ihn ein, doch lieber für das Europaparlament zu kandidieren. Reul ist skeptisch, vertraut aber dem Rat der Freunde. Er erlebt in Brüssel seine vielleicht besten Jahre und wird ein einflussreicher Berufseuropäer. Die Jungunionisten von einst sind inzwischen ältere Herren geworden. Ihre Gespräche kreisen noch immer um die Frage, die sie von Anfang an bewegte: Wie kann die CDU eine weltoffene, christdemokratisch fundierte Partei bleiben?

Auch zu Hause in Aachen pflegt Laschet über die Jahre weiter seine guten Kontakte zu den Grünen. Das hilft ihm immer wieder dabei, mit ironischer Distanz auf sich und die eigene Partei zu schauen. Legendär werden Laschets Auftritte im Karneval bei der *Närrischen Ratssitzung* mit dem Grünen-Ratsherrn Hermann Josef Pilgram. Der spätere Ministerpräsident kalauert da zum Beispiel über eine mögliche schwarz-grüne Koalitionsvereinbarung: „Die ist getürkt. Ach was, getürkt. Gelaschet." Sein angebliches Aachener Regierungsvorhaben trägt er mit Filzhut und Pappnase vor: „Die Stadtfarben wechseln von Schwarz-Gelb auf Schwarz-Grün." Mit Pilgram bastelt Laschet tagelang an jecken Dialogen, mit denen er um die Jahrtausendwende herum die Stadtgesellschaft amüsiert. Gerne auch auf Kosten der neuen CDU-Vorsitzenden. Das geht dann so:
Pilgram: „Weißt du, was Merkel mit ihren alten Kleidern macht?"
Laschet: „In den Sack?"
Pilgram: „Nein. Sie trägt sie. Oder: Kohl hat Merkel 50 Mark für den Frisör gegeben. Jetzt hat die CDU eine ungeklärte Spendenaffäre."
Laschet: „Merkel ist, was Witze angeht, ein Grenzfall."
Pilgram: „Ein Grenzfall? Meinst du als Frau oder von wegen Ossi?"
Wer sich in Erinnerung ruft, welche Ablehnung das Aufkommen der Grünen noch in den 80er Jahren bei der tiefschwarzen Aachener CDU erzeugt, kann den Kulturwandel ermessen. Hier steht der Kreisvorsitzende und Berufspolitiker Laschet auf der Bühne und macht mit dem Grünen-Politiker Pilgram, den alle kumpelhaft „Pille" nennen, Späße über den eigenen Laden.
Aus der persönlichen Annäherung wird in Aachen irgendwann auch eine politische Zusammenarbeit. Ab 2009 bilden CDU und Grüne im Rathaus eine Koalition. Das ist kein leichtes Unterfangen. In der selbstbewussten Kaiser- und Bischofsstadt Aachen herrsche häufig die Stimmung vor, „dass

doch am besten alles so bleiben sollte, wie es immer schon war und so auch am besten funktioniert", erzählt die Grüne Gisela Nacken, die lange in der Kommunalpolitik mitgemischt hat.

Die CDU ist über Jahrzehnte die politische Heimat all jener, die in ihrem schönen *Öche* möglichst wenig Veränderung wünschen. Die Grünen dagegen haben eine Reformagenda. Bei der geplanten Umgestaltung des Katschhofs, eines zentralen Platzes zwischen Rathaus und Dom, gibt es erwartungsgemäß Proteste. Doch die CDU steht zu dem Vorhaben und kann sich heute darüber freuen: Eine damals durchgepaukte breite Treppe hinter dem Rathaus wird von den Bürgern gut angenommen. Eine Verkehrsberuhigung im Umfeld der Universität trägt sie dagegen nur widerwillig mit. Zu internen Verwerfungen im schwarzen Teil der Koalition kommt es wegen der geplanten Wiedereinführung der Straßenbahn. Die CDU schlägt einen Bürgerentscheid vor, der krachend scheitert. Das Projekt muss beerdigt werden. Der CDU-Fraktionschef wird von den *Krokodilen* im eigenen Lager gestürzt, die nach einer Kneipe gleichen Namens benannt sind. Dort wird die Abwahl des eigenen Chefs ausgeheckt.

Vom Kreisvorsitzenden Laschet sei immer dann, wenn es bei Schwarz-Grün in Aachen eng wird, wenig zu sehen gewesen, erinnern sich Beteiligte. Das wird insbesondere beim vorzeitigen Scheitern des Bündnisses 2013 deutlich. Die Grünen haben das Vorschlagsrecht für den Posten des Schul- und Kulturdezernenten. Sie wollen Reiner Daams auf den Posten hieven, einen Musikwissenschaftler, der für die Landesregierung arbeitet. Es ist der Lebensgefährte und spätere Ehemann der damals amtierenden grünen Schulministerin und stellvertretenden Ministerpräsidentin Sylvia Löhrmann. Für viele in der CDU riecht das zu sehr nach Vetternwirtschaft. Sie wollen die Besetzung blockieren. Der Fall schlägt landesweit Wellen. Auch wenn selbst bei den Grünen einige der Meinung sind, man tue sich und Daams mit dem Vorschlag keinen Gefallen, kündigen sie am Ende die Koalition auf. Es ist eine Frage der Selbstachtung.

„Armin Laschet hat sich für uns Grüne nicht sichtbar oder spürbar in diese Konflikte eingebracht", erinnert sich Gisela Nacken. Laschet hat persönlich nichts gegen Daams, will sich aber im eigenen Lager nicht für ihn verkämpfen. „Keinen Finger hat Laschet für meinen Mann gerührt", habe Löhrmann intern geflucht, heißt es bei den Grünen.

Laschet zeigt immer wieder, dass er die Rolle des „Grünen-Verstehers" sehr wohl hinter sich lassen kann, wenn es die taktischen Opportunitäten gebieten. Die schwarz-grüne Koalition in Aachen bringt zum Beispiel zwei Windparks auf den Weg. Einen im Norden der Stadt und einen im *Münsterwald*, einem städtischen Wirtschaftsforst. Da die CDU im Norden Bürgerproteste fürchtet, will sie unbedingt parallel den Aufbau von sieben Windrädern im Wald beschließen. Die Rechnung geht nicht auf: An beiden Standorten wird protestiert – wegen der Nähe der Rotoren zur Wohnbebauung und wegen des Abholzens von Bäumen. Als Ministerpräsident sorgt Laschet 2017 umgehend dafür, dass der Aufbau von Windrädern im Wald deutlich erschwert wird. Die CDU in NRW zetert heute besonders laut darüber, welch irrigen Raubbau an der Natur man mit dem Aufstellen von Windrädern im Forst betreibe.

Schon im Landtagswahlkampf 2017 hat Laschet die Grünen zum Lieblingsgegner erkoren. Er weiß, dass das insbesondere in den ländlich geprägten Kreisverbänden der NRW-CDU gut ankommt. Lustvoll zieht er seinerzeit gegen den angeblich ökologischen Bürokratie-Wahn zu Felde. Der lange intern umstrittene Landeschef Laschet erhält 2016 mit 93,4 Prozent sein bis dahin bestes Ergebnis bei einer Landesvorstandswahl. Er hat zuvor den Parteitag in Schwung geredet, indem er hämisch gegen die Grünen austeilt. Laschet zitiert da launig aus einer Katzenverordnung des Grünen-Umweltministers Johannes Remmel, die zum Schutz von Vogelarten eine Registrierung von Streunern vorsieht. Auf dem Höhepunkt seiner anti-grünen Philippika ruft Laschet in das Johlen der Parteitagsdelegierten: „Ihr sollt nicht Katzen zählen, ihr solltet zählen, ob ihr noch alle Tassen im Schrank habt." Der Grünen-Versteher kann also auch anders.

Schon in einer internen Rangelei mit Karl-Josef Laumann um die Führung der NRW-CDU zwischen 2010 und 2013 beeilt sich Laschet immer wieder, seine Vorliebe für die Grünen zu kaschieren. Er habe da sehr opportunistisch versucht, den Traditionsbataillonen der Union nach dem Mund zu reden, klagt einer aus den Reihen der NRW-Grünen, der Laschet eigentlich mag und schätzt. Das rot-grüne Nichtraucherschutzgesetz in Nordrhein-Westfalen oder die Ideen für einen *Veggie-Day* nimmt er in dieser Zeit als Vorlage, um den Grünen „Umerzieherei" oder „ein gesellschaftliches Klima des Verbietens" vorzuwerfen. Gegen sein Naturell keilt Laschet plötzlich arg populistisch: „Wenn die Rettung des Planeten die Kategorie ist, dann müssen die Grünen demnächst Fleisch auch in Restaurants verbieten und aus *McDonalds* Tofuläden machen."

In den Verhandlungen über eine Jamaika-Koalition im Bund ist 2017 ebenfalls zu erleben, wie ansatzlos das Umschaltspiel des Grünen-Verstehers gelegentlich funktioniert. Hinter verschlossenen Türen erweist sich Laschet als verständnisvoller Brückenbauer im besonders umkämpften Feld der Energiepolitik. Als Unterhändler der Union kommt er den Grünen beim geplanten Ausstieg aus der Kohleverstromung weit entgegen. Als Jamaika schließlich an der FDP scheitert, will er von den eigenen Beschlussvorlagen nicht mehr viel wissen.

In den Kämpfen der Folgejahre um die Braunkohle-Industrie in NRW steht Laschet sogar besonders fest an der Seite der Industriegewerkschaften und des Energiekonzerns *RWE*. In den wüsten Auseinandersetzungen um den Hambacher Forst im rheinischen Revier fährt er im Herbst 2018 eine harte Linie und lässt sich zum Feindbild der Klimaschützer machen. Der Grünen-Energieexperte Reiner Priggen ist sicher, dass Laschet einen Ausgleich der Interessen hinbekommen könnte, wenn er wollte. Er kenne alle klugen Konzepte dafür. Doch er wolle augenscheinlich aus taktischen Erwägungen den Hardliner geben. Gewerkschaften, Wirtschaftsverbände und die Mittelstandsvereinigung der CDU sind zu wichtig, als dass Laschet hier den Grünen-Versteher geben könnte.

Der alte Freund Cem Özdemir hat keinen Zweifel daran, dass der liberale, grünen-nahe Laschet der wahre Laschet ist. Doch er sagt: „Er ist schon auch ein knallharter Politik-Profi, der weiß, in welche Schlacht man ziehen muss."

Der Europäer

Brüsseler Basis und Kohlsches Erbe

Als Armin Laschet zum ersten Mal das *Les Aviateurs* betritt, weiß er endgültig, dass das Friedensprojekt Europa nicht scheitern darf. Die schlauchartige Kneipe in der Straßburger Altstadt ist eine seltsame Mischung aus Pariser Bar und amerikanischem Fliegerhorst-Casino. Viel kunstvoll beleuchtetes Ebenholz, rot-schwarz gefliester Boden, an der Decke Luftfahrt-Accessoires und eine E-Gitarre. Der Stolz des Hauses ist die zwölf Meter lange Theke, angeblich der längste Tresen Straßburgs. Hier drängt sich einmal im Monat, wenn der große EU-Zirkus aus Brüssel zur Plenarsitzung im Elsass Station macht, mittwochs zu späterer Stunde das, was man „institutionalisiertes Europa" nennt. Europaabgeordnete samt Mitarbeitern, EU-Beamte, Lobbyisten, Journalisten.

Wenn der Tag lang war und die Musik immer lauter wird, wenn die lässigen Barkeeper im Akkord Drinks mixen, fliegen im *Les Aviateurs* die Satzfetzen nur so umher. Es ist eine wilde Mischung aus Englisch, Französisch und EU-Abkürzungsidiomen, die man sich gegenseitig zubrüllt. Über Länder-, Partei- und Sprachgrenzen hinweg wird diskutiert und gelacht, gelegentlich auch getanzt. Laschet, der von 1999 bis 2005 dem Europaparlament angehört, kann in solchen Momenten emotional werden. Er ist ein furchtloser „English-Speaker", der drauflos redet und sich zu fast jedem Thema irgendwie verständlich machen kann, selbst wenn er seine Lieblingssatzeinleitung „Das hat damit zu tun, dass" im Überschwang schon mal mit „It has to do with" übersetzt.

Egal, das hier ist das *Les Aviateurs*, das Babylon der Berufsoptimisten, die Heimstatt der Herzenseuropäer. Ist es nicht verrückt, findet Laschet an solchen Orten, dass heute Politiker aus Deutschland, Frankreich und Spanien, aus Italien, Großbritannien und Belgien mit Gläsern in den Händen und rhythmisch mit den Füßen wippend streiten können? Hatten nicht ihre Väter und Großväter noch aufeinander geschossen? Laschet erzählt in seiner Politiker-Karriere immer wieder eindringlich, „dass mein Vater noch erlebt hat, wie Bomben auf Aachen fielen". Diese Europäische Union bleibt für ihn, bei allen Unzulänglichkeiten, ein politisches Wunder.

An einem schönen Spätsommerabend Ende August 2017 fahren am Düsseldorfer Schadowplatz zwei dunkle Limousinen vor. Armin Laschet, vor wenigen Wochen zum Ministerpräsidenten gewählt, steigt aus, zieht sich trotz der immer noch hohen Temperaturen rasch das Sakko über und läuft auf ein prunkvolles Palais im Neorenaissance-Stil zu. Das ehemalige Bankhaus nahe der feinen Königsallee ist seit einigen Jahren Außenstelle der Düsseldorfer *Heinrich-Heine-Universität*. Laschet soll hier heute Abend ein Buch seines Freundes und Innenministers Herbert Reul vorstellen. Unter dem Titel „Wir brauchen das vereinte Europa!" hat Reul gemeinsam mit dem Historiker Hein Hoebink einen Sammelband herausgegeben, in dem prominente Autoren wie Wolfgang Schäuble oder Norbert Lammert gegen den Rückzug ins Nationale anschreiben.

Laschet und Reul haben nach der Europawahl 2004 noch einige Monate gemeinsam im EU-Parlament gesessen. Dass Reul fast 13 Jahre dort bleiben und als Vorsitzender der CDU/CSU-Gruppe in der Fraktion der Europäischen Volkspartei (EVP) lange eine Schlüsselposition bekleiden würde, hätte damals niemand für möglich gehalten. Und dass Reul einmal eine Streitschrift für das vereinte Europa verfassen würde, deren Buchdeckel den EU-Sternenkranz als perfekt ineinander greifende Zahnräder zeigt, erst recht nicht. „Der Armin gehörte zu den Europa-Enthusiasten, ich war da zögerlicher", erinnert sich Reul an diesem Abend. Reul kokettiert ein wenig damit, dass er eher der angelernte Eurokrat ist. Laschet sitzt dabei und lacht zufrieden.

Als Reul ins Europaparlament gewählt wird, ist ihm vor allem das parteiübergreifende Gemeinschaftsgefühl vieler Abgeordneten in Brüssel und Straßburg völlig fremd. Er kann nichts anfangen mit dieser fast weihevollen Stimmung im politischen Betrieb. Jeder scheint geradezu beseelt davon zu sein, an der guten Sache Europa mitzuarbeiten. Für Reul bedeutet supranational nicht zwangsläufig super. Er ist „gelernter politischer Streithansel", wie er sagt – und als langjähriger Generalsekretär der NRW-CDU im Nahkampf der Parteien sozialisiert worden.

Reul ist darin trainiert, normalen Leuten aufs Maul zu schauen. Als die sozialen Medien noch nicht erfunden sind, geht einer wie er ins Kino, um zu sehen, was die Menschen interessiert. Der parteiübergreifende EU-Betrieb mit seinen polyglotten Spitzenbeamten und den vielen exzellent ausgebildeten Abgeordneten, denen das Mitbauen am Haus Europa wichtiger scheint als die nationale Interessenvertretung, wirkt auf Reul zunächst ziemlich abgehoben. Der gelernte Sozialwissenschaftslehrer arbeitet sich erst allmählich in das schwierige Brüsseler Institutionengeflecht ein und belegt mit über 50 noch einmal einen Englisch-Sprachkurs. Parlament, Rat, EU-Kommission, Nationalitäten, Parteien, Fraktionen – Reul findet mühsam über Machttechniken und Arbeitsroutinen zur Europabegeisterung. Bei Laschet ist es andersherum.

Es ist am 13. Juni 1999, dem Europawahl-Abend, schon bald 22.45 Uhr, als der Wahlsieger endlich im Krönungssaal des Aachener Rathauses erscheint. Die CDU hat klar gewonnen, auch wenn die Wahlbeteiligung von nur gut 50 Prozent ausgerechnet in der Europastadt Aachen deprimierend niedrig ist. Laschet zieht als Nummer acht der NRW-Landesliste sicher ins Europaparlament ein. Das ist schon früh klar. Doch er lässt sich Zeit, bis er sich auf der Wahlparty sehen lässt. „Ich habe – aus Erfahrung – lieber etwas abgewartet, bevor ich losgegangen bin", erzählt er den Lokalreportern. Ein halbes Jahr zuvor hat er beim rot-grünen Bundestagswahl-Triumph seinen Wahlkreis nach nur einer Legislaturperiode in Bonn wieder verloren, das steckt ihm noch immer in den Knochen. „Es hat sich gezeigt, dass die CDU Wahlen gewinnen kann. Und das ist für mich nach der Niederlage bei der Bundestagswahl einfach ein tolles Ergebnis", sprudelt es aus Laschet heraus, „was soll ich sagen? Ich freue mich riesig."

Bevor er zur Wahlparty ins Rathaus kommt, schaut er noch schnell im Kreishaus vorbei, weil der Europawahlkreis auch das Aachener Umland umfasst. Dort ist auf den Bildschirmen gerade Martin Schulz aus Würselen zu sehen, der deutlich prominentere SPD-Kandidat aus dem Bezirk Aachen, der in der *ARD* interviewt wird. Laschet und Schulz werden sich in den folgenden beiden Jahrzehnten noch häufig über den Weg laufen. Sie mögen sich, auch wenn Schulz im Mai 2017 einmal stöhnen wird: „Armin Laschet ist der schlechteste Spitzenpolitiker, den ich kenne." So hat es der *Spiegel*-Journalist Markus Feldenkirchen in seinem Bestseller „Die Schulz-Story" notiert.

Feldenkirchen hat Schulz über Monate eng begleitet und ist auch 2017 an dem für die SPD desaströsen Abend von Laschets Wahl zum NRW-Ministerpräsidenten eng an seiner Seite im Berliner Willy-Brandt-Haus. Er protokolliert alle Gefühlsausbrüche seines Protagonisten, auch Schulz' Verbitterung über den Überraschungssieger Laschet. Der liest später Feldenkirchens Buch trotzdem mit Genuss. Laschet kann Schulz' Frust nachvollziehen, weil dessen ohnehin unglückliche Kanzlerkandidatur an diesem Abend endgültig zum Scheitern verurteilt ist. Was Laschet indes nicht begreift: Wie konnte Schulz einen Journalisten so nah an sich heranlassen, dass dieser jeden Moment der Emotionalität, des Haderns und Zweifelns ungefiltert aufschreiben konnte? „Niemals" würde er so etwas zulassen, beteuert Laschet immer wieder im kleinen Kreis. Dafür kennt er sich und sein zuweilen ebenfalls impulsives Gemüt wohl zu gut.

Am 13. Juni 1999 ist Laschet zunächst einmal froh, überhaupt wieder als Berufspolitiker arbeiten zu können. Hätte es nicht geklappt mit dem Einzug ins Europaparlament, wäre seine Karriere mit 38 Jahren womöglich schon zu Ende gewesen. Ehefrau Susanne, die sich sonst lieber im Hintergrund hält, küsst zur Feier des Tages ihren Mann für die Kameras. Das Foto schafft es auf die lokale Titelseite der *Aachener Zeitung*. Und irgendwie bleibt der Aachener Europawahlkreis ja auch in der Familie. Laschets Vorgänger in Brüssel ist ja Kurt Malangré, der langjährige OB und Onkel von Susanne. Leichter gemacht hat es die Sache für Laschet nicht wirklich.

Als Malangré nach 20 Jahren nicht erneut für das Europaparlament kandidiert, entbrennt vielmehr in der Region Aachen ein heftiger parteiinterner Konkurrenzkampf um den frei gewordenen, aussichtsreichen Listenplatz. In den CDU-Gliederungen des Aachener Umlandes gibt es wachsende Begehrlichkeiten. Dass ausgerechnet der noch vergleichsweise junge Laschet nur wenige Monate nach seinem Aus im Bundestag schon wieder Anlauf Richtung Brüssel nimmt, sieht nicht jeder gern. Am Ende setzt er sich bei der Listenaufstellung dennoch durch – mit nur einer Stimme Vorsprung.

Malangré gehört seit 1979 als Mitglied des ersten direkt gewählten Europaparlaments zu den Pionieren der Brüsseler Demokratie. Er habe dort

Armin Laschet (l.) als
Kleinkind mit Mutter
Marcella und den
Brüdern Patrick (o. r.)
und Remo (u. r.) in
Aachen-Burtscheid
im Dezember 1967
Foto: privat

Armin Laschet als „Daktari" im Aachener Kinderkarneval 1969
Foto: privat

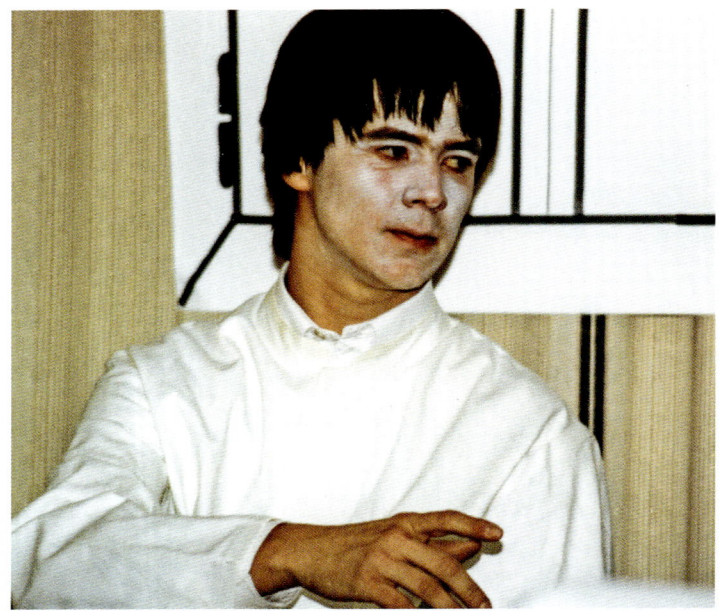

Als der Tod im Laientheaterstück „Der Totentanz" im Jahr 1981
Foto: privat

Armin Laschet bei der Abiturrede am Bischöflichen Pius-Gymnasium im Jahr 1981
Foto: privat

Armin Laschets Auftritt als Erstwähler mit dem CDU-Vorsitzenden Helmut Kohl und dem Abgeordneten Hans Stercken im September 1980 auf dem Katschhof in Aachen
Foto: privat

Armin Laschet mit dem israelischen Minister-präsidenten Shimon Peres an Ostern 1981
Foto: privat

Armin Laschet bei einer Rede beim CDU-Kreisparteitag im Jahr 1987
Foto: Michael Jaspers/Medienhaus Aachen

Armin Laschet im Wahlkampf in der damaligen
DDR in Naumburg im Mai 1990
Foto: privat

Als stellvertretender CDU-Kreisvorsit-
zender mit seinem Förderer Leo Frings
im Jahr 1989
Foto: Sepp Linckens/Medienhaus Aachen

Armin Laschet mit Bundestagspräsidentin Rita Süssmuth und Sohn Johannes im Jahr 1990
Foto: privat

Armin Laschet als Korrespondent in Bonn vor dem Deutschen Bundestag
Foto: privat

Armin Laschet bei einer Buchpräsentation mit Schwiegervater Heinz Malangré im Oktober 1991
Foto: Michael Jaspers/Medienhaus Aachen

Armin Laschet als Referent von Bundestagspräsidentin Rita Süssmuth am Flughafen in München
Foto: privat

Armin Laschet mit
seiner Frau Susanne
nach der erfolgrei-
chen Aufstellung als
Wahlkreis-Kandidat
im Jahr 1993
Foto: Michael Jaspers/
Medienhaus Aachen

Armin Laschet mit Susanne und den Kindern
Johannes, Eva und Julius als Baby im Juli
1994
Foto: Wolfgang Plitzner/Medienhaus Aachen

Sieg bei der Aufstellung zum CDU-
Bundestagswahlkreiskandidaten 1993
gegen Dieter Bischoff
Foto: Michael Jaspers/Medienhaus Aachen

Plakatserie aus dem Bundestagswahlkampf 1994 „Zuhören, entscheiden, handeln."
Foto: privat

Armin Laschet putzend bei der Wahlkreisaktion „Woche der Nachtarbeiter" im Juli 1994
Foto: Kurt Bauer/Medienhaus Aachen

Am Abend der Bundestagswahl 1994 mit Wahlkreis-Vorgänger Hans Stercken
Foto: Michael Jaspers/Medienhaus Aachen

Armin Laschet mit Bundeskanzler Helmut Kohl und dem Aachener Bundestagsabgeordneten
Hans Stercken mit einem Modell des Aachener Doms im April 1996
Foto: Achim Melde/Melde Press on-line Fotoagentur GmbH

Armin Laschet mit seinem Aachener Theaterkreis zu Besuch bei Christo im Berliner Reichstag 1995
Foto: Pilgram privat

Auftritt bei der Närrischen Ratssitzung 1997
in Aachen
Foto: Michael Jaspers/Medienhaus Aachen

Gemeinsamer Auftritt im Bundestagswahlkampf 1998 mit seiner damaligen Gegenkandidatin Ulla Schmidt (SPD) als „Nettchen
und Nöll" im Aachener Heimtheater Bühnenfreunde 1947
Foto: Medienhaus Aachen

Armin Laschet mit seinem Jugendfreund
Heribert Walz im gemeinsamen Italien-Urlaub
in Umbrien
Foto: Heribert Walz/privat

Armin Laschet als Familienvater mit Sohn
Johannes und Tochter Eva
Foto: privat

Armin Laschet mit US-Präsident Bill Clinton im Weißen Haus im Jahr 1997
Foto: Presse- und Informationsamt der Bundesregierung

Als Bundestagsabgeordneter an seinem
Schreibtisch im September 1998
Foto: Wolfgang Plitzner/Medienhaus Aachen

Armin Laschet vor seiner Haustür auf
dem Weg zur Arbeit im Juli 1999
Foto: Michael Jaspers/Medienhaus Aachen

Zuhause am Abend der Bundestagswahlnie-
derlage im September 1998
Foto: Michael Jaspers/Medienhaus Aachen

Als frischgewählter Europaabgeordneter
1999 im Plenarsaal in Straßburg
Foto: Bernd Büttgens/Medienhaus Aachen

Armin Laschet mit seinem Vorgänger als Aachener Europa-Abgeordneter Kurtz Malangré im
Jahr 1999
Foto: Andreas Schmitter/Medienhaus Aachen

Armin Laschet mit Angela Merkel, Friedrich Merz und Wolfgang Bosbach im Jahr 2001 bei der Feier der Jungen Gruppe der CDU/CSU-Bundestagsfraktion
Foto: Frank Ossenbrink

Niederlage bei der Wahl zum CDU-Kreisvorsitzenden in Aachen im November 1999 (mit Ehefrau Susanne)
Foto: Andreas Schmitter/Medienhaus Aachen

Armin Laschet und der Aachener CDU-Fraktionschef Rolf Einmahl am Wahlabend im Jahr 2004
Foto: Harald Krömer/Medienhaus Aachen

Armin Laschet und Cem Özdemirs Auftritt beim „Orden wider den tierischen Ernst" im Jahr 2005
Foto: Michael Jaspers/Medienhaus Aachen

Familienausflug der Laschets nach Kopenhaçen
im Juni 2009: Patrick, Marcella, Armin, Carsten,
Heinz und Remo Laschet (v.l.)
Foto: privat

Armin Laschet mit Peter Maffay beim
Jackentausch in Israel im Jahr 2008
Foto: privat

Armin Laschet als Oppositionsführer mit Angela Merkel auf seiner Büroterrasse im Düsseldorfer Landtag
Foto: privat

Besuch als Integrationsminister bei Familie Genc in Solingen
Foto: privat

Armin Laschet auf dem Festakt zum 80. Geburtstag von Norbert Blüm im September 2015 (v. l.): Eckhard Uhlenberg, Helmut Linssen, Armin Laschet, Axel Voss, Norbert Röttgen, Rita Süssmuth, Werner Schreiber, Norbert Blüm, Karl-Josef Laumann, Heiner Geißler, Bodo Löttgen, Peter Hintze, Herbert Reul
Foto: NRW-CDU

Armin Laschets ehemaliger Geschichtslehrer Karl Niederau vor einem Wahlplakat im Frühjahr 2017
Foto: Niederau privat

Armin Laschet mit Hannelore Kraft beim TV-Duell in den WDR-Studios in Köln-Ossendorf im Mai 2017
Foto: Herby Sachs/dpa Picture-Alliance

Armin Laschet bei einem Wahlkampfauftritt mit den Kindern Julius, Eva und Johannes sowie Ehefrau Susanne und Hermann Gröhe (v. l.)
Foto: privat

Armin Laschets Familie jubelt am Wahlabend im Mai 2017 in der CDU-Parteizentrale: Bruder Carsten, die Söhne Julius und Johannes, Bruder Remo, Vater Heinz und Tochter Eva
Foto: Kay Nietfeld/dpa Picture-Alliance

Bundeskanzlerin Angela Merkel zu Besuch in Armin Laschets Heimatkirche St. Michael im Mai 2017 (mit Monsignore Heribert August)
Foto: Ralph Sondermann

Armin Laschet bei der Unterzeichnung des schwarz-gelben Koalitionsvertrages mit dem FDP-Vorsitzenden Christian Lindner vor Düsseldorfer Landtag im Juni 2017
Foto: Federico Gambarini/dpa Picture-Alliance

Tagung des NRW-Kabinetts im Landeshaus im November 2017 (v. l.): Peter Biesenbach, Karl-Josef Laumann, Herbert Reul, Lutz Lienenkämper, Yvonne Gebauer, Ina Scharrenbach, Hendrik Wüst, Klaus Kaiser, Christina Schulze Föcking, Armin Laschet, Nathanael Liminski, Stephan Holthoff-Pförtner, Isabell Pfeiffer-Poensgen

Foto: Ralph Sondermann/Staatskanzlei

Armin Laschet mit Bundespräsident Frank-Walter Steinmeier beim Antrittsbesuch in Nordrhein-Westfalen und Katrin Kohl, Nathanael Liminski, Klaus Kaiser und Isabel Pfeiffer-Poensgen (v. l.) im März 2018

Foto: Ralph Sondermann

Armin Laschet mit Nathanael Liminski auf einem Flur der NRW-Staatskanzlei

Foto: Ralph Sondermann

Armin Laschet während seiner Rede bei
einem öffentlichen Waldspaziergang im
rheinischen Braunkohle-Revier in Erkelenz-
Keyenberg im November 2018
Foto: Socrates Tassos/FUNKE Foto Services

Armin Laschet bei der Ausfahrt des ersten
e.Go-Modells in Aachen im Mai 2019
Foto: Roberto Pfeil/dpa Picture-Alliance

Armin Laschet bei der Grubenfahrt auf Prosper Haniel in Bottrop mit Vater Heinz und Nail
Celen, Vater von Integrationsstaatssekretärin Serap Güler im Jahr 2018
Foto: Lars Heidrich/FUNKE Foto Services

Armin Laschet mit seinen Vorgängern Jürgen Rüttgers, Peer Steinbrück, Hannelore Kraft und Wolfgang Clement (v. l.) im Frühjahr 2018 zum 70. Gründungstag des Staates Israel
Foto: Ralph Sondermann

Ministerpräsident Laschet empfängt deutschen und russischen Außenminister im Juli 2018 auf dem Petersberg (mit Ronald Pofalla)
Foto: Uta Wagner/Staatskanzlei

Armin Laschet mit den Kandidaten für den CDU-Parteivorsitz, Bundesgesundheitsminister Jens Spahn und Friedrich Merz, im November 2018
Foto: Federico Gambarini/dpa Picture-Alliance

Armin Laschet mit Bundeskanz-
lerin Angela Merkel und Frank-
reichs Staatspräsidenten
Emanuel Macron nach der
Unterzeichnung des Aachener
Vertrages am 22. Januar 2019
Foto: privat

Ministerpräsident Armin Laschet
in der Staatskanzlei mit typischer Handhaltung (im Hintergrund die Büste Karl des Großen
sowie der Holztisch, auf dem der
Aachener Vertrag im Januar
2019 unterzeichnet wurde)
Foto: Ralf Rottmann/FUNKE Foto Services

Überreichung des Internationalen Karlspreises zu Aachen an Antonio Guterres durch
Oberbürgermeister Marcel Philipp und Jürgen Linden im Mai 2019
Foto: Mark Hermenau/Land NRW

Ministerpräsident Armin Laschet empfängt Ursula von der Leyen, die designierte
Präsidentin der Europäischen Kommission, im Juli 2019 in Aachen.
Foto: Uta Wagner/Land NRW

Armin Laschet in der Holocaust-Gedenkstätte Yad Vashem im Februar 2020
Foto: Ilia Yefimovich/dpa Picture-Alliance

Ministerpräsident Armin Laschet und Verkehrsminister Hendrik Wüst (r.) wandern
im September 2019 im Hochsauerlandkreis. Im Hintergrund Nathanael Liminski und
der stellvertretende Ministerpräsident Joachim Stamp (v. l.)
Foto: André Hirtz/FUNKE Foto Services

Karikatur nach der Entscheidung um die Kandidatur für den CDU-Parteivorsitz im Februar 2020
Zeichnung: Heiko Sakurai

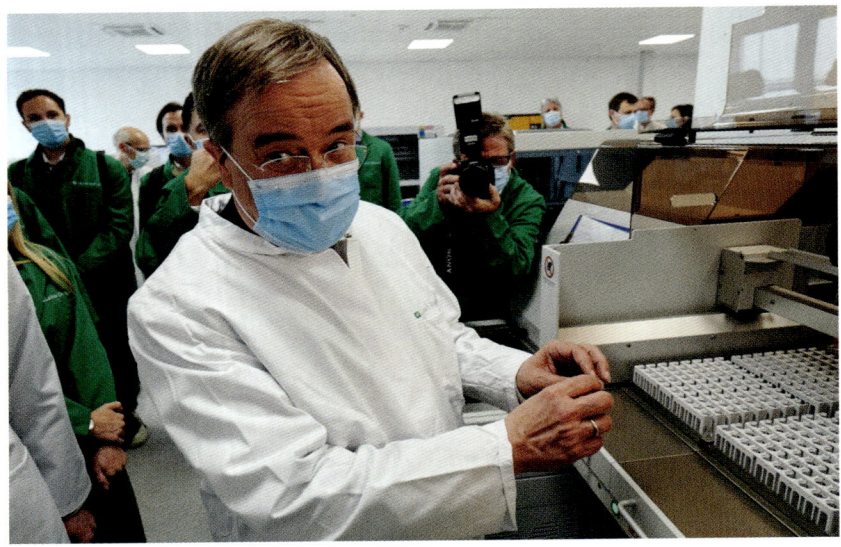

Armin Laschet besucht ein Testlabor während der Corona-Krise im Juni 2020.
Foto: Henning Kaiser/dpa Picture-Alliance

„seine aus der Erfahrung seiner Stadt am Drei-Länder-Eck gewonnene zutiefst europäische Haltung" umsetzen können in eine Politik der offenen Grenzen, für den Binnenmarkt und für die gemeinsame Währung, schreibt Laschet 2018 nach dem Tode Malangrés im Alter von 84 Jahren im offiziellen Nachruf der NRW-CDU.

Aachen und die „zutiefst europäische Haltung" klingen untrennbar. Es wirkt wie eine Verpflichtung, die auch Laschet nie in Zweifel zieht. „Aachen steht für Europa. Das fällt mir in dieser Deutlichkeit nicht bei vielen Städten ein", sagt Laschets Freund Hermann Gröhe. „Sicher, man kann sagen, Hamburg steht für den Welthandel. Aber es gibt eben nicht viele Städte, bei denen ein ganzes Gemeinwesen für eine programmatische Ansage steht", findet Gröhe. Für die Europastadt Aachen sei Laschet „nun wirklich eine herausragende Persönlichkeit". Auch der Politikwissenschaftler Karl-Rudolf Korte von der *Universität Duisburg/Essen,* der seit Jahren für das *ZDF* die politischen Persönlichkeiten des Landes analysiert, glaubt: „Europa muss Laschet niemand erklären. Diese Prägung ist authentisch, und dafür haben die Menschen ein sehr feines Gespür."

Mehrmals in seiner Karriere wird Laschet für offene Grenzen streiten. In der Flüchtlingskrise 2015, als sich ein Großteil der Union und weite Teile der Bevölkerung gegen den wochenlang hingenommenen Kontrollverlust an der deutschen Staatsgrenze wenden, argumentiert er energisch gegen eine neue Schlagbaum-Politik im vereinten Europa. Laschet fürchtet, dass die Abkehr von „Schengen", dem System des grenzenlosen Personen- und Warenverkehrs in der EU, kaum praktikabel und zugleich der Anfang vom Ende des geeinten Europas wäre.

Und auch in der Corona-Krise 2020 widersetzt er sich Forderungen nach Grenzschließungen, um die Ausbreitung des Virus einzudämmen. Während sein bayerischer Amtskollege Söder als kantiger Krisenmanager rasch Kontrollen an den Übergängen nach Österreich für „unverzichtbar" erklärt, will Laschet das grenzüberschreitende Zusammenleben im Drei-Länder-Eck bei Aachen keinesfalls dem Corona-Virus opfern. Es geht ihm um die vielen Grenzpendler, um Lieferketten, vor allem aber um ein europäisches Lebensgefühl. Man arbeite wechselseitig im anderen Land, kaufe dort ein, die Feuerwehren helfen einander. Es spielt hier keine Rolle, ob man Deutscher, Niederländer oder Belgier ist.

Als die Bundesregierung im April 2020 nach tagelangen Verhandlungen entscheidet, die West-Grenzen zu Belgien und den Niederlanden trotz der umfangreichen Kontaktverbote nicht zu schließen, lässt sich Laschet sofort an den Ortseingang der niederländischen Gemeinde Vaals fahren. Als Ministerpräsident stellt er sich dort auf eine Verkehrsinsel und ruft gegen den Lärm vorbeifahrender Autos in die Kamera: „Der Kampf hat sich gelohnt, die Grenzen bleiben offen." Die Menschen in der „Euregio" lebten über Grenzen hinweg zusammen. Der Ministerpräsident gestikuliert mit der linken Hand: „Das Krankenhaus ist einen Kilometer von hier entfernt."

Verstehen lässt sich Laschets Emotionalität beim Thema Grenzen wohl nur vor dem Hintergrund seiner Aachener Jugendjahre. Als Kind ist er mit seinen Brüdern im Sommer hinüber in die Niederlande geradelt, zum Freibad Vaals-Simpelveld. Wenn die Laschet-Jungen mit den Eltern am Wochenende die grüne Grenze entlang spazierten, machten sie sich einen Spaß daraus zu raten, ob sie noch in Deutschland seien oder schon in Belgien. So etwas streift man nicht aus parteipolitischer Opportunität ab, selbst wenn Jahrzehnte später der vermeintlich sichere Rückzug in den Nationalstaat den Nerv mancher Wähler zu treffen scheint. Immer wieder finden sich Interview-Aussagen, in denen Laschet darauf Bezug nimmt: „Ich denke oft, wie gut wir es haben, dass wir heute so unkompliziert von einem Ort zum anderen reisen können. Diese Freizügigkeit und Offenheit ist ein Privileg", sagt er dann, „das war vor gar nicht langer Zeit noch ganz anders, und das vergessen wir viel zu oft. Freies Reisen war lange keine Selbstverständlichkeit."

Zehn Tage nach der Europawahl 1999 reist Laschet erstmals zu einem Treffen der deutschen Gruppe innerhalb der EVP-Fraktion nach Brüssel. Er unterbricht dafür den Familienurlaub, den er gerade erst angetreten hat. Die Kinder sind noch klein, der Wahlkampf war intensiv und er kaum zu Hause. Doch auf EU-Ebene muss Laschet sich in diesem Sommer schnell zurechtfinden. Einer der ersten Wege führt ihn zu Oliver Dreute. Der heutige EU-Kommissionsbeamte arbeitet damals für die EVP-Fraktion. Kurt Malangré schätzt Dreute aus jahrelanger Zusammenarbeit, nicht nur, weil beide eine Leidenschaft für die berühmten Brüsseler Flohmärkte teilen. Auf der *Place du Jeu de Balle* etwa finden Sammler und Antiquitäten-Jäger ein wahres Paradies. Malangré hat sein Büro über die Jahre vollgestopft mit den Ergebnissen seiner Beutezüge. Als der Aachener Alt-OB seine politische Karriere beendet und sich aus Brüssel verabschiedet, rät er Laschet, sich den europäischen Betrieb am besten von Dreute erklären zu lassen.

„Laschet ist ein kontaktfreudiger Mensch und hat sich in Brüssel schnell ein verlässliches Netzwerk aufgebaut. Es war ziemlich schnell klar, dass er seinen Weg gehen will und gehen wird", erinnert sich Dreute an dessen erste Momente auf EU-Ebene. Die eigene Rolle beim Türöffnen will der erfahrene Kommissionsbeamte nicht überhöhen. Sie hätten sich seinerzeit bloß über verlässliche Informationsquellen und das Institutionengeflecht ausgetauscht.

Dass Laschet über seine Frau Susanne verwandt war mit Malangré, habe er erst viel später beiläufig erfahren, sagt Dreute. Von einer Mentorenschaft Malangrés oder einem familiären Startvorteil durch Susannes Onkel sei nichts zu spüren gewesen. Laschet habe sich in Brüssel schon selbst durchbeißen müssen. „Man fängt bei null an", bekennt Laschet 2001 in dem *Deutschlandfunk*-Radiofeature „Aus dem Leben eines Europaabgeordneten" der Journalistin Christiane Feller. Man müsse „mit Institutionenkunde beginnen, wenn man hier startet", sagt er da. Laschet notiert sich heimlich Abkürzungen, um später zu fragen, was sie bedeuten. Er wolle nicht zeigen, „dass man nichtsahnend ist". Feller gegenüber macht er aus der anfänglichen Orientierungslosigkeit in Europa keinen Hehl: „Man sitzt in den ersten zwei, drei Sitzungen und versteht gar nichts."

Laschet besinnt sich in Brüssel und Straßburg auf eine Methode, der er auf allen Stationen seiner Politiker-Laufbahn treu bleibt: Er sucht sich Leute, die er fragen kann. Wenn es vom SPD-Kanzler Gerhard Schröder hieß, er sei der „auditive Typ" und eine Regierungsvorlage für ihn dürfe nie länger als eine DIN A4-Seite sein, dann gilt das für Laschet in abgewandelter Form. Er erschließt sich Themen über Personen, saugt Wissen aus Anekdoten und Begebenheiten, die ihn interessieren, oft sogar berühren.

Laschet stürzt sich sofort in die Außen- und Sicherheitspolitik und in den Haushaltsausschuss. Seine langjährige Mitarbeiterin Carmen Nowak, die heute Preising heißt und in der EU-Kommission mittlerweile den einflussreichen Posten einer Kabinettschefin bekleidet, gehört in den ersten Jahren zu seinen wichtigsten Stützen. Nowak hat für Laschet schon im Bundestag gearbeitet, stammt aus Rumänien und spricht sechs Sprachen. Sie arbeiten zusammen in zwei kleinen Büros im 15. Stock des Europaparlaments.

Nowak versucht, eine Struktur in Laschets notorisch überfüllten Kalender zu bekommen. Er spult wöchentlich 2500 Kilometer zwischen Brüssel, Berlin und Aachen ab. Laschet muss sich in den EU-Betrieb einarbeiten, will Besuchergruppen aus seinem Wahlkreis gerecht werden und ist nebenher Koordinator der CDU-Abgeordneten aus Bundestag und Europaparlament. Regelmäßig muss er montags im Adenauer-Haus einen „Bericht aus Brüssel" erstatten. Es ist alles eigentlich viel zu viel, eine regelrechte Terminhatz. Immer wieder fragt Laschet aber zwischendurch Nowak in Büro-Plaudereien nach ihrer Heimat Rumänien aus, nach der EU-Beitrittsperspektive, der Geschichte des Landes und der Mentalität der Menschen. Aus solchen scheinbar nebensächlichen Gesprächen zieht Laschet Erkenntnisse, die er manchmal Jahre später aus irgendwelchen verborgenen Winkeln seines Gedächtnisses hervorkramt.

Es werden immer neue Projekte entwickelt, die vor allem Nowak stemmen muss. Im Jahr 2000 gibt Laschet gemeinsam mit dem CDU-Außenpolitiker Friedbert Pflüger das ambitionierte Buch „Amerika und Europa" heraus, eine Bestandsaufnahme jüngerer Außenexperten der Union zu den „euro-atlantischen Beziehungen". Anlass ist die *Karlspreis*-Verleihung an US-Präsident Bill Clinton. Im Vorwort findet Nowak ausdrücklich Laschets lobende Erwähnung.

„Armin Laschet zeichnet eine Neugierde für Menschen aus, die echt ist. Er fragt viel und kann sich bemerkenswert viele Dinge merken, weil sie ihn wirklich interessieren", hat Natalia Köhler beobachtet. Die heute 43-Jährige lernt Laschet Ende der 90er Jahre kennen. Damals hieß sie noch Fedossenko und versuchte gerade, sich bei Verwandten in Aachen ein neues Leben aufzubauen. Sie stammt aus Tadschikistan und hat in Russland gelebt. Sie spricht zunächst nur gebrochen Deutsch, verfügt jedoch über politischen Instinkt und einen starken Willen. Sie kämpft sich durch ein Studium der Politikwissenschaften an der bekannten *RWTH*. Etwa zeitgleich nimmt dort Laschet eine Tätigkeit als Lehrbeauftragter auf. Er doziert zu Fragen praktischer Politik und des europäischen Einigungsprozesses, bringt die Studierenden mit Entscheidungsträgern zusammen und organisiert Exkursionen in den parlamentarischen Betrieb. Als Laschet im Jahr 2003 eine neue Büroleiterin in Brüssel sucht, fragt er Natalia Köhler, ob sie sich das vorstellen könne.

Sie werden ein Gespann, das sieben Jahre lang eng zusammenarbeitet. Köhler begleitet Laschet auch 2005 nach Düsseldorf, als er zum Landesminister berufen wird. Noch heute erinnern sich in NRW verschiedene Ministerialbeamte daran, dass Köhler d i e Schlüsselfigur des gesamten Apparats gewesen sei und keine Vorlage Laschet erreichen durfte, ohne vorher durch ihre Hände gegangen zu sein. Ihm sei es wichtig, jemanden im Büro zu haben, „der genau weiß, was ich denke", skizziert Laschet einmal sein Chef-Mitarbeiter-Modell. Blindes Vertrauen, flache Hierarchie, unbedingte Loyalität – so wird Laschet sein engstes Umfeld noch häufiger organisieren.

Lange bevor das Wort „Echokammer" überhaupt Einzug in die Politik hält, hat sich Laschet eine solche schon im realen Arbeitsalltag geschaffen: Er braucht stets einen kleinen Kreis, in dem er sich sortieren, in dem er gefahrlos fragen und Thesen schärfen kann, in dem er lachen und laut denken darf, der ihm intellektuelle und persönliche Behaglichkeit verschafft. Es fällt auf, dass Laschet sich dabei immer wieder enge Mitarbeiter sucht, deren Lebenslauf und Zeugnisse beeindruckender sind als die eigenen: die vielsprachige Elite-Europäerin Preising, den ehrgeizigen Manager-Typus Köhler, später die vom türkischstämmigen Arbeiterkind zur Staatssekretärin aufgestiegene Serap Güler und das mit Einser-Abschlüssen ausgestattete *Wunderkind* Nathanael Liminski als jüngsten Staatskanzlei-Chef Deutschlands.

Während viele Politiker zumindest rhetorisch noch ein Gefälle zwischen Chef und Mitarbeitern aufrecht erhalten wollen wie etwa Alt-Kanzler Schröder, der seinen ewigen Majordomus Frank-Walter Steinmeier gegenüber Journalisten „meinen Mach-mal" nannte, sind Laschet solche Herrschaftsgesten eher fremd. So sonderbar es klingt: Zu einigen wenigen Untergebenen scheint er vielmehr gerne aufzuschauen.

Natalia Köhler sitzt Anfang 2020 in einem Café am Düsseldorfer Carlsplatz und badet sorgfältig Teeblätter mit dem Löffel in ihrem Glas.

„Laschet hat einen nie die Chefrolle spüren lassen. Man fühlte sich vom ersten Tag an ernst genommen", erzählt sie. Draußen regnet es in Strömen. Köhler opfert ihre Mittagspause für ein Gespräch über ihren alten Chef. Sie arbeitet nun schon seit zehn Jahren nicht mehr für Laschet und hat sich längst eine eigene Karriere aufgebaut. Sie ist Kommunikationschefin eines Düsseldorfer Unternehmens. Mit Laschet, dem Ministerpräsidenten, tauscht sie hin und wieder heute noch Textnachrichten. Immer wenn beide ein Zitat, ein Foto oder eine Begebenheit an alte Zeiten erinnert. Irgendwie klingt es mehr nach Freundschaft als nach Arbeitsverhältnis. Köhler denkt belustigt zurück an lange Autofahrten, auf denen Laschet vom irrigen Ehrgeiz erfüllt war, möglichst viele Päpste rückwärts aufzählen zu können. Oder er ließ sich von ihr, der gebürtigen Osteuropäerin, die postsowjetische Landschaft erklären. Laschets Pensum, diese nicht enden wollenden, völlig überbuchten Tage, muss man freilich als Mitarbeiter mitgehen wollen.

„Das ist hier Beamtenlicht", sagt Laschet zur Journalistin Feller, als er ihr im Jahr 2001 sein Abgeordneten-Büro im Europaparlament zeigt. Um Energie zu sparen, sind in den EU-Gebäuden schon früh Bewegungssensoren installiert worden. Wenn man sich länger nicht bewegt, geht das Licht automatisch aus. Laschets Büro ist oft bis in die Nacht beleuchtet. Er gehört wie so viele Spitzenpolitiker zu den Menschen, die das Wort „Feierabend" nur widerwillig buchstabieren, oft kein Ende finden und Schlaf für überbewertet halten. In verschiedenen Interviews wird Laschet später immer wieder kleine Einblicke gewähren, wie er nach einem Tag voller Termine, Eindrücke und Dauer-Kommunikation nur schwer „runterkommen" kann.

Laschet und Köhler werden in Brüssel häufig zusammen in angesagten Restaurants in der Rue Stevin oder bei Empfängen gesehen. Sie kreuzen mit seinem großen silbernen *BMW*, den Lästermäuler in der EVP-Fraktion gern als „Staatslimousine des kleinen Mannes" verspotten, gemeinsam durchs EU-Viertel. Autos sind in Brüssel ein wichtiges Statussymbol. Bedeutung bemisst sich auch daran, wie man sich fortbewegt. Ob mit Chauffeur oder zumindest mit „CD"-Diplomatenaufkleber auf der Heckklappe. Laschet und Köhler, mittelalter Abgeordneter und junge Mitarbeiterin – das gibt in der EVP, der Partei vieler alter Männer, fast automatisch Gerede.

„Es wird bei uns auch viel Scheiß erzählt, wenn der Tag lang ist", schimpft einer, der lange mit Laschet zusammengearbeitet hat. „Der Armin" habe sich jedenfalls nie um das Geschwätz geschert.

Auf dem Feld der Außenpolitik kann sich Laschet in Brüssel überraschend schnell profilieren. Es hilft ihm, dass er kein Neuling in dem Themengebiet ist und schon zuvor in Bonn dieses Feld beackert hat. Auch Jahrzehnte später – im Kampf um den CDU-Parteivorsitz im Jahr 2020 – muss Laschet lächeln, wenn die Sprache auf seinen Konkurrenten Norbert Röttgen kommt, der als Vorsitzender des Auswärtigen Ausschusses als der große Außenpolitiker dargestellt wird. Denn: Als Laschet in den gemeinsamen Bonner Jahren an außenpolitischen Thesen für ein Buchprojekt arbeitet, sitzt Röttgen im benachbarten Bundestagsbüro und schreibt an seiner juristischen Dissertation. „Er hat jedem klar gemacht, dass er Europa immer schon als seine große Berufung empfunden hat", erinnert sich der EU-Kommissionsbeamte Dreute an Laschets Brüsseler Beginn.

Als prägende Figur seiner frühen außenpolitischen Sozialisation gilt Laschets väterlicher Freund Hans Stercken. Der ist in Bonn ab 1985 Vorsitzender des Auswärtigen Ausschusses und damit in einer historischen Phase der Neuordnung der Welt im engsten Kreise derjenigen, „die auf parlamentarischer Ebene seit Jahren die Umbrüche mitbewältigen", wie Laschet und Peter Pappert im August 1993 im Vorwort einer Festschrift anlässlich des 70. Geburtstages Sterckens festhalten. Die Autoren loben dessen „ausgleichende und ausgeglichene" Art sowie die nie ermüdende Leidenschaft, „Menschen zusammenzubringen". Stercken ruft später die Jüngeren immer wieder dazu auf, „über den Tellerrand" zu schauen und Respekt für fremde Kulturen zu entwickeln.

Laschet brennen sich solche Sätze ein. Ebenso Sterckens Engagement für die deutsch-französische Freundschaft und seine unbedingte Loyalität zu Israel. Auf die Frage nach der prägenden Persönlichkeit für seine gesamte politische Karriere macht Laschet Jahrzehnte später eine lange Denkpause. „Gelernt, wie man als Abgeordneter arbeitet, habe ich bei Hans Stercken", sagt er schließlich. „Stercken war das Handwerk: Wie macht man das? Was ist eine Wiedervorlage? Dass Schriftform etwas Wichtiges ist und man manchmal einfach etwas aufschreiben muss."

Schon als Laschet 1994 in den Bundestag gewählt wird, hat es ihn gleich ebenfalls in den prestigeträchtigen Auswärtigen Ausschuss gezogen. Der langjährige CDU-Bundestagsabgeordnete Hans Peter Schmitz aus Baesweiler in der Aachener Nachbarschaft, der damals als NRW-Landesgruppenvorsitzender eine Schlüsselrolle bei der Bonner Postenverteilung hat, muss dem Novizen Laschet den Zahn erst einmal ziehen: „Nachdem er mir seine Ambitionen dargelegt hatte, musste ich ihm sagen, dass sich Neulinge erst einmal hinten anstellen müssen", sagt Schmitz, „wir haben dann überlegt, wie er sein außenpolitisches Interesse einbringen kann, und dann ist er in den EU-Ausschuss gekommen." Außerdem hat es ihm die Entwicklungshilfe angetan. Seine Jungfernrede im Bundestag hält Laschet zum „Lateinamerika-Konzept" der Bundesregierung. Auf der Besuchertribüne des Plenarsaals fiebert Ehefrau Susanne mit. Als Laschet nach seinem leidenschaftlichen Auftritt das Plenum verlässt, empfangen einige Botschafter lateinamerikanischer Staaten den Novizen in der Bundestagslobby mit freundlichem Applaus.

Nur vor dem Hintergrund dieser persönlichen Prägung sind außenpolitische Gesten und Symbole zu verstehen, die Jahrzehnte später auch Laschets Amtszeit als Ministerpräsident durchziehen. Vor allem Israel wird zum politischen Lebensthema, seit Laschet kurz nach dem Abitur mit einer Pilgergruppe ins gelobte Land gereist ist. Damals noch per Bus. Auf die Frage nach seiner ersten Flugreise antwortet er: „Ich glaube, als Jugendlicher mit meinen Eltern nach Israel." Fragt man nach seiner schönsten Reise, lautet die Antwort ebenfalls: „Immer nach Israel."

Kurz nach seiner Wahl zum Ministerpräsidenten 2018 besitzt er den Ehrgeiz, alle seine noch lebenden Amtsvorgänger zu Ehren des 70. Jahrestages der Staatsgründung Israels in Düsseldorf zu versammeln. Alle hätten ja an den intensiven Beziehungen Nordrhein-Westfalens zu Israel mitgearbeitet, begründet er die Einladung zum überparteilichen Treffen. Tatsächlich folgt ihr neben Wolfgang Clement, Peer Steinbrück, Jürgen Rüttgers und der Witwe Johannes Raus auch Hannelore Kraft. Die hat sich seit ihrer überraschenden Abwahl wenige Monate zuvor eigentlich aus der Öffentlichkeit weitgehend zurückgezogen und legt wenig Wert auf solche Repräsentationstermine. Laschet strahlt auf dem Gruppenfoto wie ein Familienvater, dem das Kunststück gelungen ist, zu Weihnachten selbst die widerspenstigen Verwandten um den Baum versammelt zu haben.

Als Laschet im Herbst 2018 zum ersten Mal als Ministerpräsident nach Israel reist, wirkt er nach dem Besuch der Holocaust-Gedenkstätte *Yad Vashem* in Jerusalem regelrecht körperlich geschafft. Seine Wangen sind gerötet, die Augen glasig, als er das beklemmende *Children's Memorial* hinter sich lässt, die letzte Halle zu Ehren der ermordeten Kinder. Zum Abschluss schreibt Laschet Verse von Heinrich Heine ins Gästebuch und fügt hinzu: „Erinnerung mahnt. Verantwortung bleibt. Zukunft schafft Hoffnung." Zu Hause haken sich da gerade einige von Umfragewerten verwöhnte AfD-Politiker in Chemnitz auf offener Straße bei behördenbekannten Neonazis unter. So etwas macht Laschet Angst.

Das Europa-Mandat bedeutet für Laschet einen Spagat. Selbst im Drei-Länder-Eck rund um Aachen hegen viele die Erwartung an ihren Abgeordneten, dass er sich vor allem für eine Eindämmung der als immer überbordender empfundenen EU-Bürokratie einsetzen möge. Vor allem die mittelständische Wirtschaft klagt über eine teure und oft lebensfremde Regulierungswut in Brüssel. Der Aachener Bäcker und Konditor Johannes Schumacher, der als Delegierter des CDU-Wirtschaftsflügels 1999 maßgeblich an Laschets Nominierung für die NRW-Landesliste zur Europawahl beteiligt ist, erinnert die Stimmungslage so: „Damals hatten wir die Hoffnung, dass man die Brüsseler Bürokratie in den Griff bekommt und zu vernünftigen Lösungen kommt, wenn man sich drum kümmert. Dafür stand für mich Armin Laschet."

Die bis heute gerade im Aachener Grenzgebiet vorherrschende Sorge gilt einer nationalen Ungleichbehandlung im EU-Konzert. In Brüssel würden Richtlinien verabschiedet, die man in den Niederlanden zur Kenntnis nehme und in Belgien belächele, während Deutschland eine Umsetzung „zu 180 Prozent" verlange, lautet das Klischee. Bei vielen Bürgern herrscht in dieser Phase zudem Unsicherheit vor, weil der Abschied von der D-Mark näher rückt und ab 2002 dann Euro-Scheine in jedem Portmonee sein sollen.

Laschet erliegt dennoch nie der Versuchung, sich als EU- oder Euro-Skeptiker zu profilieren. Schon als Bundestagsabgeordneter bezieht er 1996 in der Unionsfraktion vielmehr eher unpopuläre Positionen. Während viele Kollegen damals fürchten, die „starke Mark" werde wegen unsicherer Kantonisten in Südeuropa durch einen „schwachen Euro" ersetzt, wirft sich Laschet als „Italien-Berichterstatter" der CDU/CSU-Bundestagsfraktion für die Freunde in Rom in die Bresche. „Die EU kann auf Italien und die Europabegeisterung seiner Bürger nicht verzichten", schreibt der noch weithin unbekannte Bonner Hinterbänkler in einem Leserbrief an die *Welt am Sonntag*. Er rechnet die niedrigste Inflationsrate Italiens seit 27 Jahren und die geplante Halbierung des Römer Haushaltsdefizits vor.

Im Frühjahr 1997 veröffentlicht Laschet mit seinem Trierer Fraktionskollegen Franz Peter Basten ein Neun-Punkte-Papier, um im Entscheidungsprozess über die Einführung des Euro ein flammendes Plädoyer für die Gemeinschaftswährung abzugeben. „Wahlen gewinnt man mit überzeugenden Argumenten und Konzepten, nicht aber mit Komma-Diskussionen", halten die beiden Autoren all jenen in der Union entgegen, die sich aus Sorge vor einer späteren europäischen Staatsschulden-Krise an einem strengen Drei-Prozent-Defizit für die Staatshaushalte im Euro-Regelwerk festbeißen.

Laschet und Basten fordern, den von Bundeskanzler Kohl und Finanzminister Theo Waigel geebneten Weg der Währungsunion „entschlossen und konsequent weiter zu verfolgen". Der Euro ist für den jungen Aachener Bundestagsabgeordneten „die Krönung der wirtschaftlichen Integration, die wiederum die Startrampe für jene politische Union ist, die wir als CDU und CSU immer gewollt haben". Auch später wird sich Laschet immer wieder über Bedenkenträger in der eigenen Partei ärgern, die in der Europapolitik „auf Pepita Schach spielen" wollten, wie er es nennt.

Trotz der unterschiedlichen politischen Gewichtsklassen arbeitet sich Laschet in den neunziger Jahren öffentlich immer wieder am bayerischen Ministerpräsidenten Edmund Stoiber (CSU) ab, der unbeirrt auf Währungsstabilität pocht. „Mit seinen ständigen Angriffen gegen den Euro verfolgt Stoiber nur ein Ziel, nämlich die Demontage des CSU-Vorsitzenden Waigel", keilt er. In einem Interview im Sommer 1997 mit dem *Express*, das die heutige Berliner Büroleiterin der Wochenzeitung *Die Zeit*, Tina Hildebrandt, führt, droht Laschet dem Münchner Regierungschef sogar: „Wenn er nicht aufhört, eine Verschiebung des Euro herbeizureden, kriegt er Krach mit der CDU. Sein erklärtes Ziel, von der Politik Konrad Adenauers abzuweichen, nehmen wir nicht hin."

Ein Gastbeitrag Laschets in der *Zeit* im Herbst 1997 bewegt sich sogar haarscharf am Rande der Beleidigung: Stoibers Polemiken gegen einen europäischen Bundesstaat zeigten „den beschränkten Radius des Denkens in der bayerischen Staatskanzlei". Laschet weiß zwar, dass auch die Menschen in Nordrhein-Westfalen „eine stärkere emotionale Bindung an ihre D-Mark" haben als andere Europäer an ihr Geld, aber er will Ängste nehmen und erklärt mantra-artig: „Der Euro wird eine grundsolide Währung."

Schon in seinen Bonner Zeiten redet Laschet auch einer raschen NATO-Osterweiterung das Wort. Selbst da scheut der Bundestagsneuling keine großen Gegner, was die Frage aufwirft, wann eine feste Überzeugung in latente Selbstüberschätzung überzugehen droht. Die von US-Präsident Bill Clinton auf die lange Bank geschobene Öffnung des Verteidigungsbündnisses für Slowenien etwa geißelt Laschet in Namensbeiträgen in Zeitungen als „politisch falsch". Nach dem Zerfall des früheren Jugoslawien fordert er eine Beitrittsperspektive für alle Staaten, die sich zu den NATO-Werten bekennen.

Früh hat Laschet auch die Nische der Entwicklungspolitik als Themenfeld entdeckt, das er für unterbewertet hält. Dass sich in Bonn Mitte der 90er Jahre zwölf verschiedene Ressorts mit den sogenannten Entwicklungsländern befassen, hält er für grob fahrlässig. Es gehe um nicht weniger als „globale Zukunftssicherung", schreibt Laschet 1997 in einem Thesenpapier und reißt erstaunlich präzise bereits Probleme an, die Deutschland Jahrzehnte später tatsächlich bitter einholen werden: „Wanderungsbewegungen" oder die „Ausbreitung von übertragbaren Krankheiten".

Als Laschet 2005 in der Regierung von Ministerpräsident Jürgen Rüttgers Landesminister für das bunt gemischte Ressort „Generationen, Frauen, Familie und Integration" wird, bittet er noch um die Zuständigkeit für den auf Landesebene sehr kleinen Bereich der Entwicklungszusammenarbeit. Natalia Köhler weiß noch, dass Laschets Interesse an diesem Referat in Düsseldorf als exotisch galt: „Das hat keiner so richtig verstanden, warum er sich ausgerechnet dafür interessiert." Normalerweise wird beim Ressortzuschnitt um ganz andere Verantwortlichkeiten gefeilscht.

Dass Laschet in internationalen Zusammenhängen denkt, kommt für Rütt-gers indes nicht überraschend. Einige Monate vor der Landtagswahl 2005 nimmt er als Düsseldorfer Oppositionsführer den Europaabgeordneten Laschet bereits mit zu Gesprächen nach Moskau, in denen ein engerer Aus-tausch Nordrhein-Westfalens mit Russland erreicht werden soll. Trotz sei-ner transatlantischen Prägung gehört Laschet seit Jahrzehnten zu den Kräften in der Union, die den Gesprächsfaden nach Moskau nie abreißen lassen wollen. Später wird er dafür intern als „Putin-Versteher" kritisiert. Doch Laschets Überzeugung bleibt: „Keinen der großen Konflikte in der Welt bekommt man ohne Russland gelöst."

Als NRW-Ministerpräsident bugsiert er sich mit seiner Haltung gegen-über Moskau gelegentlich ins Abseits. „Affäre um vergifteten Ex-Spion aus Russland: NRW-Ministerpräsident Armin Laschet irritiert mit Tweet", schreibt das Online-Portal *Der Westen* im April 2018. Der Hintergrund: Laschet hat sich mit einem *Twitter*-Post in die Debatte um die Vergiftung des russischen Ex-Spions Sergej Skripal und dessen Tochter in Großbritan-nien eingeschaltet. „Wenn man fast alle NATO-Staaten zur Solidarität zwingt, sollte man dann nicht sichere Belege haben? Man kann zu Russ-land stehen wie man will, aber ich habe im Studium des Völkerrechts einen anderen Umgang der Staaten gelernt", schreibt Laschet da. Eine Attacke auf den NATO-Partner Großbritannien, der Russland für den Anschlag verantwortlich macht und auch ohne stichfeste Beweise Sanktionen ver-hängen will.

Laschets Jahre als EU-Abgeordneter fallen in eine Phase der Zeitenwende deutscher Europapolitik. Helmut Kohl ist Geschichte, und mit Kanzler Gerhard Schröder zieht ein neuer Ton ein. Dessen Vorwurf an die EU-Kom-mission, dort werde „das gute deutsche Geld verbraten", sorgt in Brüssel für Verunsicherung. Will Deutschland nicht länger die Mittlerrolle spielen zwischen großen und kleinen EU-Mitgliedsstaaten, zwischen reichen und armen? Schröders „deutscher Weg" im Verhältnis zu den USA, die selbst-bewusste Attitüde des „Kanzlers der Bosse" und das Austesten der EU-Gren-zen beim Haushaltsdefizit ausgerechnet durch den Musterschüler Deutsch-land – all das erschwert die Orientierung. Der Historiker Hans-Peter Schwarz erkennt zwar seinerzeit in der deutschen Europapolitik auch

„durchaus Kontinuität, wenngleich ohne allzu viel Herzblut wie einstmals bei Helmut Kohl".

Selbst bei den Europaabgeordneten von CDU/CSU werden plötzlich Fragen aufgeworfen, die sich Kohl verbeten hätte: Ist eine fortschreitende EU-Erweiterung überhaupt sinnvoll? Stranguliert die Brüsseler Bürokratie die deutsche Wirtschaft? Akzeptiert Deutschland als größter Nettozahler einen zu hohen Preis für das Einigungsprojekt Europa? Es gibt in der Union Tendenzen, aus innenpolitischem Kalkül heraus die neue rot-grüne Bundesregierung in der womöglich populären EU-Skepsis sogar noch zu übertreffen. „Mit Europaskepsis gewinnt man in Deutschland keine Wahlen", glaubt dagegen Laschet.

Der Brüsseler Neuling aus Aachen gehört mit Fraktionskollegen wie dem langjährigen EU-Außenpolitiker Elmar Brok, dem späteren Präsidenten des Europäischen Rechnungshofes Klaus-Heiner Lehne und dem heutigen Bundesbank-Vorstand Joachim Wuermeling zu den unbeirrten Verfechtern des bisherigen Europakurses. „Laschet war auf Kohl-Linie und wollte das Erbe des europäischen Einigungs- und Friedensprojekts um keinen Preis gefährden", sagt Dreute. Sein Credo formuliert Laschet im Sommer 2000 in einem *Focus*-Gastbeitrag: „Binnenmarkt und Währung, Außen- und Verteidigungspolitik – dort, wo früher der Nationalstaat Sicherheit gab, ist im Zeitalter der Globalisierung Europa nur noch gemeinschaftlich stark und handlungsfähig." Er fordert sogar weitere Integrationsschritte in der EU und eine Stärkung eines gemeinsamen militärischen Arms neben den bewährten NATO-Strukturen.

Auch Jahrzehnte später finden sich in Laschets europapolitischen Leitlinien als Ministerpräsident Kohlsche Züge. „Er ist der letzte deutsche Spitzenpolitiker, der ein ernsthaft gutes Verhältnis zu Frankreich hat", findet der frühere Grünen-Bundestagsabgeordnete Matthias Berninger. Als Bayer-Lobbyist mit dem schmuckvollen Titel „Public Affairs and Sustainability", Wohnsitz in Washington und globaler Orientierung schaut er heute von außen auf den einstigen Bonner Weggefährten Laschet: „Gucken Sie sich mal die oberste Reihe an. Europapolitisch kann man das gar nicht hoch genug einschätzen." Laschet selbst formuliert es so: „Das Kunststück in Europa bestand immer darin, Deutschland und Frankreich müssen eine gemeinsame Position haben und die kleineren Länder muss man mit einbeziehen und mitnehmen. Das darf nicht dominierend sein, aber wenn Deutschland und Frankreich gegeneinander stehen, das hilft in Europa gar nichts."

ZDF-Analyst Korte nennt Laschet auch einen „Benelux-Politiker". Laschet selbst ist von der zukünftigen Bedeutung seiner Leitlinien überzeugt: „Wenn der Brexit kommt, wird es noch mehr auf Deutschland und Frankreich ankommen." Er drängt 2017 als einer der wenigen in der CDU zu einer kräftigen deutschen Antwort auf den Europa-Vorstoß, den Frankreichs Präsident Macron mit seiner Rede an der *Sorbonne* gemacht hat. Es ist damals ein Plädoyer für eine Art Neubegründung eines souveränen sowie geeinten und demokratischen Europas, das in Deutschland viele achselzuckend zur Kenntnis nehmen. Laschet dagegen schreibt unter der Überschrift „Die Zeit des Zauderns muss vorbei sein" in der *Welt am Sonntag* einen aufrüttelnden Gastbeitrag.

Als Teil der deutsch-französischen Achse empfindet sich Laschet für jedermann sichtbar spätestens seit Anfang 2019. Da übernimmt er für vier Jahre das bislang ziemlich unbekannte Amt des deutsch-französischen Kulturbevollmächtigten der Bundesrepublik. „Ich wollte das wirklich sehr, sehr gerne wahrnehmen, weil ich schon in meinem ganzen politischen Leben immer mit Frankreich zusammen gearbeitet habe und die Beziehungen auch für die wichtigsten in der Europäischen Union halte", erklärt Laschet. Da Bildungs- und Kulturpolitik in Deutschland Ländersache sind, im Zentralstaat Frankreich jedoch Bundessache, fungiert Laschet hier als Ansprechpartner auf Augenhöhe im Ministerrang.

Der Ministerpräsident stürzt sich förmlich in die Nebentätigkeit. Öffentlichkeitswirksam besucht er mit weißem Helm die ausgebrannte Kirche von *Notre Dame* in Paris, verleiht den deutsch-französischen Journalistenpreis, startet allerhand Initiativen zum deutsch-französischen Austausch und bringt sich intensiv beim „Offenbach-Jahr" 2019 ein. Am 20. Juni 2019 wäre Jacques Offenbach 200 Jahre alt geworden. Da der Komponist in Köln geboren ist und in Paris aufwächst, nennt Laschet ihn „ein ganz besonderes Beispiel für Deutschland und Frankreich". Er arrangiert, dass das Kölner Gürzenich-Orchester zusammen mit *Les Siècles* in der Berliner Philharmonie Offenbach spielt.

Laschet schweben Austauschprogramme für Menschen in der beruflichen Bildung vor. Die 13 französischen Regionen und die 16 Bundesländer sollen einander treffen, die sprachlichen Barrieren abgebaut werden. Laschet geht sogar selbst mit gutem Beispiel voran: Mithilfe von Sprachkursen versucht er sein holpriges Französisch aufzubessern.

Auf französischer Seite wird Laschets Umtriebigkeit durchaus registriert. „Bemerkenswert ist nicht nur die Begeisterung von Ministerpräsident Laschet für diese Funktion und die Tatsache, dass er sie auch völlig wahrnimmt und ausübt, sondern, dass er auch sehr konkret vorgeht und dass er sehr schnell konkrete Ergebnisse haben wollte und hat sofort alle Gelegenheiten wahrgenommen, sich mit französischen Gesprächspartnern auszutauschen", stellt die Botschafterin Frankreichs in Deutschland, Anne-Marie Descôtes, fest. Und auch Michaela Wiegel, politische Korrespondentin der *Frankfurter Allgemeinen Zeitung* in Paris, attestiert nach Laschets *Notre Dame*-Besuch: „Das war natürlich schon so ein Zeichen, das in Frankreich durchaus wahrgenommen wird. Es besteht manchmal der Verdacht, dass wir Deutschen, weil es uns wirtschaftlich so viel besser geht, weniger den Blick nach Frankreich werfen, als es umgekehrt der Fall ist. Frankreich blickt natürlich bei jedem Thema zunächst nach Deutschland und fragt sich, was machen die Deutschen besser? Und deswegen sind Zeichen des Mitfühlens, der Anteilnahme immer sehr willkommen." Laschet sei inzwischen bei vielen Verantwortungsträgern in Frankreich bekannt.

Für einen Ministerpräsidenten, der auf die bundespolitische Bühne drängt, ist außenpolitische Erfahrung wertvoll. Laschet nutzt die Funktion als Kulturbeauftragter, um nicht in der Landesliga verortet zu werden. Es wird wahrgenommen. „Üben auf internationalem Parkett", nennt es der *Deutschlandfunk*. „Außenpolitik als Aufbautraining", notiert *Spiegel Online* nach einer der zahlreichen Frankreich-Reisen Laschets. Michaela Wiegel sieht in Laschets frankophiler Beziehung sogar Vorteile für ein Rennen um die Merkel-Nachfolge: „Ein Pariser Kandidat", titelt sie in der *Frankfurter Allgemeinen Zeitung*. „*Le Monde* beispielsweise berichtet regelmäßig darüber und stellt ihn als den frankophilsten möglichen Anwärter auf die Kanzlerkandidatur vor."

Ob bei der Erneuerung des deutsch-französischen Freundschaftsabkommens, des *Aachener Vertrages* vom Januar 2019, oder während der Corona-

Krise 2020: Laschet weiß um die diplomatische Bedeutung von Gesten und Signalen. So ist es kein Zufall, dass mehrere Universitätskliniken in NRW dem überforderten französischen Gesundheitssystem einige schwerkranke Corona-Patienten zur Behandlung abnehmen. Als sich Staatspräsident Macron später in einem Schreiben bei Laschet bedankt und die persönliche Anrede „Cher Armin" wählt, lässt er den Brief sogleich an die *Deutsche Presse-Agentur* weiterreichen.

Intensiv geschult wird der spätere Außenpolitiker Laschet zweifellos in den Brüsseler Jahren 1999 bis 2005. Hier merkt er schnell, dass der EU-Kosmos wie gemacht scheint für einen moderierenden und wenig konfrontativen Typen wie ihn. Die EVP-Fraktion besteht schon damals aus Dutzenden Parteien aus unterschiedlichen Ländern. Mehrheiten für Dossiers muss man sich häufig auch über Fraktions- und Nationalitätengrenzen hinweg suchen. Gelegentlich gilt es, mit der EU-Kommission über Bande zu spielen. Immer sind die Befindlichkeiten im Ministerrat im Auge zu behalten. Das liegt einem wie Laschet. Wenn er an seinem Parlamentspult mit der Nummer 421 sitzt oder in der Abgeordnetenbar mit Kollegen aus anderen Ländern einen frisch gepressten Orangensaft trinkt, wirkt er ganz bei sich. „Das ist das Interessante, dass man Kollegen aus unterschiedlichsten Regionen trifft", sagt er.

Hier knüpft Laschet freundschaftliche Bande zu einflussreichen Politikern wie dem späteren spanischen Europaminister Inigo Méndez de Vigo oder dem belgischen Premierminister und EVP-Präsidenten Wilfried Martens. Laschet bewegt sich gern in den internationalen Netzwerken.

Obwohl ihm kein besonders ausgeprägtes organisatorisches Talent nachgesagt wird, lässt er sich 2001 zum Schatzmeister der Christlich Demokratischen Internationalen (CDI) wählen. Es ist eine dieser Ideen, die im *Les Aviateurs* geboren werden. An einem bierseligen Abend in der Straßburger Kneipe stehen Laschet und Elmar Brok als einzige Deutsche zwischen all den Kollegen aus anderen EU-Staaten. Ein Spanier sagt, man bräuchte in der CDI noch einen Deutschen als Kassenwart, und verpflichtet Laschet von der Theke weg.

Der Weltverband der christdemokratischen, zentristischen und christlich-sozialen Parteien ist ein kaum bekanntes Bündnis, das jedoch illustre

Persönlichkeiten der Konservativen aus 70 Ländern zusammenbringt. Laschet lernt dort den späteren EU-Kommissionspräsidenten Jose Manuel Barroso und Viktor Orban aus Ungarn kennen. In der CDI und bei den regelmäßigen EVP-Vorbereitungstreffen für den Europäischen Rat taucht auch regelmäßig Peter Hintze auf, der europapolitischer Sprecher der CDU/CSU-Bundestagsfraktion ist. Der Freund macht vor, wie man selbst in scheinbar unbedeutenden internationalen Dachorganisationen oder auf Botschafter-Empfängen sein Telefonbuch füllt. Es kommt der Tag, da braucht man es.

„Laschet hat, glaube ich, durch die Arbeit im Europaparlament viel über Historie, über gesellschaftspolitische Ansichten und unterschiedliche Kulturen gelernt", meint der frühere Aachener Oberbürgermeister Linden, der das Direktorium zur Verleihung des *Internationalen Karlspreises* leitet und in dem Gremium mit Laschet zusammenarbeitet. „Er ist für mich ein absolut überzeugter Europäer."

Ein gemütlicher Altbau im Aachener Westen zur Kaffeezeit. Gisela Nacken und Reiner Priggen haben eingeladen und servieren eine belgische „Tarte au sucre". Eine Kalorienbombe, aber es passt so gut zu einem Gespräch über den Europäer Armin Laschet. Die Grenze ist gerade zehn Kilometer weit entfernt. Das Ingenieurs-Ehepaar hat jahrzehntelang die NRW-Grünen geprägt, saß jeweils viele Jahre im NRW-Landtag. Nacken und Priggen schmiedeten 1995 die erste rot-grüne Landesregierung mit dem widerwilligen Johannes Rau und lieferten sich viele Gefechte mit Wolfgang Clement. Nacken wurde später Dezernentin in Aachen, Priggen Fraktionschef der Grünen im Landtag.

Karneval 2020 steht vor der Tür. Der gebürtige Niedersachse Priggen ist zwar schon in den 70er Jahren zum Studium nach Aachen gekommen, mit den Narren aber wird er bis heute nicht richtig warm. Ihm fehle dieses rheinische Gen, glaubt er. An der Wand hängt das übergroße Porträt eines behelmten Kohle-Kumpels, das grün eingefärbt ist. Das ist seine Form des Humors. Priggen hat weite Teile seines politischen Lebens damit zugebracht, gegen die Kohle und für die Energiewende zu kämpfen. Heute engagiert er sich im *Landesverband für Erneuerbare Energien (LEE NRW)*. Wenn es um Energiefragen geht, kann Priggen sich furchtbar über Laschets angebliche Uneinsichtigkeit aufregen. Die zweite Aachener Prägung neben dem Karneval aber gefällt dem Zugereisten aus Norddeutschland: die unbedingte Europa-Orientierung. Das „sei richtig klasse hier in der Region", findet Priggen. Da habe auch Laschet nie gewackelt: „Bei Europa und Internationaliät steht er, da ist es für mich unvorstellbar, dass er auf irgendeine harte Unionslinie einschwenken würde. Ich habe das Gefühl, das ist Teil seiner Identität."

Europa ist bei Laschet tatsächlich ein verbindendes Element zu den Grünen. In der Brüsseler Zeit vertieft er seine Bande zur Öko-Partei, die er bereits in Bonn geknüpft hat. Die weltanschaulichen Schnittmengen in der Europa- und Entwicklungspolitik sind klar erkennbar, der Geist des Miteinanders im EU-Betrieb hilft. Hinzu kommt Laschets Interesse an Leuten, die so ganz anders sozialisiert sind als er selbst. Man sieht ihn häufiger mit dem Grünen-Fraktionschef im Europaparlament, Daniel Cohn-Bendit. Mit ihm kann Laschet unkomplizierter reden als mit manchem Parteifreund, über Einwanderungspolitik genauso wie über Fußball. Sie werden Duz-Freunde. Wie spielend Cohn-Bendit zwischen deutscher und französischer Sprache und Identität wechseln kann, findet Laschet spannend. Den Argwohn mancher EVP-Kollegen, sich bloß nicht zu lustvoll mit dem ehemaligen Straßenkämpfer auf linksliberalem Terrain zu tummeln, kontert Laschet damals lachend: Der *rote Dany* habe seine wilde Zeit doch gehabt, als er selbst gerade eingeschult wurde: „Ich habe ihn 1968 ja noch nicht auf den Barrikaden gesehen."

Die persönliche Nähe zu den Grünen wächst in diesen Jahren weiter, auch wenn inhaltliche Konflikte weiter ausgefochten werden müssen. Laschet gehört etwa zu den entschiedenen Gegnern einer konkreten EU-Beitrittsperspektive für die Türkei. Er sieht in Ankara nicht annähernd die kulturellen und demokratischen Standards erfüllt, um den offiziellen Status als „Beitrittskandidat" zu erhalten. Der rot-grünen Bundesregierung, die ab 2002 dem aufstrebenden Duo Recep Tayyip Erdoğan/Abdullah Gül immer mehr Hoffnung macht, wirft Laschet eine „störrische und inkohärente" Haltung vor.

Auch als Nahost-Experte des Europaparlaments eckt Laschet mit seiner Forderung nach mehr Distanz der EU zu den Palästinensern in linken Kreisen eher an. Er steht zwar fest zur „Roadmap" für Israel und Palästina, also zur unbedingten Zweistaatenlösung. Aber Laschet muss ab 2002 für das Europaparlament auch eine mögliche Zweckentfremdung der Brüsseler Hilfsgelder durch den Clan des Palästinenser-Führers Jassir Arafat untersuchen und fordert, dass der grüne Außenminister Joschka Fischer gegenüber der EU-Kommission endlich „mal Klartext" redet. Es gibt die Befürchtung, dass EU-Geld an Hinterbliebene von Selbstmordattentätern umgeleitet wird. Laschet ist die Haltung der Bundesregierung viel zu defensiv. Es geht schließlich um die Sicherheit Israels.

Eigentlich differenziert Laschet in dieser Phase aber bereits sehr fein zwischen den Regierungspartnern SPD und Grünen. „Außenpoltisch steht die Union der europäisch orientierten Politik Joschka Fischers näher als dem Gerede vom ‚deutschen Weg', das latent nicht nur den Bundeskanzler, sondern große Teile der SPD bewegt", stellt er damals fest.

Fischers berühmte Europa-Rede, die er am 12. Mai 2000 an der Berliner *Humboldt-Universität* hält, findet auch bei Laschet Anerkennung. Er sieht die Anstöße für ein vertieftes, demokratisches und handlungsfähiges Europa sogar in der Tradition von CDU-Größen wie Karl Lamers und Wolfgang Schäuble. „Endlich hat sich mit Joschka Fischer ein hochrangiger Vertreter einer europäischen Regierung dazu aufgerafft, die in den vergangenen Monaten lethargisch vor sich hinplätschernde europapolitische Diskussion wieder zu beleben und ihr die nötige Substanz zu verleihen", lobt Laschet eine Woche nach der *Humboldt*-Rede in einem Gastbeitrag, der in Fischers Leib- und Magenzeitung *Frankfurter Rundschau* erscheint.

Die wertschätzenden Worte für den Außenminister, der in weiten Teilen der Union noch als „Steinewerfer" verteufelt wird, fallen Laschet leicht. Er hat nie Feindseligkeit gegenüber den Achtundsechzigern empfunden. Es mag – wie bei Cohn-Bendit – mit dem Altersunterschied zu tun haben. Als Fischer noch auf den Barrikaden stand, habe er als I-Dötz „Abc-Fibeln statt Mao-Bibeln" gelesen, erzählt er gern. „Die Feindbilder verdunsten", betont Laschet auch hier.

Als Europaabgeordneter gewinnt Laschet augenscheinlich wie viele seiner Kollegen mit jedem Jahr weitere Gelassenheit. Man fühlt sich den großen europäischen Linien verpflichtet, nicht mehr dem parteipolitischen Nahkampf. Laschet nutzt die sechs Jahre auf EU-Ebene zudem, um sich als ein etwas ungewöhnlicher außenpolitischer „Vollsortimenter" weiterzuentwickeln: Er wird ein transatlantisch geprägter Anhänger des europäischen Einigungsprozesses in der Tradition Kohls, der sich Israel verpflichtet fühlt, aber keinen Zweifel an der Zweistaatenlösung im Nahen Osten lässt; der gute nachbarschaftliche Beziehungen zu Russland will, aber eine *NATO*-Osterweiterung fordert; der sich eine aktive, humanitären Grundsätzen verpflichtete und zugleich demütige Rolle Deutschlands in der Welt wünscht.

Im Sommer 2005, ein Jahr nach seiner zweiten erfolgreichen Wahl ins Europaparlament, scheint Laschet vollständig angekommen zu sein in der Brüsseler Welt. Doch ein Telefonat am Nachmittag des 18. Juni 2005 sollte alles ändern: Jürgen Rüttgers ruft ihn nach Düsseldorf.

Der Privatmann
Kulturfreund und Genussmensch

Wenn Armin Laschet in den Urlaub fährt, laufen die ersten Schritte nach der Ankunft routiniert ab. „Er sucht sich immer direkt ein Plätzchen, wo er in Ruhe in die Gegend gucken und telefonieren kann", beschreibt Jugendfreund Walz ein Ritual, das er schon in Frankreich, Italien und der Schweiz miterlebt hat. Stundenlang befasse Laschet sich dann nur mit seinem Smartphone. Gespräche führen, Nachrichten lesen und verschicken. Es ist kaum anders als zu Hause. Dort „kleben zwei Handys an seinem Ohr und der Laptop ist geöffnet", wie Ehefrau Susanne einmal öffentlich gemacht hat. Armin Laschet erscheint in solchen Erzählungen als Mann, dem es schwer fällt, loszulassen. Als einer, der einfach nicht abschalten kann.

Zugleich verfügt Laschet über die seltene Gabe, dem Politikerleben private Seiten abzugewinnen. Er gönnt sich immer wieder kleine Fluchten in Sphären, die in seinem durchgetakteten Alltag eigentlich nicht vorgesehen sind. Bildungserlebnisse, kulturelle Erfahrungen, menschliche Begegnungen, die ihm kein Referent aufschreibt. Es sind Momente, für die er sich Zeit nimmt, obwohl sie seine politische Arbeit nicht unmittelbar beeinflussen. Doch er braucht diese Inseln, um nicht unterzugehen in diesem Meer aus Anforderungen und Ansprüchen.

Anfang 2019 ist solch eine kleine Laschet-Flucht zu beobachten. Der Ministerpräsident ist gerade in den USA unterwegs. Solche Reisen von Regionalpolitikern haben normalerweise eine doppelte Funktion, die idealerweise kombiniert wird. Erstens: Man besucht Niederlassungen großer Unternehmen und möglicher amerikanischer Partner, um Wertschätzung gegenüber wichtigen Arbeitgebern zu demonstrieren oder Türen zur Zusammenarbeit zu öffnen. Zweitens: Man versucht, Trittsicherheit auf dem diplomatischen Parkett zu demonstrieren und sich so zumindest eine kleine außenpolitische Aura zu verschaffen. Deshalb laufen Jahr für Jahr Ministerpräsidenten durch amerikanische Werkshallen, Labore und Universitäten, treffen sich mit Gesprächspartnern aus Politik, Wirtschaft und

Wissenschaft zum „Gedankenaustausch", mühen sich auf Englisch durch „a few remarks" oder verteilen Gastgeschenke aus der Heimat – und lassen sich dabei ständig von einer Traube mitgereister Journalisten beobachten. Sichtbarkeit ist zentrales Element dieser Reisen.

Im Februar 2019 sitzt Laschet im Institut für Landschaftsplanung der *Rutgers University*. Die größte staatliche Universität New Jerseys, deren Wurzeln bis ins Jahr 1766 zurückreichen, kooperiert mit einer Hochschulallianz des Ruhrgebiets. Der weitläufige Campus wirkt wie die Kulisse amerikanischer College-Filme. Laschet verfolgt geduldig eine *Powerpoint*-Präsentation, spricht mit ausgewählten Studenten, lässt sich hier und da Modelle zum Stadtumbau demonstrieren. Die Fotos zeigen später einen freundlich-interessierten Ministerpräsidenten in universitärem Umfeld. Da er auch noch einen Hochkaräter wie UN-Generalsekretär Antonio Guterres am East River treffen wird und schon im weißen Kittel und mit Laborbrille in einem US-Standort des Essener Spezialchemie-Konzerns *Evonik* abgelichtet wurde, hat diese Reise eigentlich bereits ihren Hauptzweck erfüllt.

Nach dem Termin an der *Rutgers University* klinkt sich Laschet für etwa zwei Stunden aus dem Delegationsprogramm aus. Er gönnt sich einen ungewöhnlichen Termin, der nicht für die Öffentlichkeit bestimmt ist: Er trifft sich in Manhattan zum Mittagessen unter vier Augen mit dem amerikanischen Schriftsteller Louis Begley. Die Begegnung mit dem damals 85-jährigen Autor wird auf Laschets persönlichen Wunsch arrangiert. Begley ist kein so bekannter Politik-Deuter, dass man ihn unbedingt treffen müsste. Und da das Mittagessen rein privater Natur ist, kann sich Laschet nicht einmal richtig als Kulturfreund in Szene setzen. Warum ist ihm eine solche Begegnung wichtig?

Die Protokollleute drängen an der *Rutgers University* zum Aufbruch. Laschet hat irgendwie mitbekommen, dass unter den Journalisten ein begeisterter Begley-Leser ist. „Wollen Sie zu dem Mittagessen mitkommen?", fragt er unvermittelt. „Wenn Sie schon Begleys Bücher gelesen haben, können wir aus dem Vier-Augen-Gespräch auch ein Sechs-Augen-Gespräch machen. Ist aber ganz informell", schlägt er vor. Laschet gibt allerdings zu bedenken: „Das Essen findet in Manhattan im *Century Club* statt. Der ist von 1847. Eine ganz feine Adresse, da war schon Roosevelt Mitglied. So können Sie da nicht hin." Er deutet auf den fehlenden Schlips und winkt einen Referenten herbei. Laschet gleicht kurz Hemdfarbe des Journalisten und den Krawatten-Ton des Referenten ab und sagt zufrieden: „Passt." Der Referent soll seinen Schlips verleihen. Ein kurzer Zwischenstopp zum Umziehen am Hotel verhindert schließlich diese unangenehme Lösung, offenbart aber Laschets Pragmatismus.

Auf dem Fußweg durch Manhattan zum *Century Club* erzählt Laschet, dass er viel zu selten zum Lesen von Romanen komme, aber die Lebensgeschichte von Begley wahnsinnig beeindruckend finde. Man hat ihm eine „Terminmappe" mitgegeben, doch das Wesentliche weiß er auswendig. Begley ist polnisch-jüdischer Herkunft. Nach dem Krieg emigriert seine Familie in die USA. Er studiert in *Harvard*, wird vermögender Star-Anwalt mit Apartment in der Park Avenue und Sommerhaus auf Long Island. Erst mit Mitte 50 verfasst Begley seinen ersten Roman – das autobiografisch geprägte Werk „Lügen in Zeiten des Krieges", das ein Welterfolg wird. Das Buch hat auch Laschet gelesen.

Das Mittagessen im *Century Club* wird eher eine Erinnerung an Begleys spätere Romanfigur Albert Schmidt, die im Film „About Schmidt" aus dem Jahr 2002 von Jack Nicholson dargestellt wird. Schmidt ist ein alternder Anwalt mit junger Freundin, der bevorzugt beim Mittagessen in seinem Club zwischen vermögenden Martini-Trinkern über das Leben nachsinnt. Der *Century Club* sieht aus wie Schmidts Club.

Begley ist ein kleingewachsener Mann mit leiser Stimme, der Laschet bescheiden in eine der feinsten Gesellschaften New Yorks einführt. Über knarzende Dielen steigen sie hinauf zum Speisesaal, der von raumhohen Bücherregalen aus dunklem Holz gesäumt wird. Begley erzählt, dass sich der Club lange gewehrt hat, Frauen aufzunehmen. Der Schriftsteller zückt einen Stift und notiert in ordentlicher Schreibschrift die Essenswünsche auf einen Bestellzettel: „Ich bin Ihr Sekretär", sagt er zu Laschet. Der Ministerpräsident lächelt verlegen. Ein weltbekannter Autor notiert seinen Menü-Wunsch.

Man spricht über Literatur, Trump und die Welt. Die Beiläufigkeit von Prominenz und Reichtum hier an den vollbesetzten Tischen mittags um ein Uhr scheint Laschet zu faszinieren. Irgendwann schiebt ein livrierter Kellner einen Teewagen mit Sahnetorten vorbei. „Bitte, machen Sie mir die

Freude und nehmen Sie ein Stück zum Dessert", sagt Begley auffordernd, „bitte." Laschet wehrt ab. Er will auf seine Linie achten. Im Wahlkampf 2017 hat er acht Kilogramm abgenommen mit einem konsequenten Verzicht auf Kohlenhydrate. „Sie können dabei abends sogar Gyros essen", berichtet er in dieser Zeit stolz in der Landtagskantine, wenn er dort einen spärlich befüllten Salatteller holt. Begleys Torte passt nicht ins Programm.

Plötzlich steht der Ministerpräsident auf und verschwindet. „Ist was passiert?", fragt Begley irritiert. „Wo will er hin?" Laschet kehrt kurz darauf mit einem Päckchen und drei zerlesenen Begley-Büchern zurück. Er fragt, ob der Schriftsteller in zwei Bücher die Widmung „Für Susanne Laschet" schreiben könne. Und in das andere: „Für Christian Kullmann." Kullmann ist Vorstandsvorsitzender des *Evonik*-Konzerns und augenscheinlich ebenfalls Begley-Fan. Laschet mag ihn und weiß, dass kleine Geschenke die Freundschaft erhalten. Im Frühjahr 2020 ist Kullmann der erste Spitzenmanager, der öffentlich eine Wahlempfehlung für Laschet als neuen CDU-Bundesvorsitzenden abgibt.

Nachdem Laschet das Päckchen überreicht hat, freut er sich, dass Begley es gleich auswickeln will. Der Ministerpräsident verfolgt den Vorgang gespannt, als hätte er persönlich stundenlang die Geschäfte nach der richtigen Gabe abgeklappert. Es ist ein hochwertiger Füllfederhalter mit dem eingestanzten Schriftzug: „Nordrhein-Westfalen". Begley ist zwar kein Mann des furiosen amerikanischen Überschwangs, bedankt sich aber dennoch ausgiebig. Man mag es wenig originell finden, einem Schriftsteller ein Schreibgerät zu schenken. Aber Laschet ist erkennbar stolz: „It's from North Rhine-Westphalia."

Er selbst würde sich über solch ein Geschenk jedenfalls freuen. Laschet ist beim Schreiben ein Stilist. Er verfasst alles am liebsten mit der Hand. Für einen Vielschreiber hat er eine ordentliche, kleine Schrift. Bei maschinengeschriebenen Briefen fügt er meist noch einige Sätze mit der Hand hinzu. Er findet das persönlicher. Das Datum notiert er gern vornehm in römischen Zahlen. Seit er vor Jahren einmal von Jürgen Rüttgers gehört hat, dass Helmut Kohl im Arbeitsalltag immer mit einer Art wasserfestem Feinliner geschrieben habe, nutzt auch Laschet immer einen solchen Filzstift.

Beim Treffen mit Begley in New York wird deutlich, wie beharrlich augenscheinlich Susanne Laschet versucht, ihren Mann für die schönen Dinge jenseits der Politik zu sensibilisieren. Die gelernte Buchhändlerin liest fast besessen. Laschet dagegen schafft nicht einmal mehr die Krimis, die sie ihm hinlegt. Dennoch sprechen sie oft über Literatur: „Wenn das nicht möglich wäre, würden wir ja aneinander vorbei leben", erzählt Susanne Laschet einmal dem *Kölner Stadt-Anzeiger.*

Laschet ist beim Thema Buch durchaus „sprechfähig", wie es im Dunstkreis von Politikern oft heißt. Anlässlich der Feierlichkeiten zum 200. Geburtstag des politischen Philosophen Friedrich Engels in dessen Heimatstadt Wuppertal im Februar 2020 beispielsweise offenbart Laschet, dass er Anfang der 80er Jahre in der damaligen DDR ein paar Bücher von Karl Marx und eben Engels gekauft und auch hineingelesen habe („Die habe ich auch noch."). Oder in einem *Zeit*-Interview kann er die Frage nach einem politischen Buch, das man gelesen haben muss, gut parieren. „‚In Europa' von Geert Mak. Der Autor ist ein Jahr lang kreuz und quer durch Europa gereist und erzählt die Geschichte hochspannend anhand von Orten, an denen diese Geschichte relevant ist", antwortet Laschet, „für mich ist das ein Buch, das unsere Geschichte erklärt und zugleich visionär in die Zukunft blickt." In den beliebten Fragebögen, die Zeitungen gerne veröffentlichen, greift er bei Buch-Empfehlungen ansonsten auf Werke zurück, zu denen er irgendeine Beziehung hat. Etwa auf den Thriller „Dunkelmacht", den Harald Lüders geschrieben hat, der Ehemann seiner früheren Pressesprecherin. Oder auf Feldenkirchens „Die Schulz-Story", das Laschet wirklich von vorn bis hinten gelesen hat.

Die Begegnung mit Begley wirkt wie eine dieser Brücken in Susannes Welt, die er in seiner Politiker-Laufbahn immer wieder beschreitet. Mindestens so wichtig wie das Werk scheint Laschet der persönliche Hintergrund des Künstlers zu sein. Begleys Weg aus dem NS-Grauen über die New Yorker Upper Class bis in den literarischen Olymp – so etwas fasziniert ihn.

Schon 2012, als das Ministerpräsidenten-Amt Lichtjahre entfernt scheint, sucht Laschet die Nähe zum Kölner Schriftsteller Navid Kermani. „Wir Nordrhein-Westfalen können stolz auf Navid Kermani sein. Sein literarisches und essayistisches Werk gehört mit zum Besten, was derzeit in deutscher Sprache publiziert wird", urteilt er fachmännisch nach der Verleihung des Kleist-Preises an Kermani. Der Autor mit iranischen Wurzeln sei „ein brillanter Stilist", der ihn mit seiner „Poetik der Verantwortung" beeindrucke.

In der rot-grünen Landesregierung, die damals eher mit kulturellem Desinteresse kokettiert, stoßen solche Lobreden des kaum ernst genommenen Oppositionsführers eher auf verächtliche Erheiterung. Auch innerhalb der am Boden liegenden NRW-CDU gibt es manche, die Laschet eher zur Konzentration aufs Wesentliche raten. Er soll SPD-Ministerpräsidentin Kraft attackieren und nicht durch die literarischen Salons wandeln. Doch Laschet kann sich für kluge Köpfe wie den habilierten Orientalisten Kermani begeistern und jedwede Ignoranz gegenüber Leuten des Geistes nicht ausstehen.

Wie inspirierend, ja bisweilen vitalisierend Intellektuelle auf Laschet wirken, lässt sich auch an einem Abend im März 2020 beobachten. Der Ministerpräsident ist in einer Art Sky-Bar über den Dächern des angesagten Düsseldorfer Stadtteils Derendorf zu Gast. Dort, wo die Landeshauptstadt wie das perfekte Klischee der versnobten Schickimicki-Metropole wirkt. Viel Glas, buntes Kunstlicht, eilfertige Hostessen in schwarzen Blusen und roten Hosenträgern.

Laschet hat eigentlich keine Zeit für so etwas. Die Corona-Krise nimmt gerade Fahrt auf. Doch das Magazin *Focus* hat zu diesem *Inner Circle* geladen, wie die Diskussionsveranstaltung betitelt ist. Es soll über den deutschen Mittelstand gesprochen werden. Solch ein Feld kann er nicht allein Leuten wie Friedrich Merz überlassen. Viele Unternehmer sind gekommen. Außerdem moderiert der *Focus*-Chefkorrespondent Goffart, den Laschet aus Schulzeiten am Aachener Gymnasium kennt und eigentlich „Daniel" nennt. Auf der Bühne siezen sie sich.

Laschet muss sich lange Vorträge anhören, bis er an der Reihe ist. Er rutscht unruhig auf einem weißen Klappstuhl herum und zieht immer wieder das Handy aus der Tasche. Müsste man ihn mit Gedankenblase zeichnen, würde darin wohl stehen: „Wann ist das hier vorbei?" Als Laschet endlich auf dem Podium neben dem Philosophen Richard David Precht sitzt, sind plötzlich die Lebensgeister in ihm geweckt. Precht schlägt mit gewitzten Formulierungen einen großen Bogen von der Industrialisierung bis zur Digitalisierung und erklärt, warum es für die Arbeitnehmer von heute schwierig werden könnte, in der Welt von morgen zu bestehen. Laschet hört aufmerksam zu, seine Augen scheinen bewundernd zu blitzen. Dieser Typ mit langem Haar, Drei-Tage-Bart und braunen Stiefeletten zwischen all den Anzugträgern hat seine Aufmerksamkeit. Kein Zweifel, da saugt jemand Prechts originelle Thesen förmlich auf.

Laschet ist kein Kenner der Hochkultur wie etwa Opern-Liebhaberin Merkel. Aber als Ministerpräsident hat er die Kultur innerhalb seines Kabinetts aufgewertet. Und er versucht sein Grundinteresse an allen Menschen, die geistige und künstlerische Leistungen vollbringen, nicht vollends von der Politik ersticken zu lassen. Er will offen bleiben für eine Szene, für die ihm eigentlich Zeit, Ruhe und gelegentlich der richtige Zugang fehlen. Anders als manche Manager und Spitzenpolitiker, die sich mit ihrem Aufstieg in höchste Ämter eine Kunstsinnigkeit antrainieren, die sie unter ihresgleichen für angemessen halten, steht Laschet zu seinem Mainstream-Geschmack. Er ist *Tatort*-Gucker und bevorzugt dabei die klassischen Plots der Kommissare aus Köln. Drei Verdächtige, um kurz vor halb zehn die letzte dramaturgische Volte, dann das gute Ende. Das ist unterhaltsame Berechenbarkeit, wie Laschet sie mag. Experimente, wie beispielsweise den *MDR*-Tatort aus Weimar mit dem Ermittler-Duo Christian Ulmen und Nora Tschirner, kritisiert Laschet dann auch gerne mal offensiv via *Twitter*.

Es ist daher auch nicht ohne Ironie, dass Laschet eine Gastrolle im ersten und bislang einzigen Improvisations-Tatort der *ARD* bekommt: Im Januar 2020 ausgestrahlt, spielt er darin – sich selbst. In der gut zweiminütigen Szene hält Laschet als NRW-Regierungschef eine Ansprache an sieben Kommissare, dargestellt von TV-Stars wie Ben Becker, Jörg Hartmann und Anna Schudt. Das Ermittler-Team soll eine Mordserie im bevölkerungsreichsten Bundesland aufklären. „Das war ein aufregender Drehtag, auch mit Nervosität und mit viel Respekt vor den Profis am Set", bilanziert Laschet selbst.

Er ist nicht der erste Politiker, der einen solchen Ausflug ins Unterhaltungsfach unternommen hat. Auch der ehemalige saarländische Ministerpräsident Peter Müller (CDU) war in einem *Tatort* zu sehen. Legendär wird die Stippvisite des langjährigen FDP-Chefs und späteren Bundesaußenministers Guido Westerwelle im Jahr 2000 im *Big Brother*-Container. Zwei Jahre zuvor war bereits der damalige Ministerpräsident von Niedersachsen, Gerhard Schröder, in der *RTL*-Serie „Gute Zeiten, schlechte Zeiten" (*GZSZ*) aufgetreten. Der Laschet-*Tatort* erhält keine guten Kritiken. „Improvisation ohne Sinn", urteilt *Deutschlandfunk Kultur*, „die Verantwortlichen sollten merken, dass sie pfleglicher mit diesem Format umgehen müssen." Eine Haltung, die Laschet als Kritiker mit eher konventionellem Geschmack wohl ebenso formulieren würde.

Im Wahlkampf 2017 ist einer wie Laschet stolz, dass der Bodybuilder und Schauspieler Ralf Möller einen kleinen Werbefilm für ihn dreht. Darin sieht man den Ruhrpott-Hünen, der schon fast 30 Jahre in Los Angeles lebt, wie er in einem abgerissenen Gym Kurzhanteln stemmt. „Man kann sonntags trainieren oder man kann wählen", sagt Möller in dem Spot schnaufend in die Kamera. „Armin Laschet ist mein Kandidat."

Anruf bei Ralf Möller. Was hat jemand wie er ausgerechnet mit Laschet zu schaffen? Sie hätten sich über das soziale Engagement kennengelernt, sagt der ehemalige *Mr. Universum*. Man habe sich auf Anhieb gemocht: „Er ist ein Typ, mit dem wird man schnell warm. Er geht auf die Leute zu, das muss man auch erst mal können", sagt Möller über Laschet. Der Schauspieler, dessen erfolgreichste Rolle die eines „Gladiators" in einem 20 Jahre alten *Hollywood*-Actionfilm ist, spürt bei dem Politiker von Beginn an keinen Dünkel.

Laschet hat in der verkrusteten Aachener CDU der 80er Jahre, aber auch bei seinem gelegentlichen Leiden an der katholischen Kirche erlebt, wie schnell Institutionen den Draht zu „normalen Leuten" verlieren können. Er glaubt, dass sich vor allem Politiker als Volksvertreter kein Gefühl habitueller, intellektueller oder kultureller Überlegenheit leisten können. Sie stehen vielmehr in der Pflicht, ihren Themen alle möglichen Wege zu den Menschen zu bahnen.

Wie so etwas funktioniert, ist 2008 im israelischen Masada zu beobachten. Der damalige NRW-Integrationsminister Laschet reist da mit Realschülern aus Bochum-Wattenscheid an diese historische Stätte des jüdischen Überlebenswillens. Mit dabei ist Musiker Peter Maffay, der sich für den deutsch-israelischen Jugendaustausch stark macht. Laschet und Maffay beobachten, wie die Schüler in diesen Tagen zueinander finden, und freuen sich wie Väter über ihre Zöglinge. Im Überschwang des gelungenen Besuchs lässt sich Laschet abends dazu überreden, einmal Maffays markante Lederjacke überzuziehen. Mancher erinnert aus Jux sogar an Udo Lindenberg, der SED-Generalsekretär Erich Honecker 1987 eine Lederjacke geschenkt hat. Ein wenig schmeichelhafter Vergleich. Es werden Fotos gemacht.

Laschet weiß, dass solche Situationen für Politiker gefährlich sind. Den früheren Ministerpräsidenten Baden-Württembergs und EU-Kommissar Günther Oettinger verfolgen mehr als zehn Jahre lang Bilder, die ihn mit einem zur Brille umfunktionierten Teesieb zeigen. Er wird daraufhin als Partylöwe und Trunkenbold gezeichnet. Der Schnappschuss ist in der *Schwarzwaldstube* im Keller der EU-Landesvertretung Baden-Württembergs in Brüssel entstanden, die auch Laschet kennt. Nach ein paar Gläsern *Trollinger* gibt man sich schon mal für solch einen Spaß her. Das Lederjacken-Bild aber veröffentlicht Laschet selbst noch einmal 2019, elf Jahre nach seiner Entstehung, anlässlich Maffays 70. Geburtstages. Darunter schreibt er: „Denke gerne an unsere Wiederbelebung des NRW-Jugendaustausches mit Israel zurück und an den ‚Jackentausch' in Masada. Danke für all Dein Engagement für Kinder und Jugendliche. Keep on rockin!"

Maffay ist eigentlich keiner dieser Musiker, die sich bei Politikern anschmiegen. Er hatte zwar mal ein engeres Verhältnis zu Oskar Lafontaine. Aber in seinem jüngsten Buch „Hier und Jetzt" klagt er eher über Parteien: „Sie sind angepasst, abgeschliffen, die Konturen sind verloren gegangen." An Laschet gefällt Maffay das Verbindliche.

Mitten in seiner Tournee-Vorbereitung 2020 nimmt sich der Musiker Zeit für ein Gespräch über den CDU-Politiker. „Er ist kein Polterer, sondern einer, der Gräben zuschüttet und Menschen zusammenführt", sagt Maffay über Laschet. Mit ihm könne man sich gut unterhalten, weil er sich für vieles interessiere und „eine verdammt breite Bibliothek" habe.

Maffay, der es als rumänisches Einwandererkind zu Wohlstand und bis an die Spitze der deutschen Charts geschafft hat, wohnt heute in Tutzing am vornehmen Starnberger See. Er will sich aber nicht in einem Wohlstands-Ghetto verschanzen: „Ich bin nicht Musiker geworden, um entrückt von der Gesellschaft zu leben. Und ich glaube, Armin geht es als Politiker ebenso. Jeder hat eine andere Bühne, aber im Prinzip sind wir uns da sehr ähnlich", erzählt er. Die beiden haben eine immer gültige Verabredung („Wir helfen uns gegenseitig") und die jeweilige Handy-Nummer des anderen.

Als Maffay im Herbst 2017 auf dem Weg von Amsterdam zurück nach Bayern ist, fährt er spontan bei Laschets in Aachen-Burtscheid zum Frühstück vorbei. Ein Foto dieser Begegnung zeigt ein kurioses Doppel am Kaffeetisch des Laschet'schen Reihenhauses: Laschet im Wohlfühlpullover und der bis an den Hals tätowierte Maffay diskutieren bei einer üppigen Wurstplatte über Gott und die Welt.

Was zieht der Ministerpräsident aus solchen Begegnungen? Maffay eröffnet ihm auf alle Fälle neue Blickwinkel. Der Musiker ist mittlerweile eigentlich Grünen-Wähler. Sein Nachbar am Starnberger See ist Leslie Mandoki, der mit der Band *Dschinghis Khan* bekannt geworden ist. Einmal steht Laschet mit Mandoki spontan bei Maffays vor der Tür. Er sei gerade in der Ecke gewesen. Es sind sonderbare Verbindungen, in denen es aber auch – bisweilen konkret – um das Politische geht: Mandokis Tochter Julia gehört 2018 zu den Aktivisten, die den „Hambacher Forst" im rheinischen Braunkohlerevier besetzen. Sie stürzt aus den Bäumen und verletzt sich schwer. Gerade Laschet gilt den Protestlern damals als Gesicht der „Kohle-Lobby", als derjenige, der die Rodung des 200 Hektar großen Waldstücks durch den Energiekonzern *RWE* ermöglichen will. Er ist das Feindbild.

„Auch darüber haben wir schon häufiger gesprochen", erzählt Maffay, „da sind wir nicht immer einer Meinung, aber mit Armin kann man immer über alles reden." Er erkläre ihm dann seinen Standpunkt. Auf ihre Freundschaft lässt er nichts kommen: „Armin hat bei meinen Konzerten einen Backstage-Pass", sagt Maffay und lacht, „lebenslänglich." Er, der Wechselwähler und momentane Grünen-Sympathisant, ist auch bereit, dies ins Politische zu übersetzen: „Wenn ich in Nordrhein-Westfalen leben würde", fügt Maffay hinzu, „dann würde ich möglicherweise CDU wählen, weil ich Armin Laschet als Mensch kenne und schätze."

Gespräche mit Künstlern wie Maffay oder Mandoki, die politisch und kulturell von einem anderen Stern kommen als er, scheinen ihm bei der Selbstreflexion zu helfen. Auch Bernhard Paul vom *Circus Roncalli* gehört dazu. Laschet sucht diese Reibung. Menschen, die ein Gespür für den kulturellen Massenmarkt haben, stellen eben manchmal Fragen, die man in der Politik-Blase gar nicht berücksichtigt. Laschet ist kein Mann für den elitären Salon, er hat eher einen Sinn fürs Populäre. Das muss kein Nachteil sein. Ein langjähriger Kanzler-Beobachter aus Berlin hat es mal in einem Kollegen-Gespräch auf diese Formel gebracht: Die Deutschen mögen es, wenn Regierungschefs auf „dem Hügel" in Bayreuth eine gute Figur machen oder so klug reden können wie Helmut Schmidt; sie bewundern die moralische Überlegenheit Willy Brandts und bestaunen die schaurig-schöne Neureichen-Aura eines Gerhard Schröder, bei dem die *Scorpions* auf der Geburtstagsfete spielen. Aber am nächsten ist ihnen die Strickjacken- und Wolfgangsee-Behaglichkeit eines Helmut Kohl.

Wenn die Landesregierung jährlich in Berlin zum großen *Berlinale*-Empfang lädt, wirkt Laschet wie ein Edel-Fan. Er legt sich dann einen gemusterten Künstler-Schal aus Kaschmir um und posiert stolz mit Filmstars wie Diane Kruger oder Mario Adorf. Auch im Ministerpräsidenten-Alltag gestattet er sich immer wieder kleine Ausflüge in diese Welt. Im Frühjahr 2020 lässt er sich eigens zur Drachenburg nach Königswinter fahren, um sich die Dreharbeiten zu „Babylon Berlin" anzusehen. Im Mai 2018 zwängt er einen Besuch in den Kölner *MMC*-Studios in den Terminkalender, damit er Heike Makatsch und Moritz Bleibtreu am Set des Musical-Films „Ich war noch niemals in New York" über die Schulter sehen kann. Ähnliche bildstarke Ausflüge hat er auch zum *Circus Roncalli* gemacht.

Gewiss sucht Laschet auch den Glamour solcher Szenerie, doch sein Interesse wirkt nicht aufgesetzt. Selbst wenn es kaum einer mitbekommt, schwärmt er von der Essener *Lichtburg*, die zu den schönsten und ruhmreichsten alten Kinosälen Deutschlands gehört. Ende 2018 besucht er dort mit Susanne die Premiere des Hape-Kerkeling-Films „Der Junge muss an die frische Luft". Laschet ist fasziniert vom elfjährigen Hauptdarsteller Julius Weckauf und will wissen, wie Regisseurin Caroline Link ein Kind ohne Schauspiel-Erfahrung derartig gut in Szene setzen kann. Das ist bei ihm mehr als ein Pflichttermin auf dem roten Teppich.

Die Laschets und Kerkeling kennen sich schon lange. Die erste intensivere Begegnung findet in einem entlegenen Gartenlokal in Umbrien statt. Laschet und sein Jugendfreund Heribert Walz verbringen hier gerade mit ihren Familien den Sommerurlaub, als Kerkeling mit dem Regisseur Angelo Colagrossi das Restaurant betritt. Walz kann sich noch genau erinnern. „Kein Tourist. Null. Nur Einheimische, Kinder überall. Da ging das Tor auf und da kam Hape Kerkeling rein", beschreibt er die Situation Jahrzehnte später. „Da sagt Armin: Wir kennen uns, wir hatten mal eine gemeinsame Preisverleihung. Ich gehe gleich mal dahin." Der Entertainer Kerkeling ist 1991 gegen seinen Willen vom Filmemacher Rosa von Praunheim im Fernsehen vor einem Millionenpublikum als homosexuell geoutet worden. In Umbrien hofft er auf seine Ruhe. Bis Laschet plötzlich an seinem Tisch sitzt. Er sei gut zehn Minuten bei Kerkeling geblieben, erzählt Walz, und als er zurückkehrte, habe er gesagt: „Ihr glaubt das nicht: Der Kerkeling hat heute hier am Tag ein Haus gekauft." Jahre später liest Walz in der Zeitung, dass sich Kerkeling bewusst in einer entlegenen Ecke Umbriens ein Haus gekauft habe, weil er keine Bekannten sehen wollte. „Tja, und dann wurde er am ersten Tag da von Armin direkt angequatscht." Walz lacht.

Laschet mag den Humor des Künstlers aus Recklinghausen, seine Wandlungsfähigkeit und das herrliche Gespür für Absurditäten. Trotz oder wegen dieser Episode bleiben die beiden lose in Kontakt und engagieren sich später gemeinsam in der *AIDS-Hilfe*. Als sich Kerkeling 2017 längst aus dem Show-Business zurückgezogen hat, nominiert ihn Laschet als Vertreter der CDU-Landtagsfraktion für die Bundesversammlung in Berlin zur Wahl von Bundespräsident Frank-Walter Steinmeier.

Heute verbringen die Laschets ihre Sommerferien Jahr für Jahr in einer kleinen Pension am Bodensee. Seine Schwiegereltern hatten hier auch schon über Jahrzehnte eine Ferienwohnung. Laschet knüpft gern an die Familien-Tradition der Malangrés an, denn der Urlaubsort bietet einen unschätzbaren Vorteil: Er ist jederzeit erreichbar. Ihr Mann wolle nicht zu weit weg sein vom Ort des politischen Geschehens, hat Susanne Laschet einmal erzählt. Wochenlang abtauchen wie Amtsvorgängerin Kraft, die Fernreisen liebt und auch mal nur in Notfällen für ihre Staatskanzlei erreichbar sein will – das wäre für Laschet nicht auszuhalten. „Wenn Urlaub ist, muss ich mich erst wieder an die Ruhe gewöhnen", sagt er schon 2001, als die großen Staatsämter noch gar nicht in Sichtweite sind. Vom Bodensee aus bekommt er alles mit, was im Politikbetrieb läuft.

Er kann außerdem Interviews geben. In Düsseldorf wird schon gescherzt, die *Bild am Sonntag (BamS)* habe traditionell das Apartment neben Laschet gebucht. Jahr für Jahr erscheinen Sommerinterviews mit dem Ministerpräsidenten vom Bodensee. Um in Urlaubsatmosphäre abgelichtet zu werden, stellt er sich für die *BamS* schon mal barfuß in aufgekrempelter Anzughose in die Seeausläufer. Während Deutschland in Shorts und Badehose die schönsten Tage im Jahr verbringt, trägt der NRW-Ministerpräsident selbst in der Freizeit Businesskleidung? Wenn man ihn später auf die Lebensferne einer solchen Hochglanz-Inszenierung anspricht, lacht er laut auf.

Einen kleineren inneren Konflikt müssen der Privatmann Laschet und der Politiker Laschet austragen, seit er deutsch-französischer Kulturbevollmächtigter des Bundes ist: So sehr er die französische Lebensart mag und preist, seine große Liebe als Urlaubsland ist und bleibt Italien. Jugendfreund Walz lacht: „Armins ganz klare Aussagen: Er fährt lieber nach Italien als nach Frankreich, obwohl er ja nun französischer Beauftragter ist." Seine angeblich praxisnahe Begründung, die Laschet selbst so wohl nie öffentlich über die Lippen bringen würde: „In Italien kriegst du in jedem Dorf gutes Essen für überschaubares Geld." Der Umkehrschluss wird verschwiegen – und dennoch ist Laschet auch gerne in Frankreich. Die Familienurlaube in der Provence liegen lange zurück, genauso die monatlichen Besuche in Straßburg und dem Elsass als Europaabgeordneter. Den Jahreswechsel 2018/19 verbringt Laschet mit Susanne in Paris und betont: „Ich fühle mich Frankreich tief verbunden." Als er einmal auf seinen so französisch klingenden Namen „Lasché" angesprochen wird, weist er das geschmeichelt zurück. In der Region Aachen sei der Name, der aus dem Ostbelgischen stamme, so verbreitet wie Müller oder Schmidt. „Ich vermute, dass unser Name auch französische Wurzeln hat, aber richtig hugenottisch ist er nicht", sagt er.

Laschets Lust am Auftritt, sein Blick für Details am Anzug oder in der Büro-Ausstattung, sein Anspruch an gutes Essen: „Das ist der Franzose in ihm", heißt es schon mal in Düsseldorf. Seit Laschet regiert, werden in der

Staatskanzlei im Wochentakt Botschafter und Generalkonsuln aus aller Herren Länder empfangen, selbst das Polizeiorchester des Landes soll nun deutlich mehr Termine haben als früher.

Hermann Josef Pilgram gehört zu den Gründungsvätern der Grünen in Aachen. Als die Partei Anfang 2020 ihren 40. Geburtstag feiert, sieht man ihn auf Schwarz-Weiß-Fotos als jungen Mann in engem T-Shirt und ausgebeulten Jeans. Pilgram ist Diplom-Ingenieur und macht seit Jahrzehnten für die Grünen Kommunalpolitik. Er engagiert sich im Kulturausschuss und mag diese lebendige, freie, bunte Szene einer Universitätsstadt. Jemand wie Armin Laschet, der mit katholischer Kirche, Karneval und *Junger Union* aufwächst, könnte Pilgram eigentlich nicht fremder sein. Während der eine im Dunstkreis der Etablierten groß wird, will der andere ein anderes, offeneres Aachen. Doch sie werden Freunde.

Als Anfang der 90er Jahre der schillernde Österreicher Elmar Ottenthal als Generalintendant ans *Aachener Stadttheater* kommt, bildet sich ein Kreis um Pilgram und Laschet, der fasziniert ist von den Aufführungen. Ottenthal bricht mit der konservativ geprägten Theaterszene und will auch mit populären Musical-Inszenierungen neue Publikumsschichten erschließen. Laschet genießt die vertraulichen Runden unter Theater-Freunden, an denen auch schon mal Schauspieldirektor Ludwig Kaschke oder Regisseur Günther Huber mitdiskutiert. „Er hat sich immer sehr dafür interessiert, wie Leute so sind und denken, die anders sozialisiert wurden als er selbst", stellt Pilgram damals fest, „deshalb übten auch Künstler und Theaterleute eine gewisse Faszination auf ihn aus. Nach meinem Eindruck hat auch seine Frau Susanne immer versucht, ihm diese Welt zu erschließen."

Susanne Laschet ist nicht nur literarisch interessiert, sondern erfährt im bürgerlichen Hause Malangré früh eine insgesamt breitere kulturelle Prägung als Laschet. Schon im Jugendalter textet sie zu Kompositionen ihres Vaters, als der Kinderchor der Burtscheider Pfarrgemeinde einmal eine Schallplatte aufnimmt. Heinz Malangré wäre gern Dirigent geworden, seine Frau Thesi träumte von einer Karriere als Opernsängerin. Susannes jüngste Schwester Nicole wird tatsächlich eine erfolgreiche Musicaldarstellerin. Ihr Debüt feiert sie in Aachen – gefördert von Intendant Ottenthal.

Als das Künstler-Paar Christo und Jean-Claude im Sommer 1995 den gesamten Berliner Reichstag mit hellem Gewebematerial verhüllt, ist Laschet begeistert vom technischen Aufwand und der Hartnäckigkeit, mit welcher diese verrückte Idee seit Jahren verfolgt wird. Laschets frühere Chefin Süssmuth gehört seit 1991 zu den Befürworterinnen des Projekts. Viele Kritiker, darunter auch Kanzler Kohl, halten dagegen eine solche Verhüllungsaktion für der Würde des historischen Gebäudes unangemessen.

Laschet, gerade als Abgeordneter in den Bundestag gewählt, lädt seinen privaten Aachener Theaterkreis nicht nur zum Bestaunen des Spektakels nach Berlin ein; er organisiert obendrein eine persönliche Begegnung mit Christo. Auf den privaten Aufnahmen von damals sieht man, wie der Künstler mit Hornbrille und Parka die kleine Gruppe durch seine Planungsskizzen führt. Laschet ist der einzige, der eine Krawatte trägt, seine Freunde sind in Jeans und Sommerjacke gekommen. Man darf aus dieser Szenerie durchaus Laschets Bereitschaft zum kulturellen Austausch lesen.

Schon 1993 hängt in Laschets Aachener Arbeitszimmer ein gerahmtes Poster mit der Dokumentation des von Christo verpackten Reichstages. „Eine originelle Idee, so etwas könnte ich mir vorstellen", sagt er damals Reportern der *Aachener Zeitung*. Der Welterfolg der anfänglich umstrittenen Aktion ist da keineswegs absehbar. Später wird Laschet Christo auch in dessen New Yorker Atelier besuchen. Als der Künstler am 31. Mai 2020 stirbt, würdigt Laschet ihn per *Twitter*. Er fügt ein Foto des verhüllten Reichstags hinzu – versehen mit handschriftlicher Widmung „Für Armin Laschet".

Wer den Privatmann im Ministerpräsidenten sucht, stößt bei Laschet immer wieder auf eine überraschend große Toleranz gegenüber anderen Vorlieben, Geschmacksrichtungen oder persönlichen Ausdrucksformen. Konservativ im Sinne eines Bewahrens von Konventionen ist er nicht. Das schätzt jemand wie das Grünen-Urgestein Reiner Priggen an ihm: „Bei allem, was ich an Armin Laschets Politik zu kritisieren habe, kann ich doch sagen: Er war immer offen, hat sich interessiert und wenn er mit einem an der Theke steht, freut man sich einfach, dass er da ist." Priggen weiß genau, wie schwer sich die CDU in schwarzen Bischofsstädten wie Aachen und Münster über Jahre damit getan hat, dass Tausende von Hochschulabsolventen die Gesellschaft mehr und mehr verändern. Es ist nicht selbstverständlich für jemanden wie Laschet, sich aus dieser Prägung zu lösen.

Linke und grüne Hochschulgruppen muten irgendwann auch dem etablieren Aachener Karneval Unerhörtes zu: Ähnlich wie in Köln gründet sich auch in Aachen eine *Stunksitzung*, die die hergebrachte, angeblich spießige Fröhlichkeit der fünften Jahreszeit aufs Korn nimmt. Auch die in bürgerlichen Kreisen lange so geächtete Homosexualität wird hier einfach schrill zur Schau getragen. Eine Prinzen-Proklamation des alternativen Karnevals findet schon mal auf der Aachener Rathaus-Toilette statt. Viele etablierte Karnevalisten ärgert solch frevelhafter Umgang mit dem Brauchtum. Laschet ergeht sich dagegen nie in Abwehrreflexen, fühlt sich nicht angegriffen – er besucht neugierig solche Veranstaltungen. Er will wissen, was das für Leute sind und wie sie ticken. Oft sieht er dadurch sein Leben sogar bereichert, ohne die eigene Lebensführung ändern zu müssen. Die rheinische Losung „Jeder Jeck is anders" versteht er nicht als Aufforderung zur abschottenden Gleichgültigkeit gegenüber Andersdenkenden.

Anfang 2019 steht in der Düsseldorf Staatskanzlei ein pikanter Termin an. Laschets Amtsvorgängerin Kraft soll in die Ahnengalerie des Landes aufgenommen werden. Die SPD-Frau legt auf so etwas wenig Wert. In ihrer Regierungszeit verkümmern die neun Porträts der NRW-Ministerpräsidenten in einem Raum ohne Publikumsverkehr. Kraft lässt zudem keinerlei Sehnsucht erkennen, selbst einmal in Öl gemalt zu werden. Im Gegenteil: Seit ihrer überraschenden Abwahl 2017 nimmt sie nur noch wenige Repräsentationstermine wahr und verzichtet auf jede Büroausstattung als Ministerpräsidentin a.D. Laschet dagegen findet eine Ahnengalerie als öffentliches Gedächtnis des Landes wichtig. Er hat die Porträts seiner Amtsvorgänger prominent vor seine Bürotür in der dritten Etage der Staatskanzlei hängen lassen. Jeder Besucher sieht so, in welcher Tradition Laschet steht. Kraft hat erwartungsgemäß wenig Lust, für ein Porträt Modell zu sitzen. Die Staatskanzlei erreicht irgendwann die Nachricht, dass sie sich allenfalls fotografieren lassen werde.

Ein Foto zwischen all den Gemälden? Die schlichte Bleistift-Zeichnung, die einst Wolfgang Clement von sich in Auftrag gab, gilt bis dahin schon als maximale Provokation. Sie sticht aus der Reihe der staatstragenden Porträts hervor. Sie beginnt schließlich mit einem schweren Öl-Gemälde des ersten Ministerpräsidenten Rudolf Amelunxen, das ihn mit Zigarre in der Hand zeigt. Doch Laschet findet Krafts Foto-Idee nicht schlecht. Kunst verändert sich, Geschmäcker sind unterschiedlich, das Bild muss dem Amtsinhaber gerecht werden – also warum nicht? Der Star-Fotograf Jim Rakete, der sonst Showgrößen in Szene setzt, lichtet Kraft ab. Bei der Enthüllung des Bildes wirkt Laschet fast glücklicher als seine Amtsvorgänger über ein ausdrucksstarkes, authentisches Exponat in der Ahnengalerie.

Laschet zeigt immer wieder ein Faible für große Fotografen. Die Arbeiten des Düsseldorfers Andreas Gursky mag er. Den renommierten Künstler Martin Schoeller lernt er Anfang 2020 bei der Ausstellung „Survivors" über Holocaust-Überlebende in Essen kennen. Die Fähigkeit, Geschichte und Gegenständliches lebendig zu machen, begeistert ihn. Schon als junger Mann hängt sich Laschet ein Foto in sein Arbeitszimmer vom historischen Marsch der Mutigen durch Leipzig, bei dem 70.000 Menschen am 9. Oktober 1989 das Ende der DDR einläuten. Die Aufnahme ziert eine Widmung des Fotografen: „Nicht vergessen. Der Durchbruch. Wir sind das Volk."

Als Laschet im Juni 2017 im Landtag als Ministerpräsident vereidigt wird, zieht auf der Besuchertribüne ein junger Mann im cremefarbenen Anzug viele Blicke auf sich: Johannes Laschet, sein ältester Sohn. Der *Influencer* für klassische Herrenmode, der es beim *Gentleman*-Wettbewerb des Männermagazins *GQ* mal bis ins Finale geschafft hat, weckt mit den Jahren immer mehr Medieninteresse. Journalisten attestieren dem auffallend gut aussehenden jungen Mann eine große Ähnlichkeit mit Hollywood-Star Ryan Gosling. In Interviews erzählt Johannes Laschet, dass sein Vater ihm einst die Stilfibel „Der Gentleman. Handbuch der klassischen Herrenmode" geschenkt habe. Laschet senior ist das offenkundig nicht peinlich. „Nun lasst ihn doch in Mode machen", sagt der Ministerpräsidenten schon mal, wenn man ihn auf neue Dandy-Hochglanzfotos seines Ältesten anspricht. Oder er nimmt es mit Humor: „Warum sagen alle, er ähnelt Ryan Gosling und keiner sagt, er sieht aus wie Armin Laschet?"

Johannes Laschet wird auf Empfängen der Landesregierung gesichtet, gibt recht häufig Interviews („Wir gehen oft zusammen Klamotten kaufen – vor allem Anzüge und Schuhe.") und sucht erkennbar nicht die Abgrenzung zum Vater. Anders als vielleicht beim früheren hessischen Minister-präsidenten Roland Koch, dessen Sohn Dirk auch als Erotik-Fotograf auf sich aufmerksam macht, lässt sich hier kein Motiv der Rebellion gegen das konservative Elternhaus hineindichten. Im Gegenteil: Armin und „Joe" Laschet verweisen bei *Instagram* gern aufeinander. Das wirkt gelegentlich befremdlich, beispielsweise wenn der Ministerpräsident mit seinem offizi-ellen *Social Media*-Kanal den Scheinwerfer auf Werbe-Hochglanzbilder des Juniors richtet, die „Joe" während der existentiellen Corona-Krise in Luxus-Karossen von *Aston Martin* zeigen.

Laschet selbst holt sich beim Sohn schon mal Rat, wenn es um Fragen der richtigen Seidenkrawatte oder eines Einstecktuchs geht. „Wir nehmen die Ratschläge gerne an", stellt Susanne Laschet klar, „am Ende entschei-det aber trotzdem jeder noch selbst über seine Kleidung." Beim Minister-präsidenten Laschet sind dies, bis auf silberne Manschettenknöpfe, keiner-lei Extravaganzen. Er ist ein Mann der zeitlosen gedeckten Anzüge. Klassische Uhren gefallen ihm, aber einen möglichst teuren Chronometer, wie in Manager-Kreisen üblich, braucht er als Statussymbol nicht. Anders als Amtsvorgänger Jürgen Rüttgers will Laschet gleichwohl auch nicht mit billigen Werbegeschenk-Uhren am Handgelenk demonstrieren, wie egal ihm ein solcher Herrenschmuck ist.

Der modische Auftritt scheint für Laschet immer auch eine Frage des Respekts vor dem Amt, gegenüber Gesprächspartnern oder eine der Selbst-achtung zu sein. Mit dem Regierungswechsel 2017 vollzieht sich rein äußerlich rasch ein bürgerlich-konservativer Wandel in Düsseldorf. Anzug und Krawatte oder Kostüm sind seither selbst bis in die zweite und dritte Reihe der Staatskanzlei unausgesprochene Pflicht. Der sportliche Aufzug, den manche Vertreter von SPD und Grünen selbst im Amt bevorzugen, ist kaum noch zu beobachten. Als im Juni 2017 bei der Unterzeichnung des Koalitionsvertrages von CDU und FDP in den Düsseldorfer Rheinwiesen der damalige CDU-Fraktionsvize Klaus Kaiser aus dem Sauerland in ver-blichener Jeans durch den staubigen Grund stampft, läuft Laschet auf dem Rückweg scheinbar zufällig neben ihm her: „Klaus, hätte es heute nicht mal ein Anzug sein können?" Der Angesprochene zuckt verlegen mit den Schul-tern. Ein paar Tage später wird er dennoch als Parlamentarischer Staats-sekretär in das Kabinett Laschet berufen.

Bei aller modischen Sensibilität verwendet Laschet selbst oft erstaunlich wenig Ehrgeiz darauf, ins rechte Bild gesetzt zu werden. Wer jemals erlebt hat, mit welchem Aufwand und Kontrollwahn Kanzler und Top-Manager die Hoheit über das eigene Foto in der Öffentlichkeit verteidigen, findet bei ihm eine sympathische Lässigkeit. Es gibt unzählig viele Bilder, auf denen Laschet nicht gerade vorteilhaft getroffen ist. Wie egal ihm das zu sein scheint, ist Anfang 2020 in einer *Lufthansa*-Maschine auf dem Weg von Tel Aviv nach Frankfurt zu erleben. Wegen Drohnen im hessischen Luftraum wird das Flugzeug nach Köln umgeleitet und wartet dort recht lange auf dem Rollfeld auf weitere Anweisungen. Alle müssen auf ihren Plätzen verharren, selbst der Ministerpräsident. An Bord macht sich nervöse Unruhe über die Fortsetzung der Reise breit. Laschet muss dringend nach Berlin und droht seinen Anschlussflug zu verpassen. Ein Journalist traut sich trotzdem zu fragen, ob er ihn wartend in seinem *Lufthansa*-Sitz fotografieren dürfe. Laschet ist das einerlei. Später wird der Bilderservice der *Deutschen Presse-Agentur* ein Foto verbreiten, das einen lächelnden Ministerpräsidenten etwas ungekämmt und mit über dem Bauch gespanntem Oberhemd zeigt. Solch eine Aufnahme, die man sonst aus dem Pauschalflieger nach Mallorca kennt, würde von erfahrenen Berliner Spin-Doctoren sofort auf den Index gesetzt. Laschet macht sich da nichts draus.

Dabei definiert er sich abseits solcher Schnappschüsse sehr wohl als Privatmann auch über Stilfragen. Jedoch dezent, selten belehrend. Vor allem in der Brüsseler Zeit, die von Botschafteressen und Empfängen geprägt ist, lernt er die Etikette zu pflegen. Merkt er heute bei einem gesetzten Abendessen an fein gedeckter Tafel, dass ein Tischgast unsicher ist beispielsweise bei der Zuordnung des Brottellers, kann es sein, dass der Ministerpräsident diskret-aufmunternd raunt: „Immer: Links das Brettchen, rechts das Mädchen." Besserwissereien mancher Parvenüs, die sich viel auf ihre angelernte Parkettsicherheit einbilden, sind Laschet dagegen zuwider. In seiner Jugend pflegt er schließlich mitunter selbst sehr unkonventionelle Tischsitten. Wenn Freund Heribert Walz als Junge bei den Laschets Frühstücksgast ist und die liebevoll-strenge Mutter gerade nicht schaut, machen beide sich schon mal einen Spaß daraus, hart gekochte Eier an der Zimmerdecke aufzuschlagen. Mitunter zum Leidwesen der weißen Hemden vor dem Gottesdienst am Sonntagmorgen.

Walz beschreibt Laschet als einen genügsamen Zeitgenossen: „Er hat keine teuren Hobbys. Lesen, Telefonieren, ab und zu mal Fußball gucken." Laschet scheint es auch nicht darauf anzulegen, die Vermögensbildung schnell voranzutreiben. Gegenüber der Journalistin Christiane Feller legt er vor fast 20 Jahren einmal dar, warum er die Politik einem einträglichen Posten in einem Unternehmen vorzieht: „Die Vielfältigkeit ist für mich der Reiz. Große Probleme, kleine Probleme – immer etwas anderes. Das ist reizvoller als ein Top-Job in der Wirtschaft, wo man vielleicht viel mehr Geld verdient." Die Faszination hoher Gehälter kann gleichwohl auch Laschet nicht abschütteln. Wenn er sieht, welche Summen alte Weggefährten aus der CDU wie Andreas Krautscheid oder Michael Breuer im Bankensektor nach Hause bringen, und das ins Verhältnis zum Gehalt der Bundeskanzlerin setzt, kommt er gelegentlich ins Grübeln. Neid ist Laschet nicht anzumerken. Er kann sich zwar darüber amüsieren, dass sich Flugzeug-Besitzer und Einkommensmillionär Friedrich Merz zur „gehobenen Mittelschicht" rechnet, doch gönnt er fast jedem sein Vermögen.

Laschet selbst gehört nie zu den Nebeneinkünfte-Königen der Politik, doch wird auch ihm kein übermäßiger Hang zur finanziellen Selbstausbeutung bescheinigt. Als Bundestagsabgeordneter zwischen 1994 und 1998 steht er ja nebenbei noch als Geschäftsführer des Aachener Kirchenzeitungsverlags auf der Lohnliste. Er lebt für die Politik, aber eben auch nicht so schlecht von der Politik. 2012 etwa wird eine „Laschet-Zulage" öffentlich, die der frisch gewählte Vorsitzende der NRW-CDU in Höhe von 5400 Euro monatlich bekommen soll. Zusätzlich zu seiner Diät als Landtagsabgeordneter in Höhe von rund 10.000 Euro. Eigentlich ist der Parteivorsitz ein Ehrenamt. Doch Laschet will sich nicht schlechter stellen als vorher, als ihm noch eine Zulage als stellvertretender Fraktionsvorsitzender zusteht. Der Vorstand der NRW-CDU gesteht ihm das Gehaltsplus zu, auch wenn die öffentliche Debatte über das Extra den Beteiligten erkennbar unangenehm ist.

Einmal gerät er sogar mit dem Fiskus in Konflikt: 2009 spendet Laschet ein Honorar von 4000 Euro aus der Veröffentlichung seines Buchs „Die Aufsteigerrepublik" an einen guten Zweck und reicht die Spendenquittung beim Finanzamt ein. Da er diese Zusatzeinkünfte jedoch vorher nicht angegeben hat, steht er im Verdacht, seine Steuern kürzen zu wollen. Als die

Sache 2015 öffentlich wird, begleicht er nachträglich seine Schuld beim Fiskus. Gemessen an handfesten Politiker-Affären bleiben solche finanziellen Probleme allerdings Lappalien. Er macht sich augenscheinlich aus Geld zu wenig, um dafür ernsthafte Karriererisiken einzugehen.

„Geld verdienen war dem Armin nie wichtig", sagt auch Jugendfreund Walz. Aus ihrer engagierten Jugend im behüteten Zuhause bringen die Laschet-Brüder offenbar ein unerschütterliches Zutrauen mit, dass es selbst in Krisenzeiten irgendwie und irgendwo immer weitergehen wird: „Dann kommt das Nächste, so sind wir erzogen worden."

Wenn Laschet einen Sinn für Luxus hat, dann ist es wohl seine Vorliebe für große Autos. Sein erstes Auto ist ein gebrauchter *Mercedes*. Den kauft er von dem Geld, das er als Student in München bei dem Autohändler verdient, für den er Fahrzeuge zwischen Antwerpen und Bayern überführt. Als seine Mutter ihn in dem Auto sieht, ist sie außer sich: „Du kannst als Student doch keinen Mercedes fahren." Mit dem Ministerpräsidenten-Amt wird Laschet Nutzer von zwei gepanzerten Audi-Limousinen, die ihn und seine Personenschützer täglich durchs Land chauffieren. Anders als bei Amtsvorgängerin Kraft fahren die Dienstwagen vom ersten Tag an mit installiertem Blaulicht auf dem Dach vor. „Er ist halt ein Junge", kommentiert ein Beobachter kurz nach der Vereidigung.

„Armin Laschet ist ein Genussmensch, aber kein Protz-Typ", urteilt sein Freund Hermann Gröhe, „ich finde es glaubwürdig, wenn ein Politiker seine Arbeit nicht als Opfergang inszeniert, sondern ausstrahlt: Ich mag das Leben und die Menschen und manchmal gönne ich mir auch etwas." Da ist Laschet auch einfach lebensfroher Katholik. Sein Jugendfreund Gröhe ist dagegen evangelisch. Den Protestanten wird ein eher asketischer Lebensstil nachgesagt, und Laschet spielt mit diesem Vorurteil: „Das war ja Armins Grundthese", erinnert sich Gröhe an Laschets Frotzelei. „Du kannst kein Protestant sein, du lachst zu viel." Auf die Formel „rheinischer Protestant" konnten sie sich schließlich einigen.

Zu den Leidenschaften, denen Laschet seit Jahrzehnten die Treue hält, gehört sein Zigarillo-Genuss. Wer Laschet in seinem Ministerpräsidenten-Büro besucht, riecht auch bei geöffneten Fenstern noch den kalten

Rauch seiner Lieblingsmarke *Buena Vista*. Das Rauchverbot in nordrhein-westfälischen Amtsgebäuden ignoriert Laschet gelegentlich, zumindest wenn er allein an seinem Schreibtisch sitzt. In Düsseldorfer Regierungskreisen hält sich hartnäckig das Gerücht, Laschet habe kurz nach der Amtsübernahme im Sommer 2017 aus reinem Eigennutz die Staatskanzlei aus dem modernen Bürohochhaus *Stadttor* ins wenige hundert Meter entfernte historische *Landeshaus* verlegt. Im gläsernen Turm mit moderner Klimatechnik droht heimlichen Rauchern umgehend die Sprinkleranlage inklusive Feuerwehr-Einsatz.

Laschet steckt sich bei jeder passenden und unpassenden Gelegenheit einen Zigarillo an. Selbst als 2016 im Vatikan der *Karlspreis* an Papst Franziskus verliehen wird, findet sich eine Raucherpause. Beim Empfang in der Residenz der deutschen Botschafterin Annette Schavan steht Laschet hilflos auf der Terrasse, weil sein Zigarillo-Etui leer ist. Auch sein alter Raucher-Freund und ehemaliger Fraktionsgeschäftsführer im Aachener Stadtrat, Franz Plum, kann nicht weiterhelfen. Wer geht schon mit Rauchware zum Papst? Sie scheuen sich nicht, im Schatten des Heiligen Stuhls, den einige Meter entfernt stehenden Jürgen Linden um Hilfe zu bitten. Der Aachener Alt-Oberbürgermeister und Vorsitzende des *Karlspreis*-Direktoriums ist eine Autorität in der Stadtgesellschaft – und ein bekannter Zigarillo-Liebhaber. SPD-Mann Linden und Laschet haben über die Jahre schon manches kommunalpolitische Problem gelöst, indem sie sagten: „Komm, wir gehen mal eine rauchen." Linden kann damals im Vatikan helfen, hat sich inzwischen das Rauchen jedoch abgewöhnt.

Bei Laschet ist damit absehbar nicht zu rechnen. Dafür liebt er das Aroma süßen Tabaks zu sehr. Mit einem lokalen Geschäftsmann entwirft er im Jahr 2000 zum Geburtstag seines Heimatstadtteils sogar die Eigenkreation *Burtscheider 1000*. Laschet probiert da als Zigarillo-Sommelier so lange, bis ihm die Mischung passt. Der *Burtscheider 1000* wird anschließend in Dänemark produziert.

Auch beim Wein ist Laschet ein Genießer. In seiner Zeit als Integrationsminister, so bezeugen es heute ehemalige Mitarbeiter, habe er manchmal bei der Planung von Veranstaltungen persönlich mehr Wert auf den Ausschank qualitätsvoller Weine gelegt als auf die inhaltliche Zusammensetzung der Podiumsdiskussion. Als Ministerpräsident sorgt er heute ebenfalls dafür, dass ein „trinkbarer" Tropfen aus den wenigen NRW-Weingütern im südlichen Teil des Landes bei offiziellen Essen auf den Tisch kommt.

Laschets schönster Platz in der Freizeit trägt lange die Bezeichnung „Block E04, Reihe 27, Platz 5". Dort fiebert er bei Erst- und Zweitliga-Spielen im Tivoli-Stadion mit Alemannia Aachen. Laschet gehört nicht zu den Politikern, die sich zwei, drei Fußball-Weisheiten zurechtlegen müssen, um in Interviews volkstümlich zu erscheinen. Er versteht wirklich etwas von dem Sport und guckt Spiele, wann immer es die Zeit erlaubt. Anders als Amtsvorgängerin Kraft, die sich in ihrer Regierungszeit regelmäßig zur Haupttribüne ihres Lieblingsvereins Borussia Mönchengladbach chauffieren lässt, sieht man Laschet selten in den Bundesliga-Stadien Nordrhein-Westfalens. Das mag auch daran liegen, dass er einen für den Landesvater ungewöhnlichen Herzensclub hat: Laschet ist seit Kindesbeinen Fan von Bayern München. Für einen Jungen im Aachen der 70er Jahre ein exotischer Geschmack. Die meisten schwärmen dort für die Fohlenelf um Günter Netzer. Vom Burtscheider Markt bis zum Bökelberg sind es nicht einmal 70 Kilometer. Laschets Bruder Remo ist Borusse und bevorzugt bis heute die damalige Gladbacher Ausrüster-Marke *Puma*. *Adidas*, den Premiumsponsor von Bayern München, rührt er nicht an.

Für Laschet ist es nicht leicht, als Bayern-Fan die gerade in NRW im Ministerpräsidenten-Amt so wichtige Fußball-Kompetenz zu zeigen. In keinem Bundesland gibt es eine größere Dichte an Proficlubs, Stadien und Rivalitäten als an Rhein und Ruhr. Nur in der Ablehnung des FC Bayern sind sich Kölner und Gladbacher, Schalker und Dortmunder ausnahmsweise einig. Laschet versucht trotzdem, offen mit seiner Vorliebe umzugehen. Er hält zwar 2017 als frisch gewählter Ministerpräsident beim Dortmunder Pokalsieger-Bankett in Berlin auch den goldenen Pott in die Kamera, doch vermeidet er fußballerische Anbiederungen. Er lässt sich auch nicht davon abhalten, Nationaltorhüter Manuel Neuer im Jahr 2019 den Verdienstorden des Landes Nordrhein-Westfalen umzuhängen. Obwohl Neuer nach seinem Wechsel vom FC Schalke 04 zu Bayern München in NRW durchaus polarisiert, ist Laschet der Stolz anzusehen, als er neben dem Bayern-Star in der Staatskanzlei posieren darf. Der millionenschwere

Geehrte konnte es angeblich selbst auch nicht fassen: „Als ich von der Auszeichnung gehört habe, war ich zunächst baff", sagt Neuer damals.

Vor dem Champions-League-Finale 2013 zwischen dem BVB und Bayern antwortet Laschet auf eine Zeitungsanfrage ehrlich, wem er die Daumen drückt. Auch auf die Gefahr hin, dass es bei seinen Wählern an Rhein und Ruhr schlecht ankommt. Beim Fan-Sein gibt es keinen politischen Kompromiss. „Da muss man authentisch sein", erinnert Laschet sich noch Jahre später. Genüsslich verweist er auf das Beispiel des SPD-Kanzlerkandidaten Peer Steinbrück, der im Jahr 2013 mit einem fünf Jahre alten Foto konfrontiert wird, das den BVB-Aufsichtsrat mit einem Schalke-Schal zeigt. Wie peinlich.

An fußballerischem Bekennermut hat es Laschet noch nie gemangelt. Sein Bruder Carsten erinnert sich mit Schaudern an den Abend des Champions-League-Finales zwischen Bayern München und Manchester United im Mai 1999. Er ist gerade beruflich in London. Armin Laschet und seine Frau Susanne sind zu Besuch. Zu viert verfolgen sie in einem brechend vollen Londoner Pub das Spiel. Laschet, mit all seiner Leutseligkeit, scheut sich nicht, den Mitguckern zu verraten, dass er nicht nur Deutscher, sondern demnächst auch noch EU-Parlamentarier sowie Bayern-Fan sei. Nach dem Spiel, das die Bayern dramatisch in der Nachspielzeit verlieren, verlassen die Laschets Hals über Kopf die Lokalität.

Anders als mancher Politiker versucht Laschet gar nicht erst den Eindruck zu erwecken, er sei selbst knapp an der Fußballprofi-Karriere vorbeigeschrammt. In Burtscheid ist der junge Armin zwar bei jedem Straßenkick dabei, doch stellen die Kameraden schnell fest, dass er am liebsten die Turniere organisiert. Im Verein hat er lediglich mal Leichtathletik betrieben. Zu seinen fußballerischen Kompetenzen gehört obendrein, aus dem Stand Torschützen und Aufstellungen großer Turniere referieren zu können. Sein eher ausgleichendes Naturell pflegt er auch als Fan. Wenn er in seinen Tabakladen geht und für maximal 40 Euro die Spiele der Fußball-Bundesliga beim *TOTO* tippt, setzt er grundsätzlich auf Unentschieden. Keine Siege, keine Ergebnisse. Spiele mit einem klaren Favoriten lässt er vorsichtshalber aus. Als der *Zeit*-Journalist Willeke Laschets Tipp-System 2017 in einem Porträt öffentlich macht, wird dies von Freund und Feind als typisches Zeichen seiner Risikoscheu gelesen. Noch Jahre später kann Laschet kaum ein

Gespräch über Fußball führen, ohne auf seine Tipp-Strategie angesprochen zu werden. Ein Fußball-Fan mit Leidenschaft für Unentschieden – das wirkt wie ein Widerspruch in sich. „Das gibt die besten Quoten, glauben Sie es mir", verteidigt er sich dann. Ein bisschen scheint sich der Privatmann Laschet, der so viel Unterschiedliches in seiner Person auszubalancieren versteht, dann doch ertappt zu fühlen.

Der „Türken-Armin"

Reformer und Regierender

Der Ort Rurberg gehört lange Zeit zu den wenigen Flecken, an denen selbst Armin Laschet vor Parteipolitik einigermaßen sicher ist. Das Dorf am Eifelrand, das heute zur Gemeinde Simmerath zählt, ist ein beliebtes Naherholungsgebiet für Großstädter aus Aachen. Der junge Laschet verbringt hier am Rursee mit seinen Eltern und den drei Brüdern viele Wochenenden. Die Familie seiner Mutter stammt aus der Gegend. Laschets Urgroßvater, Theodor Stoltzen, arbeitet um die Jahrhundertwende als Lehrer in der Dorfschule der nahegelegenen Ortschaft Hammer. Zum Abschied aus dem Amt bekommt Stoltzen 1924 von der Gemeinde eine Taschenuhr mit Gravur geschenkt, die seine Verdienste im insgesamt 40-jährigen Schuldienst würdigen soll. Laschets Bruder Patrick weiß so etwas, er steckt ja als Hobby-Ahnenforscher viel Energie in die Rekonstruktion ihres Stammbaums.

Fast 100 Jahre später nutzt Laschet einmal einen Termin als Ministerpräsident in der Eifel, um diese Verbindungslinie vom Dorfschullehrer in grauer Vorzeit zum Düsseldorfer Regierungschef von heute aufzuzeigen. Im Publikum wird anerkennend gelacht, gejohlt und applaudiert. Laschet strahlt am Rednerpult einen derart fröhlichen Ahnenstolz aus, dass sich die Verhältnisse im Saal schlagartig verkehren. Plötzlich sind die Zuhörer in der Provinz nicht mehr zur verkrampften Dankbarkeit genötigt, den prominenten Gast aus der Landeshauptstadt willkommen heißen zu dürfen. Laschet vermittelt vielmehr den Eindruck, bloß auf diese eine Gelegenheit gewartet zu haben, endlich einmal wieder an einem wichtigen Ort seiner Familienhistorie zu sein. Als gäbe es im randvollen Terminkalender eines Ministerpräsidenten keinen schöneren Auftritt, als für wenige kostbare Augenblicke Teil dieser Eifel-Gemeinde zu sein. Selbst wer dem CDU-Mann aus der Staatskanzlei eigentlich skeptisch gegenübersteht, spürt jetzt ein wohliges Gemeinschaftsgefühl in sich aufsteigen.

Auch nach vielen Jahren der Nahbeobachtung lässt sich nicht sicher sagen, ob der Politiker Laschet in solchen Situationen wirklich so empfindet.

Oder ob er bloß den Überraschungseffekt unverbrauchter Anekdoten genießt. Vielleicht weiß er auch sehr kalkuliert sein Talent zur einnehmenden Plauderei als Machttechnik einzusetzen. In jedem Fall erinnert er dabei ein wenig an Johannes Rau. Dessen landesväterliche Ausflüge sind über Jahrzehnte geprägt von der Fähigkeit, ständig persönliche Bezüge herzustellen. Immer gibt es irgendwo jemanden zu grüßen, Geburtstagswünsche zu übermitteln und Bonmots zu erzählen. So bricht geräuschlos das Eis. Und erleichtert das, was als Politik-Maxime selbst einmal der wenig volkstümlichen Kanzlerin Merkel zugeschrieben wurde: Egal, wie eng der Tag auch mit Terminen getaktet ist – jedem Gesprächspartner muss das Gefühl vermittelt werden, der wichtigste von allen zu sein.

Als Laschets Eltern im Sommer 2005 ihren 45. Hochzeitstag begehen, laden sie ihre Großfamilie zu einem gemeinsamen Wochenende in den Sportpark Rurberg ein. Laschet müsste an diesem 18. Juni eigentlich zum Landesparteitag der CDU nach Düsseldorf fahren, wo der frisch ausgehandelte schwarz-gelbe Koalitionsvertrag von den Delegierten beklatscht werden soll. Es ist ein großer Tag für die Christdemokratie in Nordrhein-Westfalen. Nach 39 Jahren scheinbar betonierter SPD-Vorherrschaft kann demnächst mit Jürgen Rüttgers erstmals wieder ein CDU-Mann zum Ministerpräsidenten gewählt werden. Eine Zeitenwende. Das „rote Stammland" soll von CDU und FDP auf einen Kurs der bürgerlichen Erneuerung getrimmt werden. Eine ungeheure Euphorie trägt die lange so zerstrittene Landespartei an Rhein und Ruhr.

Alles schart sich um den fulminanten Wahlsieger Rüttgers. Nicht wenige hoffen in diesen Tagen, mit einem Posten belohnt zu werden. Für einen 44-jährigen Berufspolitiker wie Laschet ist solch ein Parteitag normalerweise ein Pflichttermin. Auch in Brüssel wird in jenen Tagen darüber spekuliert, dass angeblich ein Europaabgeordneter in Rüttgers' Kabinett einrücken wird. Von Herbert Reul als Schulminister ist die Rede. Den langjährigen Generalsekretär der NRW-CDU und Bildungspolitiker verbindet seit den Tagen in der *Jungen Union* eine Art Hassliebe mit Rüttgers, die selbst enge Vertraute nicht richtig erklären können. Auch Elmar Brok, der einflussreiche Vorsitzende des Auswärtigen Ausschusses im Europaparlament, wird in den Flurgesprächen als ministrabel erachtet. Es gibt jedoch erhebliche Zweifel, ob der angesehene Berufseuropäer Brok einen Wechsel nach Düsseldorf wirklich als Aufstieg begreifen würde. Vom Europaabgeordneten Laschet als Ministerkandidat spricht niemand.

Nicht einmal er selbst scheint mit dem Gedanken zu spielen. Laschet entscheidet sich, lieber gemeinsam mit seinen Brüdern und der gesamten Familie den Hochzeitstag der Eltern in Rurberg zu begehen. Er weiß, dass es Mutter und Vater an diesem besonderen Tag wichtig ist, alle an Bord zu haben. Außerdem liebt Laschet diese Großfamilien-Atmosphäre, all die Küchentisch-Debatten, die Sprüche und Späße mit den Lieben. Wie oft haben sie so schon in Aachen zusammengesessen? Beim Parteitag in Düsseldorf werden 600 Delegierte sein, denkt sich Laschet. „Da musst du nicht hingehen, da fällt es überhaupt nicht auf, ob du da bist oder nicht", erinnert er später sein Kalkül.

Umso verblüffter reagiert Laschet, als nachmittags im Sportpark Rurberg sein Handy klingelt und Rüttgers persönlich in der Leitung ist: „Ich habe dich heute nicht gesehen." Wie kann das sein? Hat mich jemand angeschwärzt? Hat der künftige Ministerpräsident nichts Besseres zu tun, als die Parteitagsteilnahme eines einfachen Europaabgeordneten nachzuhalten? Laschets Gedanken müssen in dem Moment Karussell gefahren sein. „Ich wollte dich fragen, ob du Minister für Generationen, Familie, Frauen und Integration werden willst", kommt Rüttgers gleich zur Sache. Laschet ist verblüfft, bittet um Bedenkzeit, weiß aber eigentlich nicht, warum „ich mein schönes Europaparlament" verlassen sollte.

Wechsel in die Landespolitik? Minister? Die Familie redet sich in Rurberg bis drei Uhr in der Früh die Köpfe heiß. Die Politik dominiert auf einen Schlag das gesamte Hochzeitstag-Wochenende. Seinem Bruder sei es damals wichtig gewesen, Rüttgers' Angebot im Kreis der Vertrauten noch einmal von allen Seiten zu beleuchten, erinnert sich Remo Laschet: „Er wollte gespiegelt bekommen, wie wir das sehen, die ja auch alle politisch sind und politisch denken können, aber eben nicht selbst in der Parteipolitik stecken." Laschet schmerzt, was er in Brüssel alles aufgeben würde: sein Lebensthema Europa, diese flirrende Internationalität des EU-Kosmos, die Unabhängigkeit des Abgeordneten.

Am Ende sagt er Rüttgers zu. Die Familie hat Laschet in Erinnerung gerufen, warum er überhaupt immer Politik machen wollte: um zu verändern und zu gestalten, ja, auch um in Positionen zu gelangen und Macht zu haben. Das kann man nun einmal am besten in der Exekutive. Ein halbes Jahr später fasst Laschet seine Abwägung in einem Interview mit der *Frankfurter Allgemeinen Zeitung* so zusammen: „Meine europäische Arbeit habe ich schweren Herzens verlassen. Aber nach 39 Jahren Opposition, die die CDU in Nordrhein-Westfalen hinter sich hat, jetzt am Neubeginn mitzuwirken, ist eine reizvolle Aufgabe. Hinzu kommt, dass ich auf die Kompetenz von 300 Mitarbeitern bauen muss – auch auf diejenigen, die nicht die Positionen der CDU vertreten. Diese konkrete Regierungserfahrung ist näher an der Praxis: Was sie entscheidet, muss unmittelbar vor Ort funktionieren.“

Als Laschet am 24. Juni 2005, nicht einmal eine Woche nach dem Familienfest in Rurberg, zum Minister ernannt wird, lässt er sich auf dem Weg zur Vereidigung von einem Kamerateam des *WDR* begleiten. Der Fernsehjournalist Torsten Reschke darf den landespolitischen Neuling zu Hause in Aachen-Burtscheid abholen und sogar die Familie am Frühstückstisch filmen. Laschet führt das Kamerateam durch den kleinen Hausflur direkt in sein Wohnzimmer. Holzfußboden, überall weiße Bücherregale, Fensterfront zum kleinen Garten, irgendwie eine warme Akademiker-Atmosphäre. In der Essecke mit Durchgang zur Küche staunen die Kinder über den Besuch. Auch während der Autofahrt nach Düsseldorf lässt sich Laschet am Steuer über die Schulter schauen.

Beim *WDR*, der damals von vielen CDU-Größen aufgrund der Nähe zur SPD noch als *Rotfunk* geschmäht und misstrauisch beäugt wird, freut man sich über die Offenheit des künftigen Ministers. Laschet, der schon in Bonn und Brüssel ein unverkrampftes Verhältnis zu Journalisten pflegte, zeigt von Beginn an in Düsseldorf wenige Berührungsängste. Seine Frau Susanne scheint zwar nicht so begeistert darüber zu sein, dass gleich an Tag eins des Minister-Lebens hier im Burtscheider Reihenhaus ein Stück Privatheit öffentlich ausgestellt wird, aber es ist eben ein großer Moment in der Laufbahn des Politikers Armin Laschet. Die Kinder bekommen schulfrei, um den Vater auf dem Weg in sein erstes Staatsamt zu begleiten.

Durch die Sozialisation im rheinischen Karneval und die enge Bindung an die katholische Kirche gibt es bei den Laschets einen ausgeprägten Sinn für Zeremonien. Wer Armin Laschet etwa im Spätsommer 2018 trifft, bekommt ein gutes Gefühl dafür, wie ihn pompöse Rituale und jede Form von byzantinischem Zauber immer wieder aufs Neue faszinieren. Gerade ist er als erster Ministerpräsident seit Karl Arnold in der *Königsparade* des bundesweit größten Schützenfestes in Neuss vor tausenden Besuchern mitmarschiert – im maßgeschneiderten Frack und mit Zylinder auf dem Kopf. Mit einer Begeisterung, die zwischen belustigt, beeindruckt und befremdet changiert, zählt er später detailreich die traditionellen Abläufe in Neuss auf – und lacht sich kringelig, dass aus hergebrachten protokollarischen Gründen beim gesetzten Essen nicht einmal seine Frau neben ihm sitzen durfte.

Ganz so glamourös ist die Einführung eines Landesministers nicht. Doch Laschets Kinder fiebern im Juni 2005 dem Ernennungszeremoniell bereits entgegen. Die Söhne Johannes und Julius sind zu dieser Zeit Messdiener und haben fünf Wochen zuvor am Fernsehen aufmerksam das Konklave verfolgt, aus dem Kardinal Joseph Ratzinger am 19. April 2005 als erster deutscher Papst Benedikt XVI. hervorgegangen ist. „Vielleicht hat mein Jüngster deshalb in der Schule am Tag vor meiner Vereidigung gesagt: Ich kann morgen nicht kommen – mein Papa wird zum Minister geweiht", berichtet Laschet einige Wochen später belustigt.

Die ersten Gehversuche in der Landespolitik lassen aber auch bei Laschet Zweifel wachsen, ob das hier wirklich seine Sache ist. Bei einer Art „Übergabegespräch" versucht die spätere Landtagspräsidentin Regina van Dinther (CDU), die sich zu Oppositionszeiten um den Bereich Familie und Jugend gekümmert hat, den Mann aus Brüssel vertraulich in die Welt der Kita-Finanzierung und kinderpolitischen Initiativen einzuführen. Laschet hat noch wenige Tage zuvor, bei seiner letzten Rede vor dem Europaparlament am 8. Juni 2005, UNO-Generalsekretär Kofi Annan zu Reformen der Vereinten Nationen ermuntert und über „effektiven Multilateralismus" doziert. Nach dem Treffen mit van Dinther wirkt er ernüchtert. Die ersten Pläne für ein neues Kinderbildungsgesetz, das die pädagogische Frühförderung in Nordrhein-Westfalen von Grund auf erneuern soll, sind für Laschet weit weg. Trotzig sagt er beim Hinausgehen zu seiner Brüsseler Mitarbeiterin Natalia Köhler, die mit ihm nach NRW wechseln wird: „Dafür können wir den Nahost-Konflikt erklären."

Der spätere Essener Oberbürgermeister Thomas Kufen (CDU), der von 2005 bis 2010 an Laschets Seite als „Integrationsbeauftragter der Landesregierung" arbeiten soll, bringt den seinerzeitigen Realitätsschock auf eine einfache Formel: „Armin Laschet wusste, wie der Weltsicherheitsrat funktioniert, aber nicht, was ein Kita-Beirat macht." Kufen ist in dieser Zeit der kommende Mann der NRW-CDU für Integrationsfragen. Er hat sich bereits als migrationspolitischer Sprecher der Landtagsfraktion profiliert und hält diverse Kontakte zu den deutsch-türkischen Gremien. Er lernt Laschet im Sommer 2005 bei einer der ersten großen türkischen Veranstaltungen in Duisburg-Marxloh kennen, die der neue Minister besucht. Kufen trifft einen Mann, der vor der Tür einer Mehrzweckhalle steht, eine Hand in der Hosentasche vergräbt und entspannt einen Zigarillo raucht. „Sie haben ja einen Ruf wie Donnerhall", begrüßt ihn Laschet. „Sehr unkonventionell, sehr hemdsärmelig" sei diese erste Begegnung mit dem neuen Chef gewesen, findet Kufen. Ihm gefällt das. Kufen stammt aus dem etwas raueren Essener Norden und hat als kaufmännischer Angestellter im Autohaus seiner Eltern gearbeitet. Die gediegene Bürgerlichkeit, die mancher in der CDU zur Schau stellt, ist ihm fremd. Mit Laschets Direktheit kann er umgehen.

„Ministerium für Generationen, Familie, Frauen und Integration" – was für ein Türschild. Eine konkrete Vorstellung davon, welche genaue Prägung Laschets bunt gemischtes Ressort eigentlich haben soll, gibt es zunächst nicht. Als „Familie und Gedöns" tun einige Beobachter in Düsseldorf den Zuschnitt des Hauses bereits ab – in Anlehnung an eine flapsige Bemerkung des SPD-Kanzlers Schröder bei seiner eigenen Ressortverteilung 1998. „Wir dachten, die demografische Frage würde im Mittelpunkt stehen, deshalb steht ‚Generationen' auch im Titel vorn", bekennt Laschet Jahre später und räumt damit ein, dass ihm das Profil seines Hauses bei Amtsantritt selbst nicht so klar war.

Als es ab Oktober 2005 zu Brandstiftungen und Unruhen in den Pariser Vorstädten kommt, stellt sich die Frage der inhaltlichen Prioritäten nicht mehr. Immer stärker drängt die „Banlieue"-Debatte auch in die deutsche Innenpolitik. Wurde Multikulti nicht auch hierzulande viel zu lange idealisiert? Muss Einwanderern mehr abverlangt werden? Haben wir aus falsch verstandener Liberalität über Parallelgesellschaften hinweggesehen? Brauchen wir eine deutsche Leitkultur? Fragen wie diese dominieren nunmehr die Agenda.

Für den neuen Ministerpräsidenten Rüttgers ist es eine willkommene Gelegenheit, innerhalb der Union einen neuen Ton zu setzen. Ihm hängt zu dieser Zeit noch immer sein „Kinder statt Inder"-Spruch aus dem Landtagswahlkampf 2000 nach. Rüttgers wollte damals eine Green-Card-Initiative für IT-Spezialisten des neuen Bundeskanzlers Schröder kritisieren und formulierte in einem Interview mit der Agentur *AP* den Satz: „Statt Inder an die Computer müssen unsere Kinder an die Computer." Was Rüttgers wohl meinte: Bevor wir der Dritten Welt die Programmierer wegnehmen, sollten wir lieber in die Digitalisierung unserer Schulen investieren. Das Zitat katapultiert ihn jedoch in die rechte Ecke. Rüttgers wird plötzlich in einem Atemzug genannt mit Roland Koch, der 1999 die Landtagswahl in Hessen mit einer umstrittenen Unterschriftenaktion gegen die von Rot-Grün geplante doppelte Staatsbürgerschaft gewonnen hat. Noch Jahre später muss der Minister Laschet den „Kinder statt Inder"-Spruch in Interviews einordnen: „Ich glaube, Jürgen Rüttgers ist damals falsch verstanden worden. Eigentlich wollte er vor allem sagen: Bildet doch erst einmal die Leute aus, die hier leben, statt billige Arbeitskräfte aus dem Ausland abzuwerben", verteidigt er 2006 seinen Chef.

Dabei nutzt Rüttgers schon ab 2001 die Düsseldorfer Oppositionsjahre, um von seiner Landtagsfraktion eine differenzierte Integrationsstrategie ausarbeiten zu lassen. „Wir wollten zeigen, dass wir das Thema Integration ernst nehmen und dass wir wissen, wie man es richtig macht", erinnert er sich heute. Als 2005 in Paris die Autos brennen und auch in Deutschland der Ruf vernehmbarer wird, sich in der Integrationsdebatte „ehrlich" zu machen, wirkt die NRW-CDU inhaltlich präpariert. Laschet kommt als „erster Integrationsminister Deutschlands" wie gerufen. Er ist das Gesicht zur Integrationsstrategie, die weitgehend fertig ist. Rüttgers gilt mit dieser Personalie innerhalb der Union plötzlich als Reformer mit Realitätssinn, was gerade in dem von sozialen Problemen gebeutelten Fünf-Millionen-Ballungsraum Ruhrgebiet durchaus Anerkennung findet. An der Basis herrscht dort schon länger der Eindruck vor, dass die CDU mit ihrem bisherigen ideologischen Ringen um Schlagworte wie „Einwanderungsland" und „deutsche Leitkultur" zu weit weg ist von der Lebensrealität im Revier.

Die *Süddeutsche Zeitung* weist leise darauf hin, dass Laschet eigentlich nur „eine Verlegenheitslösung" sei. Der um die regionalen Empfindlichkeiten in der NRW-CDU wissende Rüttgers habe bei der Kabinettszusammenstellung bloß eine halbwegs ministrable Person aus dem Großraum Aachen gesucht. Einen Integrationsfachmann kann man den bisherigen Europaabgeordneten, dessen Expertise Menschenrechtsfragen im globalen Maßstab sind, tatsächlich im Jahr 2005 schwerlich nennen. Doch Laschet erkennt schnell die Lücke auf dem politischen Meinungsmarkt und wird fortan als „erster Integrationsminister Deutschlands" durch Fernsehstudios und Zeitungsredaktionen gereicht.

Christine Lüders, die spätere Leiterin der Antidiskriminierungsstelle des Bundes, wird seine Pressesprecherin. Über Empfehlungen findet sie aus Hessen den Weg zu Laschet nach NRW. Lüders ist extrem gut vernetzt in Berlin und schafft es, ihren Chef in Talkshows unterzubringen. Mit ihr bekommt Laschet medial „den richtigen Push", registrieren Zeitgenossen. Lüders weiß, wie sich das Integrationsthema überregional verkaufen lässt. Ihr Mann Harald arbeitet seit Jahrzehnten als Reporter und Redakteur fürs öffentlich-rechtliche Fernsehen, was zusätzlich Türen öffnet. „Es ist wichtig, einen neuen Minister medial zu profilieren. Er war damals Deutschlands erster und einziger Integrationsminister, das war ein phantastisches Alleinstellungsmerkmal, das ihn für Journalisten überaus interessant machte." Damit war Laschet medial leicht zu platzieren. Irgendwann nennt Lüders ihren Chef im Spaß „ADE – Armin, der Einzige." Sie lachen noch heute darüber.

Im Maschinenraum der Düsseldorfer Ministerialbürokratie stöhnt man dagegen bald darüber, wie viel Energie der Minister darauf verwendet, sein Gesicht in eine Kamera zu halten oder schnelle Schlagzeilen zu produzieren. Es verfestigt sich in Teilen des Apparats der Eindruck, dass der flinke Laschet die griffige These mehr schätzt als das durchgearbeitete Integrationskonzept. Die Fraktionsvorsitzende der Grünen im NRW-Landtag und spätere Schulministerin, Sylvia Löhrmann, schäumt in dieser Phase geradezu darüber, mit welcher Chuzpe sich der CDU-Mann als Avantgarde ausleuchten lässt. Ihre grüne Parteifreundin Helga Trüpel sei bereits Anfang der 90er Jahre in Bremen „Senatorin für Kultur und Ausländerintegration" gewesen, erklärt Löhrmann immer wieder. Es verhallt. Laschet bedient eben gekonnt die Sehnsucht nach einem Querdenker im bürgerlichen Lager.

Verbiegen muss er sich dafür freilich nicht. Schon in Bonn zählte er ab 1995 zum Kreis junger CDU-Bundestagsabgeordneter, die für eine Staatsbürgerschaftsreform werben und gegen das Beharrungsvermögen etwa des konservativen Innenministers Manfred Kanther argumentieren. Der Jung-Parlamentarier Laschet habe schon damals nicht verstehen wollen, warum sich seine Partei so verbissen an das Abstammungsprinzip im deutschen Staatsangehörigkeitsrecht klammert, erinnert sich der Grüne Cem Özdemir. Warum sollte man nur ein „richtiger" Deutscher sein können, wenn Mutter oder Vater schon Deutsche waren? Muss die Staatsbürgerschaft wirklich vom Blut abgeleitet werden? „Armin Laschet gehörte zu den wenigen in der Union, die schon ganz früh gefragt haben: Kann es eigentlich richtig sein, dass jemand mit meinem Namen, der in Deutschland geboren und aufgewachsen ist, dessen Schwäbisch besser ist als sein Türkisch und der nie woanders gelebt hat, ein Einbürgerungsverfahren durchlaufen muss, nur weil seine Eltern aus der Türkei stammen?", sagt Özdemir heute.

An einem Dienstag im März 2020 empfängt Thomas Kufen in seinem Essener Oberbürgermeister-Büro. Das Rathaus ist ein gut 100 Meter hoher Stahl-Beton-Koloss aus den 70er Jahren und strahlt kühle Funktionalität aus. Auch Kufens Büro vermittelt den Eindruck, dass sich der Amtsinhaber aufs Wesentliche fokussiert. Dunkle Holzvertäfelung, aufgeräumter Schreibtisch, am Boden beige Auslegware. Welch ein Kontrast zu Laschet. Der führt Besuchern seiner Düsseldorfer Staatskanzlei gern eine goldene Büste *Karls des Großen* vor. Oder den aufwendig restaurierten 50er-Jahre-Kabinettstisch aus Nussbaumholz. Hinter Laschets Schreibtisch hängt zudem eine Arbeit der Malerin Ludmilla von Arseniew, die er sehr mag. Sein ganzer Stolz ist ein Abzug der Fotografie „Rhein II" von Andreas Gursky, die den Kabinettssaal schmückt. „Wissen Sie, was das Original bei *Sotheby's* in New York erzielt hat?", fragt er Gäste mit kaum zu zügelnder Vorfreude auf die Pointe. Manchmal vergisst er darüber die Zeit. Laschet wirkt dann wie ein Fremdenführer, nicht wie der Regierungschef des be-völkerungsreichsten Bundeslandes. Kufen dagegen kommt freundlich, aber bestimmt zum Punkt. Er ist ein Mann der Zeitfenster, keiner für Arabes-ken. Das macht die Sache so interessant: Wie haben es zwei so unterschied-liche Typen geschafft, das Migrationsthema in Nordrhein-Westfalen und in der Union zwischen 2005 und 2010 gemeinsam derart schwungvoll neu zu besetzen? Laschet als Integrationsminister, Kufen als sein Integrations-beauftragter.

„Es ging um den Paradigmenwechsel, dass wir anerkennen, dass Deutsch-land ein Einwanderungsland ist", erinnert Kufen die Größe der Herausfor-derung. Wenn man ihm eine Weile zuhört, kommt man zum Schluss, dass Laschet damals – wie so oft in seiner politischen Karriere – zwei zentrale Eigenschaften helfen: seine Neugierde auf ihm unbekannte Milieus und die Lust am Schreiben, Reden, Formulieren von „Botschaften". Laschet führt den Kampf um eine neue Richtung in der Integrationspolitik zuallererst mit Worten. Sein „Integrationsministerium" ist ja in Wahrheit eine kleine Einheit im politischen Gemischtwarenladen mit gerade einmal zwei Dut-zend Mitarbeitern. Laschet schreckt die Konservativen in der Union auf, indem er das Bestreiten des „Einwanderungslandes" Deutschland schon 2006 als „Lebenslüge" brandmarkt. „Wenn in ein Land mehrere hundert-tausend Menschen jedes Jahr ziehen, ist das natürlich ein Einwanderungs-land", sagt er. Auch den Abscheu vieler Parteifreunde vor „Multikulti" will er nicht länger hinnehmen: „Viele Kulturen heißt auf Lateinisch: multi-kulti. Hier leben über drei Millionen Muslime, die bleiben auch auf Dauer hier."

Laschet kennt die Signalwörter und weiß, wie er öffentliche Aufmerk-samkeit für sein Thema erzielt. Kufen erlebt ihn häufiger im Ministerbüro, wie er im Stile eines Chefredakteurs mit Korrekturstift in der Hand Pres-semitteilungen und Interviews persönlich redigiert. Seine gesetzgeberischen Befugnisse sind begrenzt, deshalb müssen die Botschaften stimmen. In Laschets Begriffskonditorei wird das neue Wort von der „Zuwanderungs-geschichte" geformt, das künftig von sämtlichen Mitarbeitern benutzt wird. Es klingt weniger ausgrenzend als „Ausländer" und weniger technisch als „Migrationshintergrund".

Den „ersten Integrationsminister Deutschlands" treibt in diesen Tagen auch eine nicht uneitle Lust an der Provokation. Doch wurzelt sie nicht vor allem in Überzeugungen? Die türkischstämmige SPD-Politikerin Lale Akgün wirft Laschet vor, bloß den „good guy" in der CDU zu spielen. Alles nur taktisches Kalkül? Reine Polit-PR? Laschet nutzt das Integrationsthema gewiss zur persönlichen Profilierung und genießt es, schnell zu den bekanntesten Gesichtern der Regierung Rüttgers zu gehören. Die Medien mögen einen wie ihn, der quer zum Partei-Mainstream steht. Im politischen Zoo ist Laschet, den die *Frankfurter Rundschau* ein „Alphatier auf Samtpfoten" nennt, schnell ein Hingucker. Doch gegen die eigene Überzeugung bringt sich Laschet dabei gewiss nicht in Stellung. Die harschen Reaktionen der politischen Gegner dürften auch dem Umstand geschuldet sein, dass sich ein CDU-Mann plötzlich einer Zielgruppe von relevanter Größe zuwendet, die bis dahin als Domäne von SPD und Grünen gilt. „Sie werden bei ihm im Laufe der politischen Karriere keine fundamentale Veränderung seiner Weltanschauung finden. Ich kenne keine wesentliche Position, die aus Karrierekalkül besetzt oder geräumt wurde", versichert die langjährige Laschet-Vertraute Natalia Köhler.

Auch in der Integrationsminister-Zeit zeigt sich, welch großen Einfluss das persönliche Erleben auf Laschets Politik hat. Da ist er rheinischer Bauchmensch. Er erschließt sich Themenfelder über Eindrücke. Und Positionen über Plausibilität. Menschen hinterlassen bei ihm einen stärkeren Eindruck als Manifeste. Einer wie Laschet sucht nur selten Halt am Geländer ewiger Lehrsätze. Es gibt lediglich nach der überraschenden Niederlage der CDU bei der Landtagswahl 2010 eine kurze Phase, in der er immer wieder den hochtrabenden Begriff „Aggiornamento" von Papst Johannes XXIII. im Munde führt. Dessen Idee einer „Verheutigung" der Kirche, ihrer Anpassung an die Gegenwart, empfindet er als originelle Parallele zur Orientierungssuche seiner Partei nach dem Ende der Ära Rüttgers. „Aggiornamento" darf da in keiner Laschet-Rede fehlen. Das klingt nach Tiefgang. Eigentlich aber kann er sich heimlich eher amüsieren über Politiker wie FDP-Chef Lindner, die hochtrabend etwa weise Worte des liberalen Moralphilosophen Adam Smith bei jeder Gelegenheit aus ihrem gedanklichen Zettelkasten ziehen. Bildungshuberei ist seine Sache nicht.

Auch dem Integrationsthema nähert sich Laschet eher über menschliche Begegnungen. Davon zeugt bei näherer Betrachtung selbst sein Buch „Aufsteigerrepublik. Zuwanderung als Chance", das er 2009 als Konzeptarbeit verfasst. Es ist ein Werk, das Laschet als Privatmann unter freundlicher Mitarbeit von Ministerialbediensteten schreibt, was in Düsseldorf für einiges Gerede sorgt. Die Kernaussage: Integration soll nicht länger als Gnade der Mehrheitsgesellschaft begriffen werden, sondern als essentieller Bestandteil einer auch in Zukunft noch erfolgreichen Volkswirtschaft. Laschet verliert sich nicht in Theorien, sondern verwebt gut lesbar amerikanisches Aufstiegspathos mit biografischen Erfahrungen. Er wünscht sich mit Blick auf Migranten Bildungsehrgeiz, Teilhabechancen und gesellschaftliche Durchlässigkeit, wie sie eine Generation zuvor für deutsche Arbeiterhaushalte kennzeichnend war. Er zieht Parallelen zum Bildungsaufstieg des eigenen Vaters, der überhaupt erst ihm und den drei Brüdern ein Hochschulstudium ermöglicht habe.

Laschet muss emotional eintauchen in seine politische Arbeit. Serap Güler gehört zu den Menschen, die dem Integrationsminister dabei helfen. Die 40-Jährige, die heute als Staatssekretärin für Integration in Laschets Regierung sitzt und Mitglied im CDU-Bundesvorstand ist, wächst als Gastarbeiter-Kind im nördlichen Ruhrgebiet auf. Ihr Vater Nail Celen kommt 1963 aus Anatolien nach Deutschland, um als Bergmann auf *Zeche Auguste Victoria* in Marl zu schuften. Die Mutter geht putzen. Die Tochter übersetzt für die Eltern beim Arzt und in Ämtern. Weil es die deutschen Nachbarn gut mit Serap meinen und in den Arbeitersiedlungen des Ruhrgebiets der 80er Jahre Kumpel-Solidarität noch groß geschrieben wird, kommt sie gut klar in der Schule. Sie schafft das Abitur, soll aber zunächst Hotelfach lernen. „Erstma wat Ordentliches", wie es im Revier gern heißt. Später studiert Güler, die damals noch Celen heißt, an der Universität Duisburg-Essen Germanistik und Kommunikationswissenschaften.

Ende 2006 hört die 26-Jährige, die kurz vor der Magisterprüfung steht, von einer Vortragsveranstaltung an der Universität Köln, bei der auch Cem Özdemir auftreten soll. Güler fährt hin, weil der Grünen-Politiker für Migrantenkinder ihrer Generation ein leuchtendes Vorbild ist. Ein „anatolischer Schwabe", der es gegen viele Widerstände bis ins Machtzentrum der

Republik geschafft hat. Als Güler in Köln eintrifft, hält gerade der neue Integrationsminister Laschet sein Grußwort. Der Kameramann eines türkischen TV-Senders fragt Güler auf dem Flur unvermittelt, ob sie dem Minister nachher einige Fragen stellen würde. Er müsse O-Töne mitbringen, spreche aber leider kein Deutsch. Güler macht es und interviewt Laschet. Man kommt ins Gespräch. Güler ist mit der Journalistin Ferda Ataman befreundet, die für Laschet arbeitet. Ein halbes Jahr später fängt sie selbst als Referentin für die türkischsprachige Presse im Ministerium an.

Güler gehört zum Team, das Laschet viel Kredit in der türkischen Community verschafft. Ebenso wie der alte Freund Özdemir oder eben Kufen, der die Moscheegemeinden des Ruhrgebiets kennt. Auch SPD-Mann Kenan Kolat, der damalige Bundesvorsitzende der Türkischen Gemeinde in Deutschland, wird zum wichtigen Ratgeber. Die später als Kolumnistin erfolgreiche Ferda Ataman wirkt im Hintergrund und komponiert als Redenschreiberin den neuen Laschet-Sound. Gern sitzt der Minister zunächst auch mit Faruk Sen zusammen, dem Leiter des Essener *Zentrums für Türkeistudien*. Gerade der schillernde Sen, der als geltungssüchtiger „Professor für 1001 Projekte" in der akademischen Welt skeptisch beäugt wird, übt offenbar eine gewisse Faszination auf Laschet aus. Es wirkt, als hätten sich zwei Männer gefunden, die gerne mit vielen bunten Bällen gleichzeitig jonglieren.

Laschet will keine „traditionell-konservative Leitkultur-Diskussion" mehr führen, wie er sagt, „nach dem Motto: Wir sind die Mehrheit, wir bestimmen". Stattdessen bemüht er sich um kulturellen Respekt vor Migranten und schlägt Töne an, die man in der Union selten gehört hat: „Viele dieser Menschen sind kinderfreundlicher und kümmern sich besser um ihre Alten. Da können wir uns viel abgucken." Womöglich hat Laschet dabei die Familie seiner Referentin Serap Güler vor Augen. Güler begleitet den Minister ab 2007 praktisch zu jedem Termin in der türkischen Gemeinde. Laschet fragt viel, will verstehen, welche Bedeutung der Islam bei ehemaligen Gastarbeitern hat. Warum viele von ihnen auch nach Jahrzehnten in Deutschland so schlecht Deutsch sprechen. Warum in der zweiten und dritten Generation dieses Gefühl vorherrscht, Deutsche zweiter Klasse zu sein. Wo Staat mehr fordern und wie er besser fördern sollte. Er saugt auf, denkt sich in die Migrantenszene ein.

Irgendwann hat Laschet einen Auftritt im nördlichen Ruhrgebiet. Güler begleitet ihn. Ziemlich ansatzlos fragt er sie anschließend, ob sie spontan gemeinsam ihre Eltern in Marl besuchen wollten. Ihn interessiert, wie solche Leute leben. Und was sie bewegt. Gülers Vater wurde als Bergmann auf dem Pütt sozialisiert. Angelernt mit ein paar Vokabeln, die unverzichtbar sind. Er hat als Ruheständler heute die gleiche Staublunge wie die deutschen Kumpel auch. Seine türkische Herkunft spielt keine Rolle, ist aber doch immer präsent. Er ist Muslim, so wie andere Katholiken sind. Erst mit dem Alter wird er religiöser, trinkt keinen Alkohol. Gülers Mutter beginnt erst spät, ein Kopftuch zu tragen.

Als die schwere Minister-Limousine überraschend in Marl vorfährt, sind Gülers Eltern aus dem Häuschen. Dass ihre Tochter in einem deutschen Ministerium arbeitet, hat sie schon mit großem Stolz erfüllt. Dass nun ein veritabler Minister zum Teetrinken vorbeikommt, übersteigt ihr Vorstellungsvermögen. Laschet bewundert diese Familien, die sich aus dem Nichts ein Leben in Deutschland aufgebaut haben und vom unbedingten Willen getrieben sind, dass es die eigenen Kinder „einmal besser haben" sollen.

Irgendwann einmal während Laschets Ministerzeit stehen Gülers Eltern an einem Freitagabend vor der Ministeriumspforte am Düsseldorfer Horionplatz. Sie wollen mit ihrer Tochter das Wochenende verbringen. Es ist für sie eine schwere Zeit. Die Mutter hat gerade eine furchteinflößende ärztliche Diagnose bekommen. Güler verabschiedet sich im Ministerbüro ins Wochenende und erledigt noch die letzten Aufträge. Als sie hinunter kommt, sitzen die Eltern emotional bewegt im Auto. „Gerade ist der Minister rausgekommen, hat mich gedrückt und mir gute Besserung gewünscht", erzählt die aufgewühlte Mutter ihrer Tochter, der kleinen Referentin. Wenn Serap Güler diese Begebenheit erinnert, wird ihre Stimme auch gut zwölf Jahre später noch brüchig. „Diese menschliche Geste von Armin Laschet hat ihr so viel bedeutet."

Zu den prägenden Begegnungen gehört für Laschet auch das Kennenlernen von Mevlüde Genç. Die heute 77-Jährige verliert 1993 bei einem rechtsextremistisch motivierten Brandanschlag auf das Haus ihrer Familie in Solingen zwei Töchter, zwei Enkelinnen und eine Nichte. Das jüngste Opfer ist vier Jahre alt. Der Anschlag gilt als eine der folgenschwersten rassistischen Taten der Bundesrepublik. Das Bild von der rußgeschwärzten Ruine des Hauses in der Unteren Wernerstraße bleibt als Mahnmal der Unmenschlichkeit im kollektiven Gedächtnis der Republik. Dennoch nimmt Mevlüde Genç nach der grausamen Tat die deutsche Staatsbürgerschaft an und setzt sich jahrzehntelang für das friedliche Miteinander der Kulturen ein.

Als neuer Integrationsminister hört Laschet davon, dass die Gräber der Solinger Opfer in der Türkei in einem schlechten Zustand seien. Das beschämt ihn. Er will etwas tun. Im Landesetat gibt es eigentlich keine Mittel, um private Gräber im Ausland zu pflegen. Gemeinsam mit Kufen findet er schließlich in seinem Ressort doch einen Budgetposten, der sich umwidmen lässt. Laschet fliegt persönlich in die Türkei, um am runderneuerten Familiengrab der Opfer des Solinger Mordanschlags zu gedenken. Später sitzt er mit Serap Güler bei Familie Genç in Solingen auf dem Sofa. Mevlüde Genç vergisst ihm den Einsatz nie.

Laschet schwärmt noch Jahre später von der ungeheuren Kraft dieser Frau, der von bösartigen Menschen alles genommen wurde, was sie liebt – und die darüber doch nie bitter wird. Als Ministerpräsident stiftet er 2018 die „Mevlüde-Genç-Medaille", die das Land fortan für Verdienste um Toleranz und friedliches Miteinander verleiht. Laschets Empathie für diese Frau ist derart ausgeprägt, dass er darüber das Regierungshandwerk vernachlässigt. So beraumt er 2018 freihändig eine Gedenkstunde zum 25. Jahrestag des Solinger Anschlags im Plenarsaal des Landtags an und lädt dazu den türkischen Außenminister ein. Es ist als Geste an Familie Genç gedacht, die sich einen Vertreter ihres Herkunftslandes bei dem Gedenkakt wünscht. Ein Vertreter der Erdoğan-Regierung im Hohen Haus der Demokratie? Das wird von den Landtagsfraktionen als übergriffig und – angesichts der bevorstehenden Wahlen in der Türkei – unsensibel empfunden. Laschet muss die Veranstaltung kurzfristig ins Dachgeschoss seiner Staatskanzlei verlegen. Ein peinlicher Eklat. Laschet reagiert uneinsichtig, findet das Veto der Opposition kleinkariert vor dem Hintergrund des unermesslichen Leids der Familie Genç.

Je mehr Muslime Laschet als Integrationsminister persönlich kennenlernt, desto stärker widerstrebt ihm die wieder und wieder erhobene Forderung an „den Islam", sich vom radikalislamischen Terrorismus abzugrenzen. „Als Katholik muss ich mich auch nicht jedes Mal rechtfertigen, wenn die IRA einen Anschlag in Nordirland verübt", findet er. Als religiöser Mensch begreift Laschet schnell die Gedankenwelt des Islam. „Es wäre schwieriger gewesen, ihm den Islam zu vermitteln, wenn er mit Religion nichts anfangen könnte", meint Güler. So aber übersetzt Laschet vieles für sich persönlich: im katholischen Krankenhaus geboren, bischöfliches Gymnasium, katholische Studentenverbindung, Messdiener, Kunde der *Pax-Bank*. „Wäre ich Muslim, würde man mich als Mitglied einer Parallelgesellschaft bezeichnen", witzelt er. Viele Migranten fühlen sich von diesem CDU-Politiker zum ersten Mal verstanden. Laschet bezweifelt öffentlich, „ob ein Ingenieur, der ein Visum beantragt, in jedem Konsulat der Welt freundlich hereingebeten wird, einen Kaffee serviert bekommt und gefragt wird: Wie können wir Sie gewinnen?"

Das Nachrichtenmagazin *Der Spiegel* nennt ihn bald „Experte für Ramadan, Zuckerfest und die fünf Säulen des Islam". Der Altlinke Daniel Cohn-Bendit – Spitzname: Der rote Dany – lobt den schwarzen Kollegen öffentlich über den grünen Klee: „Es ist schon toll, was er macht. Er ist der würdige Nachfolger von Heiner Geißler." Als Laschet bei einem großen türkischen Kulturfest in der Arena *Auf Schalke* ein Grußwort sprechen soll, bittet er Güler, ihm ein paar Brocken Türkisch aufzuschreiben. Im Stile des zu dieser Zeit in Europa verehrten US-Präsidentschaftskandidaten Barack Obama lässt er sich „Yes, we can" übersetzen. Auch Gülers Eltern sind im Publikum, als Laschet auf die Bühne tritt und ins Mikrofon ruft: „Evet yapabiliriz". Die Menge ist begeistert. Ein deutscher Minister, der Türkisch spricht. Das gab es noch nie.

In der CDU werden derweil kritische Stimmen laut. Ob es ihr Multikulti-Minister nicht allmählich übertreibe? Immer häufiger wird parteiintern über den „Türken-Armin" gelästert. Es ist ein Spottname, den er über Jahre nicht mehr los wird. „Türken-Armin" – das steht für fröhliches Gutmenschentum und maximale Entfernung von der Parteilinie. Mit solch einem Ruf hat man es in der CDU künftig schwer. Güler findet das kurzsichtig, da in Nordrhein-Westfalen fast 30 Prozent der Bürger Migrationsgeschichte haben. Wenn die CDU Volkspartei bleiben wolle, müsse sie sich auch diesen Menschen zuwenden.

Als der Spottname „Türken-Armin" erstmals den Weg in die Zeitungen findet, reagiert Laschet empfindlich. Hektisch lässt er im Ministerium all seine politischen Initiativen zusammenschreiben, die als knallharte Linie gegenüber der türkischen Gemeinde verstanden werden könnten. Er will kein „Türken-Armin" sein. Hinweise aus dem Apparat, dass sich das Gerede schon wieder versenden werde, schlägt er in den Wind. Laschet weiß, dass ein Image zäh an einem kleben kann wie Kaugummi unter dem Schuh. Tatsächlich erscheint über Jahre kaum mehr ein Porträt, in dem nicht auch das parteiinterne Geraune über den „Türken-Armin" Niederschlag findet. Erst knapp 15 Jahre später findet Laschet einen spielerischen Umgang mit seinem Ruf. Als er 2020 den *Orden wider den tierischen Ernst* verliehen bekommt, spekuliert er in seiner Ritterrede humorvoll über mögliche nächste Bundeskanzler. Laschet kommt irgendwann auch auf Grünen-Freund Özdemir als angeblichen Kandidaten zu sprechen, winkt dann aber selbstironisch ab: „Und außerdem haben wir schon einen Türken-Armin."

In seiner Ministerzeit versucht Laschet krampfhaft, die politische Rationalität seiner Annäherung an die Migranten-Milieus deutlich zu machen. „Es geht mir nicht vorrangig darum, nett zu Ausländern zu sein", beteuert er in Interviews. Die Gesellschaft könne es sich nicht mehr leisten, Generationen von Ausländerkindern „in die Sozialsysteme marschieren zu lassen". Er ruft seine Partei auf, Realitäten anzuerkennen. Auch die Nationalmannschaft beim „Sommermärchen" 2006 mit Stars wie dem dunkelhäutigen David Odonkor „sah schon anders aus als die Helden von Bern 1954", formuliert Laschet. Solche Belehrungen hört in der Union nicht jeder gern.

Laschet versucht gelegentlich, sich einen Anstrich als integrationspolitischer Hardliner zu geben. Er fordert, dass der „Hauptschullehrer zum Imam geht und knallhart darüber diskutiert, warum die türkischen Mädchen nicht mit zur Klassenfahrt dürfen". In den Kitas werden verbindliche Sprachtests eingeführt und Beratungsstellen zum Schutz vor Zwangsheirat aufgebaut. Laschet leistet Vorarbeit für die spätere Einführung eines bekenntnisorientierten islamischen Religionsunterrichts in den Schulen – unter staatlicher Aufsicht. Er wendet sich gegen das Kommunalwahlrecht für Nicht-EU-Ausländer und fordert stattdessen von Migranten, die lange in NRW leben, einen Einbürgerungsantrag zu stellen.

Dennoch steht Laschet in der schwarz-gelben Landesregierung bald im Verdacht, sich „in einem schwarz-grünen Lebensgefühl zu sonnen" und Integration als recht unverbindliche Einladung an Zuwanderer formulieren zu wollen, wie es ein Beteiligter von damals zusammenfasst. Einigen missfällt zudem, wie er sich auf Kosten der neuen CDU-Staatsministerin für Integration im Kanzleramt, Maria Böhmer, in Stellung zu bringen scheint. Es machen Gerüchte die Runde, Laschet spekuliere nach der Bundestagswahl 2009 auf einen Ministerposten in Berlin. Zumindest aber strebe er nach der Landtagswahl 2010 „ein klassisches Ressort" an. Er, der „Türken-Armin", wirkt erfüllt von Karriereehrgeiz. Das spielerische Selbstbewusstsein des Neuen geht einigen gegen den Strich: „Die Spitzen der Partei denken wie ich, auch wenn sie es manchmal anders ausdrücken", behauptet Laschet später einmal keck.

Gelegentlich muss sogar der liberale Koalitionspartner für eine konservative Kurskorrektur sorgen. FDP-Fraktionschef Gerhard Papke überrascht Laschet mit dem Vorstoß, ein Kopftuchverbot für Lehrerinnen in Nordrhein-Westfalen einzuführen. Die Liberalen erinnern intern immer wieder daran, dass die bürgerliche Regierung in allererster Linie die katastrophalen Landesfinanzen sanieren müsse. Andere monieren, dass sich Laschet zu sehr auf teuren „grünen Spielwiesen" tummele. Verschiedene Entwicklungsprojekte in Afrika als Erbe der rot-grünen Regierungsarbeit sollen zum Beispiel beendet werden. Laschet sieht das erkennbar anders.

Der Integrationsminister erwirbt sich am Kabinettstisch den Ruf eines „sympathischen Hallodris", der im Formulieren öffentlichkeitswirksamer integrationspolitischer Thesen stark sei, aber im Regierungshandwerk Defizite aufweise. In der CDU kursieren Berichte über einen chaotischen Führungsstil. Mitarbeiter nennen Laschets Schreibtisch „Bermudadreieck", in dem schon wichtige Vorlagen verschollen seien. Der Chef komme notorisch zu spät. Und schleppe abends drei Pilotenkoffer voll mit Akten nach Hause, von denen er mutmaßlich wenige gelesen habe. Weil die Tage bei ihm meist lang sind, nächtigt er häufiger in einer kleinen Kammer neben seinem Ministerbüro. Dort wird er einmal von einer ahnungslosen Putzfrau geweckt. Dass solche Anekdoten den Weg in die Presse finden, missfällt dem auf Korrektheit bedachten Landesvater Rüttgers. Die anfängliche

Euphorie, mit Laschet die Integrationspolitik als ehemals rot-grünes Thema gekapert zu haben, weicht im Umfeld des Ministerpräsidenten einer gewissen Ernüchterung. Regieren sei nicht nur Kür, sondern auch Pflicht, nicht nur Feuilleton, sondern auch Kärrnerarbeit, wird Laschet intern bedeutet.

Vor allem das komplizierte „Kinderbildungsgesetz" als zentrales Regierungsvorhaben aus dem Hause Laschet muss mehrfach nachgebessert werden. Im Koalitionsausschuss, den Rüttgers fast jeden Dienstagmorgen zusammenruft, wird häufiger gestöhnt, dass man Laschets Zahlen „besser zweimal nachrechnet". FDP-Mann Papke geht sogar so weit, dass er den Minister öffentlich maßregelt: Dessen „Kinderbildungsgesetz" müsse noch einmal zurück zur Generalüberholung in die parlamentarische „Montagehalle", fordert er.

Sorgenvoll wird zudem in der CDU beobachtet, dass die Schwachstellen in Laschets Regierungsarbeit nicht so sehr von der Opposition aufgedeckt werden, sondern von einem blitzgescheiten Jung-Liberalen: Christian Lindner. Der hat sich über Jahre mit Bienenfleiß und viel Detailwissen in die Tiefen der Kinderbildungspolitik eingearbeitet, kann jedes Problem auf Anhieb durchdringen und rhetorisch auf den Punkt bringen. Lindner wirkt faktensicherer und argumentativ stärker als der eigene Minister, mit dem er in der schwarz-gelben Koalition eigentlich Doppelpass spielen soll.

Der quirlige Laschet setze in seinem Ministerium auf ein „verwaltungsunerfahrenes Girlscamp", also auf junge Mitarbeiterinnen ohne jeden administrativen Hintergrund, und treibe sich bevorzugt in Redaktionsstuben herum, hadern die eigenen Leute hinter vorgehaltener Hand. Nach beißender Kritik am Entwurf für das Kinderbildungsgesetz kommt es 2007 sogar zu einem handfesten Regierungskrach. In den Zeitungen steht, dass Rüttgers „stinksauer" sei auf die FDP, die Laschets verbesserungsbedürftiges Regierungshandwerk nicht länger aus Koalitionsräson mittragen will. Öffentliche Kritik an einem CDU-Minister verbittet Rüttgers sich, auch wenn er wohl weiß, dass die Liberalen nicht ganz falsch liegen.

Gerhard Papke wirkt heute zwiegespalten, wenn er an diese Phase der Zusammenarbeit zurückdenkt: „Armin Laschet ist mir als sehr sympathischer, gewinnender Kollege in Erinnerung, ein Mann mit ausgeprägter Kreativität. Die operative Umsetzung der Regierungspolitik, sozusagen der Blick in den Maschinenraum, schien damals nicht immer das, was ihm besonders behagte. Manches Werkstück aus seinem Ministerium musste noch etwas nachbearbeitet werden."

Am Ende seiner Ministerzeit ist Laschet 2010 trotzdem unbestreitbar zu einer Marke geworden. Aus dem unbekannten Europaabgeordneten ist binnen fünf Jahren einer der wenigen prominenteren Landespolitiker geworden. Das sieht man auch, als er wenige Wochen vor der Landtagswahl die Spendenaktion „NRW hilft Haiti" für Erdbeben-Opfer ins Leben ruft. Es gelingt ihm aus dem Stegreif, prominente Paten wie Jürgen Klopp, Peter Maffey oder Alice Schwarzer zu gewinnen. Ein solches Telefonbuch wie der Netzwerker Laschet haben nicht viele in der NRW-Politik.

Der Zeitgeist scheint überdies kräftig für Laschet zu wehen. Da die schwarz-gelben Umfragewerte bröckeln, kokettiert Rüttgers im Frühjahr 2010 zunehmend mit schwarz-grünen Koalitionsoptionen. Der Ministerpräsident distanziert sich auf den letzten Metern der Legislaturperiode sogar vom CDU-FDP-Regierungsmotto „Privat vor Staat". Bei einem Geheim-Treffen in Köln mit den beiden Spitzen-Grünen Sylvia Löhrmann und Reiner Priggen sondiert Rüttgers bereits die Lage für eine mögliche Zusammenarbeit nach der Wahl. Als mögliche Brückenbauer zur Öko-Partei werden CDU-Generalsekretär Andreas Krautscheid, Bundesumweltminister Norbert Röttgen und eben auch Laschet gehandelt. Sie blicken allesamt auf Erfahrungen in der schwarz-grünen *Pizza-Connection* zurück und verfügen noch immer über belastbare Kontakte.

Am späten Wahlabend des 9. Mai 2010 entsteht ein denkwürdiges Foto: Laschet steht mit Krautscheid und Röttgen auf dem Balkon der Parteizentrale in der Düsseldorfer Wasserstraße. Drei enttäuschte Männer, die trotzdem bereit wirken für Neues. Sie lehnen schweigend an der Brüstung und schauen in die Nacht. Die CDU ist im Vergleich zu 2005 um 10,3 Prozent auf 34,6 Prozent abgestürzt, bleibt aber mit 6200 Stimmen Vorsprung ganz knapp vor der SPD stärkste Partei. Ein katastrophales Ergebnis, mit dem man dennoch an der Regierung bleiben könnte. Laschet und Krautscheid halten auf dem düsteren Balkon einen glimmenden Zigarillo in der Hand, Röttgen umklammert eine leere Kaffeetasse.

Wenn Wahlverlierer Rüttgers im nun anstehenden Poker mit der eher widerwilligen SPD-Vorsitzenden Hannelore Kraft als künftiger Chef einer

Großen Koalition nicht zu halten sein sollte – könnte es dann nicht sogar auf einen Ministerpräsidenten Laschet hinauslaufen? Nur er und Krautscheid verfügen im Kreis der „Perspektivspieler" über ein Landtagsmandat, das die NRW-Verfassung zur Voraussetzung macht für das Amt des Regierungschefs. Die Spekulationen über Laschet als Krisengewinnler schießen ins Kraut. Sie scheinen ihm nicht unrecht zu sein. Als es ein bisschen zu viel wird mit den Berichten über eine mögliche GroKo mit einem neuen CDU-Regierungschef, versucht Laschet halbherzig, die „absurde Nachfolge-Debatte" in Interviews auszutreten.

Bei Rüttgers ist da allerdings längst angekommen, dass sich jemand, den er selbst 2005 überhaupt erst als Minister „erfunden" hat, zu Höherem berufen fühlt. Welche Tiefen Laschet in den kommenden Jahren wird durchschreiten müssen, bis er tatsächlich in die Staatskanzlei einziehen darf, ahnt er da gewiss noch nicht.

Das Stehaufmännchen

Mann der zweiten Chance und politischer Wettkampftyp

Als Ulrich Deppendorf am Abend des 27. September 1998 in der *ARD* die erste Hochrechnung zur Bundestagswahl verliest und Helmut Kohl schon bald im Bonner Adenauer-Haus vor tapfer applaudierenden Parteifreunden Abschied von der Macht nimmt, hegt Armin Laschet noch Resthoffnung auf die Verlängerung seines Politiker-Lebens. Der 37-jährige weiß da bereits, dass er seinen Aachener Wahlkreis nicht gegen SPD-Konkurrentin Ulla Schmidt wird verteidigen können. Nach nur einer Legislaturperiode droht ihm das Aus. Und das in einem angeblich „sicheren" Wahlkreis, der seit über 20 Jahren in CDU-Hand ist. 1994 hat Laschet noch mit exakt 5301 Stimmen gegenüber Schmidt vorn gelegen. Jetzt dürfte es glatt umgekehrt sein.

Die Union ist im Bund auf nur noch 36 Prozent abgerutscht, die SPD hat mit 41 Prozent die Wahl klar gewonnen. „Bei dem Trend ist der Bezirk nicht zu halten", kommentiert Laschet deprimiert. Aber vielleicht geht noch etwas über die Landesliste? Warum sollte nicht mal ein Listen-Wunder geschehen? Laschet ist in NRW zwar recht abgeschlagen auf Platz 40 notiert. Aber je häufiger die Kommentatoren an diesem historischen Abend die Floskel vom „Erdrutschsieg" der SPD bemühen, je weniger Direktwahlkreise bei der Stimmauszählung an die Union fallen – desto heller strahlt dieses Fünkchen Hoffnung. Geht da noch etwas? Bald steht fest: Die NRW-Liste „zieht" nur bis Rang 37.

Während Laschet im Wohnzimmer seines Burtscheider Reihenhauses bangt, lässt sich der sozialdemokratische Kanzlerkandidat Gerhard Schröder auf einer Bühne vor dem Bonner Ollenhauer-Haus in Siegerpose feiern. „Der Dicke ist weg", rufen die Genossen. Laschet hört es über den Fernsehlautsprecher. „Dem werden viele noch nachtrauern", sagt er trotzig. Dass Kohls Verdienste um Europa und die deutsche Wiedervereinigung in diesem Wahlkampf so gar nicht mehr gezogen haben, schmerzt Laschet in diesem Moment.

Restlos überzeugt von der erneuten Spitzenkandidatur des Kanzlers hat Laschet ein Jahr zuvor gleichwohl selbst nicht gewirkt. Als der sächsische Ministerpräsident Kurt Biedenkopf im April 1997 eine Personaldebatte im CDU-Vorstand anzettelt und Kohl „ein besonderes Risiko für die Partei" nennt, erntet der Professor aus Dresden dafür in den Gremien eisiges Schweigen. Einige Granden weisen ihn brüsk zurecht. Als „grob parteischädigendes Verhalten" gilt es, den seit 24 Jahren amtierenden Vorsitzenden in Frage zu stellen. Der Jung-Abgeordnete Laschet traut sich seinerzeit immerhin, öffentlich eine vermittelnde Position einzunehmen. „Biedenkopf hat sich konsequent verhalten und sagt offen, was er denkt", wird der Hinterbänkler aus Aachen in der *Bild am Sonntag* zitiert. Er wirkt unentschlossen: Laschet scheint die Unabhängigkeit Biedenkopfs zu bewundern, genau das öffentlich anzusprechen, was viele in der Partei damals denken. Zugleich ist er unsicher, ob die CDU und er selbst als Aachener Abgeordneter ohne den „Kanzler der Einheit" als Wahlkampf-Lokomotive wirklich besser fahren werden.

Anerkennung für Biedenkopfs Charakterstärke ringt hier offenkundig mit taktischen Opportunitäten. Laschet flüchtet sich in ein verständnisvolles Einerseits-Andererseits, das man in seiner politischen Laufbahn noch häufiger hören wird. Als er im Sommer 2017 gerade Ministerpräsident geworden ist, lädt er den da schon 87-jährigen Biedenkopf gleich in die Düsseldorfer Staatskanzlei ein und verleiht ihm den Landesverdienstorden. Vielen in NRW ist der Mann, der Ende der 60er Jahre mal Rektor der *Universität Bochum* war und bis 1987 den Landesverband der CDU führte, gar kein Begriff mehr. Biedenkopf lebt seit der Wiedervereinigung in Sachsen. „Ich wüsste kaum einen anderen Politiker, der so viele wichtige Debatten angestoßen hat, wie Sie es getan haben", sagt Laschet in seiner kleinen Laudatio, die er persönlich verfasst hat. Es klingt nach aufrechter Bewunderung für einen Mut in der Politik, der ihm wichtig ist.

Die Mobilisierung gegen den „ewigen" Kanzler Kohl und für den Wechsel ist in den Wochen vor der Bundestagswahl 1998 deutlich spürbar. „Ich war skeptischer als vor vier Jahren, obwohl wir einen sehr aufwendigen, hochmotivierten Wahlkampf geführt haben", sagt Laschet am Wahlabend. Im Bonner Fernsehstudio verteidigt Kohls Noch-Zukunftsminister Jürgen Rüttgers da gerade im Gespräch mit Moderatorin Marion von Haaren die

Entscheidung des Kanzlers, erneut als Spitzenkandidat für die Union angetreten zu sein.

Es war die falsche Entscheidung. Alles deutet jetzt auf die erste rot-grüne Bundesregierung in der Geschichte der Bundesrepublik hin. Laschet sitzt lange mit Ehefrau Susanne zu Hause auf dem Sofa und lässt sich von einem Reporter der *Aachener Zeitung* dabei beobachten, wie er sich von Hochrechnung zu Hochrechnung durch die Fernsehsender zappt. Es wird nicht besser. „Mehr konnte ich nicht machen", sagt er niedergeschlagen. Noch in der Nacht zum Wahlsonntag hat er 10.000 Brötchen an die Haustüren der vielen Neubausiedlungen im ländlichen Burtscheid gehängt, um die Nachbarschaft für den Urnengang zu mobilisieren.

Immer wieder meldet sich an diesem trüben Wahlabend Parteifreund Harald Baal telefonisch aus dem Rathaus, um neue Zahlen durchzugeben. Laschet liegt am Ende bei den Erststimmen zwar satte sieben Prozent über dem CDU-Bundesergebnis, dafür kann er sich jedoch nichts kaufen. Der Frust ist groß. Susanne Laschet hebt ausnahmsweise das strenge Rauchverbot im Wohnzimmer auf. Die Kinder kommen aus dem Keller und kuscheln sich an die Schultern der Eltern. Morgens im Wahllokal hatte die sechsjährige Eva noch für Heiterkeit gesorgt, als sie ihre Mutter streng aufforderte: „Du musst Papa wählen." Ihr großer Bruder Johannes sekundierte da zur Freude der Wahlhelfer fachmännisch: „Papa hat die besten Ideen." Nächste Woche sollte eigentlich der Familienurlaub starten, den nach der Terminhatz des Wahlkampfes alle herbeisehnen. Aber wie kann man sich jetzt noch darauf freuen?

Am Tag vor der Wahl wirkt Laschet noch erstaunlich locker. Dass eine Wegscheide seiner Karriere wartet, ist ihm nicht anzumerken. Im Interview-Format „Sieben Fragen zum Finale" der *Aachener Zeitung*, das am 26. September 1998 erscheint, kalauert sich der CDU-Kandidat geradezu durch die Antworten. Wem er nach diesem Wahlkampf besonders dankbar sei? „Natürlich meiner Frau, den vielen Helfern und ganz sicher meinem Schuster", gibt er dort zu Protokoll. Was der bewegendste Moment in diesem Wahlkampf gewesen sei? „Bewegt hat mich in diesen Wochen von Termin zu Termin der Wahlkampfbus." Welche Summe er auf seinen Sieg setzen würde? „Ich verwette die Diäten aller Abgeordneten, dividiert durch die

CDU-Zweitstimmen, multipliziert mit meinen Aachener Erststimmen, potenziert mit dem Gewicht des Bundeskanzlers, vermindert um die politische Substanz der Reden des Herausforderers – alles berechnet nach Hare/ Niemeyer."

Weil Konkurrentin Schmidt dieselben Fragen der *Aachener Zeitung* mit dem staatstragenden Ernst einer Wahlkämpferin auf den letzten Metern beantwortet, wirkt Laschets gelassene Fröhlichkeit besonders bemerkenswert. Es schimmert da bereits eine Schicksalsergebenheit durch, die er auch in späteren Jahren immer wieder erkennen lassen wird. „In solchen Situationen denke ich immer an die *Operette Fledermaus:* Glücklich ist, wer vergisst, was nicht mehr zu ändern ist", hat Laschet einmal sein Credo für Krisenmomente umrissen. Es ist ein sonderbarer Gefühlshaushalt in Momenten der Ohnmacht. Auch Sohn Johannes zitiert Jahrzehnte später den, wie er die *Fledermaus*-Sentenz nennt, „Lieblingsspruch" seines Vaters in der Öffentlichkeit: „Er hat eine Stehauf-Mentalität und schafft es, Sachen abzuhaken, die er nicht ändern kann, und sich direkt an etwas Neues zu wagen."

Am verkorksten Wahlabend 1998 bläst Laschet irgendwann in Burtscheid zum Aufbruch. Sie müssen noch in den überhitzten Krönungssaal des Rathauses. Selbst wenn niemandem nach Wahlparty zumute ist: Am Dank für die vielen unermüdlichen Wahlhelfer und an einer ordentlichen Gratulation für Wahlkreis-Siegerin Ulla Schmidt führt kein Weg vorbei. Am nächsten Tag erscheint in der *Aachener Zeitung* ein Foto, das Laschet und Schmidt im innigen Dialog zeigt. Sie halten einander an den Händen. Die Bildunterschrift lautet: „Faire Kontrahenten".

Für Laschet sieht es zunächst so aus, als wäre die Karriere als Berufspolitiker schon wieder zu Ende. „Das war sicherlich die schwerste Niederlage in meinem Leben", bilanziert er am nächsten Morgen. Er muss jetzt schnell seine Büros in Aachen und Bonn auflösen. Er verspricht, seinen Mitarbeiterinnen bei der Jobsuche zu helfen. Was aber wird aus ihm selbst? „Ich weiß es wirklich noch nicht", bekennt er. Mitte Oktober muss Laschet noch einmal zu einer Abstimmung nach Bonn. Der alte Bundestag gibt in einer Sondersitzung grünes Licht für die Beteiligung Deutschlands an einem von der NATO angedrohten Luftschlag im Kosovo-Konflikt. „Das war schlimm für mich. Zwischen allen Kollegen zu sitzen und zu wissen: Für mich geht es hier nicht weiter", sagt Laschet heute.

Damals zeigt er trotz der frustrierenden Niederlage diffusen Optimismus: Er wisse, „dass es für mich Perspektiven gibt". Einen konkreten beruflichen Plan B hat er seit dem Einzug in den Bundestag 1994 nie verfolgt, auch wenn er neben dem Mandat weiter Geschäftsführer des Aachener Kirchenverlages geblieben ist. „Ich habe mich geweigert, über so etwas nachzudenken", sagt er damals. Womöglich kann Laschet vollständig zurück zur Kirchenzeitung. Eine Promotion an der Juristischen Fakultät der *Universität zu Köln* reizt ihn offenbar ebenfalls. Ein Thema hat er schon vor längerer Zeit ausgeguckt: „Stellung und Rechte des Bundestags-Europaausschusses." Er kann da aus seinem Bonner Erfahrungsschatz schöpfen. Weil Laschet nur das erste juristische Staatsexamen abgelegt hat, würde sich ein „Dr. iur." gut machen. Laschet zeigt sich im Lauf seiner Karriere bestimmt nicht so titelhungrig wie andere Politiker, die im mittleren Alter noch eilig eine Doktorarbeit verfassen oder irgendwann von vertrauten Universitäten zum Honorarprofessor ernannt werden und sich hernach konsequent mit „Herr Professor" anreden lassen. Aber ein gewisser Visitenkarten-Stolz scheint auch ihm nicht fremd.

Im Herbst 1998 stellen sich aber zuvorderst andere Fragen: Kann man mit wissenschaftlichen Meriten eine Familie ernähren? Will er journalistisch außerhalb des Kirchenverlages sein Glück versuchen? Soll es das überhaupt schon gewesen sein mit der Berufspolitik? Mit ein bisschen Glück könnte Laschet in der laufenden Legislaturperiode in den Bundestag nachrücken. Zwei NRW-Abgeordnete müssten ihr Mandat aufgeben, dann wäre sein Listenplatz an der Reihe. „Nicht absolut unrealistisch", meint Laschet. Aber alles andere als eine sichere Perspektive für den Verbleib in der Politik. Aachener Oberbürgermeister-Kandidat 1999? „Kein Thema", winkt Laschet ab. Schnell tauchen auch Spekulationen auf, Laschet könnte bei der Europawahl 1999 auf dem Ticket des Bezirksverbandes Aachen einen aussichtsreichen Listenplatz ergattern. Oberbürgermeister Malangré, Susannes Onkel, macht ja nach 20 Jahren in Brüssel Schluss mit der Politik. Laschet bremst zwar am Tag nach der Bundestagswahl: „Ich halte nichts davon, als Verlierer direkt auf einen anderen Zug zu springen." Abgeneigt scheint er aber nicht. Eher vorsichtig kalkulierend. Bloß nicht zu früh den Finger heben. Die Listenaufstellung in der NRW-CDU ist kein Selbstläufer. Das hat er gerade erst beim parteiinternen Schacher vor der Bundestagswahl gemerkt: Kreis- und Bezirksverband hatten ihn da eigentlich für Platz 35 nominiert, der am Ende für den Wiedereinzug in Bonn gereicht hätte, doch der Landesverband schob ihn auf Platz 40 nach hinten.

Als „schlimmste Zeit" für Laschet erinnert auch die langjährige Vertraute Claudia Plum die Phase kurz nach dem Ausscheiden aus dem Bundestag. „Er ist Politiker durch und durch", sagt Plum. Laschet habe nie etwas anderes machen wollen als Politik. Mit dem Bundestagsmandat verliert er nicht nur die wirtschaftliche Basis seiner Familie, sondern all das, woraus er Freude und Anerkennung zieht: die parlamentarische Arbeit, die Wahlkreis-Gespräche in Aachen, das Treiben in Bonn, all die liebgewonnenen Mitstreiter. „Für Armin Laschet waren sicher die ersten Jahre im Bundestag prägend. Der Kreis von ähnlich tickenden, etwa gleichaltrigen Kolleginnen und Kollegen war ihm dabei sehr wichtig. Aus dieser Gruppe mit der Bundestagswahl 1998 herausgerissen zu werden war für ihn ein tiefer Einschnitt", sagt heute auch Laschet-Freund Hermann Gröhe.

An einem regnerischen Februar-Abend 2020 betritt Ulla Schmidt ein gemütliches Café am Aachener Elisenbrunnen. Schmidt hat sich kaum verändert, seit sie 2009 als dienstälteste deutsche Gesundheitsministerin aus dem Amt geschieden ist. Sie trägt eine blaue Wetterjacke und grüßt in diesem freundlich näselnden Ulla-Schmidt-Singsang. Noch heute wird sie auf der Straße mit „Ullala Schmidt" angesprochen – wie in der berühmten WDR-Satire „Reformhaus Schmidt", in der Journalistin Katrin Schmick sie über Jahre als lebenskluge und gewitzte Ministerin parodiert hat. Immer wieder hört die echte Ulla Schmidt, wie Fremde ihr im breiten rheinischen Dialekt diesen Abschiedsgruß aus der Radio-Satire hinterherrufen: „Tschö, sagt Ihre Ullala Schmidt. Und bleiben Sie gesund. Anders wär' nämlich schlecht." Sie freut sich trotzdem darüber, denn Politiker sind wahrlich unfreundlichere Bürgerbegegnungen gewohnt.

Ulla Schmidt ist bald 71 Jahre alt und will ihre politische Laufbahn mit Ablauf der Legislaturperiode beenden. Die SPD-Politikerin hat alles erlebt, ist vollkommen frei, muss keine Rücksichten mehr nehmen. Beste Voraussetzungen für ein Gespräch über ihren einstigen Wahlkreis-Konkurrenten Armin Laschet. Sie kennen sich schon seit gefühlten Ewigkeiten. 1989 ziehen sie zusammen in den Stadtrat ein. Sie kommt da von ganz links, steht als Sonderschullehrerin und alleinerziehende Mutter einer Tochter voll im Leben. Der zwölf Jahre jüngere Laschet gehört zu den aufstrebenden Nachwuchskräften der lange so machtverwöhnten Aachener CDU. Wenn Schmidt aus dieser Zeit erzählt, muss ihr der wortflinke Laschet zunächst als ziemlich konservativer, etwas besserwisserischer, zuweilen auch unangenehm aggressiver „Gift-Zwerg" vorgekommen sein. So bezeichnen ihn damals zumindest einige SPD-Leute. Doch Schmidt und Laschet finden über die Bundestagswahlkämpfe 1994 und 1998 einen Draht zueinander. „Es hat sich keine Freundschaft entwickelt, aber doch ein sehr freundschaftlich-kollegiales Verhältnis", sagt Schmidt. Irgendwann geht man zum Du über. Schmidt scheint vor allem Laschets Frau von Beginn an zu mögen. Deren großes soziales Engagement in Aachen etwa für Obdachlose schätzt sie sehr. Unprätentiös, zupackend, herzlich, die ganze Art von Susanne Laschet gefällt ihr.

Zum 70. Geburtstag bekommt Schmidt von ihren Mitarbeitern einen Erinnerungsband geschenkt. Darin findet sich auch ein Zeitungsausschnitt aus dem Frühjahr 1998. Mitten im anlaufenden Bundestagswahlkampf spielen Laschet und sie im traditionsreichen Aachener Heimattheater beim Platt-Lustspiel „Nobless uusjen Wimmelsjaaß" das Ehepaar Nöll und Nettchen Noppeney. Seinen Text lernt Laschet auf dem Rückflug junger Außenpolitiker aus Moskau. Der frühere Innenminister Rudolf Seiters will beim Abfragen der Passagen helfen, scheitert jedoch am „Öcher Platt". Der großkoalitionäre Auftritt im ausverkauften Saal „Brüssel" des *Eurogress* wird heftig beklatscht. Den Erlös spenden Schmidt und Laschet für eine neue Einrichtung des Frauenhauses.

Obwohl 1994 und 1998 im Wahlkreis um jede Stimme hart gekämpft werden muss, geschieht das augenscheinlich ohne bleibende Verletzungen. Schmidt verzieht eher nachdenklich das Gesicht, wenn sie heute von ihrem Sieg über Laschet 1998 erzählt: „Es tut einem schon leid, jemanden rausgeworfen zu haben, den man gut kennt und schätzt als Menschen, selbst wenn man politisch an vielen Punkten völlig unterschiedlicher Meinung ist."

In der Niederlage bei der Bundestagswahl 1998, der vielleicht bittersten seiner Karriere, scheinen bereits viele Verhaltensweisen und Eigenschaften durch, die den politischen Wettkampftypen Armin Laschet auszeichnen. Und zugleich so widersprüchlich und schwer greifbar machen. Im Triumph wie in der Niederlage. Da ist zum einen diese Risiko-Aversion, sich in die offene Schlacht zu begeben. Immer wieder in seiner politischen Laufbahn sucht Laschet bis zur grotesken Verrenkung nach Verhandlungslösungen, um einer persönlichen Konfrontation zu entgehen. Ihn treiben Machtanspruch und Postenstreben zwar genauso an wie die meisten anderen Spitzenpolitiker, nur genießt Laschet augenscheinlich den Weg dorthin nicht als eine Art Sport. Der politische Narzissmus, sich erst über den Kampf mit Gegnern zu definieren, das Ego in der Überlegenheit der eigenen Strategie zu spiegeln – all das wirkt bei ihm unterentwickelt.

Den unbedingten Willen zur Auseinandersetzung spürt man bei ihm selten. „Es kann nur einen geben" – die besonderen *Highlander*-Momente der Karriere sucht einer wie Laschet nicht. Er empfindet in seiner Partei auch keine Behaglichkeit, die sich am Konflikt mit „den Anderen" wärmt. Befriedigung beim Blick auf den Unterlegenen, den man argumentativ oder taktisch zur Strecke gebracht hat? Kalt genossene Rache gar? Bei Laschet ist diese persönliche Komponente in der Auseinandersetzung erstaunlich wenig ausgeprägt.

Immer wieder wird er im Lauf der Jahrzehnte pfleglich mit Gegnern umgehen, sie hinterher einbinden, wertschätzen oder zumindest Empathie für sie entwickeln. Diese Unfähigkeit zur politischen Brutalität wird oft mit seiner Konfliktscheu und angeblichen Weichheit erklärt. Er sei halt einer, der am liebsten kampflos in die Komfortzone moderiere. Mag sein. Andererseits ist Laschet kein klassischer Leisetreter, sondern auch emotionaler Mensch, der seiner Position gelegentlich aufbrausend Geltung verschaffen will.

Ungewöhnlich auch: Lässt sich eine Kampfabstimmung, ein politisches Finale partout nicht mehr vermeiden, findet Laschet zu einer seltsamen Ruhe im Auge des Orkans. Wenn es drauf ankommt, kann er sich trotz seiner sprunghaften Persönlichkeit erstaunlich gut fokussieren. Während anderen in Momenten der Entscheidung die Nerven flattern, zeigt Laschet von Jugendtagen an gerade in solchen Situationen eine konzentrierte, fröhliche Unverwüstlichkeit. Auch seine Fähigkeit, im Zweifel auf politische „Abstauber" zu warten und sie dann zu nutzen, prägt sich früh aus: Laschet besitzt das Talent, zur richtigen Zeit am richtigen Ort zu sein, und verfügt über ein feines Sensorium für politische Stimmungen.

Vor allem aber kann sich Laschet nach schweren Niederlagen rasch sammeln und wird nicht von Selbstzweifeln zerfressen. Das macht ihn zum Stehaufmännchen der Politik, das an den *Duracell*-Hasen erinnert, die Werbefigur des US-Batterieherstellers aus den 80er Jahren. Während die Konkurrenz schlapp macht und aufgibt, trommelt Laschet weiter. Immer weiter. Ihm ist eine sonderbare Schicksalsergebenheit zu eigen. Er redet sich nach Misserfolgen erfolgreich ein, dass sich Erfolge in der Politik ohnehin nur begrenzt planen lassen. Während andere Führungskräfte Pleiten schnell als persönliche Kränkung empfinden und alles in Frage stellen, steht Laschet auf und macht mit Elan weiter. Und zwar immer dort, wo ihn das Schicksal gerade hinstellt.

Bei vielen sogenannten Alphatieren in Politik und Wirtschaft schlägt die vor Selbstbewusstsein strotzende Unbeirrbarkeit im Moment der Niederlage schnell um in nagenden Selbstzweifel. Alles ergibt plötzlich keinen Sinn mehr. Der Stecker ist gezogen. Der frühere *Spiegel*-Journalist Jürgen Leinemann sieht in seinem Politik-Klassiker „Höhenrausch" von 2004 Parallelen zu Suchterkrankungen. Er zeichnet nach, wie sich Spitzenpolitiker ohne ständige Bestätigung durch Siege, Mitarbeiter, Medien, Terminzwänge, Dienstwagen und Beifall rasch zurückgestoßen fühlen in eine „wirklichkeitsleere Welt". In der Stunde der Niederlage können viele nichts mehr mit sich anfangen. Ohne das süße Gift der Macht fehlt jede Motivation zur politischen Arbeit.

Anders bei Laschet.

Man sollte ihm zwar keine edleren Absichten in der politischen Arbeit unterstellen als anderen Spitzenpolitikern. Das Streben nach Einfluss, Anerkennung und Ämtern treibt ihn gewiss ebenso stark an. Doch die Basis dafür scheint eine bedingungslosere Freude am politischen Prozess als solchem zu sein. Noch vor dem Beginn der Laufbahn als Berufspolitiker sagt Laschet 1993 einmal Sätze, die dieses Selbstverständnis gut ausleuchten: Die Politik mache ihm ganz einfach Spaß. „Mit den Menschen etwas machen, selbst wenn nur zehn Leute in einer Versammlung sitzen." Es gibt

Musiker, die nach der Karriere und ganz ohne Publikum kein Instrument mehr anrühren können. Und es gibt solche, die auch aus dem Spiel ganz für sich allein Freude ziehen. Laschets unbedingter Wille, politisch tätig zu sein, macht ihn unabhängiger von Ämtern und Funktionen. Das verschafft ihm Widerstandsfähigkeit in der Niederlage.

Aber woraus speist sich diese Resilienz gegenüber äußeren Umständen und Urteilen anderer? Eine plausible Annäherung bietet womöglich das medizinische *Salutogenese-Modell*: Es bescheinigt Menschen besondere Ressourcen in Krisenmomenten, die von Kindesbeinen an einen Vorrat an stabilen und liebevollen Beziehungserfahrungen in Familie und Freundeskreis anlegen konnten, denen frühe Werteorientierung lebenslange Sicherheit verleiht. Laschets Burtscheider Pfarrer August übersetzt es so: „Glaube und Heimat, Familie und Freunde fangen Armin Laschet auch in der Niederlage auf." Laschet muss in der Politik keinerlei Entbehrungen aus Jugendtagen kompensieren. Die Politik ist ihm nie Mittel gewesen, um eine Außenseiter-Position zu überwinden. Im Gegenteil: Laschet wirkt stets mittendrin, umgeben von Familie, echten Freunden und einem heimatlichen Umfeld, dem er bis heute treu bleibt. Ist das sein Geheimnis, mit Misserfolgen umgehen zu können?

Kurz nach dem Verlust des Bundestagsmandats 1998 wartet auf Laschet die wichtigste Prüfung seiner Politikerkarriere. Im November bewirbt er sich um die Kandidatur des CDU-Bezirksverbandes Aachen für die Europawahl 1999. Es ist ein eher verzweifelter Versuch, weiter als Berufspolitiker arbeiten zu können. Der Kreisverband Aachen ist der Kleinste im Bezirk. Die Neigung des Umlands in Heinsberg, Düren und Euskirchen ist nicht besonders groß, ausgerechnet den gescheiterten Bundestagsabgeordneten Laschet gleich wieder mit einem aussichtsreichen Listenplatz zu versorgen. Nach Malangrés 20 Jahren im Europaparlament scheint jetzt mal wieder ein anderer Kreisverband dran zu sein. Der Heinsberger Hans-Josef Heuter rechnet sich gute Chancen aus.

Am 20. November 1998 kommt es im Kolpinghaus in Düren zur entscheidenden Abstimmung. Laschet weiß, dass davon seine weitere Laufbahn abhängt. Wenn er durchfällt, könnte es für Jahre erst einmal vorbei sein mit der Politik. Ihm werden allenfalls Außenseiterchancen eingeräumt.

Zumindest auf die Delegiertenstimmen des eigenen Kreisverbandes will er sich verlassen können. Am Vorabend der Abstimmung ruft Laschet um halb elf Uhr abends den Aachener Großbäcker Johannes Schumacher an, der für die Mittelstandsvereinigung stimmberechtigt ist. „Ich darf Sie daran erinnern, dass ich morgen auf Ihre Stimme zähle", sagt er. Schumacher hat eigentlich freitags viel in seinen Läden zu tun, rafft sich jedoch auf und fährt durch den Feierabendverkehr nach Düren.

Schumacher erlebt einen Armin Laschet, der ungewohnt kämpferisch auftritt. An eine „besondere Drucksituation" und eine „angespannte, aber nicht aggressive Stimmung" erinnert sich auch Hans Peter Schmitz. Der langjährige CDU-Bundestagsabgeordnete leitet damals die Sitzung im Dürener Kolpinghaus. Auch für ihn ist es eine besondere Situation. Schmitz ist Laschet irgendwie noch etwas schuldig. Bei der Listenaufstellung zur Bundestagswahl ein Jahr zuvor hatte sein Bezirk bei der Nominierung für einen „sicheren" Platz Thomas Rachel aus dem Wahlkreis Aachen-Land den Vorzug gegeben. Rachel wird auf der wichtigen Bezirksliste, die in Düsseldorf immer mit den Vorschlägen der anderen CDU-Bezirke zur gemeinsamen Landesliste verarbeitet werden muss, auf Platz zwei geführt. Der fast gleichaltrige Laschet landet nur auf Rang drei. Bei dieser Ausgangslage können auch Laschets Freunde Peter Hintze und Herbert Reul, die gewieften Generalsekretäre in Bund und NRW-CDU, nichts mehr für ihn tun. Laschet ist raus, muss ohne Absicherung in die Bundestagswahl gehen, was 1998 so bitter endet. „Deswegen hatte Hans Peter Schmitz ein Stück weit ein schlechtes Gewissen, weil er damals für diese Listenaufstellung mitverantwortlich war", erinnert sich Laschet mit dem Abstand von mehr als 20 Jahren.

Schon im ersten Wahlgang im Dürener Kolpinghaus zeigt sich die Zerrissenheit des CDU-Bezirks: Laschet erhält 29 Stimmen, Heuter 28, die Dürener Kandidatin Ina Schoeller 27 und der Euskirchener Sven Stark 24. Es kommt zum Stechen zwischen Laschet und Heuter. Laschet habe die Stimmung im Saal erfasst, „die bessere Rede gehalten und die besseren Perspektiven aufgezeigt", sagt Schmitz heute. Hinter den Kulissen dürfte er selbst auch für den Burtscheider geworben haben. Laschet versucht damals, Zweifel an der Ernsthaftigkeit seiner EU-Ambitionen zu zerstreuen. Manche sehen ihn als Job-Hopper, der in Brüssel bloß überwintern wolle. Es ist ausgerechnet das Umfeld seines damaligen Gegners Heuter, das Laschet nach der Nachrücker-Option für den Bundestag fragt. Laschet versichert: „Ich werde auf den Reserveplatz für den Bundestag verzichten. Vom Hin- und Herhüpfen halte ich nichts."

Laschet wirkt auf den Punkt konzentriert. Es wird knapp. Dreimal häufelt die Zählkommission im Beisein der Kandidaten und Kreisgeschäftsführer die Stimmzettel, bis der scheidende Europaabgeordnete Malangré emotionslos das Ergebnis verkündet. 110 gültige Stimmen wurden abgegeben, drei Delegierte haben sich enthalten. Somit muss der Sieger, der vom Bezirksverband Aachen für einen aussichtsreichen NRW-Listenplatz zur Europawahl 1999 vorgeschlagen wird, mindestens 54 Stimmen erhalten. Laschet bekommt 54 Stimmen, Heuter 53. Eine einzige Stimme. Wie gut, dass Bäcker Schumacher ins Kolpinghaus gekommen ist.

Ironie der Geschichte: Als Laschet einige Zeit später über die Liste tatsächlich auch in den Bundestag nachrücken könnte, ist es ausgerechnet Heuter, der ihn zu diesem Schritt drängt. Er will dafür selbst Laschet im Europaparlament ersetzen. Doch Laschet hält Wort und bleibt in Brüssel. Als er längst Ministerpräsident ist und einmal den Bäcker Schumacher trifft, ruft er: „Da kommt ja meine Stimme." So geht das schon seit Jahrzehnten. Immer derselbe Spaß. Schumacher ist für Laschet „meine Stimme". Er hat ihm nicht vergessen, dass er im November 1998 in Düren da ist, als er ihn zur Fortsetzung seiner politischen Karriere so dringend braucht.

Das richtige Gespür für Stimmungen beweist Laschet bereits im Herbst 1993, als der CDU-Kreisverband Aachen seinen Wahlkreiskandidaten für die Bundestagswahl 1994 nominiert. Der 32-jährige Laschet will dem bald 71-jährigen Hans Stercken nachfolgen. Nach 18 Jahren wird dieser „sichere" Wahlkreis frei. Wer weiß, wann sich eine solch breite Tür zur Berufspolitik noch einmal öffnet. Laschet muss dafür die Mehrheit der rund 180 Delegierten des Kreisparteitages überzeugen. Das ist nicht leicht, denn Laschets Gegenkandidat heißt Dieter Bischoff. Der Strafverteidiger und Unternehmer ist Vorsitzender der örtlichen Mittelstandsvereinigung und in der traditionsbewussten Aachener Kaufmannschaft bestens vernetzt. Bischoff ist fast 15 Jahre älter als Laschet, eine elegante Erscheinung, und war in den

70er Jahren Aachener Karnevalsprinz. Er wäre ein würdiger Repräsentant der Kaiserstadt auf dem Bonner Parkett.

Laschet hat sich zwar seit 1989 als rhetorisch beschlagener Ratsherr einen Namen in der CDU gemacht und ist inzwischen stellvertretender Kreisvorsitzender, doch nach dem Geschmack mancher in der Partei steht er noch zu wenig im Leben. Viele wissen, dass er schon seit 1983 als studentischer Mitarbeiter für Stercken in Bonn gearbeitet hat und seit 1987 im Dunstkreis der Bundestagspräsidenten Jenninger und Süssmuth als Redenschreiber Geld verdient. Seit 1991 erleben sie ihn zudem als umtriebigen Chefredakteur der Kirchenzeitung. Trotzdem haftet Laschet bei den Konservativen der Ruf an, „nur Politik" zu können.

Beim Nominierungsparteitag im hoffnungslos überfüllten Saalbau Kommer versucht Bischoff diesen strukturellen Vorteil auszuspielen. „Berufserfahrung und Unabhängigkeit gehören in den Bundestag, ein Mandat darf nicht zur Absicherung der wirtschaftlichen Existenz dienen", sagt er in seiner Bewerbungsrede. Bischoff legt ein kluges Neun-Punkte-Programm vor, das vor allem den Wirtschafts- und Wissenschaftsstandort Aachen in den Blick nimmt.

Laschet dagegen appelliert eher allgemein an den Erneuerungswillen der CDU. Er ruft auf, „unbegangene Wege" zu gehen und mehr zuzuhören. Das Herabreden auf die Leute sei längst überholt. Die Union als „Volkspartei" müsse wieder mit Leben gefüllt werden, und zwar über Generationen und Schichten hinweg. Es ist eine rhetorische Figur, die er auch Jahrzehnte später noch bemühen wird. Laschet ist in den Wochen zuvor durch zahllose Gliederungen und Vereinigungen der Aachener CDU getingelt. Überall begegnet ihm Frust darüber, dass der machtvolle Kreisverband an Zugkraft eingebüßt hat. Seit 1989 muss man ja erstmals seit über 40 Jahren einen Sozialdemokraten auf dem Oberbürgermeister-Stuhl erdulden.

Laschet macht seit geraumer Zeit mit dem Veranstaltungsformat *Zukunftswerkstatt* auf sich aufmerksam. Über seine guten Drähte nach Bonn holt er prominente Referenten nach Aachen. Seine Chefin Süssmuth kommt und mit Volker Rühe sogar ein veritabler Bundesminister. Über 200 Besucher kann Laschet zu solchen Abenden begrüßen. Die *Aachener Zeitung* nennt seine Veranstaltungen „wohl das Interessanteste, was die Aachener Politik an Streitgesprächen, Dialogen, Diskussionen derzeit zu bieten hat". Später wird die *Zukunftswerkstatt* als Verein in Aachen etabliert. Der Vorsitzende heißt Laschet, der sich eigens ein Kuratorium zusammenstellt, in dem er Unternehmer, Ärzte, Wissenschaftler und andere Berufsgruppen versammelt. Hier scheint schon eine große Vorliebe für Expertenräte auf, in denen er immer wieder während seiner politischen Laufbahn die gesamte Breite der gesellschaftlichen Debatte abzubilden versucht.

Laschets Vertraute Claudia Plum ist rückblickend sicher, dass viele in der Partei damals wissen, dass die verkrustete CDU dringend eine Frischzellenkur braucht, für die dieser quirlige 32-Jährige am ehesten steht. Doch die wenigsten sagen es dem etablierten Wirtschaftsmann Bischoff ins Gesicht: „Viele haben Dieter Bischoff blauäugig in die Abstimmung laufen lassen. Das war nicht fair. Er hat sich später einmal anerkennend geäußert, dass ich ihm wenigstens immer offen gesagt habe, dass ich für Armin bin", erzählt Plum.

Mit Samthandschuhen wird dieser parteiinterne Wahlkampf aber wohl auch von Laschet nicht geführt. Seine enge Bindung zur katholischen Kirche, die zu dieser Zeit in der Aachener CDU noch beeindruckt, bleibt nicht unerwähnt. Zugleich werden Gerüchte gestreut, Konkurrent Bischoff sei aus der Kirche ausgetreten. Dabei ist er immer evangelisch gewesen, geht jedoch mit seinen katholisch getauften Kindern traditionell in der Burtscheider St. Gregorius-Gemeinde ein und aus. Woher die üble Nachrede kommt, wird nie geklärt. Einflussreiche Parteigranden wie Stercken und Malangré scheinen im Hintergrund ebenfalls Strippen für Laschet zu ziehen. Beim Nominierungsparteitag setzt sich Laschet schließlich sensationell deutlich mit 101 zu 61 Stimmen durch. Mit der Klarheit hat er selbst nicht gerechnet: „Mir fehlt noch etwas die Sprache", stammelt er bei seiner ersten Stellungnahme. Bischoff zollt Laschet mit fast 30 Jahren Abstand noch immer Respekt für seinen politischen Instinkt: „Er hat die untrügliche Fähigkeit, in einen Saal hereinzukommen und sofort zu erkennen, wo die Mehrheiten sind. Dafür hat er eine unglaubliche Nase. Das kann man nicht lernen." Folgt man Bischoff, versteht der oft als konfliktscheu beschriebene Laschet sehr wohl die Mathematik in der Politik. Man muss wissen, welchem Drittel der Delegierten man vors Schienbein treten kann, um die Zustimmung der übrigen beiden Drittel zu gewinnen.

Das rhetorische Vermögen, das man dazu haben sollte, bringt er mit. Zudem braucht es Ausdauer und die Fähigkeit zum Netzwerken. Einer wie Laschet weiß früh, an wen man sich in Aachen halten muss. Ist er berechnender, als seine rheinische Leutseligkeit vermuten lässt? Franziska Neumann, Laschets erste Fraktionsvorsitzende im Aachener Stadtrat, erlebt dessen auffallende Kontaktfreude nie als rein interessengeleitet: „Es war von Anfang an seine Art, Menschen an sich zu binden und Verbindungen zu pflegen. Er hat das aber nicht nur als Lobbyist gemacht, sondern nach meinem Eindruck auch, um in der Politik echte Freundschaften zu finden." Neumann ist heute eine ältere Dame, die kaum noch Einfluss hat in der Aachener CDU, doch Laschet schickt ihr immer noch Weihnachtskarten. Als er längst Ministerpräsident ist, trifft sie ihn einmal mit seiner Frau beim 80. Geburtstag einer ehemaligen Ratskollegin. Laschet könnte solche Einladungen leicht mit Verweis auf seinen übervollen Terminkalender absagen. Hier gibt es aus Machtkalkül nichts zu holen. Er soll aber lange auf dem Fest geblieben sein. Neumann erlebt dort einen Regierungschef aus Düsseldorf, der sich im vertrauten Kreise einfach wohlfühle: „Er hat den Abend sehr genossen und mit jedem geplaudert."

Auch das Verhältnis zu Bischoff in den Jahrzehnten nach ihrer Auseinandersetzung zeigt, dass Laschet selten verbrannte Erde hinterlässt. Bischoff und er werden keine dicken Freunde, aber sie arbeiten lange vertrauensvoll zusammen. Als Laschet später Vorsitzender der Aachener CDU wird und Bischoff sein Stellvertreter, funktionieren sie als Team erstaunlich gut. Es bleibt offenbar nichts zurück, obwohl 1993 beider Entwicklungen stark geprägt hat: Laschet macht damals den ersten Schritt auf dem Weg in höchste Staatsämter, Bischoff wird nie Berufspolitiker.

Als Bischoffs Frau Ende 2019 verstirbt, erhält der Witwer überraschend Post mit dem Siegel des Ministerpräsidenten. Laschet muss die traurige Nachricht selbst über eine Trauer-Anzeige den Zeitungen entnommen haben. Eine Todesanzeige ist gar nicht an ihn gegangen. Laschets Kondolenzschreiben ist kein Standardbogen aus dem Protokollreferat der Staatskanzlei, das mit dem Autogramm-Computer unterzeichnet ist. Der Regierungschef hat ihn in sehr persönlichen Worten selbst verfasst. Bischoff ist berührt von dieser Geste. So etwas vergisst man nicht.

„Wenn man Feinde von Armin Laschet finden müsste, dann wäre das schon ganz schön beschwerlich", glaubt auch Bernd Vincken, „er hat so eine rheinische Art, am Ende für Harmonie zu sorgen." Vincken kennt ihn schließlich seit den Tagen in der *Schüler-Union*, auch wenn sie in parteiinternen Abstimmungen über Jahre nicht immer am selben Strang gezogen haben. Vincken bewundert zwei Eigenschaften an Laschet: seine Unerschrockenheit und seine Unverwüstlichkeit. Im Lauf der Jahrzehnte verfolgt er, wie Laschet trotz vieler Rückschläge immer weitermacht in der Politik. Er hat ihn aus der Nähe beobachtet, als keiner mehr etwas auf ihn gegeben hat. „Jedes Mal aufstehen und weitermarschieren – das kann nicht jeder", sagt Vincken.

Auch in einer anderen, im Nachhinein als Laschet-typisch zu bezeichnenden Schlacht der Aachener CDU steht Vincken auf der anderen Seite. 1999 wird ein neuer Kreisvorsitzender gesucht. Laschet tritt gegen den Anwalt Johannes Günter an. Die Aachener CDU ringt um die politische Richtung. Günter ist Favorit des wirtschaftlich orientierten, eher konservativen Teils der Partei. Er repräsentiert viele Kaufleute der Stadt. Laschet hingegen steht bereits im Ruf, ein liberaler Geist zu sein und die Öffnung hin zu den Grünen forcieren zu wollen. Er gehört keiner Vereinigung und keinem Flügel an, lässt sich nicht klar zuordnen. Der Kreisverband wirkt gespalten. In der Kampfabstimmung setzt sich Günter mit 88 zu 87 Stimmen durch.

Es ist für Laschet eine knappe und deshalb umso schmerzhaftere Niederlage. Für Rolf Einmahl, in den 90er Jahren Laschets Fraktionschef im Stadtrat, gehören solche Erfahrungen zum politischen Reifeprozess: „Demokratie lebt von der Auswahl, da kann man schon mal verlieren." Mit dem natürlichen Risiko in der Politik, den Kürzeren zu ziehen, freundet sich Laschet aber nur schwer an.

Wirklich glücklich werden Günter und die Aachener CDU miteinander nicht. Der neue Vorsitzende hat vom ersten Tag an im Laschet-Lager einen schweren Stand. Bei der nächsten regulären Wahl nach zwei Jahren erwarten deshalb viele eine Neuauflage der Kampfabstimmung. Laschet wird bedrängt, es noch einmal zu versuchen. Er scheut jedoch die Konfrontation. „Nein, ich bin loyal. Ich stehe hinter dem Vorsitzenden", winkt er ab. So erinnert es heute noch Leo Frings, der Laschet-Förderer und Kurzzeit-Parteichef der Aachener CDU Ende der 80er Jahre. Es kommt stattdessen zu der ungewöhnlichen Konstellation, dass Günter 2001 ohne einen Gegenkandidaten zur Wiederwahl antritt – und bei den Delegierten durchfällt. Eine Demütigung. Erst danach lässt sich Laschet zum neuen Vorsitzenden küren. Eine hässliche Intrige?

Noch eineinhalb Jahre später tritt Günter bei einem Kreisparteitag mit bebender Stimme ans Mikrofon und ruft: „Wenn die Partei so geschlossen wäre, wie Armin Laschet dies sagt, dann säße ich jetzt da oben." Ganz ohne Verletzungen von Konkurrenten vollzieht sich der Aufstieg des späteren Ministerpräsidenten augenscheinlich doch nicht. Anfang des Jahres 2020 beantwortet Johannes Günter eine schriftliche Bitte um ein Gespräch über Armin Laschet nach exakt 14 Minuten mit wenigen Zeilen: „Ich stehe dafür leider nicht zur Verfügung. Zu dem Herrn fällt mir nichts ein." Kann der freundliche Herr Laschet also auch unsauber spielen? Ein weiterer Anrufversuch in der Aachener Kanzlei Günters soll Klarheit bringen. Die freundliche Anwaltsgehilfin versucht durchzustellen, muss dann aber nach einigen Augenblicken mitteilen: „Herr Dr. Günter ist leider schon zu Gericht."

Dass sich Laschet rücksichtsvoller in politischen Kämpfen verhalten würde als andere, kann in der Aachener CDU nicht jeder behaupten. Allein mit Leutseligkeit kommt man wohl nicht nach oben. Edgar Lamm, der langjährige Vorsitzende der örtlichen *Jungen Union*, hat sich vor Jahrzehnten manches Mal mit Laschet auseinandergesetzt. An dessen Wettkampfhärte hegt er keinen Zweifel: „Der Armin hat konsequent seine Ziele im Auge. Er war schon sehr ehrgeizig." Er agiere zugleich vorsichtig, analysiert Lamm: „Riskante Kandidaturen hat er eigentlich immer vermieden. Er schmeißt sich nicht in den Ring." Wenn sich aber Türen auftun, geht er entschlossen hindurch. So erlebt es auch Witold Franke, der Gefährte aus ganz frühen Tagen der *Jungen Union*. In den 80er Jahren will ihn der Bundestagsabgeordnete Stercken, für den Franke bereits im Aachener Wahlkreisbüro arbeitet, mit nach Bonn nehmen. Franke, der heute als Pensionär in Jülich lebt, zögert damals ein wenig bei dieser Offerte. Eigentlich hat er andere Pläne. Den Bonner Bürojob übernimmt 1983 kurzerhand Laschet. Diese zufällige Begegnung mit Stercken erweist sich für die Karriere als besonders wertvoll. „Schon mehrere Jahre zuvor war er mir im Rahmen seiner Tätigkeit an Aachener Schulen sowie als Schülerredakteur aufgefallen", schreibt Stercken 1987 in Laschets Beurteilung. „Ich wusste daher, dass ich es mit einem überdurchschnittlich begabten jungen Menschen zu tun hatte, auf dessen engagierte Mitarbeit ich mich verlassen konnte." Chance gesehen, Chance genutzt.

An einem sonnigen Dienstagvormittag im Juli 2010 beginnt die Phase in der Karriere des Armin Laschet, die seinen Ruf als Stehaufmännchen am stärksten prägen wird. Es sind die Wochen, in denen Parteifreunde gehässig hinter vorgehaltener Hand über das personifizierte „Bayer Leverkusen der Politik" herziehen. Vize-Armin, der ewige Zweite. Der traurige Tropf, der es vergeblich immer wieder versucht. Vom bundesweit bekannten „ersten Integrationsminister Deutschlands" und möglichen Nachfolger von Ministerpräsident Rüttgers zum Loser der Landespolitik. Am 6. Juli 2010 unterliegt Laschet zunächst im Kampf um den Vorsitz der CDU-Landtagsfraktion in NRW knapp mit 32 zu 34 seinem bisherigen Ministerkollegen Karl-Josef Laumann. Die Rolle des Oppositionsführers gegen die sich abzeichnende rot-grüne Minderheitsregierung der künftigen SPD-Ministerpräsidentin Kraft ist die letzte machtvolle Position, die in Düsseldorf für einen CDU-Mann zu erreichen ist. Schnelle Neuwahlen scheinen möglich, der Chef der Landtagsfraktion ist so ein natürlicher Anwärter auf die Staatskanzlei.

Nach der Kampfabstimmung steht Laschet vor der schweren Messingtür des Fraktionssaals zusammengesunken neben dem großen und wuchtigen Laumann. Er wirkt geschlagen wie ein Weltergewichtler, der versehentlich in der Schwergewichtsklasse geboxt hat. Während der neue Fraktionschef dröhnend in die Mikrofone spricht, fährt Laschet nachdenklich mit der Zunge im Mund herum.

Laumann ist Bundesvorsitzender des CDU-Arbeitnehmerflügels und hat sich als Arbeitsminister im Kabinett Rüttgers Verdienste erworben. Der Münsterländer ist ein Original. Er hat Maschinenschlosser gelernt und trägt das Herz auf der Zunge. Gerade unter den vielen Abgeordneten aus ländlichen Wahlkreisen genießt Laumann viel Rückhalt. Auch der immer noch einflussreiche Rüttgers wird damals zu seinen Unterstützern gegen das Laschet-Lager gerechnet. Dass der Flügelmann Laumann kein Allrounder ist, gar nicht Ministerpräsident werden will und gelegentlich zu eigenwilliger Grammatik neigt, halten andere in der NRW-CDU für ein handfestes Problem. Der rhetorisch stärkere Laschet ließe sich da eher zum Herausforderer von Hannelore Kraft aufbauen, meinen sie. Doch ist der *Türken-Armin* nicht zu wendig und zu ehrgeizig, zu liberal und zu grün für eine CDU, die sich nach einer schweren Landtagswahlschlappe sammeln muss?

Es wird tagelang über eine „Paket-Lösung" verhandelt, die den offenen Kampf verhindern soll. CDU-Generalsekretär Andreas Krautscheid, den viele für die Idealbesetzung als Oppositionsführer halten, zieht einen Ausstieg aus der Politik vor und wechselt später zum Bankenverband. Laschets Freunde Hintze und Reul ziehen im Hintergrund wieder eifrig Strippen. Laumann will sich nicht mit dem Posten des stellvertretenden CDU-Bundesvorsitzenden ohne Geschäftsbereich abspeisen lassen. Laschet telefoniert fast pausenlos, gibt Interview um Interview. Es reicht nicht. Am Ende muss er sich damit trösten, dass einige Parteifreunde gegenüber der Presse versöhnlich bilanzieren: „Er hat die Abstimmung verloren, nicht aber das Gesicht."

Wer Laschet in diesen Tagen trifft, kann gewissermaßen live beobachten, wie er sich in Momenten der Niederlage sammelt. Seine Stimmung schwankt. Es ist nicht mehr lang bis zum 50. Geburtstag, weshalb er betrübt darüber sinniert, dass er nicht mit 60 Jahren immer noch im Landtag „rumsitzen" wolle. Es gebe so viele Politiker-Karrieren, die irgendwann ambitionslos stranden. Anders als im Bundestag oder Europaparlament, wo er sich so wohl gefühlt hat, sind die gesetzgeberischen Befugnisse des Landtags begrenzt. Hat nicht sogar Laumann immer im Spaß den Landtag als „Kreistag zu Pferde" verspottet? All das geht Laschet jetzt durch den Kopf. Im nächsten Augenblick erlebt man ihn schon wieder euphorisch, voller Aufbruchsgeist, mit sprudelnden Ideen, die er alle in der zweiten Oppositionsreihe in Düsseldorf umsetzen wolle.

Laumann macht Laschet zum „Ersten stellvertretenden Fraktionsvorsitzenden für politische Grundsatzfragen und Parlamentarischen Geschäftsführer". Ein Fantasie-Posten, den es vorher und nachher nicht mehr gibt. Laschet als Geschäftsführer in dienender Funktion und organisatorisches Rückgrat einer Landtagsfraktion? Viele halten den sprunghaften Kollegen mit dem notorisch unaufgeräumten Schreibtisch eindeutig für „gegen die

Rolle besetzt", wie Theaterfreunde witzeln. Doch Laschet sichert sich mit diesem herausgehobenen Posten ein stattliches Gehalt und eine großzügige Ausstattung. Er bekommt ein Büro mit Rheinblick-Terrasse und einen Dienstwagen, den Peter Biesenbach abgeben muss. Der gewissenhafte Jurist aus Hückeswagen ist darüber schwer verärgert. Er hat fest damit gerechnet, bei Laumann Parlamentarischer Geschäftsführer bleiben zu können. Biesenbach vergisst das lange nicht. Sieben Jahre später wird Laschet ihn trotzdem zu seinem Justizminister machen.

Wenige Wochen nach der Kampfabstimmung über den Fraktionsvorsitz macht Rüttgers erwartungsgemäß den Weg an der Spitze der NRW-CDU frei. Fast alle namhaften Christdemokraten in NRW einschließlich Laumann sprechen sich jetzt für Laschet als Nachfolger aus. Man will eine „Landeslösung", um die Kräfte in Düsseldorf zu bündeln. Die Zeiten, in denen Arbeitsminister Norbert Blüm als Bundesminister die NRW-CDU im Nebenjob führte, sind als besonders erfolglose Episode im kollektiven Parteigedächtnis abgespeichert. Bundesumweltminister Norbert Röttgen, Laschets alten Spezi aus Bonn, schert das nicht. Er durchkreuzt alle Pläne für die Rüttgers-Nachfolge. Mit frischer Bräune aus dem Kärnten-Urlaub, prallem Selbstbewusstsein und dem geschliffen formulierten Versprechen, bürgerlichen Werten wieder zur Geltung zu verhelfen, meldet Röttgen im Sommer 2010 Ansprüche auf den Landesvorsitz an und erzwingt einen Basisentscheid. Die 160.000 CDU-Mitglieder bestimmen also, wer neuer Chef des mächtigsten Landesverbandes wird.

Laschet muss sich über Wochen mit Röttgen in Regionalkonferenzen duellieren. Die Parteibasis kennt den Bundesumweltminister aus der *Tagesschau*. Er gilt als *Muttis Klügster* und wird *George Clooney der CDU* genannt. Von Laschet sagt das keiner. Röttgen kann auf den Punkt reden und bekommt meist mehr Applaus als der umständlich formulierende Integrationsminister a.D. „Politik aus den Augen unserer Kinder" – es klingt gut, was Röttgen so sagt. Außerdem verspricht er, dass es für ihn „selbstverständlich" sei, bei der nächsten Landtagswahl, wann immer sie komme, als Ministerpräsident oder Oppositionsführer zur Verfügung zu stehen. Röttgen entkräftet damit den Vorwurf, NRW bloß als Startrampe für das Rennen um die Nachfolge von Bundeskanzlerin Merkel zu benutzen. Die „Blüm-Falle", die viele in der NRW-CDU fürchten, hat der Mann aus Berlin mit diesem klaren Bekenntnis zu Düsseldorf um jeden Preis erfolgreich umschifft.

Thomas Kufen erinnert sich daran, wie Laschet in dieser Phase an seine Grenzen gehen muss. Der spätere Essener Oberbürgermeister hat 2010 gerade sein Landtagsmandat verloren und arbeitet deshalb für einige Wochen bei ihm als Mitarbeiter. Es bietet sich so an, denn Kufen hat schließlich seit 2005 ohnehin schon in Laschets Ministerium als Integrationsbeauftragter gedient. „Das war schon eine intensive Zeit, in der er richtig kämpfen musste", sagt Kufen über Laschets Wettbewerb mit Röttgen. Nie hat er seinerzeit das Gefühl, dass Waffengleichheit herrscht. Röttgen kommt Kufen damals vor „wie eine gut geölte Politik-Maschine". Immer bestens präpariert, druckreif redend, gut aussehend. Der aus Berlin eingeflogene Bundesminister strahlt Selbstgewissheit aus. Laschet dagegen reibt sich zwischen Landtagsarbeit und einem ziemlich improvisierten persönlichen Wahlkampf auf. Kufen schreibt ihm Papiere und bereitet Termine vor. Laschet lässt sich von seinem Bruder zu den Rededuellen fahren, damit er wenigstens unterwegs noch lesen kann und vor den Hallen keinen Parkplatz suchen muss.

Am 31. Oktober 2010 ist der Mitgliederentscheid ausgezählt: Röttgen gewinnt mit 54,8 Prozent und gut 45.000 Stimmen deutlich. In der Düsseldorfer Parteizentrale präsentiert sich ein strahlender Sieger mit seiner Frau Ebba, die regelrecht mit den Kameras flirtet. Etwas abseits stehen niedergeschlagen Laschet und seine Frau Susanne. Sein Adamsapfel wippt heftig. Die zweite schwere Niederlage innerhalb weniger Monate lässt Laschet um Fassung ringen. Wie soll man das nicht persönlich nehmen? Er ist jetzt ganz unten.

„Das tut schon verdammt weh, wenn man so engagiert ist wie der Armin", sagt Laschets Jugendfreund Walz über die vielen Niederlagen. Der Unternehmer wirkt auch nach Jahrzehnten an der Seite Laschets noch immer erstaunt darüber, wie man sich freiwillig einem so wenig kalkulierbaren Business wie der Politik aussetzen kann. Im Gegensatz zu seiner einigermaßen berechenbaren Welt der Geschäftszahlen ändern sich die Erfolgsparameter im politischen Betrieb ständig: „Man fragt sich: Kann das sein, dass wegen eines kleinen Problems, das man vielleicht selbst gar nicht zu verantworten hat, das ganze Konstrukt wackelt? Und man soll dann selbst noch das Gesicht wahren und darf keine Schwäche zeigen?" Walz schüttelt den Kopf.

Es folgen die wohl einzigen beiden Jahre seiner Karriere, in denen Laschet zwischenzeitlich ernsthaft den Ausstieg aus der Politik erwägt. Die Organisation der Landtagsfraktion liegt ihm erkennbar nicht. Sitzungen vorbereiten, Entscheidungsprozesse strukturieren, die Administration überwachen und die Truppe disziplinieren – der oft als „Polit-Feuilletonist" beschriebene Laschet ist alles andere als ein Zuchtmeister. Ihm fehlt auch die Leidenschaft fürs Kleingedruckte, die etwa ein penibler Aktenfresser wie Jürgen Rüttgers Anfang der 90er Jahre als Parlamentarischer Geschäftsführer der Bundestagsfraktion von Wolfgang Schäuble eingebläut bekommen hat. Laschet sucht seine Rolle zwischen Landtagsfraktionschef Laumann und Landeschef Röttgen, findet sie aber nicht richtig. Als Anfang 2012 ein neuer Vorstandschef für die *Deutsche Gesellschaft für Internationale Zusammenarbeit (GIZ)* gesucht wird, wirkt er interessiert. Weltweite Beratung und Entwicklungshilfe in einem Bundesunternehmen passen zu seinem Lebenslauf. Den Job bekommt jedoch die gerade abgewählte Ministerin Tanja Gönner aus Baden-Württemberg. Sie ist der drängendere Versorgungsfall. Gönner hängt das politische Debakel um das Bahnhofsprojekt *Stuttgart 21* nach. Die *GIZ* gerät spätestens 2019 in den Ruf eines Abklingbeckens für gescheiterte Landespolitiker, als auch der hessische SPD-Wahlverlierer Torsten Schäfer-Gümbel in den Vorstand der Gesellschaft einrückt.

Der Zufall bleibt Laschets Freund. Die überraschende Neuwahl-Entscheidung der rot-grünen Minderheitsregierung im Frühjahr 2012 bringt ihn zurück ins Geschäft. CDU-Spitzenkandidat Röttgen macht sich schon in den ersten Tagen des Wahlkampfes unmöglich. Von seinem Versprechen, notfalls auch als Oppositionsführer nach NRW zu kommen, will der Bundesumweltminister nichts mehr wissen. Später stößt er Bundeskanzlerin Merkel vor den Kopf, indem er die Landtagswahl zur Abstimmung über die Euro-Rettungspolitik der Bundesregierung machen will. Dabei hat Merkel ihn bei sieben NRW-Veranstaltungen als Hauptattraktion im ansonsten missratenen Wahlkampf unterstützt.

Laschet macht für sich zunächst eine andere Rechnung auf: Er ist in Röttgens Schattenkabinett „Superminister" für Inneres und Demografie. Der

Wahlsieg ist zwar außer Sichtweite, aber Laschets realistische Option lautet: Vize-Ministerpräsident in einer Großen Koalition unter der beliebten SPD-Regierungschefin Kraft. Röttgen, der ohnehin lieber in Berlin bleiben will, käme Laschet dabei nicht in die Quere.

Das historische Wahldebakel am 13. Mai 2012, bei dem die CDU auf 26,3 Prozent abstürzt, macht alle Gedankenspiele zunichte. Röttgen tritt zurück und wird von Kanzlerin Merkel aus dem Bundeskabinett geworfen. Der clevere Laumann verschickt gleich am Montag nach der Wahl Einladungen zur konstituierenden Sitzung der Landtagsfraktion, um sich dort eilig als Fraktionschef bestätigen zu lassen. Da sich in der CDU die Erkenntnis durchzusetzen beginnt, dass Fraktions- und Landesvorsitz in der nun wartenden Oppositionszeit „in eine Hand gehören", droht Laschet wieder leer auszugehen. Intern wird scharf geschossen. Laschet-Sympathisanten stimmen vergiftete Loblieder auf Laumann an, der „hochanständig" sei, aber eben ein Mann allein fürs ländlich-katholische Milieu. Keiner für Talkshows, Großstadt-CDU oder die notwendige Augenhöhe mit dem neuen Star der Sozialdemokratie, Hannelore Kraft.

Wie so häufig in verfahrener Lage, muss Herbert Reul für Laschet ran. Der Europaabgeordnete weicht die „Doppelspitzen"-Aversion vieler Spitzenfunktionäre der NRW-CDU auf und träufelt der Öffentlichkeit eine neue Botschaft ein: In der schwersten Krise des Landesverbandes brauche man beide, Laumann und Laschet. Der Gedanke setzt sich durch. Am 1. Juli 2012 wird Laschet zum Landesvorsitzenden gewählt. Allerdings nur mit schwachen 80 Prozent. Rechnet man die Enthaltungen hinzu, sind es sogar nur 77,6 Prozent. Sein Versuch, die Breite als Volkspartei sichtbarer zu machen und wieder mehr Wirtschaftsprofil zu zeigen, verfängt kaum. Laschet bekommt nicht einmal sein Personaltableau durch: Der im Wirtschaftsflügel angedockte Ex-Generalsekretär Hendrik Wüst fällt bei der Wahl zum Parteivize bei den Delegierten durch.

Aber selbst in diesen trüben Stunden zeigt Laschet jene erstaunliche Nervenstärke, die ihm immer wieder hilft. Kurz vor Beginn des Parteitages in Krefeld stoppt er gerade mit seinem schwarzen *BMW* auf dem Parkplatz des *Königspalasts*, als ihm der ostwestfälische Europaabgeordnete Elmar Brok krachend ins Heck rauscht. Laschets Dienstlimousine wird vor einen Baum katapultiert und ist nicht mehr fahrtüchtig. Er selbst bleibt unverletzt. Welch ein Symbolbild für die Lage der NRW-CDU. Es gibt keinen Journalisten in Krefeld, der nicht über den Crash berichtet. Laschet begutachtet blass den Schaden. Schnell sammelt er sich, tritt eine halbe Stunde später ans Rednerpult und ironisiert den misslichen Vorfall.

„Es macht ihn besonders als Politiker, dass er schon häufig Niederlagen erlitten hat und wieder aufgestanden ist", sagt Laschets Freund Walz, „das gibt Gelassenheit und Professionalität, wie damit umzugehen ist." In den Oppositionsjahren helfen Laschet erneut: Ausdauer, Glück, Verhandlungsgeschick und das Warten auf den richtigen Moment. Nach der Bundestagswahl 2013 helfen die Freunde Hintze und Reul, die Führungsfrage in Düsseldorf zu seinen Gunsten zu klären. Sie bearbeiten Kanzlerin Merkel hinter den Kulissen so lange, bis Laumann im Dezember 2013 als Staatssekretär und Patientenbeauftragter der Bundesregierung nach Berlin weggelobt wird. Vertraute erinnern sich, wie Merkel persönlich Laumann in einer Unterredung im Kanzleramt aus Düsseldorf weglockt.

Der Weg für Laschet als alleiniger Oppositionsführer in NRW ist damit frei. Doch Zweifel begleiten ihn weiter. Noch kurz vor der Landtagswahl 2017 wird in den eigenen Reihen gelästert, der Spitzenkandidat Laschet sei „mehr Kandidat als spitze". Dabei deutet er da längst an, dass er Chancen zu nutzen versteht. Beim Nominierungsparteitag 2016 in Mönchengladbach etwa, als großer Erwartungsdruck auf ihm lastet. Dort hält er die vielleicht beste Rede seiner Karriere. Er geht sprechend durch die Reihen der Delegierten, bindet alle Vereinigungen, Regionalgliederungen und Honoratioren anekdotisch in seinen Vortrag ein. Jeder fühlt sich mitgenommen; die lange so zerstrittene NRW-CDU empfindet sich auf einmal als Volkspartei. Die „Wanderrede" sorgt selbst bei Laschet-Skeptikern für Anerkennung.

Wenige Wochen vor der Landtagswahl 2017 ist das *TV-Duell* für den Herausforderer die wichtigste Gelegenheit, sich vor einem großen Publikum zu präsentieren. Kraft hat seit 2015 deutlich an Landesmutter-Nimbus verloren. Sie ist wenig präsent, wirkt zeitweilig lustlos. Ihre Aussage, „nie, nie" als Kanzlerkandidatin der SPD nach Berlin zu gehen, wird als „Selbstverzwergung" wahrgenommen. Die massenhaften Übergriffe auf Frauen in der Kölner Silvesternacht 2015/16 und eine nicht enden wollende Pannenserie im Verantwortungsbereich ihres Innenministers Ralf Jäger trüben die Stimmung weiter ein. Schlechte Wirtschaftsdaten, Endlos-Staus und allgemeine Unzufriedenheit mit dem „Turbo-Abitur" oder der Umsetzung schulischer Inklusion verdichten CDU und FDP nicht ungeschickt zu einer rot-grünen „Schlusslicht"-Bilanz. NRW wird plötzlich als eine Art „failed state" wahrgenommen. Kraft, lange ein Medien-Darling, wirkt gereizt. Die Zufriedenheitswerte der Regierung brechen ein. Doch: Eine Sehnsucht nach einem Ministerpräsidenten Laschet ist von den Demoskopen nicht messbar.

Bevor das *TV-Duell* im *WDR* beginnt, sind durch eine technische Panne die Mikrofone bereits „offen". Journalisten, die in Köln-Bocklemünd in einem Büroraum oberhalb des riesigen Studios an ihren Laptops sitzen, können versehentlich den Kontrahenten und den Moderatorinnen Sonia Seymour Mikich und Gabi Ludwig in den letzten Augenblicken vor Beginn der Live-Übertragung zuhören. „Sonia, was du alles erlebt hast", sagt Ludwig zu Mikich. Es ist einer dieser typischen Übersprungsdialoge, um sich vor dem Start zu konzentrieren. Plötzlich geht Kraft dazwischen: „Bei dem Duell am Schluss, sehen wir da eigentlich die Zeit irgendwo?" Die Moderatorinnen versichern, dass man immer im Laufe der Sendung die Redezeit durchgeben werde. Es entspinnt sich ein denkwürdiger Dialog, der etwas über Laschets Fähigkeit zur Coolness im richtigen Augenblick erzählt.

„Nein, beim Schlusswort", hakt Kraft nach.

„Wir haben ja gar kein Schlusswort", sagen Ludwig und Mikich fast im Chor.

Kraft reagiert aufgebracht: „Bitte? Wir sollen beide ein Schlusswort sprechen."

„Ne, ne", sagen die Moderatorinnen.

„Das ist aber verabredet, das tut mir sehr leid."

„Ne, ne."

„Ja, natürlich ist das verabredet, das steht in meinem Vertrag."

Ludwig nimmt über den Ohrknopf Kontakt mit dem Redakteur der Sendung, Jochen Trum, auf. „Es steht im Vertrag, die letzte Frage geht an Herrn Laschet", gibt sie daraufhin weiter.

„Die letzten beiden Duelle hatten ein Schlusswort", springt Laschet in ruhigem Tonfall seiner zeternden Konkurrentin bei. Die Sache selbst scheint ihm egal zu sein.

„Gut, mir ist egal. Machen wir keins. Haben wir mehr Zeit für die Inhalte", sagt Kraft schnippisch.

„Wir sollten nicht mit so einer Unstimmigkeit in die Sendung gehen", beruhigt Ludwig.

Der Aufnahmeleiter ruft: „Noch fünf Minuten."

Kraft gibt keine Ruhe: „Sehe ich denn zwischendurch, wann die letzte Frage kommt? Wenn er in seiner letzten Frage noch sein Schlusswort bringt und ich gar nicht weiß, wann das ist, fände ich das auch irgendwie daneben. Ich leg' mir meine Uhr da hin, das ist mir alles zu heikel. Ich habe jetzt das zweite Mal erlebt, dass solche Bedingungen sich ändern."

„Es haben sich wirklich keine Bedingungen geändert", sagt Ludwig in therapeutischem Tonfall.

„Noch vier Minuten", ruft der Aufnahmeleiter.

„Ich will nur wissen … Nicht dass er seine letzte Frage für sein Schlusswort nutzt, und ich dann keins mehr habe. Das fänd' ich nicht gut. Wenn Sie da fair wären, Herr Laschet."

Laschet sagt leise: „Ja, na, na."

„Und ich krieg die erste Frage, oder? Ist das ein Vorteil, wenn man die erste Frage kriegt?", fragt Kraft.

„Das ist gelost worden", erwidert Laschet, jetzt hörbar genervt.

„Wir waren nicht dabei bei der Loserei", sagt Ludwig. „Wenn Sie das Gefühl haben, es ist etwas ungerecht, dann thematisieren Sie es. Wir finden eine gute Lösung", beruhigt die Moderatorin die Ministerpräsidentin erneut.

„Oder wir gehen einfach raus", scherzt Laschet und sagt Mut machend in die Runde: „Alles gut."

„Mein früherer Freund pflegte dann zu sagen: *Enjoy*. Also: *Enjoy*", sagt Mikich.

Die Sendung beginnt.

Kraft steht als Amtsinhaberin im Studio und hat sich zuvor schon mit Rüttgers und Röttgen *TV-Duelle* geliefert. Sie kennt das Prozedere. Fachleute bescheinigen ihr überdies, dass sie eine gute Fernsehpräsenz hat.

Laschet dagegen bestreitet sein erstes *TV-Duell*, das seine letzte Chance sein könnte. Er ist ein Herausforderer, der sogar in den eigenen Reihen skeptisch beäugt wird. Obwohl er nach dem Studium beim *Bayerischen Rundfunk* gearbeitet und also Fernseh-Erfahrung hat, gelten TV-Auftritte nicht als seine Stärke: Er kippelt beim Sprechen oft unruhig mit den Füßen, gestikuliert und grimassiert gern. Ein Regisseur würde ihm raten, im Fernsehen „kleiner zu spielen". Mehr Ruhe, weniger Mimik. Laschet hätte also allen Grund, nervös in die Live-Übertragung zu gehen. Aber er wirkt im entscheidenden Moment konzentriert, ja fast entspannt.

Die Angstfreiheit in Drucksituationen wurzelt wohl auch in der Erkenntnis, dass das Leben sowieso meist unerwartete Kehren nimmt. Als in der Kölner Silvesternacht 2015/16 auf dem Domvorplatz der Polizei die Lage entgleitet, feiert Laschet knapp 40 Kilometer entfernt mit seiner Frau und dem Ehepaar Walz unbeschwert in einem Düsseldorfer Restaurant. Die Horror-Nacht für Hunderte Frauen wird der Anfang vom Ende der Ministerpräsidentin Kraft. Oppositionsführer Laschet lädt derweil Walz um Mitternacht noch auf die Terrasse seines Landtagsbüros ein. Die alten Freunde stehen dort mit ihren Frauen und bestaunen das Feuerwerk über dem Rhein. Von den Vorgängen in Köln und den politischen Auswirkungen ahnen sie nichts.

Der Chef

Das System Laschet und seine Unterstützer

Die wohl wichtigste Personalentscheidung, die Armin Laschet in seiner politischen Laufbahn trifft, steht zunächst unter Kuriositäten-Verdacht. Im Sommer 2014 ist Laschet gerade erst einige Monate das, was man medial etwas leichtfertig als „unumstrittene Nummer eins" der NRW-CDU beschreibt. Seit Karl-Josef Laumann Ende 2013 als Staatssekretär nach Berlin gewechselt ist, führt Laschet in Personalunion Landesverband und Landtagsfraktion. Auf den Fluren des Landtags wird da bereits getratscht, der neue Chef lade andauernd interessante Gäste und kirchliche Würdenträger nach Düsseldorf ein, vernachlässige jedoch die strukturierte Kärrnerarbeit eines Oppositionsführers. Seine Begeisterungsfähigkeit für ungewöhnliche Biografien in Ehren, klagen selbst Wohlmeinende, aber wann bitte starte „der Armin" endlich die Attacke auf die rot-grüne Landesregierung von Hannelore Kraft?

Und dann noch diese Personalie. Laschet sitzt an einem lauen Sommerabend 2014 auf der Rheinblick-Terrasse seines Landtagsbüros und präsentiert einer Runde von Journalisten einen jungen Mann mit Seitenscheitel, freundlichen braunen Augen und ungewöhnlichem Vornamen. Nathanael Liminski werde sein neuer Fraktionsgeschäftsführer, verkündet Laschet, „ein junger Familienvater mit breiter politischer Erfahrung". Liminski ist da erst 28 Jahre alt und hat schon drei Kinder. Laschet referiert den Lebenslauf seines Neuzugangs mit einem Stolz, als wäre es sein eigener: Liminski habe Geschichte und Politikwissenschaften in Bonn und „an der berühmten *Sorbonne*" in Paris studiert, sei dann „in jungen Jahren" Redenschreiber beim hessischen Ministerpräsidenten Roland Koch geworden und von dort aus in den Planungs- und Leitungsstab des Verteidigungs- und Innenministeriums unter Thomas de Maizière und Ursula von der Leyen gewechselt.

„*Sorbonne*, so, so", wird nach dem Abend auf Laschets Terrasse geschmunzelt. Den landespolitischen Betrieb in Düsseldorf zeichnet unter Abgeordneten, Ministerialbeamten, Lobbyisten und Journalisten eine feine Ironie aus. Man nimmt sich hier nicht so wichtig, sogar gegenseitig gern auf den Arm und führt selbst harte Auseinandersetzungen immer noch mit rheinischer Gelassenheit. Neuzugänge aus Berlin haben es in Düsseldorf oft nicht leicht, weil das Bedeutungsvolle der Hauptstadt hier schnell lächerlich wirkt.

Laschet, so glauben manche anfänglich, habe bei der Einführung Liminskis dick aufgetragen. Als alle wesentlichen Fakten zusammengegoogelt sind, scheint überdies festzustehen: Der ist bei Laschet an der völlig falschen Adresse. Wie passt so ein *Neokon*, einer der jungen stramm Konservativen, zum fröhlich-liberalen Aachener an der Spitze der NRW-CDU? Liminiski, gebürtiger Bonner mit Abitur-Notendurchschnitt 1,1, gilt im Gegensatz zu seinem Chef als früh Vollendeter. Mit neun Geschwistern ist er in der erzkatholischen Familie des Journalisten Jürgen Liminski aufgewachsen. Der Vater, ein früherer *Deutschlandfunk*-Redakteur, kämpft öffentlich für ein traditionelles Familienbild und theologische Thesen aus der Welt von *Opus Dei*.

Nathanael Liminski selbst ist zum Weltjugendtag 2005 Mitbegründer der papsttreuen Organisation *Generation Benedikt* geworden. In Talkshows bezieht er Stellung gegen Sex vor der Ehe. Als 22-Jähriger setzt er sich bei *Maischberger* ins Studio und diskutiert zum provokanten Sendungsthema „Keuschheit statt Porno – Brauchen wir eine neue Sexualmoral?" Es wird ein denkwürdiger Auftritt. Der junge Konservative Liminski ist zwischen dem ehemaligen Aufklärungs-Guru Oswald Kolle und der aufreizend gekleideten Skandal-Rapperin Reyhan Şahin alias *Lady Bitch Ray* platziert. Doch er entwindet sich schlagfertig der ihm zugedachten Rolle des Ewiggestrigen. „Also, erst einmal muss ich die Runde beruhigen. Herr Kolle hatte gerade eben gesagt: ‚Use it or loose it.' Also, ich habe meinen Penis noch nicht verloren", sagt er. Als *Lady Bitch Ray* immer wieder Liminski provokant die Hand auf den Oberschenkel legt, sagt er trocken: „Ich kann kaum an mich halten."

Von seinen Kommilitonen, die damals mit spottlustiger Spannung in den Bonner WGs vor dem Fernseher sitzen, bekommt Liminski hinterher Anerkennung. Er selbst, sagt er, profitiere noch heute davon: „Ich habe dabei viel gelernt, weil in der Tat viele Positionen der katholischen Kirche oder des katholischen Glaubens nicht dem Mainstream entsprechen und sie deshalb sehr viel kritisiert werden, sehr viel nachgefragt wird. Darauf immer wieder eine Argumentation zu entwickeln, die überzeugend ist, schult sehr. Auch für die Tätigkeit in der Politik."

Als Liminski bei Laschet anfängt, ist er auch noch Chefredakteur der *Entscheidung*, des Mitgliedermagazins der *Jungen Union*. Mancher in Düsseldorf fragt sich, wie das gut gehen soll mit dem leutseligen Oppositionsführer und diesem Vordenker des konservativen Nachwuchses in der Union. Eilig werden auch Texte von Liminskis Vater aus einem Organ wie der *Jungen Freiheit* im Landtag herumgereicht. Der neue Fraktionsgeschäftsführer weiß um die Vorbehalte: „Ich glaube, wenn die Menschen mich dann selbst erlebt haben, dann gelingt es ihnen relativ schnell, sich auch ein Bild von mir selbst zu machen und mich nicht über meinen Vater zu definieren."

Laschet hat Liminskis Aktivitäten in der *Generation Benedikt* im Jahr 2005 aus der Entfernung verfolgt. Es fasziniert ihn, dass sich ein junger Mann mit der ziemlich unpopulären Position „Kein Sex vor der Ehe" in ein Fernsehstudio setzt und dort achtbar schlägt. Liminskis Beiträge in der *Entscheidung* interessieren ihn ebenfalls. Auch Liminskis Vater ist Laschet ein Begriff. Er gehört zum Bekanntenkreis von Michael Müller, dem früh verstorbenen konservativen Bruder seiner Schwägerin. Müller war 1994 Teil des kleinen Aachener Teams, das Laschet in seinem ersten Bundestagswahlkampf geholfen hat.

Bei näherer Betrachtung gibt es Verbindendes zwischen Chef und Mitarbeiter: Laschet und Liminski eint der tiefe katholische Glaube, das starke Engagement bereits in jungen Jahren und ein unverkrampfter Humor. Weltanschaulich sind trotzdem einige Kluften zu überwinden, was beide lange vor der Zusammenarbeit in Düsseldorf feststellen. In Laschets Zeit als Integrationsminister begegnen sie sich einmal auf einer Veranstaltung der Bonner CDU. Laschet spricht sich dort offensiv für die U3-Betreuung aus. Das überzeugt den jungen Liminski weniger, dessen Mutter ab dem fünften Kind zu Hause geblieben ist. Seinen Einwand, dass Familien doch eine Wahlfreiheit haben müssten zwischen Betreuung oder Geld, lässt der Minister inhaltlich gelten. Nur sei ein vollständiger finanzieller Ausgleich der elterlichen Betreuung zu Hause für den Staat nicht zu bezahlen. Liminski ist damals von Laschets Offenheit für das Argument des anderen beeindruckt.

Die erste Begegnung bleibt in positiver Erinnerung, auch wenn sich Liminski Richtung Berlin orientiert. Er macht in der Hauptstadt schnell Karriere und gehört – wie das bei besonderen Loyalitäten in der Politik schon mal genannt wird – zum *Team de Maizière*. Dort hat Liminski nach dem Studium glänzende Perspektiven. Frühen Versuchen Laschets, ihn nach Düsseldorf zu holen, kann er leicht widerstehen. Bereits 2012 fragt der neue Chef der NRW-CDU an, ob Liminski nicht für ihn in der Parteizentrale arbeiten wolle. Doch der winkt ab. Der Kontakt bleibt.

Im Frühjahr 2014 unternimmt Laschet einen neuen Anlauf. Liminski ist gerade seinem Chef de Maizière ins Innenministerium gefolgt. Im Leitungsstab des Ministerbüros ist er für Reden und Grundsatzfragen zuständig. Liminski ist verbeamtet, die Familie fühlt sich wohl in Berlin. Er hat noch gar nicht alle Kartons in seinem neuen Büro ausgepackt, als Laschet ihn anruft und fragt, ob er an dem *Projekt 2017* mitwirken wolle. Er suche einen zentralen Mitarbeiter, mit dem er NRW für die CDU zurückgewinnen könne. Liminski zögert. Laschet wirbt beharrlich. Er nimmt sich Zeit. Viel Zeit. Sie treffen sich mehrmals. Laschet zeigt Liminski seine Heimat Aachen. Sie reden. Bei Liminski muss da die Einsicht gereift sein: Laschet will nicht irgendwen, er will ihn. Obwohl sie nicht in allen Punkten einer Meinung sind, spürt Liminski einen breiten Grundkonsens, auf dem beide stehen.

Wie Liminski später einmal erzählt, ist er damals vor allem davon angetan, dass sich Laschet trotz seiner vielen Jahre als Bundestags-, Europa-, Landtagsabgeordneter und als Landesminister eine besondere Diskussionsfreude bewahrt hat – und Offenheit für das bessere Argument. Liminski imponiert, dass für Laschet immer noch der Inhalt zählt und nicht der Absender. Er sagt zu. Die politischen Freunde in Berlin verstehen die Welt nicht mehr. Warum verlässt da einer die Bundes-Ebene, um freiwillig in die Landespolitik zu wechseln? Dazu noch zur NRW-CDU, dem „Intrigantenstadl" (*der Freitag*)? Und ausgerechnet zum vermeintlich perspektivlosen Laschet. NRW-Ministerpräsidentin Kraft steht seinerzeit noch in hohem Ansehen.

Liminski erkennt die Chance, die sich ihm bietet. Er findet, dass Laschets großes Engagement öffentlich nicht richtig zur Geltung kommt. Sein Chef erscheint ihm als ausgleichende, ernsthafte Persönlichkeit, die zugleich nicht gegenmobilisiert. Für einen CDU-Kandidaten in einem jahrzehnte-lang sozialdemokratisch geprägten Land wie NRW ist das aus seiner Sicht die Grundvoraussetzung für Erfolg. Außerdem gibt es ein persönliches Motiv: Er kann an zentraler Position im eigenen Heimatland viel Verant-wortung übernehmen. Laschet macht ihn in diesem Sommer 2014 zum zentralen Mann in seinem *Projekt 2017*.

In Düsseldorf wendet sich die skeptische Stimmung gegenüber Liminski rasch. Schon nach wenigen Monaten dringen erstaunliche Nachrichten aus dem CDU-Fraktionstrakt des Landtags. Liminski sei unerwartet witzig, habe gute Manieren und eine phänomenale Auffassungsgabe, berichten alt-gediente Abgeordnete anerkennend. Und der junge Mann habe von sich aus bislang nicht ein einziges Mal Kirchenthemen angesprochen oder gar zu missionieren versucht, vermerken jene erstaunt, die einen katholischen Rollback in der NRW-CDU befürchteten.

Vor allem aber bringt Liminski innerhalb weniger Monate einen ganz neuen Zug in die Arbeit der CDU-Landtagsfraktion. Alles geht fortan über seinen Tisch. Mitarbeiterstäbe und Abgeordnetenbüros werden auf ihn aus-gerichtet. Liminski identifiziert Themenfelder, auf denen man die rot-grüne Landesregierung angreifen sollte. Unverkennbar treibt da jemand gerade der NRW-CDU ihre fast legendäre Oppositionsgemütlichkeit aus. In jahr-zehntelanger Chancenlosigkeit gegenüber einer übermächtigen SPD, un-terbrochen nur durch fünf Regierungsjahre nach der akuten *Agenda 2010*-Krise der Sozialdemokraten, haben sich die Schwarzen an Rhein und Ruhr bis dahin immer irgendwie auf Platz zwei eingerichtet. Ministerprä-sidentin Kraft gilt als unangefochtene Erbin Johannes Raus, so dass ein Regierungswechsel für die aktive CDU-Generation 2014 ziemlich unrea-listisch erscheint.

Liminski gehört damals zu den wenigen, die Krafts Position keineswegs für unangreifbar halten. Er weiß, dass auch in NRW die Partei-Loyalität der Wähler abnimmt und der Souverän heutzutage ziemlich flexibel nach vermuteter Lösungskompetenz entscheidet. Seit Krafts fulminantem Wahl-sieg von 2012 ist unverkennbar, dass Rot-Grün in den Mühen der Ebene angekommen ist. NRW belegt in vielen Bundesländer-Ranglisten hintere Plätze. Bildung, Verkehrsstaus, Sicherheit, Wirtschaftskraft – die Kennziffern des bevölkerungsreichsten Bundeslandes sind mies. Die kreativen Ausflüchte der Landesregierung verfangen in der Bevölkerung immer weniger. Liminski entwickelt das Narrativ der „Schlusslicht-Bilanz" einer Ministerpräsidentin Kraft, die zwar sympathisch sei, aber eben viel zu unambitioniert. Sogar der immer etwas fahrig auftretende Laschet wirkt nunmehr in seinen Landtagsauftritten konzentrierter, hält sich gelegentlich sogar an sein ausgearbeitetes Redemanuskript und fokussiert in der öffentlichen Kommunikation ausschließlich die „Schlusslicht"-Themen.

Chef und Chefstratege finden auch menschlich schnell zueinander. Trotz des Hierarchie- und Altersunterschieds. Sie duzen sich, können zusammen lachen. Der gemeinsame Humor dient auch als Vehikel, um ernste Sachen ansprechen zu können, sozusagen als Schutzmechanismus. Laschet und Liminski kommunizieren praktisch Tag und Nacht miteinander. „Zwischen den beiden herrscht blindes Vertrauen", urteilt heute einer, der nah dran ist. Liberal gegen konservativ gebe es in der Zusammenarbeit nicht, hat Liminski einmal erläutert: „Die Gegensätze, die beschrieben werden zwischen Armin Laschet und mir, erleben wir beide, glaube ich, im Alltag, nicht so. Und er ist der Chef, er entscheidet."

Liminski ist Laschets Antenne in einem Teil der Union, der den Aachener von jeher skeptisch sieht. Über den Berufseinstieg bei Roland Koch in der hessischen Staatskanzlei und die Jahre in der *Jungen Union* hat er feine Netzwerke zu den Konservativen in der Partei gesponnen. Er ist mit Bundesgesundheitsminister Jens Spahn befreundet und hat den späteren Generalsekretär Paul Ziemiak zum Patenonkel eines seiner Kinder gemacht. Liminski versteht, wie eine CDU tickt, die nicht die Laschet-CDU ist.

Er verfügt über ausgeprägte strategische Fähigkeiten, mit denen er auch den persönlichen Berufsweg angeht. Seine Karriere wirkt wie am Reißbrett geplant. Während Weggefährten aus der *Jungen Union* in der Regel ein Mandat in Bundestag oder Landtag anstreben, arbeitet Liminski sich bewusst aus dem Hintergrund nach vorne. Er hat das selbst einmal öffentlich dargelegt: „Der Schritt, als Redenschreiber von Roland Koch anzufangen, war ein sehr bewusster Schritt. Denn als Redenschreiber sind Sie Dienstleister und treten in den Hintergrund. Der Riesenvorteil, der damit verbunden ist, ist, dass Sie sehr eng an sehr erfahrenen, führenden Persönlichkeiten arbeiten und unglaublich viel lernen können. Auch in jungen Jahren. Dadurch auch unglaublich viel gestalten können, bereits in jungen Jahren. Da fühle ich mich wohl. Ob ich selber irgendwann mal in erster Reihe Politik machen will, schließe ich nicht aus."

Knapp drei Jahre bleiben ihm ab 2014 Zeit, um die CDU im größten Bundesland nach vorn und vielleicht sogar in eine Regierungsbeteiligung zu bringen – etwa in eine Große Koalition unter Kraft. Liminski sieht für sich persönlich kein Risiko: Laschet kann bei der Landtagswahl 2017 eigentlich nur mehr einfahren als das historisch miserable Norbert-Röttgen-Ergebnis von 2012. Und wenn nicht, denkt Liminski wahrscheinlich, hat er selbst seinen Lebenslauf weiter angereichert.

Er gilt als politische Präzisionsmaschine, die gewissenhaft durch Laschets Alltag schnurrt. Während der Chef ein Mann des Ungefähren ist, geht sein wichtigster Mitarbeiter jeder Akte auf den Grund. Wenn Laschet vor Ideen sprüht, bringt sie Liminski in die richtige Reihenfolge. Wenn die Nummer eins den Bauch sprechen lässt, bewahrt die Nummer zwei kühlen Verstand. Wo Laschet zu spät kommt, ist Liminski überpünktlich. Wenn der eine sich in punktueller Begeisterung verliert, analysiert der andere längst die Strukturen dahinter. Als Laschet und Liminski einmal gemeinsam in Rom sind und von einer Papst-Audienz zurückkehren, erlebt man den völlig unterschiedlichen Aufmerksamkeitsfokus dieser beiden Männer. Liminski hat im Vatikan gerade etwas über die Arbeitsmethoden des Heiligen Vaters aufgeschnappt, das ihn fasziniert. Er weiß jetzt, wie sich der rund um die Uhr von Kurienbeamten umsorgte Stellvertreter Christi Informationen aneignet: „Der Papst liest selbst", raunt Liminski ehrfürchtig. Laschet wird wohl ein solches Sensorium für Organisationsfragen niemals ausbilden. Sie werden ein eingespieltes Team, in dem Liminski systematisch seinen Einfluss ausbauen kann.

Das wird schon bei den Koalitionsverhandlungen mit der FDP im Frühsommer 2017 deutlich. Die Master-Datei für das schwarz-gelbe Regierungsprogramm liegt nicht bei der Landespartei, sondern bei Liminski. Als ihn Laschet nach der gewonnenen Wahl zum jüngsten Staatskanzlei-Chef Deutschlands berufen will, gibt es in seinem Umfeld trotzdem warnende Stimmen. Ein 31-Jähriger ohne größere Verwaltungserfahrung könne unmöglich das Kabinett im bevölkerungsreichsten Bundesland dirigieren. Wie solle Liminski in einer Staatssekretärs-Runde oder bei Bund-Länder-Verhandlungen die nötige Autorität ausstrahlen, fragen jene Wohlmeinenden in Laschets Umgebung, die den „Zauberlehrling mit den vielen Geschwistern" persönlich noch gar nicht kennen. Einige glauben, dass gerade der handwerklich schwache Laschet einen erfahrenen Ausputzer braucht. Bloß kein Risiko angesichts der knappen Mehrheitsverhältnisse im Landtag. Als solide Lösung wird zum Beispiel Karsten Beneke genannt, ein gewissenhafter politischer Beamter, der schon zwischen 2006 und 2010 die Staatskanzlei für Rüttgers organisiert hat.

Doch Laschet lässt sich nicht beirren. Er glaubt an Liminski und ernennt ihn zum Chef seiner Regierungszentrale im Rang eines Staatssekretärs. Liminski macht dort einfach weiter wie bisher: Er holt sich Rat bei erfahrenen Unionspolitikern, sagt erst einmal jede Runde im Haus ab und tastet sich langsam voran. Am Anfang müsse er alles lesen, später könne er dann manches querlesen, irgendwann müsse er vielleicht manches gar nicht mehr lesen, lautet seine Devise. Es ist eine Faustregel, mit der ein bienenfleißiger Mann wie Liminski meist gut gefahren ist. Die Skeptiker sind schnell widerlegt. „Ich gebe zu, ich habe mich vertan. Ich hätte nicht gedacht, dass der das so klasse macht", sagt ein Kabinettsmitglied später über Liminski.

Er organisiert seinen Chef, koordiniert die Ressorts und bereitet die Kabinettssitzungen vor, als hätte er nie etwas anderes gemacht. Ausdauernd beackert er die Themen, denkt für Laschet die nächsten Züge voraus und bleibt selbst unter Stress bewundernswert freundlich. Liminski agiert nicht im Stil eines misstrauischen Minenhundes, sondern sorgt in angenehmer Atmosphäre dafür, dass Laschet für die Arbeitsebene ansprechbar bleibt. Wenn man nach einem langen Sommerabend in der Düsseldorfer Altstadt die Rheinuferpromenade entlang läuft, brennt meist in Liminskis Büro oben im historischen Landeshaus noch Licht.

Er spule ein enormes Pensum herunter, sagen Mitarbeiter. Man sieht es ihm auch an: Liminski ist oft blass und strahlt eine Seniorität aus, die gar nicht zu seinem biologischen Lebensalter passt. Für Laschet ist er aber eine Idealbesetzung, nach der er lange gesucht hat. „Er brauchte jemanden, der intellektuell mit ihm mitspielen kann, der wahnsinnig fleißig ist, der strategisches Vermögen hat und dazu unheimlich verlässlich ist", beschreibt ein alter Weggefährte das Anforderungsprofil. Laschet sieht mit Freude, dass selbst ältere Minister den jungen Staatssekretär um Rat fragen.

Entlohnt wird Liminski mit Freiheiten und Einfluss. Er verhandelt für Laschet alle großen Dossiers auf Bundesebene: Kohle-Ausstieg, Glücksspiel-Staatsvertrag, Rundfunkgebühren oder kommunale Schuldenhilfe. Er ist de facto auch NRW-Medienminister, seit Europaminister Holthoff-Pförtner nach Befangenheitsvorwürfen die Ressortzuständigkeit schon wenige Wochen nach seiner Vereidigung wieder abgegeben hat. Es ist nun auch Liminski, der für die Landesregierung im Fernsehrat des *ZDF* sitzt.

Allen Fliehkräften oder gar Spaltungsversuchen von außen trotzt das ungleiche Duo. „Wenn er wirklich Ministerpräsident wird, dann hat Nathanael ganze Arbeit geleistet", soll Jens Spahn, anfangs ein entschiedener Gegner Laschets, vor der Landtagswahl 2017 einmal geätzt haben. Dass dieses Zitat, das *Der Spiegel* als erstes Medium veröffentlicht hat, wirklich so gefallen ist, wird zwar bestritten. Doch das muss nichts heißen. Dass so über das Gespann Laschet/Liminski in der Union gedacht wird, gilt als verbürgt. Auch die *Rheinische Post* spekuliert einmal wenig schmeichelhaft darüber, dass Laschet dankbar sein könne, dass der brillante Liminski noch so jung und damit kein Konkurrent sei. In den verlässlich wiederkehrenden Spekulationen, ob und wann Laschet die Nachfolge Merkels in Berlin anstrebe, zeichnet *Der Spiegel* Liminski als ehrgeizigen Schattenmann, welcher der eigentliche Treiber hinter Laschets Ambitionen sei. Liminski selbst lächelt, wenn er auf solche Deutungen angesprochen wird. Auch Laschet entwickelt keinen Beißreflex des Vorgesetzten, sondern schmunzelt vergnügt in sich hinein. Das Vertrauen zwischen beiden ist offenbar groß.

Laschet entwickelt zu Liminski im Laufe der Jahre eine fast symbiotische Beziehung. Der Staatskanzleichef plant auch Anfang 2020 jeden Schritt zu einer Kandidatur des Ministerpräsidenten für den CDU-Bundesvorsitz. Bei Laschets Präsentation, im Gespann mit seinem überraschenden Kooperationspartner Spahn, sitzt Liminski vorne in der Bundespressekonferenz und scheint fast die Sätze des Chefs mitzusprechen. Auch in der Corona-Krise 2020 ist er Dreh- und Angelpunkt aller Verabredungen von Bund und Ländern zur Infektionsbekämpfung. Jede Video-Schaltkonferenz mit der Kanzlerin wird von Liminski penibel vorgeplant. Trotzdem ist er uneitel genug, sich nie in die erste Reihe zu drängen. Gerade das gefällt dem Chef.

Bis er 2014 auf Liminski trifft, bleibt ausgerechnet der gesellige Laschet in der Politik eher ein *Alleiner*, wie es Franz Müntefering formulieren würde. Es gibt bei ihm kein über Jahrzehnte festgefügtes „Küchenkabinett", das ihn durch sein politisches Leben begleitet. Einer, der Laschet lange kennt, betrachtet es durchaus als Defizit, dass er nie wirklich strategische Personalplanung betrieben habe. Helmut Kohl oder Angela Merkel hätten systematisch konzentrische Kreise mit Vertrauten um sich gebildet. Fachlich gute Leute, auf die man sich verlassen und die man diskret fragen kann. Loyale Mitstreiter, die als Frühwarnsystem dienen und in kritischen Situationen das richtige Wort an der richtigen Stelle fallen lassen. Kohl und Merkel hätten in ihren besten Jahren keine Schlüsselposition in Politik, Vorfeldorganisationen oder Ministerialbürokratie je aus den Augen verloren.

Laschet dagegen entwickelt nur schwer ein funktionales Verhältnis zu Menschen. Entweder mag er Mitstreiter, empfindet eine persönliche Nähe oder Freude am intellektuellen Austausch. Dann will er sie unmittelbar an sich binden. Oder eben nicht, dann ist sein persönliches Interesse an der Besetzung von Posten im erweiterten Umfeld wenig ausgeprägt. Mit seiner rheinischen Haltung „leben und leben lassen" hegt er grundsätzlich kein Misstrauen gegen Mitarbeiter oder Kollegen, die von ihm unabhängig sind. Er verkämpft sich nicht einmal für Personalien, wenn sie hochrangig sind. So wird der Mönchengladbacher Günter Krings Anfang 2017 am Landesvorsitzenden Laschet vorbei einflussreicher Vorsitzender der Landesgruppe Nordrhein-Westfalen in der CDU-Bundestagsfraktion. Der Ostwestfale Ralph Brinkhaus setzt sich im Herbst 2018 sogar in einer Kampfabstimmung als Chef der Bundestagsfraktion durch, obwohl sein Landesvorsitzender Laschet öffentlich für eine Wiederwahl des Amtsinhabers Volker Kauder votiert hat. Vor der Europawahl 2019 gelingt es Laschet auch nicht, in der entscheidenden Sitzung seines Landesvorstands den verdienten EU-Parlamentarier Elmar Brok auf der NRW-Landesliste abzusichern.

So etwas wäre bei Helmut Kohl undenkbar gewesen. Im Zweifel hätte Kohl erkannt, dass er eine Personalie nicht durchsetzen kann, und sich nicht in einen aussichtslosen Kampf begeben. Laschet ist da anders. Er grämt sich nicht einmal, sondern sieht zu, dass er dann eben mit Leuten wie Krings und Brinkhaus gut zusammenarbeitet. Es ist sein ungewöhnlicher Pragmatismus, der zeigt: Personalfragen empfindet Laschet selten als Machtfragen. Auch wenn sie es im politischen Alltag natürlich sehr häufig sind. Er ist augenscheinlich als Chef kein Schachspieler, der Figuren dahin setzt, wo sie ihren Dienst erfüllen. Laschet braucht kein System von Abhängigkeiten, um sich seiner Führungsposition gewiss zu sein.

Was sympathisch klingt, kann in den höheren Sphären der Politik durchaus zum Problem werden. Bis Laschet auf Liminski trifft, findet er kein *Alter Ego*, das seine Defizite wirklich umfassend ausgleicht. Die längste und engste Zusammenarbeit pflegt er bis dahin mit Natalia Köhler. Wie später Liminski dirigiert sie in seiner Zeit als NRW-Integrationsminister die Regierungsgeschäfte. Sie ist *Think Tank*, Arbeitsbiene, Abfangjägerin und Kumpel in Personalunion. Sie ist ebenso gedankenschnell, belastbar und loyal. Sie ähnelt Liminski in ihrer analytischen Herangehensweise und im Vermögen, augenzwinkernd bei Dritten Sympathien für den Chef einzuwerben.

Nur ist Köhler anders als Liminski nicht in der CDU sozialisiert worden, sie kennt die Netzwerke der Partei lange nicht so gut und kann als Zuwanderin aus Tadschikistan die diffuse Sehnsucht mancher Konservativer nach „der guten alten Zeit" naturgemäß schlechter nachempfinden. Es ist überdies ein Unterschied, ob man als junge Frau über Armin Laschet selbst den Einstieg ins Politikgeschäft findet, wie eben Köhler um die Jahrtausendwende herum in Brüssel. Oder ob man zuvor CDU-Granden wie Koch und de Maizière über die Schulter geschaut hat wie Liminski.

Bevor Liminski bei Laschet ein- und aufsteigt, nimmt ab 2013 in seinem Umfeld zunächst der Historiker Guido Hitze eine einflussreiche Position ein. Laschet holt den Neusser als Abteilungsleiter in die Landesgeschäftsstelle der CDU und zitiert immer wieder begeistert dessen luzide Analysen. Hitze hat lange bei der *Konrad-Adenauer-Stiftung* gearbeitet und war kurzzeitig in der Staatskanzlei unter Jürgen Rüttgers tätig. Mit dem dreibändigen Werk „Verlorene Jahre?", das Hitze 2010 veröffentlicht, zeichnet er penibel nach, warum die CDU in NRW über Jahrzehnte scheinbar chancenlos in der Opposition verharrt. Es ist ein schonungsloser Bericht über quälerische Selbstbeschäftigung und Uneinigkeit einer Partei im Schatten des nur vordergründig gütigen SPD-Landesvaters Rau. Laschet beugt sich immer wieder über Hitzes Text, sucht Analogien zur eigenen Arbeit und will Lehren für sich aus der tristen CDU-Vergangenheit ziehen. Wenn es um Fragen der CDU-Grundwerte geht oder die allgemeine Parteien-Geografie, verstehen sich Laschet und Hitze blind. Der Historiker ist ein spannender Gesprächspartner, aber eben ein Wissenschaftler und kein Mechaniker der Macht wie Liminski.

So wirkt Laschet heute deutlich professioneller aufgestellt als noch vor zehn Jahren. Doch bleibt sein Rollenverständnis als Chef unverändert. Noch immer schenkt er leicht Vertrauen und verwendet keinen besonderen Ehrgeiz darauf, bis zur letzten Sekretariatsstelle den gesamten Beamtenapparat mit „eigenen" Leuten zu besetzen. „Er hat nie in einem hermetischen Kreis gearbeitet, sondern war immer ziemlich offen für den Apparat", erinnert sich Köhler. Laschets frühere Pressesprecherin im Integrationsministerium, Christine Lüders, weiß auch nach 15 Jahren noch ziemlich genau, wie ihr Einstellungsgespräch bei Laschet abgelaufen ist. Als sie damals die Frage der Parteizugehörigkeit von sich aus thematisieren will, winkt Laschet bloß ab: „Er sagte, dass er Leute nicht nach der Parteizugehörigkeit beurteile, sondern nach der Qualifikation. Das hat mich sehr beeindruckt", erzählt Lüders.

So wird auch Jahre später Laschets Staatskanzlei keine auf ihn persönlich ausgerichtete parteipolitische Kampfeinheit. Neben Liminski, der die zentrale Gelenkstelle im *System Laschet* ist, gibt es nur noch einen sehr überschaubaren Kreis von echten Gefolgsleuten, die dafür sorgen, dass der Chef sich wohlfühlt. Katrin Kohl gehört dazu, die seit fast 15 Jahren Laschet in verschiedenen Funktionen auf Schritt und Tritt begleitet. Sie sorgt als Abteilungsleiterin mit Zuständigkeit für Veranstaltungen und Protokollfragen dafür, dass der Ministerpräsident ins rechte Licht gerückt wird und sein Tagespensum schafft. Kohl weiß, wann sie mit Laschet eine Raucherpause einlegen muss, welche Flurgespräche für ihn wichtig sind und wo sie ihn zur Disziplin mahnen muss. Sie kennt seine Lieblingslokale, kann seine Launen aushalten und ist verschwiegen wie sonst nur wenige in der Quasselbude Politik.

Laschet lässt sich von Kohl ebenso duzen wie von der freundlich-zurückhaltenden Justine Schramowski, seiner guten Seele im Vorzimmer. Sie ist die Herrin über seinen Terminkalender und kann ihn nach vielen gemeinsamen Jahren lesen. Leute wie sie wissen, wann man dem Chef einfach mal fünf Minuten zum Durchschnaufen bei einem Glas Cola lassen muss. Zu Kohls Team, das Laschet direkt zugeordnet ist, gehört zudem Thomas Wallenhorst, der Laschet schon lange alles Organisatorische vom Hals hält.

An langen Plenartagen im Düsseldorfer Landtag kann man das Team Laschet auf einen Blick auf der Regierungsbank einfangen: Vorn sitzt der Ministerpräsident, dahinter Liminski, in Reihe drei Kohl oder Wallenhorst. Schramowski bezieht derweil Stellung im Landtagsbüro des Ministerpräsidenten, einem versteckten Nebenflur im Erdgeschoss des Parlaments. Die in dunklem Holz gehaltene Büroeinheit mit Rheinblick und 80er Jahre-Charme lässt Besucher glauben, Johannes Rau wäre gerade eben erst zur Tür raus. Schramowski organisiert hier Laschets Telefonate und Termine während der Landtagssitzungen. Oben im Plenarsaal lässt sich derweil beobachten, wie Aktenmappen oder Hinweise von hinten nach vorn und zurück durch die Reihen der Regierungsbank wandern.

Zum engeren Kreis gehört ebenfalls Staatssekretär Mark Speich, obwohl er als Bevollmächtigter beim Bund in Berlin lebt und arbeitet. Der promovierte Politikwissenschaftler tritt stets kontrolliert auf, formuliert präzise und will in seiner konservativen Attitüde nicht recht zum leutseligen Laschet passen. Doch Speich bringt vieles von dem mit, was der Chef schätzt. Er ist gebildet und hat in *Cambridge* studiert, wird früh im Büro des Laschet-Vertrauten Hintze sozialisiert. Er kennt die Union als ehemaliger Referent der CDU/CSU-Bundestagsfraktion gut und hat als Geschäftsführer der *Vodafone-Stiftung* schon mal seinen Horizont außerhalb der Politik erweitert. Dass sie dieselben Werte und Grundüberzeugungen teilen, zeigt sich 2014: Da leitet Laschet für die Bundespartei die Kommission „Zusammenhalt stärken – Zukunft der Bürgergesellschaft gestalten" und beruft als Experten auch den damals weithin unbekannten Speich.

Nicht zu unterschätzen ist auch die Rolle des CDU-Fraktionsvorsitzenden im Landtag, Bodo Löttgen, den Laschet 2012 als Generalsekretär der Landespartei verpflichtet hat. Der ehemalige Beamte des Bundeskriminalamtes hat ein gutes Gespür für die Stimmung an der Parteibasis und sorgt im Alltag dafür, dass die Regierungsmehrheit steht. Löttgen hat als Personenschützer im Bonn der 80er Jahre für die Sicherheit des Bundesministers Gerhard Stoltenberg gesorgt und gilt als ausgesprochen verlässlicher Mensch. Laschet vertraut ihm.

So etwas wie strategische Personalplanung scheint in der Staatskanzlei eher Liminski zu betreiben. Er besetzt Schlüsselstellen mit Gefolgsleuten aus dem Studium oder der *Jungen Union*. Liminskis alter Studienfreund Christoph Weckenbrock ist sein Büroleiter. Er hat seine Dissertation über schwarz-grüne Bündnisse geschrieben, die vielerorts gelobt und zitiert wird. Der junge Kämmerer der Stadt Hemer, Bernd Schulte, wechselt Anfang 2019 als Referatsleiter für Regierungsplanung in die Staatskanzlei.

Selbst der junge Regierungssprecher Christian Wiermer gilt als Liminskis Erfindung. Sie haben zu Oppositionszeiten bei der Aufarbeitung der Kölner Silvesternacht häufiger miteinander zu tun. Laschet dagegen kennt den Boulevard-Journalisten vom *Express,* der künftig für seine Außendarstellung verantwortlich sein soll, zum Zeitpunkt der Berufung allenfalls flüchtig. Bei anderen Ministerpräsidenten wäre es unvorstellbar gewesen, eine solche Vertrauensstellung auf Zuruf zu besetzen. Auch nach drei Jahren der Zusammenarbeit sind Laschet und Wiermer noch beim „Sie".

Anders als bei früheren NRW-Ministerpräsidenten arbeitet der Regierungssprecher heute nicht mehr im Range eines Staatssekretärs. Laschets Vorgänger siedelten den Posten des Chef-Kommunikators schon deshalb gleich unter der Ministerebene an, um überhaupt profilierte Köpfe für diese Aufgabe in der Landespolitik gewinnen zu können. Eine solche Personalie ist in NRW lange Chefsache gewesen. Wolfgang Clement etwa verpflichtet einst die Publizistin Miriam Meckel, damals eine der jüngsten Professorinnen Deutschlands und später Chefredakteurin der *Wirtschaftswoche*. Peer Steinbrück holt aus dem Hauptstadtbüro der *Süddeutschen Zeitung* den renommierten Journalisten Oliver Schumacher, heute Kommunikationschef der *Deutschen Bahn*. Jürgen Rüttgers macht den früheren Bundestagsabgeordneten und *Telekom*-Lobbyisten Andreas Krautscheid zu seiner Stimme. Hannelore Kraft vertraut das Sprecheramt im Staatssekretärs-Rang 2010 ihrem wichtigsten Ratgeber an, dem in jahrelanger Zusammenarbeit erprobten Chefstrategen Thomas Breustedt.

Derweil gilt heute Liminski als der strategische Kopf hinter der Laschet-Kommunikation.

Der Ministerpräsident selbst wirkt überdies nicht sonderlich misstrauisch, wenn es um seine Öffentlichkeitsarbeit geht. Laschet geht in der Regel nach außen ziemlich offen auf Journalisten zu und lässt intern nicht über jedes Komma brüten. Selbst der stellvertretende Regierungssprecher, der FDP-Mann und Lindner-Vertraute Moritz Kracht, darf seine Interviews redigieren. Anders als bei vorherigen Landesregierungen wird der stellvertretende Regierungssprecher als „Aufpasser" des kleineren Koalitionspartners in Laschets Staatskanzlei nicht von der Berichtslinie abgeschnitten und mit Nebensächlichkeiten ruhiggestellt. Der Ministerpräsident lässt Kracht erstaunlich nah an sich ran.

Wer mit der Vorstellung bei Laschet anfängt, der fröhlicher Aachener sei ein Chef des *Laissez-faire*, ist binnen weniger Wochen desillusioniert. Im Laufe seiner politischen Laufbahn zeigt sich immer wieder: Er kann sehr fordernd sein und lässt auch einfache Referenten nicht selten bis 20 Uhr arbeiten. Laschet selbst schont sich nicht, ist häufig bis nachts unterwegs, und erwartet ebensolchen Einsatz von seinem Umfeld. Laschet ist immer auf Sendung, sieht, hört und liest viel, weshalb sich der Apparat andauernd mit neuen Impulsen „von oben" konfrontiert sieht. Das ist anstrengend, aber der Chef ist keiner von den „Menschenschindern", die es in der Politik ebenfalls oft gibt. „Er hat kein Alphatiergehabe", erinnert sich Köhler. Andererseits gibt es bei Laschet auch keine professionelle Chef-Maske. Wenn er wütend ist, bekommen es die Untergebenen zu spüren: „Er wäre wahrscheinlich kein guter Pokerspieler. Man sieht ihm den Gemütszustand meist an", so Köhler. Doch wenn er im Zorn ungerecht wird, vergisst er nachher den Rangunterschied: „Er ist einer, der sich entschuldigen kann", beobachten einstige Mitarbeiter immer wieder.

Ob Laschet als guter oder schlechter Chef gesehen wird, hängt stark von der Perspektive der Mitarbeiter ab. Wen er persönlich mag oder wegen besonderer Fähigkeiten außerordentlich schätzt, hat bei ihm ein gutes Leben. Da ist er ein nahbarer Vorgesetzter, der sehr aufmerksam und rücksichtsvoll sein kann. Er ist schnell beim Du, schickt mal eine aufmunternde SMS oder fragt, wie es zu Hause läuft.

Ehemalige Untergebene, die fachlich zwar gut sind, aber nie einen persönlichen Draht zu Laschet finden, erfahren dagegen wenig Wertschätzung. Da werden schon mal Aufträge kurzfristig hingeworfen, Hinweise in den Wind geschlagen oder Höflichkeitsformeln über das Mindestmaß hinaus wenig beachtet. „Er sagt überall immer alles Mögliche zu, und der Apparat muss dann sehen, wie er es hinbekommt", erinnert sich ein früherer Ministerialbeamter mit Grausen. Es sei auch vorgekommen, dass Laschet Mitarbeiter anblaffe, „wie sie solchen Blödsinn aufschreiben könnten". In Sitzungen wird er schnell unwirsch, wenn zu lange an einem Thema herumgekaut wird. Laschet ist für das ruhige Durchdenken eines Problems nicht gemacht. Ihn umgibt eine permanente Nervosität, die sich auch in seiner gelegentlich zu schnellen Sprechweise in zu hoher Stimmlage zeigt.

Gleichwohl ist er für einen Politiker seiner Kragenweite ungewöhnlich selbstreflektiert. Er kennt die Gefahren, die sein bisweilen hektischer Führungsstil mit sich bringt: Ein Apparat dürfe nie aus Rücksicht auf den Chef zum Schweigen gebracht werden, hat er Ende 2017 einmal in einem Interview mit der *Zeit*-Beilage *Christ und Welt* ausgeführt. Dann werde es gefährlich: „Wenn man im Zentrum der Macht sitzt und sich abschottet. Wenn Mitarbeiter sich nicht mehr trauen, Sorgen, aber vor allem auch Kritik, an einen heranzutragen. Man muss alles tun, damit das nicht passiert." Laschet hilft es, dass er kein Freund-Feind-Denken kennt, sondern ihm eher die persönliche Chemie wichtig ist. Man findet ehemalige Mitarbeiter mit SPD- oder Grünen-Parteibuch, die von Laschets Führungsstil schwärmen. Und treue CDU-Mitglieder, die für einen solch launischen und sprunghaften Vorgesetzten nie wieder arbeiten wollen.

Laschet wird jedoch selbst von Gegnern attestiert, dass er kein Chef sei, der Leute rausschmeißt. Selbst in schwierigsten Situationen lasse er keine Köpfe rollen. Das ist ungewöhnlich, weil Politiker in Krisen zumeist die Sorge verfolgt, von Problemen kontaminiert zu werden. Nach oben buckeln, nach unten treten – diese typische Bekennergymnastik vieler Politiker ist Laschet ebenso fremd wie das permanente Delegieren von Schuld. Wenn Untergebene die Schriftlage schon allein deshalb scheuen, weil man sich mit mündlichen Hinweisen weniger angreifbar macht, fordert er ausdrücklich: „Das muss jetzt einfach mal aufgeschrieben werden."

Zu den Vorzügen des Chefs Laschet gehört, dass er sich in einsamen Momenten einzelner Mitarbeiter nicht davonschleicht. Zu den eindrücklichen Beispielen gehört eine Begebenheit in der Aachener CDU vor Jahrzehnten. Franz Plum, der damalige Geschäftsführer der CDU-Stadtratsfraktion, gerät in ernsthafte Probleme, weil er als verheirateter Familienvater lange ein heimliches Verhältnis mit der weitaus jüngeren Claudia Kemmerich hat. Es gibt viel Gerede in Aachen. Einflussreiche Tugendwächter der seinerzeit noch sehr konservativen lokalen CDU wollen Plum rausschmeißen. Ausgerechnet Laschet, der gläubige Katholik und langjährige Redakteur der Bistumszeitung, springt in der Fraktion dem bedrängten Paar zur Seite. Der Umgang der Kirche mit Geschiedenen, dieses „Spannungsfeld zwischen Lehramt und Seelsorge", beschäftigt ihn auch immer wieder als Publizisten. Den freundlichen und zuverlässigen Franz Plum um seine Existenz zu bringen, nur weil er sich in eine andere Frau verliebt hat – das kann Laschet mit seinem religiösen Selbstverständnis nicht in Einklang bringen. Er setzt sich in der CDU für den Mitarbeiter ein und argumentiert gegen den Mainstream. Später wird er Trauzeuge der Plums und hält eine launige Hochzeitsrede. Sie haben ihm das bis heute nicht vergessen.

Dass Laschet nicht auf Distanz geht, wenn es für ihn ungemütlich wird, erlebt auch Natalia Köhler. 2007 ermittelt der NRW-Verfassungsschutz nach einer anonymen Anzeige gegen die Büroleiterin des damaligen Integrationsministers und vorherigen Europaabgeordneten Laschet. Sie soll Agentin des russischen Geheimdienstes sein, der gezielt junge attraktive Frauen auf westliche Europaabgeordnete ansetze. Die Sicherheitsbehörden in NRW nehmen den Vorgang ernst, weil in der Anzeige detaillierte Angaben zur angeblichen Ausbildung Köhlers, die damals noch Fedossenko heißt, auf einer russischen Geheimdienst-Akademie gemacht werden. Der Vorgang findet den Weg in die Presse. Laschet steht erheblich unter Druck. Er hat seine Büroleiterin gerade erst in eine besser dotierte Position befördert. Parteiinterne Gegner halten ihm überdies vor, er sonne sich zu sehr in Talkshows und vernachlässige die komplizierte Arbeit an einem neuen Kindergarten-Gesetz für NRW. Über Laschets „Mata Hari vom Rhein" wird allerorten in der Landespolitik gespottet. Doch Laschet stellt sich vor seine Büroleiterin und tut die Anzeige von Beginn an als das ab, was sie wohl auch ist: eine üble Intrige. Immer wieder berät er sich mit Freund

Hintze, wie er der misslichen Lage entkommen kann. Aber ein Rauswurf der Mitarbeiterin ist für ihn keine Option.

Kaum anders verhält er sich Jahre später während der peinlichen „Hacker-Affäre" seiner Landesregierung. Im März 2018 hat sein Regierungssprecher Wiermer vorschnell eine Pressemitteilung verfasst, es habe „von unbekannter Seite Versuche" gegeben, auf persönliche Daten der damaligen NRW-Umweltministerin Christina Schulze Föcking zuzugreifen. Die Ministerin hat am Abend zuvor die Polizei gerufen, weil in ihrem Privathaus unerklärlicherweise ein Video auf dem Fernseher läuft. Sie kann sich nicht erklären, wer den Film gestartet hat. „Mindestens teilweise waren die Versuche demnach auch erfolgreich", heißt es in Wiermers Mitteilung weiter. Im Namen der Landesregierung werden „die offenkundig kriminellen Eingriffe" sogar offiziell verurteilt. Die Spezialisten des Landeskriminalamtes finden binnen weniger Tage heraus, dass es nie einen Hacker-Angriff gegeben hat. Schulze Föckings Mutter, die ebenfalls im Haushalt wohnt, hatte versehentlich mit dem Tablet-PC das Video gestartet.

Eine Blamage sondergleichen für Laschets Regierung, die über Monate in einem Untersuchungsausschuss des Landtags von der Opposition seziert wird. Viele Ministerpräsidenten hätten jemanden für ein solches Kommunikationsdesaster zur Verantwortung gezogen. Doch Laschet lässt Wiermer nicht fallen, sondern setzt sich selbst und sein halbes Kabinett über Monate quälenden Befragungen im Zeugenstand des Untersuchungsausschusses aus. Die Opposition feixt, die NRW-Korrespondenten der Medien staunen. Vor allem beim Koalitionspartner FDP gibt es etliche, die in dieser Phase nicht verstehen können, dass Laschet eine solche Posse akzeptiert. Ein Jürgen Rüttgers, so wird geraunt, hätte kurzen Prozess gemacht. Laschets Unfähigkeit zur Gnadenlosigkeit wird ihm oft als politische Schwäche ausgelegt. Er wird sie sich mit bald 60 Jahren wohl nicht mehr abtrainieren.

„Armin Laschet ist ein Zuhörer, ein Verbinder. Er ist nicht für den Grabenkrieg geeignet", sagt sein alter Wegbegleiter Reul. Immer wieder versuche er, unterschiedliche Strömungen einer Volkspartei einzubinden und selbst ehemalige Gegner mitzunehmen. Tatsächlich lassen sich in Laschets Karriere einige Situationen finden, in denen er über seinen Schatten springt.

Laschet weiß zwar, dass Politik immer die Suche nach Mehrheiten ist und damit unweigerlich Verlierer produziert. Er gehört jedoch in Momenten des Sieges nie zu denen, die sich am Unglück der Unterlegenen weiden.

Als markantes, wenn auch etwas schiefes Beispiel gilt das Verhältnis zu seinem Arbeitsminister Karl-Josef Laumann. Sie haben sich in den Oppositionsjahren zwischen 2010 und 2013 als unglückliche Doppelspitze der NRW-CDU beharkt, doch nach seinem Wahlsieg 2017 ist es für Laschet keine Frage, Laumann als Arbeits- und Sozialminister in sein Kabinett zu holen. Es fällt ihm nicht schwer, den Gegenspieler von einst einzubinden, weil er den kernigen Laumann als soziales Gewissen der Union – trotz der zeitweiligen Rivalität – über alle Maßen schätzt. Er hält ihn persönlich außerdem für das, was man früher einen *Pfundskerl* nannte. Selbst die Berufung von Edmund Heller als Staatssekretär lässt Laschet seinem Arbeitsminister problemlos durchgehen, obwohl dieser zu Oppositionszeiten als Mitarbeiter der CDU-Landtagsfraktion seine Schwierigkeiten mit Laschet hat. Heller muss damals für Liminski weichen, doch Laschet ist wichtig, dass er in einem Ministerium gut unterkommt. Der Ministerpräsident akzeptiert wohl insgeheim, dass Heller trotz mancher Reibereien unbestreitbar ein kluger Kopf ist, und gesteht jedem Fachminister die persönliche Auswahl seines Staatssekretärs zu.

Größe zeigt Laschet auch bei der Berufung von Peter Biesenbach zum nordrhein-westfälischen Justizminister. Beide verbindet eigentlich eine schwierige Vergangenheit. Zudem gibt es in Laschets Umfeld einige Stimmen, die Biesenbach verhindern wollen. Doch der neue Regierungschef findet, er müsse den inzwischen 72-Jährigen als Kabinettssenior einbauen. Laschet erinnert intern daran, dass Biesenbach es gewesen sei, der in all den tristen Oppositionsjahren häufig in diversen Untersuchungsausschüssen die Kastanien aus dem Feuer geholt habe. So banal es klingt: Laschet ist der Meinung, dass sich Biesenbach das Ministeramt zum Ende seiner politischen Laufbahn einfach verdient hat und den Job gewissenhaft erledigen wird.

Als Ausweis politischer Klugheit gilt auch Laschets Schachzug, den Münsterländer Juristen Hendrik Wüst als Verkehrsminister zu verpflichten. Der Chef des CDU-Wirtschaftsflügels gehört zwar nie zu den Laschet-Fans. Er ist ein konservativer Vertreter der Union mit robustem Machtinstinkt, der bereits als junger Generalsekretär bei Rüttgers im politischen Nahkampf geschult wurde. Laschets liberale Haltung in vielen Fragen ist Wüst eher fremd. Auch dessen spontaner Arbeitsstil bleibt für den gewissenhaften Westfalen zu Oppositionszeiten gewöhnungsbedürftig. Doch Wüst lässt sich einbinden und schwärmt wenig später in den höchsten Tönen von Laschets Führungsqualitäten. Plötzlich gilt er sogar als sein wahrscheinlicher Kronprinz, wenn es den Ministerpräsidenten in die Bundespolitik ziehen sollte.

Selbst gegen die politische Resozialisierung seines einstigen Gegenspielers Norbert Röttgen hat Laschets nichts einzuwenden. Nach seiner verheerenden Niederlage als Spitzenkandidat der Landtagswahl 2012 und dem Rauswurf aus dem Bundeskabinett von Kanzlerin Merkel ist dessen Karriere eigentlich zu Ende. Doch 2014 tritt Peter Hintze an den CDU-Landeschef Laschet heran und entwickelt die Idee, Röttgen zu rehabilitieren. Eigentlich gibt es wenig Grund, ihm wieder auf die Beine zu helfen. Röttgen hat Laschet 2010 den Vorsitz der NRW-CDU weggeschnappt und danach mit einem egozentrischen Landtagswahlkampf den größten Landesverband der Partei regelrecht in den Ruin gestürzt. Doch auch Laschet findet, dass der intellektuelle und rhetorisch beschlagene Kollege nicht in ewiger Verdammnis bleiben sollte. Er schätzt ihn obendrein seit den 90er Jahren als brillanten Juristen. So wird Röttgen Vorsitzender des Auswärtigen Ausschusses.

Anfang 2018 verschafft Laschet auch dem ewigen Hoffnungsträger Friedrich Merz mit dem Ehrenamt des „Brexit-Beauftragten" für die Folgen des Ausstiegs Großbritanniens aus der Europäischen Union wieder ein kleines politisches Podest. Dass sie einmal um den CDU-Bundesvorsitz konkurrieren würden, kann sich zu diesem Zeitpunkt keiner von beiden vorstellen. Laschet gehört zu denen, die über die Jahre immer den Kontakt zum ehemaligen Bundestagsfraktionschef Merz gehalten haben und seine Wirtschaftskompetenz bis heute schätzen. Wenn andere in der Partei über Vermögen und Privatflugzeuge des erfolgreichen Anwalts lästern, kennt Laschet keinen Neid. Da tickt er eher amerikanisch und findet es bewundernswert, was Merz nach der Politiker-Laufbahn aus sich gemacht hat.

Auch der Talkshow-erfahrene ehemalige CDU-Innenexperte Wolfgang Bosbach ist für Laschet wichtig. Er weiß, dass viele Stammwähler Bosbach mögen, und vertraut ihm die Leitung einer Experten-Kommission für mehr Sicherheit in NRW an. Gegner, Konkurrenten, Andersdenkende – im System Laschet findet jeder seinen Platz.

Wenn er die besseren Argumente auf seiner Seite wähnt, kann Laschet trotzdem Gegnerschaft aushalten. So ist es 2013 zu beobachten, als er die junge Cemile Giousouf als erste Muslimin der NRW-CDU in den Bundestag bringen will. Obwohl es erhebliche Unruhe an der Basis gibt und Laschet als neuer Landesvorsitzender keineswegs gefestigt ist, argumentiert er für eine Öffnung der C-Partei. Giousouf setzt sich am Ende bei der Listenaufstellung in einer Kampfkandidatur klar gegen die konservative Düsseldorfer Bundestagsabgeordnete Sylvia Pantel durch. Später wendet sich mal ein Parteifreund vertrauensvoll an Laschet: „Armin, Frau Pantel sagt, du würdest schlecht über sie sprechen." Er antwortet: „Bestelle ihr bitte einen schönen Gruß und sage ihr, dass das stimmt." Die Förderung von Frauen wie Giousouf oder der heutigen Integrationsstaatssekretärin Serap Güler folgt bei Laschet nicht dem Kalkül, ein Netz aus Abhängigkeiten zu knüpfen. Damit hätte er viel früher und systematischer anfangen müssen, um irgendwann daraus Nutzen ziehen zu können. Vielmehr schimmert bei ihm immer wieder der Ehrgeiz durch, eine bestimmte Idee der CDU durchsetzen zu wollen. Zu seinem Bild einer Volkspartei gehören auch Abgeordnete, die die Millionen von Muslimen im Land repräsentieren.

Laschet ist grundsätzlich keiner, der sich die Rückennummer von Gegenspielern merkt, um ein Revanchefoul zu planen. Ist das sein Charakterzug? Oder doch eher das Kalkül, dass in der Politik immer der Tag kommt, an dem man selbst die Hilfe der anderen braucht? Laschet erinnert in seinem Bemühen, eine Volkspartei mit möglichst vielen Facetten zum Funkeln zu bringen, an den frühen Helmut Kohl. Der vermochte es anfänglich ebenfalls, starke Persönlichkeiten von rechts bis links um sich zu scharen. Einer, der das Machtsystem Kohls ziemlich gut analysieren kann, ist der Journalist Michael Rutz. Er ist 2004 zusammen mit Stephan Lamby Autor der viel beachteten *ARD*-Dokumentation „Helmut Kohl – Ein deutscher Kanzler". Rutz hat viele Jahre beim *Bayerischen Rundfunk* gearbeitet und war später Chefredakteur des *Rheinischen Merkur*. Der heute 69-Jährige kannte

Kohl sehr gut. Mit Laschet verbindet ihn seit Studientagen eine enge Freundschaft. Wenn der Freund als rheinische Frohnatur beschrieben und dies mit Oberflächlichkeit gleichgesetzt wird, wirkt das auf Rutz arg verzerrend. Laschet sei sehr belesen, habe einen ausgeprägten Sinn für den zweiten oder dritten Gedanken und stehe auf einem festen Wertefundament. Auch dem Altkanzler sei das früh aufgefallen: „Armin Laschet war für Helmut Kohl einer von denen, die die gute Tradition der CDU-Sozialausschüsse repräsentieren und zugleich wissen, dass die Union als Volkspartei nur Erfolg haben kann, wenn sie sozialpartnerschaftlich denkt. Über die richtige Mitte zwischen Sozialpolitik und Ordnungspolitik, der ich als Wirtschaftswissenschaftler immer etwas näherstand, haben wir viele Diskussionen geführt." Rutz kommt in zahllosen Gesprächen immer wieder zur Erkenntnis: „Die Grundwerte, die die CDU in ihr Parteiprogramm hineingeschrieben hat, sind für Armin Laschet nicht bedeutungslos. Das ist für ihn nicht einfach Papier. Wenn die CDU in den vergangenen Jahrzehnten eine Grundsatzkommission gebildet hat, war Armin Laschet immer dabei. Das ist kein Zufall."

In der europapolitischen Orientierung, die letztlich auch immer eine Suche nach Konsens und Ausgleich zwischen Groß und Klein ist, sieht Rutz bei Laschet ebenfalls Kohlsche Züge: „Helmut Kohl wusste immer, welche Verantwortung sich aus Deutschlands Geschichte und zentraler Lage in Europa ergibt. Er hat immer die Verständigung im Sinne einer geeinten Europäischen Union gesucht und dabei zuerst mit den kleinen Nachbarländern gesprochen. Armin Laschet ist genauso. Ich glaube, da hat er viel von Helmut Kohl gelernt."

Vor der Landtagswahl 2017 nimmt sich Rutz vier Wochen Zeit, um seinem Freund beratend zur Seite zu stehen. Er bleibt im Hintergrund und lässt sich nur einmal beim TV-Duell zwischen Laschet und Ministerpräsidentin Kraft an der Seite des Herausforderers vor dem *WDR*-Studio in Köln-Bocklemünd sehen. Der Rat von erfahrenen Freunden ist Laschet wichtig. Er braucht einen Kreis von unabhängigen Geistern, in dem er Thesen schärfen und Widerspruch ernten kann. Rutz gehört dazu. Auch Klaus Schüler hilft Laschet in der Landtagswahlkampf-Kampagne sehr. Von 2007 bis zum Sommer 2019 arbeitet Schüler als Bundesgeschäftsführer der CDU. Er gilt als Merkel-Vertrauter. Laschet spricht sich häufig mit ihm ab, die beiden sind sich sympathisch. Auch nach Schülers Wechsel aus der Parteizentrale zum Kölner Chemieunternehmen *Lanxess*, wo er als Bevollmächtigter fungiert, halten die beiden Kontakt. Nach fast 30 Jahren im Adenauer-Haus ist der stets loyale, verlässliche und schweigsame Schüler ein sehr intimer Kenner der Christdemokraten.

Laschets wichtigster politischer Helfer wird über Jahrzehnte aber Peter Hintze. Als er 2016 mit 66 Jahren einem Krebsleiden erliegt, verneigt sich bei der Trauerfeier in der Bad Honnefer Erlöserkirche die versammelte Politik-Prominenz von Kanzlerin Merkel abwärts vor einem außergewöhnlichen Politiker. „Peter Hintze war wichtiger als jeder Minister", sagt Laschet damals, „er reißt eine Lücke, die nicht zu füllen ist." Vor allem ihm persönlich ist der Vertraute und Ratgeber nicht zu ersetzen. Über Jahre hilft er Laschet, gibt Tipps, schenkt ihm viele kluge und unterhaltsame Analysen. Er bewundert diese seltene Mischung aus menschlicher Aufrichtigkeit, politischer Cleverness, geistigem Tiefgang und heiterer Geselligkeit. „Oft habe ich, wenn er nicht da war, gedacht, was Peter jetzt wohl sagen und raten und wie er manches formulieren oder entscheiden würde", schreibt Laschet zum Tod des Freundes. Es ist ein Satz, der bis heute Gültigkeit hat.

Noch immer, so erzählen es Mitarbeiter aus der Staatskanzlei, werde dort viel über Hintze gesprochen. Laschet selbst nennt ihn im Sommer 2020 die wichtigste Persönlichkeit für seine politische Karriere. Und bis heute versucht Laschet Hintzes Rat zu beherzigen, in der Politik keine „schwarzen Katzen" auftauchen zu lassen. Das heißt: In Reden und Interviews solle man niemals Dinge erwähnen, die man nicht will oder nicht meint, weil einmal Ausgesprochenes plötzlich vorstellbar werde. So sei ein Minister, der sagt, er denke gar nicht an Rücktritt, praktisch so gut wie zurückgetreten. Hintze erklärt Laschet die Psychologie dahinter: Wenn man eine fein gedeckte Tafel vor Augen habe mit gestärkter weißer Tischwäsche und sich dann ausdrücklich keine schwarze Katze vorstellen wolle, bekomme man das Tier nicht mehr aus dem Kopf. Wenn sich Laschet trotzdem mal öffentliche Verneinungen gestattet, schreibt oder sagt ihm Hintze über Jahre nur: „Miau."

Dass Hintze ausgerechnet an jenem Tag stirbt, an dem Laschet von der NRW-CDU zum Spitzenkandidaten für die Landtagswahl 2017 gekürt wird, ist für ihn ein besonders trauriger Zufall. Gern hätte er ihm noch gezeigt, wie er NRW regiert. Einige Tage vor seinem Tod hatte Laschet ihm noch eine SMS geschrieben: „Können wir telefonieren?" Es kam keine Antwort mehr. Auch in der seit 2018 schwelenden Führungsfrage der Bundes-CDU wäre er auf einen so wichtigen Ratgeber angewiesen gewesen. „Ihm fehlt jetzt einfach ein Peter Hintze, der sagt, was zu tun ist", kommentiert Ende 2019 noch ein CDU-Insider Laschets lange Zögerlichkeit bei der Merkel-Nachfolge.

Bei Hintzes Beerdigung weint Laschet offen in der Kirche. Am 25. April 2020, dem Tag, an dem der Freund 70 Jahre alt geworden wäre, schreibt Laschet auf *Twitter*: „Wenn mir etwas schmerzhaft fehlt im persönlichen und politischen Leben, dann sind es die Begegnungen und langen Telefonate mit Peter Hintze. Er war inspirierend, anregend, abwägend, klug, offen, diskursfreudig, humorvoll und vor allem verschwiegen." In einem preisgekrönten *Spiegel*-Text geht die Autorin Britta Stuff Monate nach Hintzes Tod der Frage nach, warum es bis heute viele Spitzenpolitiker nicht schaffen, die Handy-Nummer des Verstorbenen zu löschen. „Die Lücke im Herzen der deutschen Politik", heißt der Text. Sie spricht auch mit Laschet.

Hintze, so wird der frühere Bundespräsident Christian Wulff in dem Text zitiert, sei jemand gewesen, den man nicht verstehen kann, wenn man nur Artikel und Videos über ihn kennt. Eine Aussage, die irgendwie auch auf Laschet zutrifft. Wer nur das öffentliche Bild des Ministerpräsidenten kennt, wirkt nach persönlichen Begegnungen oft positiv überrascht von seiner Nahbarkeit. Hat das die Beziehung zwischen Laschet und Hintze so besonders gemacht?

Seit Hintzes Tod sind Laschet – neben dem Rat seiner Brüder – noch Michael Rutz und sein „Old-Boys-Netzwerk" mit Herbert Reul, Hermann Gröhe, Thomas Rachel und Ronald Pofalla geblieben, auf deren Wort er seit Jahrzehnten etwas gibt. Doch darin erschöpft sich der Nukleus im System Laschet auch schon fast. Rutz wirkt im Wahlkampf 2017 wie eine Versicherung, dass Laschet am besten er selbst bleibt und sich gegen viele Ratschläge auf vier Landesthemen konzentriert: Bildungsmisere, Verkehrschaos, Wirtschaftsschwäche und Kriminalität – die demoskopisch ermittelten Hauptsorgen der NRW-Bürger. Eine Absetzbewegung von Merkels umstrittener Flüchtlingspolitik, wie sie in Rheinland-Pfalz CDU-Wahlkämpferin Julia Klöckner mit einem windigen „Plan A2" unternimmt, kommt für Laschet nicht in Frage. Ein vertrauter Berater wie Rutz, der mit sonorer Stimme die Welt sortieren kann, bestärkt Laschet in solcher Gesinnungsfestigkeit.

Der Chaotische

Rastlos und rheinische Lösungen

Die Bitte kommt überraschend und klingt ungewöhnlich. Er sei seit vielen Jahren Lehrbeauftragter der *RWTH Aachen* und unterrichte Studenten in Politikwissenschaften, erklärt Armin Laschet am Telefon. Für die jungen Leute in seinem Masterstudiengang für European Studies sei das immer unheimlich spannend, mit Akteuren aus dem politischen Betrieb zusammenzukommen. In der kommenden Woche sei eine Exkursion nach Düsseldorf geplant, und er würde sich freuen, wenn mal ein Journalist den angehenden Akademikern „ein bisschen was erzählen" könnte. Kluge, aufgeweckte Studenten mit zum Teil „Wahnsinnsbiografien" seien das, schwärmt er. Landes- und europapolitische Berichterstattung im Vergleich zum Beispiel, ein wenig den Arbeitsalltag aus Brüssel und Düsseldorf anschaulich machen. Bitte kein großer Aufwand, einfach ein lockeres Kursgespräch. Das Seminar werde praktischerweise im Fraktionssaal der CDU im NRW-Landtag stattfinden.

Nach einem soliden Semesterplan des Lehrbeauftragten klingt das alles nicht, aber nach Freude an der Arbeit mit der nächsten Generation. Laschet hätte in diesen Tagen eigentlich ganz andere Aufgaben. Die NRW-CDU hat den Absturz bei der Landtagswahl 2010 nur schwer verdaut und muss erst in der Opposition „ankommen", wie es heißt. Die neue Ministerpräsidentin Kraft bricht alle Beliebtheitsrekorde, während in der CDU weiterhin Laschet und Fraktionschef Laumann eifersüchtig um Kompetenzen rangeln. Es gäbe also Wichtigeres zu tun, als jungen Politikwissenschaftlern die Welt zu erklären. Die programmatische und personelle Neuaufstellung der Landtagsfraktion zum Beispiel, die noch immer die vielen Angriffsflächen der „Schuldenkönigin" Kraft weniger pointiert zu nutzen versteht als die viel kleinere FDP des smarten Christian Lindner.

Als Laschet das Seminar im Fraktionssaal eröffnet, lässt er sich tatendurstig in den Schwingstuhl fallen. An der Wand hängen aufgereiht die Porträts der bisherigen CDU-Ministerpräsidenten Karl Arnold, Franz Meyers und Jürgen Rüttgers. Dass hier einige Jahre später ein gerahmter Armin

299

Laschet hängen würde, erscheint zu diesem Zeitpunkt äußerst unwahrscheinlich. Laschet hat keine Unterlagen ins Seminar mitgebracht, dafür gute Laune. Er führt engagiert durch die Stunde, ruft die Studenten auf, vertieft deren Fragen und reißt Thesen an. „Das war ja wirklich spannend. Bis zum nächsten Mal", sagt er zufrieden, als die Zeit um ist und die Kursteilnehmer ihre Rucksäcke schultern.

Dieser Live-Eindruck von der Arbeit des Lehrbeauftragten Laschet ist schlagartig wieder präsent, als ebendieser einige Zeit später in die wohl nachhaltigste Affäre seiner Karriere stolpert. Kurz vor Ostern 2015 muss Laschet 35 Teilnehmern eines Blockseminars „Europa in der Berliner Republik" in einem zweiseitigen Brief Bedauerliches mitteilen. Die Aachener Politikstudenten haben im Sommer 2014 eine Woche in der Hauptstadt verbracht, um mit Bundespolitikern die EU-Relevanz ihrer Arbeit zu diskutieren. Die Begegnungen in Berlin müssen interessant gewesen sein, wie Teilnehmer später berichten. Laschet hat ihnen manche Türen geöffnet. Nur warten sie schon seit Monaten auf die überfälligen Seminar-Noten.

Laschet eröffnet ihnen in diesem Schreiben, dass ihre Klausuren zum Berlin-Seminar „auf dem Postweg abhandengekommen" seien. Zerknirscht bilanziert er: „Da die Klausur gut ausgefallen war, erschien uns eine Neuansetzung mit großem Abstand zum Seminar als keine gute, faire und sachgerechte Lösung." Uns? Laschet unterbreitet einen ungewöhnlichen, aber nicht völlig abwegig klingenden Vorschlag: „Da ich mir zu jeder Klausur und auch zu jedem Seminar Noten mache, habe ich aus meinen und den Notizen der mich unterstützenden Co-Korrektorin Frau Lehrbeauftragte Dr. Mayssoun Zein Al Din anhand ihrer und meiner Notizen eine Rekonstruktion versucht. Dieses Verfahren war nicht optimal. Aber es war die beste Lösung, Ihnen, den Studenten, eine erneute Klausur zu ersparen."

Mayssoun Zein Al Din ist eine junge Mitarbeiterin Laschets mit libanesischen Wurzeln, die von einigen in der NRW-CDU als „seine Frau Simsalabim" verspottet wird. Sie wird häufig in seinem Umfeld gesehen. Für Laschet scheint die Klausuren-Angelegenheit damit bereinigt, zumal er fürs nächste Semester den plausibel klingenden Sicherheitsmechanismus verspricht, „von allen Klausuren nach Abgabe durch die Studierenden Kopien anzufertigen, sodass ein Verlust auf dem Postweg in Zukunft definitiv ausgeschlossen ist".

Bei den Studenten löst der Laschet-Brief einige Verwunderung aus. Denn zwei Monate zuvor hat sich bereits die Geschäftsführerin des Masterstudiengangs an der *RWTH* in selbiger Angelegenheit schriftlich bei ihnen gemeldet und verkündet: „Eine gute Nachricht: Ihre Klausurnoten liegen mir vor. Ich konnte inzwischen auch feststellen, dass keine Note fehlt. Eine schlechte Nachricht: Die korrigierten Klausuren sind zurück auf dem Postweg an die *RWTH* verloren gegangen." Optional bietet sie noch eine Wiederholung der Klausurarbeit in Aachen an.

Nach Laschets Brief reagiert die Geschäftsführerin entgeistert: „Wenn von Anfang an klar gewesen wäre, dass die Notenliste, die ich zugeschickt bekommen habe, eine Rekonstruktion ist, wäre alles auf eine sofortige Annullierung der Prüfung hinausgelaufen." An der angesehenen *RWTH* fürchtet man inzwischen um den guten Ruf. Laschets Beteuerungen wirken plötzlich wenig glaubwürdig, er habe sein umstrittenes Vorgehen „von der ersten Sekunde an" mit allen zuständigen Gremien der Universität abgestimmt.

Vollends ins Wanken gerät Laschets Version der Abläufe, als öffentlich wird, dass er 35 Noten für nur 28 Klausurteilnehmer vergeben hat. Beim Prüfungsausschuss der *RWTH* haben sich sieben Studenten gemeldet, die sich über ihre Klausurnote wundern, weil sie gar nicht mitgeschrieben haben. Nicht einmal den angeblichen Postversand der Klausuren kann Laschet belegen. „Bei Herrn Laschet wurde erfragt, ob die Klausuren per Einschreiben oder mit einer Sendungsnummer versandt wurden. Dies wurde verneint, so dass eine Rückverfolgung der Sendung unmöglich und der Verbleib der Klausuren nach wie vor unklar ist", teilt die *RWTH* der erstaunten Öffentlichkeit mit. Rätselhaft erscheint der Universität auch die Rolle der Co-Korrektorin Mayssoun Zein Al Din, mit der das Rektorat gar nichts anzufangen weiß. Bei normalen Seminararbeiten sei die Notengebung allein Aufgabe des Lehrbeauftragten, heißt es.

Als schließlich der Druck auf Laschet wächst, zumindest einmal seine Korrektur-Skizze offenzulegen, die Grundlage für die freihändig vergebenen Noten gewesen sein soll, meldet die *BILD*-Zeitung zur allgemeinen Überraschung: „Die Notizen hat Laschet inzwischen entsorgt." Beobachter hegen da längst erhebliche Zweifel, dass die Klausuren jemals korrigiert und auf den Postweg gegeben wurden. Hat Laschet die Arbeiten schlicht verbummelt? Die Noten werden schließlich von der *RWTH* vollständig annulliert. Die Staatsanwaltschaft Aachen muss zwischenzeitlich sogar eine Strafanzeige gegen Laschet prüfen. Das Ehrenamt als Lehrbeauftragter gibt er nach 16 Jahren auf.

Die Klausuren-Affäre trifft die NRW-CDU zum denkbar ungünstigsten Zeitpunkt. Nach Jahren der Tristesse gibt es in Düsseldorf erstmals wieder einen zarten Silberstreif am politischen Horizont. Die Landesregierung von SPD-Ministerpräsidentin Kraft ist gerade dabei, deutlich an Rückhalt in der Bevölkerung zu verlieren. Erstmals artikuliert sich in NRW breiter Unmut über zu viel Umweltbürokratie, notorische Wachstumsschwäche und ideologische Schulpolitik. Auch die Autorität der Regierungschefin selbst leidet, da sie öffentlich wenig präsent ist und nach ihrer „Nie, nie"-Absage an die Bundespolitik nur noch als Regionalpolitikerin mit geringen Ambitionen wahrgenommen wird. Laschets Position in der NRW-CDU ist zumindest offiziell unangefochten, seit er nach dem mehr oder minder freiwilligen Wechsel Laumanns in die Bundesregierung endlich Landtagsfraktionschef und Landesvorsitzender in Personalunion ist. Mitten hinein in diese Phase der Konsolidierung hagelt die Klausuren-Affäre.

Die SPD kann ihr Glück kaum fassen. Der potenzielle Herausforderer Krafts scheint sich knapp zwei Jahre vor der nächsten Landtagswahl auf offener Bühne für höhere Ämter zu disqualifizieren. Landtagsfraktionschef Norbert Römer feuert bereits am Erscheinungstag der ersten Zeitungsberichte über Laschets Klausuren-Problem aus allen Rohren: Der Oppositionsführer „trickst und täuscht" und ruiniere den tadellosen Ruf der *RWTH*, sagt Römer grimmig in jede sich bietende Fernsehkamera. „Armin Laschet sagt die Unwahrheit, diesem Mann kann man nicht mehr glauben", eifert er schon an Tag eins der Affäre.

Später werden Beobachter in Düsseldorf gerade diese frühen Breitseiten als strategischen Fehler betrachten. Für Laschet wäre es wohl weitaus gefährlicher geworden, wenn die SPD das Rätsel um die verschwundenen Klausuren ganz allmählich eskaliert hätte: mit Sondersitzungen der zuständigen Gremien, bohrenden Fragen und politischen Zwischenbewertungen. Laschets Version der Noten-Rekonstruktion steht auf solch tönernen Füßen, dass sie früher oder später vor aller Augen in sich zusammengefallen wäre. Doch die mit persönlichen Herabwürdigungen durchsetzte Römer-Generalabrechnung schließt eher die Reihen in der CDU hinter Laschet. Ihr Chef gilt vielen als „liebenswerter Chaot", an dessen Arbeitsstil man zwar gelegentlich verzweifelt, den man jedoch nicht von der politischen Konkurrenz derartig verunglimpft sehen will.

Selbst innerhalb der Sozialdemokratie in NRW gibt es Vorbehalte gegen die Strategie, den Oppositionsführer schon jetzt ultimativ in Frage zu stellen. „Zerschießt mir bloß den Laschet nicht, den brauche ich noch", soll Ministerpräsidentin Kraft intern warnen – als vermeintlich einfachen Gegner im kommenden Wahlkampf. Bestätigt wird das nie. Als gesichert darf indes gelten, dass die Führungsfiguren der NRW-SPD den Herausforderer Laschet bei der Landtagswahl 2017 für einen „machbaren Gegner" halten, wie es ein Fußball-Fan wie Kraft ausdrücken würde. Noch Jahre später, als Laschet sich längst als Ministerpräsident etabliert hat und die SPD immer neuen Umfragetiefstwerten entgegen trudelt, schauen viele ehemalige Spitzen-Sozialdemokraten mit einer sonderbaren Arroganz auf ihn herab. Sie haben nie verwunden, ausgerechnet von jemandem wie Laschet aus ihren Ämtern verdrängt worden zu sein.

Schnell wird deutlich, dass die Klausuren-Affäre bundesweit weniger stark verfängt als zunächst angenommen. Laschet gilt als zu unbekannt und unbedeutend, als dass sich Medien umfassend mit seinem Ehrenamt als Lehrbeauftragter beschäftigen würden. Zudem lässt sich die bei politischen Skandalen so wichtige moralische Fallhöhe kaum herstellen. Da Laschet ohnehin als Prototyp des „Rheinländers" gilt, wird ihm eine gewisse Leichtfüßigkeit eher verziehen. „Aus einem Laschet kann man drei Rheinländer machen", sagt ein ehemaliger Mitarbeiter lachend. Mit anderen Worten: Wenn von vornherein keine übermäßigen Erwartungen an Korrektheit gestellt werden, können sie auch nicht enttäuscht werden.

Seinen Ruf als *Hallodri* hat Laschet in Düsseldorf bereits seit dem Sommer 2006 weg. Der Integrationsminister verbringt da gerade seinen Urlaub an der portugiesischen Küste. Einmal telefoniert er mit seiner damaligen

Pressesprecherin Christine Lüders. Während sie mit ihm über geplante Filmaufnahmen für das ZDF redet, geht Laschet mit dem Handy am Ohr in Shorts und T-Shirt spazieren. Plötzlich vernimmt Lüders „einen markerschütternden Schrei", wie sie sich noch heute erinnert. Die Verbindung bricht ab. Laschets Handy ist nicht mehr auf Empfang. Die Pressesprecherin ist in größter Sorge um ihren Chef: „Ich dachte, vielleicht ist er von einer Klippe gestürzt." Sie ruft in seinem Sekretariat an. Hektisch werden alle verfügbaren Nummern angewählt. Nichts. Es gibt keinen Kontakt mehr zu Laschet.

In Portugal herrscht derweil große Heiterkeit. Laschet ist beim Telefonieren so in Gedanken, dass er in den Swimmingpool des Ferienhauses gefallen ist. Seine Familie verbringt den Urlaub in Portugal mit seinem Jugendfreund Heribert Walz. „Irgendwie hat er es damals geschafft, dass der Zigarillo bei dem Sturz nicht nass geworden ist. Den konnte er mit einer Hand über Wasser halten", erzählt Laschets Frau Susanne fast 15 Jahre später dem *Kölner Stadt-Anzeiger*. Walz weiß auch noch genau, wie sie Laschets Handy aus dem Pool fischten und er ihn irgendwann fragte: „Sag' mal, willst du nicht mal bei deinen Leuten in Düsseldorf anrufen? Die machen sich bestimmt Sorgen und denken, du bist von der Klippe gestürzt." Fast 30 Minuten nach dem Vorfall ruft Laschet über das Festnetz bei Lüders an und gibt Entwarnung.

Solche Anekdoten sind sofort wieder präsent, als es 2015 um den zerstreuten Lehrbeauftragten Laschet geht. Der langjährige SPD-Wissenschaftspolitiker Karl Schultheis, Laschets alter Bekannter aus Aachen, kann im Jahr 2020 noch immer über die Klausuren-Affäre den Kopf schütteln: „Es war für mich starker Tobak, wie er sich aus dieser Sache herausgeschlichen hat. Ich hätte mir gewünscht, dass er sich hingestellt und gesagt hätte: Ich habe großen Mist gebaut. So kann man in der Wissenschaft jedenfalls nicht arbeiten." Schultheis kennt Laschet seit mehr als 30 Jahren. Sie können ein Bier zusammen trinken und sind per Du, auch wenn sie sehr unterschiedliche Typen sind. Schultheis ist ein vorsichtiger und ausgesprochen korrekter Mensch. Bevor er sich öffentlich über Laschet äußert, denkt er tagelang nach und ruft den Ministerpräsidenten schließlich an, um ihm mitzuteilen, dass er sich über ihn öffentlich äußern wird.

Bei den NRW-Grünen wird 2015 ebenfalls intensiv versucht, die Klausuren-Affäre als Ausdruck eines ernsthaften Seriositätsproblems des Oppositionsführers auszuschlachten. In Laschets ehemaligem Familienministerium, das seit 2010 von der Grünen-Politikerin Barbara Steffens geführt wird, finden sich zahlreiche Beamte, die abenteuerliche Geschichten über den Arbeitsstil des ehemaligen Chefs erzählen können. Er wird als Politiker karikiert, der mit zu vielen Bällen gleichzeitig jongliert. So wird über einen eigenen „Laschet-Faktor" bei der Quote verschwundener Post-Sendungen gescherzt. Mancher rechnet dann vor, dass die Schätzungen über nicht zugestellte Briefe und Pakete in Deutschland jährlich zwischen ein und drei Prozent lägen. Wie groß also sei die Wahrscheinlichkeit, dass Laschets feinsäuberlich korrigierte Klausuren tatsächlich in irgendeinem Verteilzentrum der Post verlustig gingen?

Reiner Priggen, der damalige Grünen-Fraktionschef im Landtag, kann über Laschets Schusseligkeit eher lachen: „Das nenne ich eine rheinische Lösung: Wenn die Klausuren nicht mehr auffindbar sind, kriegen einfach alle eine gute Note." Aber auch ihm bleibt nicht verborgen, dass in Aachen einige Akteure den akademischen Ruf der *RWTH* durch Laschet nachhaltig befleckt sehen. SPD-Mann Schultheis sieht grundsätzliche Fragen des verantwortungsvollen und ordentlichen Arbeitens aufgeworfen. Es geht ihm da um Haltung. Bevor er Berufspolitiker wird, steht der junge Schultheis als Lehrer vor Schülern: „Wenn einem die Aktentasche mit den Klassenarbeiten abhandenkommt, kann man auch nicht einfach allen eine Zwei geben", sagt der inzwischen 67-Jährige streng.

Laschet begreift zunächst den Ernst der Lage nicht. Als die ersten Rechercheanfragen von Journalisten zu den verschwundenen Klausuren bei ihm eingehen, tut er die vermeintliche Lappalie ab. Für ihn ist die Sache geregelt, weil er doch im Sinne der Studierenden gehandelt und niemandem einen Schaden zugefügt habe. Man möge sich doch bitte mit wesentlicheren Fragen beschäftigen, gibt er seinem Umfeld zu verstehen. „Sie bekommen eine Stellungnahme", ruft er lapidar den zahlreichen Berichterstattern zu, die am Erscheinungstag der ersten Berichte über die „Klausuren-Affäre" zahlreich vor der Tür des CDU-Fraktionssaals im Landtag ausharren. Laschet glaubt ernsthaft, mit dem Gewerkschaftsfunktionär Michael

Vassiliadis, den er an diesem Tag in die Fraktion eingeladen hat, in Ruhe über die Zukunft der Braunkohleindustrie sprechen zu können. Er eilt an den Kameras vorbei, um Vassiliadis noch zum Auto zu bringen, und huscht danach schnell wieder in den schützenden Fraktionssaal. Die Bilder der Fotografen und Kameraleute zeigen später einen CDU-Chef auf der Flucht.

Wenn man Laschets Kurve des öffentlichen Ansehens als Aktienkurs zeichnen sollte, wäre zu dieser Zeit die sogenannte Bodenbildung erreicht. Tiefer geht es nicht mehr. Mancher in der NRW-CDU äußert hinter vorgehaltener Hand bereits die Erwartung, dass die Parteivorsitzende Merkel die Frage der Spitzenkandidatur bei der Landtagswahl 2017 „von oben" neu klären werde. In Berlin werde man solchen Dilettantismus nicht mehr lange mitansehen können. Solche Spekulationen werden nicht einmal hämisch weitergetragen, sondern eher mit einem verzweifelten Unterton: Was macht er immer bloß, „der Armin"?

Die Klausuren-Affäre hängt Laschet lange nach. Noch Jahre später wird sie von politischen Gegnern, Kommentatoren oder im Nahkampf der Meinungsportale herangezogen, um Laschet der politischen Leichtfüßigkeit zu überführen. Kaum eine Bütten-Rede kommt ohne die wundersame Noten-Vermehrung von Aachen aus. Parteifreunde sind umso erstaunter, wie Laschet selbst mit dieser Imagedelle umgeht. Beim Landesparteitag der CDU kurz vor der Landtagswahl 2017 ist das zu beobachten. Laschet geißelt dort den bürokratischen Übereifer der rot-grünen Landesregierung und illustriert das mit einem dicken Papierstoß an Verordnungen. Nach seiner Rede vergisst er die Unterlagen am Rednerpult. Bundestagspräsident Norbert Lammert hebt den Papierstapel auf. Es entsteht ein Foto, das unterschrieben ist mit: „Lammert findet Klausuren." Auch Laschet kann sich darüber schief lachen und zeigt das Bild überall herum. Humor und Selbstironie bleiben zwei seiner schärfsten Waffen.

Leute, die es gut mit Laschet meinen, wissen schon 2015 um das eigentliche Problem: Die verschwundenen Klausuren sind kein einmaliger Ausrutscher, sondern eher Symptom einer in diesen Sphären der Politik ungewöhnlichen Schludrigkeit. „Mich hat das mit den Arbeiten der Studenten überhaupt nicht gewundert. Wer mal seinen Schreibtisch gesehen hat, kann sich gut vorstellen, dass da öfter mal was wegkommt", sagt jemand, der länger mit Laschet zu tun hatte. Tatsächlich arbeitet Nordrhein-Westfalens Ministerpräsident niemals an einer blank polierten Platte, die nur kurzzeitig von Unterschriften-Mappen in Anspruch genommen wird. Laschet verbirgt sich bei der Arbeit vielmehr hinter Stapeln aus Büchern, Bildbänden über China bis hin zu Katalogen von Skulpturen-Projekten in Münster, bunten Ordnern und allerlei Klarsichthüllen. Überall kleben gelbe *Post-it*-Zettel. In den Papierschluchten ruhen persönliche Dinge wie Portemonnaie, Ladekabel und Zigarillo-Schachtel. Manchmal wartet noch ein Unterteller mit einem Reststück Kuchen darauf, abgeräumt zu werden. Umsäumt wird seine Schreibtischlandschaft von Erinnerungsstücken wie einem Modell seines Elektro-Kleinwagens *e.Go* und einem Brocken Steinkohle aus der Bottroper Zeche *Prosper Haniel*. Wer Laschet an diesem chronisch unaufgeräumten Schreibtisch fotografieren möchte, darf das sogar gerne tun. Er scheint sein tägliches Chaos authentischer zu finden als die papierlosen Büros von Spitzenkräften der Wirtschaft, die man schon mal im *Manager-Magazin* abgebildet sieht.

Einige Monate nach der Amtsübernahme lässt Laschet im Anschluss an einen Abendtermin einmal eine Gruppe von Journalisten sein neues Büro bestaunen. In der Staatskanzlei herrscht da schon lange Feierabendruhe. Auf seinem Schreibtisch liegt das aufgeschlagene Buch des früheren *Spiegel*-Journalisten Gerhard Spörl, das sich mit Gegenwart und Zukunftsperspektiven des Ruhrgebiets befasst. Laschet soll demnächst mit dem Autor an einer Veranstaltung in Düsseldorf teilnehmen. Der Ministerpräsident hat sich handschriftliche Notizen zu Spörls Buch gemacht und mit dem Textmarker gearbeitet. Ist das Aufgabe eines Regierungschefs im 18-Millionen-Einwohner-Land Nordrhein-Westfalen? Normalerweise lesen Politiker bei Buchvorstellungen oder Impulsvorträgen routiniert ein paar Sätze ab, die irgendein Referent aufgeschrieben hat. Laschet aber scheint sich tatsächlich für Spörls Buch zu interessieren oder es zumindest als Frage des Respekts gegenüber dem Autor zu empfinden, das Werk persönlich in der Hand gehalten zu haben.

Was sympathisch klingt, hilft nicht unbedingt bei der klugen Strukturierung eines übervollen Arbeitstages. „Je höher Sie in der Politik kommen, desto stärker müssen Sie den Blick für das Wesentliche schärfen. Sonst gehen Sie unter", sagt ein langjähriger Weggefährte Laschets. Die Unordnung auf Laschets Schreibtisch begleitet ihn seit Jahrzehnten. Schon im Aachen der frühen 90er Jahre ist die Zettelwirtschaft des jungen Ratsherrn legendär. Weil er jedoch überaus engagiert, schnell im Kopf und jederzeit in der Lage ist, sich für verbummelte Termine aufrichtig zu entschuldigen, nimmt ihm das kaum einer übel.

Als Laschet 1994 erstmals Anlauf nimmt Richtung Bundestag, staunt mancher aus dem kleinen Aachener Wahlkampf-Team, das sich zweimal wöchentlich morgens um sechs zur Lagebesprechung im Keller seines Reihenhauses trifft. Als „regelrechter Albtraum" wird Laschets Ordnung in Erinnerung bleiben. Doch er selbst habe immer abgewunken: „Lasst mich mal, ich habe da mein eigenes System." Das erzählt lachend jemand, der dabei war und ihn ausgesprochen gern mag.

Dem Ministerpräsidenten scheint durchaus bewusst zu sein, dass er zum Typ Mensch gehört, der sich in der Vielzahl von Interessen, Ideen und Impulsen leicht zu verlieren droht. Schon 2001 bekennt Laschet gegenüber der Journalistin Christiane Feller: „Das ist immer mein Problem, dass ich zu viel anfange und am Ende nicht alles schaffe." Er sei „ein Workaholic, aber ein rheinischer".

Der langjährige FDP-Politiker Gerhard Papke, der Laschet mehr als zwei Legislaturperioden aus der Nähe erlebt, kommt nach Jahren in Führungsämtern zu einem interessanten Befund: „Ich bin in der politischen Praxis immer klarer zu der Erkenntnis gelangt, dass die Persönlichkeit eines Politikers viel stärker handlungsleitend ist als Parteiprogramme oder individuelle Beratung. Wie jemand arbeitet, führt und in wichtigen Momenten entscheidet, hängt außerordentlich stark von seinem Charakter und seiner persönlichen Prägung ab."

Laschet lernt in seiner Karriere früh, dass er mit zwei Schlüsselkompetenzen erstaunlich gut zurecht kommt: seiner schnellen Auffassungsgabe und seiner unbedingten Diskussionsfreude. „Was mir immer imponiert hat, war seine Fähigkeit zum Querlesen", sagt die langjährige Mitarbeiterin und spätere Staatssekretärin Serap Güler. „Er konnte komplizierteste Vorlagen überfliegen und sofort das Wesentliche erfassen." Ähnliche Beobachtungen macht auch Franz Plum als Geschäftsführer der CDU-Fraktion im Aachener Stadtrat: „Der Armin konnte die Vorlagen immer unheimlich schnell lesen, das Wichtigste erkennen und dann in seinen Reden genau den richtigen Punkt machen. Das hat mich schon beeindruckt." Während sich andere penibel vorbereiten, kommt er zur Tür rein, checkt kurz die Lage und redet los.

Sein Talent verleitet Laschet offenbar früh zur Vernachlässigung von Sekundärtugenden. Schon als Neuling im Stadtrat leistet er sich den Luxus des Zuspätkommens. In Aachen vermutet man bis heute, er habe „eine Uhr mit eingebauter akademischer Viertelstunde". Seine erste Fraktionsvorsitzende Franziska Neumann erinnert sich amüsiert an eine Sitzung, in der Laschet wieder einmal zu spät kommt, sich aber gleich selbstbewusst in der laufenden Debatte zu Wort meldet. Der Youngster genießt es erkennbar, den Älteren zu zeigen, dass er politisch und rhetorisch mehr drauf hat als sie. Wortgewandt setzt er sich an die Spitze jeder Debatte.

Als die Leute diesmal anfangen zu lachen, merkt Laschet, dass etwas nicht stimmt. Er hat gerade mit Verve das Gegenteil dessen vorgetragen, was zuvor in seiner Abwesenheit die Fraktionsvorsitzende gesagt hat. „Er hat sich hinterher bei mir entschuldigt und es ist nicht mehr vorgekommen", erzählt Neumann. „Überhaupt hat mir gut gefallen, dass er immer sehr einsichtig war und Rat auch angenommen hat." In späteren Jahren muss auch Fraktionsgeschäftsführer Plum manche Tagesordnung umstricken, weil Laschet wieder mal anruft und verabredete Termine nicht einhalten kann. Meist ist der Ärger über die Undiszipliniertheit aber schon verraucht, wenn er dann da ist und sich gut gelaunt in die Arbeit wirft.

Es ist keine große Kunst, in Nordrhein-Westfalen Veranstalter zu finden, die in den vergangenen 15 Jahren Veranstaltungen, Podiumsdiskussionen oder Vorträge umdisponieren und kürzen müssen, weil Laschet verabredete Termine nicht pünktlich einhält. Wie kann das sein bei einem Mann, der schon so lange von Mitarbeiterstäben durch den Tag gelotst wird? Wer sich mit Leuten unterhält, die für Laschet arbeiten oder gearbeitet haben, findet verschiedene Erklärungsansätze. Zum einen nimmt er wohl viel zu viele Einladungen an. Sein Pensum soll doppelt so hoch sein wie das seiner Vorgängerin Kraft. Wenn seine Staatskanzlei weniger bedeutende Termine in vorauseilendem Gehorsam an die Fachministerien delegiert, sich dort aber niemand zuständig fühlt, kann es vorkommen, dass Laschet persönlich die

Angelegenheit wieder an sich zieht. Bevor die Landesregierung absagt, macht es der Chef lieber selbst.

Chefsache ist, was den Chef interessiert. Und ihn interessiert vieles, wenn auch nicht im Detail. Laschet fühlt sich einerseits den vielen Institutionen, Organisationen und Verbänden im Land verpflichtet. Andererseits fährt er wohl auch sehr gerne zu Terminen, lernt dort Leute und Themen kennen. „Ihm macht das einfach total viel Spaß. Das ist für ihn keine Belastung", sagt ein Mitstreiter. Da sei Laschet wie Norbert Blüm, der auch immer auf die Frage, ob ein Bundesminister wirklich zu jeder Werkseröffnung müsse, geantwortet habe: „Wenn ich kein Minister wäre, könnte ich das alles gar nicht erleben." Oft verliert sich Laschet in solchen Begegnungen und bringt den Zeitplan ins Rutschen.

Die weniger freundliche Interpretation seines Zuspätkommens lautet: Eitelkeit. Er habe eine „Je später der Abend, desto besser die Gäste"-Haltung kultiviert und lasse die Menschen aus Prinzip auf sich warten. Laschet ist eher klein gewachsen und füllt einen Raum, den er betritt, nicht gleich aus. Das kann für einen Politiker, der gewöhnlich im Zentrum stehen will, ein Problem sein. Anders als der kaum größere Gerhard Schröder geht Laschet nicht mit raumgreifenden Schritten. Er ist kein breitbeiniger Typ und verfügt auch nicht über diesen kehligen Männer-Bass, den keiner überhören kann. Auch die hanseatische Eleganz eines Helmut Schmidt, der ebenfalls nicht größer gewachsen war, geht ihm ab. Ist das Zuspätkommen also ein Mittel, die Aufmerksamkeit auf sich zu fokussieren?

Dagegen spricht die Beobachtung von Aachener Freunden bei einer frühen gemeinsamen Paris-Fahrt. Damals werden in Frankreich gerade hydraulische Sicherheitspoller etabliert, die vor und nach der Durchfahrt von Limousinen auf und ab gefahren werden können. Der nicht eben hünenhafte Laschet soll die Runde damals dadurch erheitert haben, dass er sich auf einen dieser hochfahrenden Poller stellte und so gut 50 Zentimeter wuchs.

Zuspätkommen als Herrschaftsmittel? In Laschets ehemaligem Düsseldorfer Ministerium wird jedenfalls noch immer von einer sonderbaren Terminpanne berichtet. In Laschets Unterlagen ist damals eine auswärtige Veranstaltung versehentlich für 9 Uhr verzeichnet, obwohl sie erst um 9.30 Uhr beginnt. Der Minister trifft folglich gegen 9.15 Uhr ein. Er ist nicht etwa erfreut, doch noch rechtzeitig am Ort des Geschehens zu sein und entspannt mit dem Gastgeber plaudern zu können. Stattdessen ruft er wutentbrannt im Ministerium an und fragt, wie es sein könne, dass er jetzt 15 Minuten auf einem Parkplatz warten müsse.

Der Jähzorn gehört zu den Eigenschaften, die Laschet gut hinter seiner jovialen Fassade verbergen kann. Emotionale Ausbrüche sind bei ihm kein Chef-Gehabe. Er wirft nicht mit Aktenordnern nach Mitarbeitern, wie es einst einem Bundesminister nachgesagt wurde. Laschet würde wohl auch nie einen Untergebenen öffentlich demütigen, wie es 2010 Bundesfinanzminister Wolfgang Schäuble vor der versammelten Hauptstadtpresse getan hat – nur weil sein Sprecher Michael Offer ein paar Tabellen nicht ordnungsgemäß an Journalisten verteilt hatte. Spitzen gegen Mitarbeiter leistet sich Laschet allenfalls in Form verrutschter Pointen. Als er etwa 2015 den neuen Pressesprecher der CDU-Landtagsfraktion, Kai Schumacher, vorstellt und dessen journalistische Ausbildung beim Privatsender *Antenne Düsseldorf* referiert, stellt er spitzbübisch die Frage, ob man beim Lokalfunk überhaupt eine journalistische Ausbildung machen könne. Er selbst hat ja beim Hit-Radio *Charivari* gelernt. Ein schönes Entree sind solche Vorstellungsworte dennoch nicht. Bei der Präsentation seines Regierungssprechers Wiermer im Sommer 2017 bringt er diesen ebenfalls gleich in Verlegenheit. Der ehemalige Journalist bekommt die obligatorische Frage gestellt, ob er einer Partei angehöre. Die Zeiten, da unabhängige politische Journalisten auf einem „Parteiticket" fahren, sind in Düsseldorf da schon lange vorbei. Wiermer druckst herum, er sei in der CDU, doch seine Mitgliedschaft „ruhe". Laschet geht dazwischen und sagt heiter: „Also haben Sie keine Beiträge gezahlt?" Die Berichterstatter lachen. Solche Scherze auf Kosten seiner MItarbeiter entspringen bei ihm einer Lust am Sprücheklopfen, sollen aber nicht verletzen.

Wenn Laschet aus der Haut fährt, dann dient das eher dem eigenen emotionalen Druckausgleich. Manchmal reichen einige Reizworte in einer Landtagsdebatte und seine Contenance ist dahin. Dann ruft und flucht Laschet mit hochrotem Kopf und schriller Stimmlage, schlägt mit der Hand aufs Pult und wirkt außer Kontrolle. Manchmal reicht in der Staatskanzlei ein nachrangiger Aktenvorgang, der nicht wunschgemäß bearbeitet ist, um ihn brüllen zu lassen: „Hat der Ministerpräsident selbst in seinem eigenen Geschäftsbereich denn gar nichts mehr zu sagen?"

Anlass und Reaktion stehen häufig in einem völlig irrationalen Verhältnis. „Manchmal ist er schnell auf 180, aber er fährt auch schnell wieder herunter. Er wird nicht beleidigend oder persönlich", sagt eine langjährige Beobachterin. Ein ehemaliger Mitarbeiter erkennt auch in dieser Emotionalität den Rheinländer in Laschet: Er raste aus, aber sei nie nachtragend. Manchmal gewinne man anderntags sogar den Eindruck, er habe den Vorfall vergessen.

Laschets Laune kann zuweilen schneller umschlagen als das Wetter an einem schwülen Sommertag. Im Juni 2017 zum Beispiel erlebt der designierte Ministerpräsident einen außerordentlich angenehmen Landesparteitag in Neuss. Mit 100 Prozent stimmen die Delegierten der NRW-CDU für den Koalitionsvertrag, den Laschet mit der FDP ausgehandelt hat. Alle sind mächtig stolz. Der Regierungsbildung und der Wahl des Ministerpräsidenten steht nichts mehr im Wege. Alle gehen beschwingt und früher als gedacht ins sonnige Wochenende. Als Laschet den Saal des Kongresshotels verlässt, vermisst er seinen Dienstwagen. Sein Chauffeur von der CDU kann wegen einer unglücklichen Einbahnstraßen-Regelung nicht direkt vor der Tür halten und parkt deshalb geschätzte 100 Meter weit entfernt. Laschet schimpft und zetert, wird laut. Die Umstehenden sind peinlich berührt. „Armin, alles ist gut", versucht ihn der damalige Generalsekretär Bodo Löttgen mit der Autorität eines ehemaligen Kriminalbeamten zu beruhigen. Man rätselt: Was ist nur in Laschet gefahren? Hinter ihm liegt einer der erfolgreichsten Parteitage unter seiner Führung, vor ihm eine Zukunft als Regierungschef des bevölkerungsreichsten Bundeslandes. Sind solche Ausbrüche Stressabbau? Oder doch kalkuliert?

Selbst wer lange mit Laschet zusammenarbeitet, wird aus seinem Gefühlshaushalt nicht richtig schlau. „Mal brüllte er mit rotem Kopf einen Journalisten an, der arg kritisch berichtet hatte: Er habe schon lange aufgehört, sich über Journalisten zu ärgern", schreibt die *Welt am Sonntag* einmal treffend über sein Temperament. Ehemalige Mitarbeiter von Laschet haben dafür den Namen des *HB-Männchens* kreiert, beispielsweise, „wenn keine Zigarillos da sind". Sie sagen aber auch: „Wenn ich es in Prozent beziffern müsste, dann würde ich sagen: 95 Prozent gut gelaunt." Auch der langjährige Weggefährte Schultheis kennt diese Ausbrüche. Bis heute kann er diese Eigenschaft schwer einschätzen: „Ist das jetzt eine Methode, die jemand eingeübt hat, um einen Effekt zu erzielen, oder bricht das wirklich so aus ihm heraus?", rätselt er. „Dafür, dass er da einen Schalter hat, den er umlegen kann, spricht, dass es dann von jetzt auf gleich vorbei ist."

Gegen den kalkulierten Ausbruch spricht, dass Laschet privat ähnlich zu sein scheint. „Der kann ganz schön böse sein. Und ganz schön laut", beschreibt ihn seine Frau Susanne einmal öffentlich. Oft komme das zwar nicht vor, aber die Familie weiß sich ohnehin zu helfen: „Wir lassen ihn dann einfach mal ein bisschen schimpfen. Und gut ist."

Leute, die schon lange mit Laschet politisch zu tun haben, staunen gelegentlich über seine innere Unruhe. „Den hat der Hafer gestochen", stöhnt mancher Weggefährte zu Hause auf der Couch, wenn Laschet im Fernsehen mal wieder seine Körpersprache nicht im Griff hat. Das gilt auch für Redeauftritte und hat nicht immer etwas mit schlechter Laune zu tun. Wenn er im Stehen spricht, macht er mit den Füßen häufig eine kurze Abrollbewegung. Dieser Tick hilft ihm wohl bei der Konzentration. Doch wirkt dieses Wippen ein wenig wie die Vorfreude eines Kindes an der Eis-Theke. Vor allem spricht Laschet oft gestenreich mit den Händen, wiegt den Oberkörper hin und her und rückt häufig die Brille zurecht. Das macht schon beim Zusehen nervös.

Führungsstärke vermittelt sich über den kontrollierten Auftritt. Jeder Schauspieler weiß, dass man heute im Fernsehen mit *HD*-Technik keine ausladenden Bewegungen vollführen darf wie auf einer Freilichtbühne. Jeder Gesichtsmuskel sollte bewusst eingesetzt werden. Laschet hat sich immerhin eine Haltung angeeignet, um den Körper zumindest bei Fototerminen zu disziplinieren. Er umgreift dann mit der linken Hand die vier Finger der rechten wie ein Zauberer, der gleich eine Spielkarte im Ärmel verschwinden lässt. „Die Hände sind das Problem", verrät er einmal abseits eines Abend-Empfanges. Die *Zauberer-Haltung* ist seine Variante der *Merkel-Raute*, die ja ursprünglich auch nur eine Pose zur Körperbeherrschung ist. Bei Laschet lässt der Klammergriff vermuten, dass sich da jemand selbst im Zaum halten muss.

Laschet gehört zu den wenigen Politikern seiner Liga, die an guten Tagen offen sind für Ratschläge und Kritik. Normalerweise entwickeln Stäbe in Staatskanzleien oder Bundesministerien eine hohe Kunstfertigkeit darin, dem Chef nach dem Mund zu reden und Verbesserungsvorschläge allenfalls so dosiert einzustreuen, dass er sie als Ausdruck der eigenen Genialität umsetzen will. Es ist immer wieder erstaunlich zu hören, wie behutsam kluge Mitarbeiter bei Spitzenkräften einen über Jahrzehnte angelegten Panzer aus Selbstgewissheit durchdringen müssen. Wer Führungsämter in der Politik anstrebt, muss sich halt vom ersten Tag an in Frage stellen lassen, Widerstände überwinden und die eigene Person vermarkten. Diese Ochsentour erzeugt fast automatisch einen unstillbaren Hunger nach Anerkennung.

Laschet dagegen scheint zumindest nicht 24 Stunden am Tag einen größeren Genieverdacht gegen sich selbst zu hegen. Er fragt nach, will lernen, kann sich korrigieren. Seine Bereitschaft zum Zuhören hat unter Spitzenpolitikern Seltenheitswert. Wie sehr der Druck der permanenten Öffentlichkeit und der immer größeren Tragweite von Entscheidungen aber auch seine Bereitschaft zur Selbstreflexion mindert, zeigt sich Ostern 2020. Laschet will eine Ansprache zur Corona-Krise halten, die im *Westdeutschen Rundfunk* ausgestrahlt werden soll. Um am Ostersonntag auf den prominenten Sendeplatz vor der Tagesschau zu kommen, müssen die *WDR*-Verantwortlichen das vorherige Programm zusammenschieben. Der Ministerpräsident bekommt schließlich vier Minuten Netto-Redezeit.

Laschets Redemanuskript wirkt viel zu lang für diese Vorgabe, aber er ist bei der Aufzeichnung sicher, das hinzukriegen. Trotzig will er die Ansprache im Kabinettssaal aufzeichnen lassen, damit die moderne Fotografie *Rhein II* von Andreas Gursky im Hintergrund zu sehen ist. Die schlechte Akustik, die Tontechniker verzweifeln lässt, ist ihm egal. Als Laschet die Ansprache zum ersten Mal vom Teleprompter abliest, landet er fast bei sechs Minuten. Man hätte es vorher wissen können. Es wird im Manuskript gestrichen. Beim zweiten Versuch sind es immer noch fast fünf Minuten. Erst im dritten Durchgang kommt er in die Nähe der verabredeten vier Minuten. Laschet verspricht sich kein einziges Mal, obwohl er erkennbar genervt ist und viel mit dem Oberkörper schaukelt.

Eine aufmerksame Mitarbeiterin rät ihm, etwas einladender und freundlicher in die Kamera zu schauen. Er wird ja am Ostersonntag im Wohn-

zimmer der Menschen in Nordrhein-Westfalen zu Gast sein. Ihr Landesvater soll Sicherheit und Zugewandtheit vermitteln. „Lächeln? Das ist ein
ernstes Thema", bügelt Laschet den Vorschlag ab. Am Ende spricht ein
Ministerpräsident zu den Bürgern, der bedrückt und gehetzt wirkt.

Eine gefährliche Erfindung sind für impulsive Politiker die sogenannten sozialen Netzwerke. Laschet nutzt *Twitter* seit Jahren exzessiv und ungefiltert.
Bei ihm kümmern sich keine Kommunikationsprofis um das Bespielen des
Kurznachrichtendienstes. Bei *Twitter* gibt es Laschet pur – in allen Facetten: Im Januar 2019 beispielsweise erscheint in Laschets Account die kryp-
tische Botschaft: „Vf bgrtbtb yt w. T". Die Opposition in NRW hat wohl
schnell den richtigen Riecher: „Schönen Gruß in die Hosentasche", twittert die SPD-Fraktion. Die offizielle Version der Staatskanzlei klingt
staatstragender: Es habe sich um ein „technisches Versehen" gehandelt,
heißt es da. Laschets Tweet wird nach wenigen Minuten wieder gelöscht.
Gut zehn Tage später folgt erneut eine Panne: Ein einziges „@." erscheint
in seinem Account und verschwindet kurze Zeit später wieder. Unabhängig von diesen zwei Tweets blitzt bei Laschets *Twitter*-Aktivitäten sein gelegentlich subversiver Humor auf. Etwa wenn er im Juni 2013 ein Foto des
beleibten Bundesministers Peter Altmaier mit einer attraktiven jungen Frau
postet und dazu kommentiert: „Der Schöne und das Biest." In jeder freien
Minute scrollt er durch Tweets, will alles wissen, lesen, weiterverbreiten. Er
veröffentlicht Fotos, lenkt den Blick auf Themen und verknappt seine
Meinung auf 140 Zeichen.
    „Ich twittere auch selbst gerne", verrät er in einem Interview mit dem
Westfälischen Anzeiger seine Überzeugung, „das kann kein Apparat machen,
das kann einem keiner abnehmen, wenn die Reaktion wirklich persönlich
sein soll." Für ihn scheint Twitter der moderne Marktplatz zu sein, auf dem
ein Politiker hinhören sollte. „Ich merke dann, dass manche Themen, zu
denen ich schreibe, weniger stark wahrgenommen werden. Bei anderen
Themen gibt es wiederum hunderttausendfache Verbreitung." Laschet ist
sicher: „Hier erfährt ein Politiker unmittelbar, ob das, was er gerade geschrieben hat, von Interesse ist oder nicht."
    Laschet amüsiert sich darüber, dass andere Politiker die *Twitter*-Welt nie
verstanden haben. Im Mai 2014 twittert er einen Zeitungsbericht über den

SPD-Europapolitiker Martin Schulz, aus dem hervorgeht, dass dieser den österreichischen Travestiekünstler und Gewinner des *Eurovision Song Contest*, Conchita Wurst, nicht kennt. „Conchita wer? Conchita Wurst??", wird Schulz in dem Text zitiert. Eine seiner Mitarbeiterinnen belehrt Schulz daraufhin: „Martin, nur damit du es weißt, du hast ihr gestern auf *Twitter* gratuliert." Dass jemand nicht begriffen hat, wie wichtig Authentizität in diesem Medium ist, findet Laschet einfach nur „köstlich". Die Gefahr für einen Bauchmenschen wie ihn liegt vielmehr darin, dass sich *Twitter* wie eine Privatangelegenheit von Armin Laschet anfühlt, aber die Wirkung einer Pressemitteilung des Politikers Armin Laschet entfalten kann. Er gibt hier viel von sich preis. Wenn er 2015 beim U2-Konzert in Bühnennähe klatscht, Samstagnachmittag leere *Cola*-Flaschen zum Getränkemarkt bringt, als bekennender Bayern-Fan 2014 ausnahmsweise im *RheinEnergie*-Stadion den Kölner Bundesliga-Aufstieg mit FC-Schal bejubelt oder an Weihnachten 2017 von seiner Frau Tickets für Amy McDonald im Kölner *E-Werk* geschenkt bekommt – über 60.000 Follower sind immer dabei.

Sein loser *Twitter*-Daumen wird immer dann zum politischen Risiko, wenn Laschet seinen Emotionen freien Lauf lässt. Als im April 2019 in Paris die berühmte Kathedrale Notre Dame brennt und die öffentlich-rechtlichen Anstalten nicht umgehend das Programm umschmeißen, gibt es bei Laschet kein Halten mehr. „Millionen Menschen fiebern mit der Kirche Notre Dame in Paris, einem der bedeutendsten kulturellen Orte in Europa. Warum muss man *CNN* einschalten, während die *ARD* Tierfilme zeigt?", twittert er. Eine wahre Kaskade an Tweets aus der Hand des Ministerpräsidenten folgt. Als die *ARD* das Feuer bloß als dritte Meldung in der *Tagesschau* versendet, ist das für Fernsehzuschauer Laschet endgültig zu viel. „Sie haben die kulturelle und europäische Dimension dieser Katastrophe nicht begriffen", flucht er über die Gebührensender. „Der öffentlich-rechtliche Rundfunk schläft", poltert Laschet. „Gut, dass man sich bei Privatsendern zeitnah informieren kann."

Als anderntags in Düsseldorf eine Debatte darüber entbrennt, wie es um das Verständnis von unabhängiger Programmhoheit beim Ministerpräsidenten bestellt ist, beeilt sich sein Umfeld, entschuldigend Laschets persönliche Betroffenheit zu betonen. Notre Dame sei für ihn einer „der bedeutendsten Orte der Christenheit".

Bei *Twitter* verschwimmt zuweilen auch Laschets Respekt vor den unterschiedlichen Staatsgewalten. Das wird im März 2018 deutlich, als seine Landesregierung in die vielleicht größte Blamage der Legislaturperiode taumelt: die *Hacker-Affäre* der damaligen Umweltministerin Schulze Föcking. Frühzeitig macht sich Laschet indirekt die Behauptung eines kriminellen Eingriffs ins Privathaus seiner Kabinettskollegin zu eigen und verurteilt diesen sogleich bei *Twitter*: „Manche politischen Aktivisten überschreiten jede Grenze des Anstands", verweist der Regierungschef ohne gesicherte Erkenntnislage auf politische Aktivisten als angebliche Tatverdächtige. Staatsanwaltschaft und Polizei haben da noch gar nichts ermittelt. Der Hacker-Angriff entpuppt sich wenige Tage später als simpler Bedienfehler im W-LAN-Netz durch Schulze Föckings Mutter.

„Der erste Gedanke ist nicht immer der klügste", sagt ein Mitstreiter Laschets, der sich selbst das Twittern versagt. Schnell sei aus der Emotion heraus ein Kommentar versendet, der sich hinterher als vorschnell erweist. Man kann ihn nicht mehr zurückholen und katapultiert sich ohne Not in die politische Defensive. Außerdem vermittele die Filterblase der sozialen Netzwerke mit ihren pointierten Debatten einem selbst häufig ein verzerrtes Bild des Meinungsklimas im Land.

Als sich Anfang 2019 der Grünen-Vorsitzende Robert Habeck bei *Twitter* und *Facebook* abmeldet, weil er bei sich selbst eine Verrohung der Diskussionskultur feststellt, macht das auch Laschet nachdenklich. Zumal Habecks Popularität nach diesem Rückzug um kein Jota geringer wird. Anderseits hat der US-Präsident Donald Trump mit Twitter die gesamte Regierungskommunikation revolutioniert. Laschet glaubt an diese Möglichkeit, sich öffentlich zu vermitteln. Er will dabei sein und seinen Twitter-Kanal nicht mal ab und zu von einem professionellen „TL – Team Laschet" bespielen lassen. Man soll ihn dort unverfälscht erleben. Mit allen Risiken und Nebenwirkungen. Seit er Ministerpräsident ist, versucht er sich allenfalls dadurch zu disziplinieren, dass er insgesamt weniger Tweets veröffentlicht.

Laschet ist kein Mensch, der irgendwann einfach mal seine Ruhe haben will. Auf langen Autofahrten oder zu Hause wischt er pausenlos auf seinen Mobiltelefonen herum. Es hat etwas Rastloses. Die sozialen Netzwerke scheinen seine Antennen ins Leben außerhalb des eigenen Terminkalenders zu sein. Laschet ist ein Mann, der immer erreichbar sein will und ohne stabiles Telekommunikationsnetz verloren wäre. Selbst bei Abendveranstaltungen schielt er permanent aufs Display.

Die alten Aachener Bekannten wissen zu schätzen, dass man den Ministerpräsidenten jederzeit per SMS kontaktieren kann und meist zügig „vom Armin" eine Antwort bekommt. Laschet versendet laufend Geburtstagsgrüße, erkundigt sich nach dem Befinden, beantwortet Fragen, trifft Entscheidungen, kümmert sich. Gehen einem Ministerpräsidenten in dieser Flut an Informationen, Hinweisen und Mitteilungen nicht zwangsläufig die Prioritäten verloren? Müsste er nicht rigoroser Wichtiges von Unwichtigem trennen? Es ist Laschets *Volksnähe 2.0,* die er nicht ablegen will.

Es ist irgendwann im März 2020, als sich Gisela Nacken und Reiner Priggen nicht mehr zu helfen wissen. Sie funken den Ministerpräsidenten persönlich an. Die beiden Grünen-Politiker aus Aachen können nicht mitansehen, wie ein gut integrierter junger Mann mit Migrationshintergrund abgeschoben werden soll. Die zuständigen Behörden der Städteregion Aachen haben alles für die rechtssichere Rückführung vorbereitet. Laschet ist die letzte Hoffnung. Nacken und Priggen skizzieren in einer Mail kurz den Sachverhalt.

Der Ministerpräsident ist zu der Zeit gerade auf einer Israel-Reise und wird in Jerusalem von Staatspräsident Reuven Rivlin empfangen. Er hat kurz zuvor seine Kandidatur für den CDU-Bundesvorsitz öffentlich gemacht. Ein großer Medientross begleitet Laschet ins gelobte Land und will seine Kanzlertauglichkeit auf außenpolitischem Terrain beobachten. Der Druck ist gewaltig. Ihn dürften andere Dinge beschäftigen als eine von ungefähr 6000 Abschiebungen pro Jahr aus NRW. Zumal die Bilanz erfolgreicher Rückführungen in seiner Partei immer auch als Ausweis großer Konsequenz in der Asylpolitik gefeiert wird.

Doch Laschet nimmt sich in Israel der Sache an. Er weist aus der Ferne seine Staatskanzlei an, im Aachener Fall aktiv zu werden. Die Abschiebung wird abgesagt, die Angelegenheit an den Petitionsausschuss des Landtags verwiesen. Nacken und Priggen, die sich politisch über Jahre an Laschet gerieben haben, sind in solchen Momenten immer wieder von ihm beeindruckt.

Der Ministerpräsident

Landesvater und Blick nach Berlin

Im größten Moment seines politischen Lebens wirkt Armin Laschet seltsam zurückgenommen, fast gehemmt. Am 27. Juni 2017 verkündet der nordrhein-westfälische Landtagspräsident André Kuper um 15.35 Uhr im Düsseldorfer Parlament das Abstimmungsergebnis zur Wahl des elften Ministerpräsidenten: Auf den Abgeordneten Armin Laschet entfallen 100 Stimmen, exakt die erforderliche absolute Mehrheit. Die Parlamentarier von CDU und FDP springen auf, einige jauchzen vor Erleichterung. Seit der Landtagswahl sechs Wochen zuvor war darüber spekuliert worden, ob die schwarz-gelbe Mehrheit von nur einem Sitz im entscheidenden Augenblick tatsächlich stehen würde. Zugleich gab es die Sorge, dass die Wahl durch ungewollte Stimmen aus dem Lager der AfD befleckt werden könnte.

Am Ende werden es genau die 100 von 199 Landtagsstimmen, über die CDU und FDP verfügen. Besser geht es nicht. Stolz, Erleichterung, Begeisterung – viele Koalitionsabgeordnete gönnen sich kleine Triumphgesten. Nur der Hauptdarsteller sitzt dazwischen und weiß irgendwie nicht, wohin mit sich. Laschet nimmt die Parade der Gratulanten fast schüchtern ab, schiebt die Blumensträuße auf seinem Abgeordnetenpult ungelenk zusammen und winkt kurz hinauf zur Besuchertribüne. Dort sitzt zwischen seiner Frau und den Kindern Vater Heinz, der mit bebender Unterlippe in sein Stofftaschentuch schnäuzt. Der 83-Jährige reckt beide Arme in die Luft, als wollte er einen Ball fangen, doch er schnappt nur die Dankbarkeit des Sohnes auf.

Armin Laschet hätte einigen Grund, diesen 27. Juni 2017 in vollen Zügen zu inhalieren wie einen seiner Zigarillos. Nach einer wechselvollen Karriere, in der er viele Niederlagen verkraften und jede Menge Häme von Parteifreunden aushalten musste, ist er mit 56 Jahren ganz oben angekommen. Regierungschef im bevölkerungsreichsten Bundesland. Unbestrittener Chef des mächtigsten CDU-Landesverbandes. Bei den nun folgenden Empfängen werden Menschen seine Nähe suchen und ihm die Schulter tätscheln, die ihn immer für ein Leichtgewicht gehalten haben. Doch statt Genug-

tuung spürt Laschet wohl eher die Last des neuen Amtes, als er die Eidesformel ins quietschende Saalmikrofon spricht.

„Ministerpräsident von Nordrhein-Westfalen – was für ein Amt, was für
eine Ehre, aber auch was für eine Verantwortung", sagt er in seiner ersten
kleinen Ansprache als Regierungschef. Er wolle sich als Diener der Bürger
verstehen. „Das klingt so leidend. Wir machen das alle gerne. Ich glaube
trotzdem, dass man nie vergessen darf, woher man kommt und von wem
man eigentlich diesen Auftrag erhalten hat und dass es ein Auftrag auf Zeit
ist." Nur einmal stockt er kurz, blickt zu Familie und engsten Freunden auf
die Landtagsempore hinauf und sagt gerührt: „Danke, dass ihr mich auch
unterstützt habt, als es mal nicht so gut lief." Die Kameras fangen Heinz
Laschet in Großaufnahme ein, der noch einmal das Taschentuch entfaltet.
Armin Laschet, der in den Jahrzehnten seit seiner ersten Wahl in den
Aachener Stadtrat 1989 häufiger vor dem politischen Aus stand als vor dem
Gipfelkreuz, denkt zu Beginn seiner Zeit als Ministerpräsident lieber gleich
schon mal das Ende mit.

Er weiß, wie dankbar man in der Politik für eine Gestaltungschance sein
muss. Karrieren hängen von vielen Zufällen ab, Erfolg lässt sich kaum planen. Die eigene Genialität sollte man nie überschätzen. Was viele an diesem 27. Juni 2017 bereits erfolgreich verdrängt haben: Auch Laschets Wahl
zum Ministerpräsidenten ist Ergebnis einer für ihn glücklichen Fügung.
Die CDU hat bei Licht betrachtet die Landtagswahl nicht glanzvoll gewonnen. Ihr hat vielmehr das zweitschlechteste Ergebnis ihrer Geschichte aus-
gereicht, um stärkste politische Kraft in NRW zu werden. Bloß weil die
SPD mit ihrer Lustlos-Politik, einer aus der Zeit gefallenen Wohlfühl-Kam-
pagne („NRWIR") und dem gerade noch rechtzeitig eingestürzten Mar-
tin-Schulze-Soufflé noch schlechter abgeschnitten hat. Eine Koalition mit
der FDP kann Laschet nur bilden, weil die Linkspartei spät am Wahlabend
noch ganz knapp an der Fünf-Prozent-Hürde scheitert. Als der neue Ministerpräsident am Abend des 27. Juni 2017 die 300 Meter zur offiziellen
Amtsübergabe in die Düsseldorfer Staatskanzlei hinüber läuft und staunt,
dass alle Türschilder seiner Vorgängerin Hannelore Kraft bereits ausgetauscht sind, wird ihm bewusst: So schnell geht das in der Demokratie.
Keiner ist unverzichtbar.

Die zweite schwarz-gelbe Landesregierung in Nordrhein-Westfalen startet ganz anders als die erste Koalition gleicher Farbkonstellation zwölf Jahre zuvor. Die Wahl von Jürgen Rüttgers 2005 zum Ministerpräsidenten war eine regelrechte Zeitenwende an Rhein und Ruhr. Zum ersten Mal nach 39 Jahren hatte die SPD ihre Vormachtstellung verloren. CDU und FDP übernahmen ein Land, das in Ministerien, Behörden und Vorfeldorganisation bis in den Mittelbau von Sozialdemokraten dominiert wurde. Das begründete gegenseitiges Misstrauen. Die Regierung Rüttgers war zudem vom Ehrgeiz beseelt, NRW mit einem strammen „Privat vor Staat"-Kurs wieder wettbewerbsfähig zu machen. Mit großem Reformeifer sollte möglichst schnell eine neue Linie in der Wirtschafts- und Bildungspolitik deutlich werden. Die in Jahrzehnten sorgloser Finanzpolitik aufgetürmten Landesschulden verschafften der neuen Regierung zudem vom ersten Tag an einen erheblichen Spardruck.

Laschets Koalition kann dagegen 2017 in weitaus komfortablerer Umgebung die Arbeit aufnehmen. Nach Jahren des Wirtschaftsbooms hat selbst die nicht gerade für Ausgabendisziplin bekannte rot-grüne Landesregierung kaum noch neue Schulden hinterlassen. Laschets Vorgängerin Kraft konnte überdies einen für NRW ausgesprochen günstigen neuen Länderfinanzausgleich aushandeln. Die Kassen sind also gut gefüllt, um zahlreiche Wahlversprechen von CDU und FDP einzulösen. Laschet kann 2018 den ersten schuldenfreien Landeshaushalt seit 1973 vorlegen, ohne wirkliche Sparanstrengungen zu unternehmen.

Sein Finanzminister Lutz Lienenkämper tritt öffentlich so wenig in Erscheinung wie noch kein Kassenwart in NRW vor ihm. Der Anwalt einer Düsseldorfer Top-Kanzlei strahlt keinen übermäßigen Ehrgeiz aus und gehörte in den Oppositionsjahren zunächst nicht zu den Unterstützern Laschets. Doch wie so oft bei dem heutigen Ministerpräsidenten finden sie über das Zwischenmenschliche und einen ähnlichen Humor zusammen. Laschet mag an Lienenkämper, dass der seinen scharfen Verstand hinter einer anstrengungslosen Attitüde verbirgt. Besucher seines Abgeordnetenbüros überrascht Lienenkämper zu Oppositionszeiten regelmäßig damit, dass er in einem Humidor edle Rauchware lagert und gern gut gekühlten Weißwein serviert. Der gegenüber Freund und Feind allzeit freundliche Jurist ist für Laschet wohl der lebende Beweis, dass Politik keineswegs ein verbissenes Geschäft sein muss.

Anders als noch beim Antritt der Regierung Rüttgers ist der Wechsel in Düsseldorf 2017 für die landespolitische Szene auch kein Kulturschock mehr. Die Mehrheiten sind lange nicht mehr so betoniert wie im NRW der 80er und 90er Jahre. Im politischen Raum, in Gesellschaft und Medien gibt es eine weitaus größere Bereitschaft, sich die Arbeit der neuen Koalition zunächst einmal vorbehaltlos anzusehen. Zumal die vorherige Regierung Kraft viele ihrer ehemaligen Stammwähler aus der Facharbeiterschaft und aus den Lehrerzimmern verprellt hatte.

Laschet weiß, wofür er gewählt ist: In den zentralen Streitthemen des Wahlkampfes müssen schnell Besserungen sichtbar werden. Nach jahrelanger Debatte an zig „runden Tischen" schafft Schwarz-Gelb etwa das ungeliebte „Turbo-Abitur" einfach rasch und geräuschlos ab. Die von Rot-Grün ideologisch überfrachtete Inklusion, die am real existierenden Schulalltag scheitert, wird entscheidend ausgebremst. Der NRW-Wirtschaft wird ein „Entfesselungspaket" nach dem anderen serviert, um bürokratische Hemmnisse zu beseitigen. Und die NRW-Polizei bekommt auf einen Schlag mehr Personal, bessere Ausstattung und weiterreichende Befugnisse, um „Clan-Kriminalität" zu bekämpfen und „No Go-Areas" zu beseitigen.

Laschet ist zugleich bemüht, möglichst wenig Angriffsflächen zu bieten. Seine bürgerliche Koalition soll bloß nicht polarisieren in einem Land, das vor allem in den urbanen Zentren keine strukturelle schwarz-gelbe Mehrheit kennt. Laschet hat als Minister im Kabinett Rüttgers erlebt, zu welchen Verhärtungen es führt, wenn man in NRW mit forcierter Reformpolitik und -rhetorik laufend Gräben aufreißt.

Die seit der Niederlage 2017 orientierungslos wirkende SPD versucht trotzdem, die Konfrontationsstellung gegen eine angeblich neoliberale neue Regierung wieder aufzubauen. Konsequent wird Laschets Landesregierung in jeder Rede und jeder Mitteilung als „Mitte-Rechts-Koalition" bezeichnet. Sogar manchem Sozialdemokraten ist dieses verzweifelte „Framing" ihrer Kampagneros peinlich, weil man den fröhlichen Herrn Laschet kaum glaubwürdig zum düsteren rechten Regenten umschminken kann. Den Ministerpräsidenten müsse man vielmehr in seiner Sprunghaftigkeit und handwerklichen Schwäche stellen, raunen kluge Köpfe aus der zweiten

Reihe. Es dauert mehr als ein Jahr, bis die „Mitte-Rechts-Koalition" aus dem Floskelkasten der SPD verschwindet.

Sogar die FDP wendet sich schließlich bei der Neuauflage der schwarz-gelben Koalition bewusst den „weichen" Themen zu. Vize-Ministerpräsident Joachim Stamp lässt sich ein Ministerium für Kinder, Familien, Flüchtlinge und Integration zusammenbauen und nennt es „Chancen-Ministerium". Der unprätentiös auftretende Politologe, den Parteifreunde „JoJo" nennen und der seine Töchter schon mal mit ins Ministerium bringt, wenn es zu Hause Betreuungsengpässe gibt, taugt ebenfalls nicht zum neoliberalen Feindbild. Mit dem Klischee der Nadelstreifen-FDP hat er nichts gemein. Der frühere Amateurfußballer und Kommunalpolitiker ist einer, der sich mutmaßlich im Vereinsheim von Rot-Weiß Röttgen wohler fühlt als im Promi-Lokal „Borchardt" in Berlin.

Als die Kassenlage des Landes und üppige Bundeszuschüsse es zulassen, spendieren CDU und FDP den Eltern in NRW sogar ab 2020 ein weiteres beitragsfreies Kita-Jahr. Mit rund 250 Millionen Euro pro Jahr schlägt so ein Geschenk im Landeshaushalt erheblich zu Buche. Bei der liberalen Stammkundschaft kann Stamp damit nicht punkten. Die Kita-Beitragsfreiheit ist eigentlich SPD-Programmatik und war nie ein eigenes Wahlversprechen.

Wenn die Laschet-Regierung doch einmal Gefahr läuft, als herzlose Koalition wahrgenommen zu werden, reißt der Ministerpräsident schnell das Steuer herum. Die angekündigte Abschaffung eines subventionierten „Sozialtickets" für den Öffentlichen Nahverkehr, von dem einkommensschwache Menschen profitieren, ist so ein Fall. Als der Protest landesweit hochkocht, verteidigen einige aus der schwarz-gelben Koalition die Kürzung noch kühl mit dem Hinweis, mit dem eingesparten Geld könne man immerhin drei Kilometer Straße asphaltieren. Laschet dagegen lässt die Pläne stoppen. Das „Sozialticket" bleibt.

Laschet verfolgt einen Regierungsstil, der sich an Helmut Kohl und Jürgen Rüttgers orientiert. Von Kohl übernimmt er die Lehre, dass man als großer Koalitionspartner immer auch den kleinen glänzen lassen muss. Die FDP ist 2017 eigentlich noch traumatisiert durch die schwarz-gelbe Bundesregierung unter Angela Merkel zwischen 2009 und 2013. Die Liberalen können damals keine einzige Trophäe vorzeigen und liegen mit der Union im Dauerclinch. Am Ende fliegen sie aus dem Bundestag. Mit Laschet dagegen bekommen sie in Düsseldorf einen ausgesprochen großzügigen Chef. Er lässt den FDP-Ressorts weitgehende Freiheiten, selbst wenn er in der Corona-Krise 2020 die schlingernde Schulministerin Yvonne Gebauer gelegentlich zurückpfeifen muss. Laschet versteht sich gut mit seinem Vize Stamp. Der Bonner wirkt weitaus berechenbarer als der wendige Christian Lindner, der sich 2017 nach Abschluss der Koalitionsverhandlungen in die Bundespolitik verabschiedet.

Lindner und Laschet nennen einander zwar auch „Freunde". Doch in Laschets Umfeld glauben viele, in den gemeinsamen Düsseldorfer Jahren immer irgendwie gespürt zu haben, dass sich der wortflinke, gedankenschnelle und smarte Liberale dem Aachener insgeheim überlegen gefühlt hat. Bei Stamp indes gewinnen sie nie das Gefühl, dass er in erster Linie auf eigene Rechnung arbeitet.

Den FDP-Wirtschaftsminister und Ökonomie-Professor Andreas Pinkwart schätzt Laschet ebenfalls. Man kennt sich bereits aus dem Kabinett Rüttgers. Pinkwart kann seine programmatischen Vorstellungen in einem freundlich-wissenschaftlichen Duktus vortragen, der bei den Bürgern nicht als drohende Rosskur ankommt. Laschet weiß, dass man in einem auf Sozialausgleich bedachten Land wie NRW niemals zu Veränderungen gelangt, wenn man den Menschen neoliberale Glaubenssätze der Marke „Früher aufstehen, kälter duschen" um die Ohren haut. Wenn Pinkwart die Gründerkultur stimuliert, die Digitalisierung vorantreibt, für eine Energiewende mit Realitätssinn wirbt oder einer Liberalisierung der Einzelhandels-Öffnungszeiten das Wort redet, ist nicht gleich jeder Betriebsrat um den Schlaf gebracht. So regieren CDU und FDP mit nur einer Stimme Mehrheit harmonischer, als man es in Düsseldorf von bisherigen Koalitionen mit deutlich komfortableren Kräfteverhältnissen kannte.

Es ist die Arbeitsorganisation, die einst Helmut Kohl anwandte und die Laschet auch unter dem Ministerpräsidenten Rüttgers kennengelernt hat. Im Kabinett werden nur beschlussreife Themen behandelt. Die Staatssekretäre müssen zuvor alle Steine aus dem Weg räumen. Für die großen Linien wird der Koalitionsausschuss regelmäßig zusammengerufen. Die Spitzen von

CDU und FDP tagen dabei geheim, damit keine Showdown-Atmosphäre aufkommt wie bei vergleichbaren Veranstaltungen der Bundesregierung in Berlin. Laschets Vorgängerin Kraft ließ im Kabinett umfassender diskutieren, weil sie ihre Regierung als Beratungsgremium verstand. Die Minister mussten sogar vor der Tür des Kabinettssaals ihre Handys abgeben, damit man ungestört durch die Tagesordnung debattieren konnte.

Rüttgers freut sich erkennbar, dass Laschet manches Handwerkliche von ihm übernommen hat. Der Alt-Ministerpräsident sitzt Anfang März 2020 im bequemen Pullover in einer Dachgeschosswohnung in Frechen bei Köln. Der inzwischen 68-Jährige hat dort ein kleines Büro angemietet, das er als Schreib- und Denkstube für Aufsätze, Bücher und Vorträge nutzt. Nebenher ist er noch in einer Düsseldorfer Anwaltskanzlei tätig. „Es ist ganz wichtig, dass keine unabgestimmten Vorlagen ins Kabinett kommen. Das habe ich damals schon als Bundesminister bei Helmut Kohl gelernt, und ich glaube, Armin Laschet macht das heute ähnlich. Sie müssen als Chef den Prozess so organisieren, dass Konflikte frühzeitig bis ins Detail geklärt werden. Sonst haben Sie ständig Krach in der Regierung und kriegen nichts voran."

Anders als Rüttgers lässt Laschet seinen Fachministern jedoch deutlich mehr Freiraum. Er lässt sie machen, zieht selten ein Thema an sich und ist nicht bekannt dafür, sich in Gesetzgebungsdetails zu vertiefen. Mancher würde sich sogar wünschen, dass sich Laschet von Zeit zu Zeit einmal selbst inhaltlich reinkniet. Kanzlerin Merkel beziehe ihre Autorität auch daraus, dass sie komplizierteste Vorlagen häufig bis in die kleinsten Verästelungen kenne, sagt einer, der es wissen muss. „Der Armin" sei da leider anders. Auch Rüttgers war für seinen straffen Führungsstil bekannt und wollte sich inhaltlich ungern etwas vormachen lassen. Laschet ist als Ministerpräsident deutlich mehr Präsident als Minister, ein Regierungschef der langen Leine.

Einen Gutteil seiner kostbaren Arbeitszeit verbringt Laschet damit, Vertreter des diplomatischen Korps in der Staatskanzlei zu empfangen. Er findet, das gehört sich so. Ein Land von Größe und Gewicht Nordrhein-Westfalens müsse gegenüber internationalen Gästen Offenheit demonstrieren. Vom damaligen US-Botschafter Richard Grenell bis zum Hinduismus-Lehrer Sri Sri Ravi Shankar bekommt jeder einen Termin bei Laschet. Es ist wohl mehr als Höflichkeit: Laschet versucht mit einer fast pennälerhaften Begeisterung, bei solchen Treffen die Welt ein bisschen besser zu verstehen, und knüpft Kontakte, von denen man nie weiß, ob sie nicht eines Tages noch einmal nützlich sein könnten.

Überhaupt wird sehr bald deutlich, dass der Ministerpräsident Laschet Repräsentationstermine geradezu liebt. Er lässt sich die Tage vollpacken und ist beinahe im Wochenrhythmus in den entlegensten Ecken von Nordrhein-Westfalen unterwegs. Oft wird kurzfristig von einem auf den anderen Tag zu irgendwelchen Terminen mit Laschet eingeladen, von denen man nie weiß, wie sie so plötzlich in den Wochenplan rutschen können. In Sachen Reaktionsschnelligkeit macht ihm keiner etwas vor. Anders als Vorgängerin Kraft nutzt er schon mal einen Polizei-Hubschrauber, um das Pensum zu schaffen. Als er sich sogar für eine Stippvisite zu einem Jugend-Reitturnier nach Ostwestfalen fliegen lässt, macht die Opposition die Dienstreisen zum öffentlichen Thema. In Zeiten von Klimaschutz-Debatten und Dauerstau auf den NRW-Straßen kann es für einen Ministerpräsidenten durchaus gefährlich werden, als abgehoben zu gelten. Doch bei Laschet verfängt der Vorwurf nicht. Vermutlich kann man ihm vieles vorwerfen, nur eben keine persönliche Protzsucht.

Die Hubschrauber-Flüge sind bei ihm wohl eher der Versuch, überall gleichzeitig zu sein. Laschet glaubt, das Land auch mit persönlicher Präsenz zusammenführen zu können. Stadt und Land, Westfalen und Rheinländer, die Jungen der boomenden Studentenstädte Köln, Düsseldorf, Bonn und Münster mit den Alten in kargen Gegenden der Eifel. Laschet will im zerklüfteten Bindestrich-Land NRW so etwas wie eine Landesidentität formen. Das ist allenfalls Johannes Rau in den 80er Jahren mit seinem Slogan „Wir in Nordrhein-Westfalen" kurzzeitig gelungen. Er glaubt, dass es dafür auch Rituale und Persönlichkeiten braucht. Laschet hat in seiner Münchner Studienzeit immer mit neidvoller Bewunderung verfolgt, wie Bayern seine Neuschwanstein-Momente zu zelebrieren versteht. In NRW dagegen werden Erfindungen, Traditionen oder berühmte Landeskinder selten mit dem Herkunftsland identifiziert. Selbst der 70. Landesgeburtstag wurde 2016 bloß mit einem besseren Straßenfest am Rheinufer begangen.

Der traditionelle nordrhein-westfälische „Staatspreis", der lange mit eher kleinem protokollarischen Besteck verliehen wurde, ist bei Laschet zu einem

Prominenten-Auflauf mit Streichorchester aufgestiegen. Er verleiht überdies Verdienstorden am laufenden Band, lädt Stars in die Staatskanzlei ein und gibt gern Bildbände heraus, die besondere Ereignisse festhalten sollen. Die böswillige Interpretation seiner Umtriebigkeit: Laschet ist überall lieber als beim Aktenstudium am Schreibtisch. Die Tournee durch die Empfänge schmeichelt gewiss auch seiner Eitelkeit. Doch vermutlich ist ein anderes Motiv stärker: Er glaubt, dass diese spezielle nordrhein-westfälische Mentalität, den Pelz lieber nach innen zu tragen, dem Ansehen und Selbstwertgefühl des Landes geschadet hat. „NRW kommt voran" – sein Wahlkampfmotto soll sich auch in einer neuen Außendarstellung spiegeln.

Die Begeisterung für Empfänge und Ehrungen ist bei Laschet gewiss auch subtile Machttechnik. Schon als er 2012 Chef der völlig am Boden liegenden NRW-CDU wird, führt er die Partei so wieder zusammen. Er holt verdiente Granden wie Kurt Biedenkopf, Rita Süssmuth oder Norbert Blüm aus der Ecke des Vergessens, er hofiert Vordenker wie Norbert Lammert, er bindet den seit der Wahlniederlage 2010 etwas abseits stehenden Rüttgers wieder ein. Laschet pflegt sein gutes Verhältnis zu Angela Merkel trotz aller Anfeindungen in der Flüchtlingskrise und reist zum kranken Helmut Kohl nach Oggersheim. Zwischenzeitlich spricht er sich sogar dafür aus, dem nach der Parteispendenaffäre im Jahr 2000 in Ungnade gefallenen Altkanzler den CDU-Ehrenvorsitz erneut anzutragen. Das hört man gerade bei den Älteren in der NRW-CDU gern. Laschet will mit jeder Veranstaltung deutlich machen, dass der notorisch zerstrittene Landesverband wieder politische Heimat unterschiedlichster Persönlichkeiten und Positionen ist. Parallel lässt er ein eigenes „Grundsatzprogramm" des Landesverbandes erarbeiten, um die Partei in einen Prozess der Selbstvergewisserung zu treiben. Ein etwas abgedroschenes Bonmot besagt zwar, dass Grundsatzprogramme so hießen, weil sie grundsätzlich nicht gelesen würden. Doch das Gespräch an sich in zahlreichen Arbeitsgruppen erscheint in der desolaten Lage der NRW-CDU zwischen 2012 und 2017 bereits als Wert an sich.

Laschet sei in dieser Phase freitagabends bis in die kleinsten Kreisverbände gefahren, habe sich Diskussionen mit einer Handvoll Mitgliedern gestellt und Jubilarehrungen vorgenommen, erzählt jemand, der dabei war. Selbst wer den *Türken-Armin* damals weltanschaulich nicht sonderlich schätzte, habe seinen Einsatz für den Zusammenhalt der CDU anerkannt. Der in Berlin nicht eben hochgehandelte Laschet besucht seinerzeit Woche für Woche Betriebe, Verbände, Glaubensgemeinschaften, Künstlervereinigungen und drängelt so lange, bis er in die Chefetagen des Landes vorgelassen wird. Es kostet ihn keine Überwindung. „Dass Laschet heute so wenige innerparteiliche Feinde hat, hängt für mich auch damit zusammen, dass er nach 2012 überall Klinken putzen gegangen ist. Er war sich für nichts zu schade in einer Phase, als Norbert Röttgen die NRW-CDU als einzigen Trümmerhaufen hinterlassen hat", sagt ein Weggefährte.

Oft gelingt ihm bei seinen Besuchstourneen ein Überraschungserfolg: Wer ihn nur von seinen oft nicht vorteilhaften Fernsehauftritten kennt, ist nach der persönlichen Begegnung angetan, wie gewinnend Treffen mit ihm sein können. Laschets gelegentlich kritisierte Profillosigkeit macht ihn in der NRW-CDU anschlussfähig für viele Milieus. Kleinbürger, Großstadtmensch, Bohemien, Intellektueller, Katholik – er ist nur schwer zu kategorisieren und von allem ein bisschen. Laschet weiß aus eigenem Erleben, wie ein Pfarrheim riecht und warum man über den gesellschaftlichen Wert von Schützenvereinen und Kegelclubs „in Berlin-Mitte" zu Unrecht die Nase rümpft. Zugleich ist er habituell und intellektuell eher in einer liberalen Millionenmetropole wie Köln zu Hause. Die starke europäische Imprägnierung des Aacheners schützt Laschet wiederum davor, Heimatverbundenheit als Abschottung misszuverstehen. Er ist deshalb irgendwie Reihenhaus und Reformer. So gesehen verkörpert er gewissermaßen das widersprüchliche NRW.

Das hilft nicht nur im CDU-Landesverband, sondern auch im Regierungsamt. Seit Laschet als Ministerpräsident unerwartet in die erste Liga der Politik aufgestiegen ist, erhält er allerlei Ratschläge. Er müsse ein klareres Bild von sich als Machtmensch entwerfen, heißt es dann oft. Politik vermittle sich heute viel stärker über Äußerlichkeiten, Gesten und klare Zuschreibungen. Wenn Laschet dauerhaft Erfolg haben wolle, müsse er dem Bürger ein klares Angebot als Führungspersönlichkeit machen. Landesvater oder Landesmanager, Kümmerer oder Controller, schwarz-grün oder schwarz-gelb, liberal oder konservativ – Laschet müsse mehr Berechenbarkeit in sein politisches Bild bringen. Wahlerfolg basiere auf Vertrauen, das

Bürger in einen Menschen setzen sollen, den sie persönlich gar nicht kennen. Die kurze Aufmerksamkeitsspanne für Politik müsse deshalb konsequent genutzt werden, die richtige Erzählung über sich zu transportieren.

Laschet widersetzt sich bislang allen Inszenierungsnotwendigkeiten der modernen politischen Kommunikation. Laschet bleibt Laschet und tingelt unermüdlich durch Land und Partei. „Der Armin bleibt echt. Der lässt sich nicht inszenieren", hat sein alter Freund und Innenminister Reul festgestellt.

Ist das klug? Laschet kann wohl nicht anders. Sein Politikverständnis bietet eben nicht die Eindeutigkeit, die ihn besser profilieren könnte. Für einen emotionalen und spontanen Typen wie ihn ist ein durchchoreografierter öffentlicher Auftritt auch gar nicht durchzuhalten. Wie so etwas endet, ist Anfang 2020 bei einer Israel-Reise zu beobachten. Im früheren Wohnhaus des israelischen Premierministers David Ben-Gurion in Tel Aviv erinnert Laschet an den 60. Jahrestag des historischen Aussöhnungstreffens zwischen Bundeskanzler Konrad Adenauer und Ben-Gurion. Damals wurde der Grundstein für die deutsch-israelische Freundschaft gelegt. Laschet sitzt in der Bibliothek zwischen 20.000 Büchern und hat einen Enkel Adenauers mit den Enkeln Ben-Gurions zusammengebracht. Ein Premiumtermin für ihn, der neuer CDU-Bundesvorsitzender werden will. Eine Traube von Journalisten begleitet Laschet, um seine außenpolitische Trittsicherheit zu beobachten. Ist hier der erste Bundeskanzler aus NRW seit Konrad Adenauer zu besichtigen?

Laschet bricht schnell das Eis zwischen den Enkeln, hangelt sich mit seinem Aachener Schulenglisch durch das Gespräch, fragt viel und scheint sich wohlzufühlen. Die inszenierte Begegnung bekommt irgendwie eine angenehm private Note. Die Kameras, Aufnahmegeräte und gezückten Notizblöcke der Reporter nimmt Laschet irgendwann nicht mehr wahr und fragt mit entwaffnender Offenheit in die Runde: „Was heißt noch mal Beerdigung auf Englisch?" Er lädt die Gurion-Enkel nach Königswinter ein.

Wer dafür bezahlt wird, den Staatsmann Laschet in strahlendem Licht erscheinen zu lassen, bekommt in solchen Momenten Schweißausbrüche. Ihn selbst scheint das nicht zu bekümmern. Die Begegnung mit den Nachfahren Ben-Gurions und Adenauers hat ihm gefallen, alle haben sich wohlgefühlt. Was Laschet viel mehr beschäftigt als die fehlende Englisch-Vokabel ist das Bücherregal mit deutschsprachigen Werken, das er in Ben-Gurions historischer Bibliothek entdeckt hat: Die Sprache der Täter im Haus des ersten israelischen Ministerpräsidenten!

Wäre Laschet ein Wissenschaftler, müsste man ihn wohl in der Grundlagenforschung ansiedeln. Ihn interessieren immer die ganz großen Basisfragen, nicht so sehr das Studiendesign oder die steile neue These. Wer ihn schon lange beobachtet, staunt immer wieder, wie er selbst im tosenden politischen Alltag mit all den strategischen Herausforderungen eher das Überwölbende sucht. Wesen statt Wirkung. Als im Frühsommer 2020 der politische Betrieb mit wachsender Hybris die Auswirkungen der Corona-Krise auf den innerparteilichen Machtkampf der Union und Laschets steigenden oder abstürzenden Kanzler-Kurs debattiert, ist er selbst von einem ganz anderen Thema beseelt. Abends vor dem Schlafengehen liest Laschet da gerade immer zwei, drei Seiten in dem Buch „Der letzte Winter der Weimarer Republik", eine Art Tagebuch bis zur Machtergreifung. Laschet fröstelt es dann regelrecht, wenn er noch einmal minutiös nachvollzieht, wie sich die erste parlamentarische Demokratie selbst abschafft. Er spielt dann gedanklich durch, wie man die Katastrophe hätte verhindern können. Und was das für die heutige Politiker-Generation heißt.

In Schwierigkeiten gerät der Ministerpräsident Laschet immer dann, wenn er von seiner Rolle als abwägender Moderator abweicht. Im Sommer 2018 etwa will die neue Landesregierung zeigen, dass sie islamistische Gefährder konsequent abschiebt. CDU und FDP hatten der rot-grünen Landesregierung 2016/17 schwere Vorwürfe gemacht, weil der Berliner Weihnachtsmarkt-Attentäter Anis Amri von NRW-Behörden nicht rechtzeitig außer Landes geschafft worden war. Nun wird der Fall des tunesischen Salafisten Sami A. zur ernsthaften Nagelprobe für die Regierung Laschet. Seit Jahren wehrt sich der in Bochum lebende Prediger, der mutmaßlich Leibwächter des Terroristen Osama bin Laden war, erfolgreich bei Gerichten gegen seine Abschiebung. In Boulevardmedien wird Sami A. im Sommer 2018 als Beispiel für die angeblichen Absurditäten des deutschen Asylrechts angeführt.

Vor diesem Hintergrund entscheidet sich Vize-Ministerpräsident Stamp für einen besonderen juristischen Kniff: Er lässt Sami A. am frühen Mor-

gen des 13. Juli 2018 in einer Nacht-und-Nebel-Aktion nach Tunesien aus-
fliegen, obwohl das Verwaltungsgericht Gelsenkirchen am 12. Juli eine Abschiebung untersagt hat. Die Richter verlangen eine diplomatische Note
des tunesischen Staates, dass der ausreisepflichtige Sami A. in seiner Heimat keine Folter zu befürchten habe. Eine solche Zusicherung ist nur unter größten Schwierigkeiten zu bekommen, da schon allein die Bitte um
eine solche Note als Beleidigung zurückgewiesen wird. Stamp sieht dennoch „ein schmales Zeitfenster" für die Abschiebung, da Sami A. zum Zeitpunkt der offiziellen Bekanntgabe des Gerichtsbeschlusses bereits dem
tunesischen Luftraum näher sein soll als dem deutschen.

Statt Applaus für die listige Konsequenz erntet die Regierung Laschet
eine bundesweite Rechtsstaatsdebatte. Ausgerechnet eine bürgerliche Koalition legt sich mit der Justiz an? Das Oberverwaltungsgericht geißelt das
Vorgehen als „offenkundig rechtswidrig". Eine Regierung, die sich nicht
um Gerichtsbeschlüsse schert – das gab es in dieser Offensichtlichkeit
selten. Laschet formuliert lapidar, „im Ergebnis" könne man doch froh
sein, dass der Gefährder nicht mehr im Land sei. Heiligt der Zweck die
Mittel? Auch wenn Sami A. nach einigem Hin und Her nicht nach
Deutschland zurückgeholt werden muss: Der Versuch, klare Kante gegen
Islamisten zu zeigen, endet mit einem schweren Imageschaden für die Landesregierung.

Auch im Konflikt um den Ausstieg aus der nordrhein-westfälischen
Kohleverstromung bekommt es Laschet im Herbst 2018 nicht gut, seinen
tastenden Politikstil der freundlichen Konsenssuche kurzzeitig zu vergessen. Im rheinischen Braunkohlerevier spitzt sich da gerade der Streit um
den Hambacher Forst zu. Das Waldstück nahe Kerpen weicht seit Jahren
den riesigen Schaufelradbaggern des Energiekonzerns *RWE*, um die kostbare Kohle darunter freizugeben. Von den einstmals 4000 Hektar Wald
sind nur noch 200 übrig geblieben. Sie sollen nun auch fallen. Seit 2012
leben zum Teil militante Umweltschützer im Hambacher Forst in selbst ge-
zimmerten Baumhütten, um die Rodungen und den Fortschritt des Braun-
kohletagebaus zu stoppen. Regelmäßig werden Werksmitarbeiter von *RWE*
und Polizisten mit Zwillen beschossen oder mit Fäkalien beworfen. Die rot-
grüne Vorgängerregierung und die lokalen Behörden haben die Waldbesetzer weitgehend gewähren lassen.

Laschet muss Anfang September 2018 einen heißen Herbst fürchten. Der *RWE*-Konzern hatte bislang bei jedem Rodungsschritt das Recht auf seiner Seite. Außerdem waren Arbeitsplatz- und Energiesicherheit in NRW über Jahrzehnte gewichtige Argumente. Doch die öffentliche Stimmung wendet sich inzwischen klar gegen *RWE*. In Berlin berät längst eine „Kohle-Kommission" über den Ausstieg aus fossilen Energieträgern. Müssen also wirklich noch die letzten Bäume im Hambacher Forst sterben? *RWE* vermittelt gegenüber der Landesregierung den Eindruck, ohne die Hambach-Kohle könnten die örtlichen Kraftwerke des rheinischen Reviers nicht weiter befeuert werden. Zudem sei der Erhalt des Restwaldes technisch nicht zu bewerkstelligen, da andernfalls Erdmassen zur Abflachung von Böschungen an der mehrere Hundert Meter tiefen Abrisskante fehlten. Es gebe „keine Chance", den Hambacher Forst stehen zu lassen.

Die Experten der Polizei warnen derweil intern vor einem „Showdown" der militanten Szene zum Start der Rodungssaison im Oktober. Es sei nicht auszuschließen, dass Autonome aus ganz Europa ins rheinische Revier reisen werden, um eine finale Schlacht um den Hambacher Forst anzuzetteln. Eine Wiederholung der Szenen vom G20-Gipfel in Hamburg ein Jahr zuvor sei nicht auszuschließen. Damals waren marodierende Banden durch die Hansestadt gezogen und hatten brandschatzend für bürgerkriegsähnliche Bilder gesorgt. Für Laschet und seinen Innenminister Reul, die 2017 mit dem Versprechen einer „Null-Toleranz-Linie" angetreten sind, ein Albtraum-Szenario. Man entscheidet sich deshalb für eine konsequente Durchsetzung des Rechts. Innen- und Kommunalministerium entwickeln einen Plan: Aus einsatztaktischen Gründen sollen Räumung und Rodung des Hambacher Forsts zeitlich entzerrt werden. Mit der juristischen Krücke des Brandschutzes sollen die rund 75 Baumhäuser geräumt werden – formal, um die Waldbesetzer selbst zu schützen. In der Öffentlichkeit entbrennt schnell eine Debatte über den Räumungsvorwand. Nach einem zweiwöchigen massiven Polizeieinsatz, einem der personalintensivsten der Landesgeschichte, soll *RWE* dann freie Bahn haben.

Was Laschet offenkundig völlig unterschätzt hat: Er steht nicht als Mann von Recht und Ordnung und energiepolitischer Vernunft da, sondern als trickreicher Handlanger von *RWE*. Durch die bundesweit verbreiteten Bilder eines kriegsähnlichen Aufmarsches Tausender Uniformierter gegen barfuß durch die Wipfel kletternde junge Leute kommt es zu einer ungeahnten Solidarisierungswelle. „Hambi bleibt!" wird zum Schlachtruf, der in der Mitte der Gesellschaft verfängt. Der Wald im Braunkohlerevier, dessen Schicksal jahrelang niemanden interessierte, ist plötzlich ein Symbol der Umweltbewegung wie Wackersdorf oder die Startbahn West. Es kommt zu Massendemonstrationen gegen die Kohleindustrie, gegen das Waldsterben, gegen Laschet. Der Baum als Symbol des Lebens – dagegen verblassen alle rechtlichen und wirtschaftlichen Argumente, die sich für eine ordnungsgemäße Fortführung der Kohleverstromung in NRW vorbringen lassen. Als ein Waldbesetzer während der Räumung in den Tod stürzt, kommt die Landesregierung erst recht nicht mehr aus der Defensive. Später muss Laschet mitansehen, wie zunächst völlig überraschend ein gerichtlicher Rodungsstopp verhängt wird und dann ein über Nacht ergrünter *RWE*-Konzern doch noch eine Alternativplanung ohne „Hambi"-Abholzung vorlegen kann. Der Ministerpräsident steht ziemlich allein im weiten Flurschaden.

„Ja, ja, hätte, hätte …", giftet Laschet schon mal, wenn man ihn auf seine Fehleinschätzungen aus dem Herbst 2018 beim Hambacher Forst-Debakel anspricht. Er weiß wohl selbst am besten, dass ihm jeder Ausflug ins Autoritäre, jede Pose der Entschiedenheit missrät. Laschet ist immer dann ganz bei sich, wenn er vermitteln und ausgleichen kann. Er ist ein Mann des Kompromisses, was in der Politik als unsexy gilt, im wirklichen Leben aber meist weiterhilft. Im November 2018 lässt sich das beobachten, als Laschet noch einmal den Versuch unternimmt, einen Schritt auf die Gegner des Braunkohle-Tagebaus zuzugehen. An einem verregneten Samstagnachmittag steht er im blauen Mantel auf einer matschigen Freifläche neben der Kirche „Heilig Kreuz" in Erkelenz-Keyenberg. Seit Stunden schon ist er in jenen Ortschaften unterwegs, die noch für den Tagebau „Garzweiler II" weggebaggert werden sollen. Häuser, Vereinsheime, Friedhöfe, Erinnerungen – alles verschwindet in 400 Meter tiefen Löchern. Laschet hat bei zwei Familien im Wohnzimmer gesessen, die bald ihr Zuhause verlieren. Und im Pfarrsaal von Erkelenz-Kuckum hat er sich anschreien lassen, man werde „den Teufel tun", das geliebte Elternhaus einer Energiequelle „von gestern" zu opfern.

Jetzt steigt Laschet in Keyenberg auf eine Sperrholz-Kiste und soll vor Menschen sprechen, die sich zu einem Protestspaziergang entlang der Abbruchkanten versammelt haben. Laschet blickt in mürrische Gesichter und auf höhnische Plakate. Auf einem steht: „Herr Laschet, wenn Ihre Heimat weggebaggert wird, wäre das ok?"

Der Ministerpräsident hat einen schweren Stand. Doch es ist sein Vorteil, dass sich keiner seiner Amtsvorgänger je hierher getraut hat. Kein Johannes Rau, der „versöhnen statt spalten" wollte. Keine „Kümmerin" Hannelore Kraft. Obwohl Laschet das aktuelle Feindbild ist, verschafft ihm seine Zuwendung Respekt. „Es ist mutig, sich hier hinzustellen. Ich find' das toll", sagt Naturführer Michael Zobel, ein Mann mit Wanderschuhen und Försterhut, der ansonsten kein gutes Haar an der Landesregierung lässt. Er habe „nicht das Gefühl, dass das nur ein Termin für die Presse ist". Laschet erliegt nicht der Politiker-Versuchung, den Betroffenen das Blaue vom Himmel zu versprechen. Die Braunkohle-Förderung werde im rheinischen Revier frühestens „irgendwann in den 30ern" enden, sagt er. Was das für die Erkelenzer Ortschaften bedeute, könne er nicht sagen: „Man darf da keine falschen Hoffnungen wecken."

Laschet erklärt, dass er selbst die jahrzehntealten Planungsgrundlagen für die Braunkohle-Förderung in NRW ja gar nicht geschaffen habe. Als heutiger Ministerpräsident mitten in der Energiewende müsse er aber die Interessen der Industrie im Blick haben, die zu jeder Sekunde wettbewerbsfähigen Strom benötige. Und die von Tausenden Beschäftigten. Gewiss, die Braunkohle ist ein Klimakiller. Doch Laschet findet: „Wer glaubt, dass das 1,5 Grad-Ziel für das Weltklima in Kuckum oder Hambach entschieden wird, weckt Illusionen." Als seine Personenschützer ihn irgendwann in seine schwarze Audi-Limousine drängen, bleibt der Eindruck, dass die persönliche Begegnung ihm deutlich besser liegt als der strategische Masterplan.

Zu den Herausforderungen des Ministerpräsidenten-Amtes in Nordrhein-Westfalen gehört seit jeher, die richtige Balance zwischen bürgernaher Bodenständigkeit und bundespolitischem Anspruch zu finden. Grundsätzlich muss es zum Selbstverständnis des Düsseldorfer Regierungschefs gehören, auch die Bundesrepublik regieren zu können. Johannes Rau und Peer Steinbrück versuchten sich als Kanzlerkandidaten. Wolfgang Clement trat später als Superminister in die Bundesregierung ein. Jürgen Rüttgers kam als „Zukunftsminister" aus der Bundespolitik und ließ keinen Zweifel daran, dass er aus NRW heraus den Kurs der Merkel-CDU mitbestimmen wollte. Wer dem Anspruch nicht genügt, ein Land von der Größe und Bedeutung Nordrhein-Westfalens als Bundesrepublik im Kleinen zu sehen, gefährdet schnell seine Machtbasis.

Laschet hat das seit Ende 2013 bei seiner Vorgängerin Hannelore Kraft sehr genau studiert. Sie hat sich damals in einer Sitzung der SPD-Landtagsfraktion zur Klarstellung hinreißen lassen, sie werde „nie, nie Kanzlerkandidatin". Kraft will damit den Genossen klar machen, dass es als Alternative zur erneut bevorstehenden ungeliebten Großen Koalition im Bund kein Neuwahl-Szenario mit ihr als Spitzenkandidatin geben werde. Sie ist nach ihrem fulminanten NRW-Wahlsieg 2012 der Star der Sozialdemokratie und könnte die Partei nach Belieben dominieren. Doch Kraft lässt sich immer wieder öffentlich darüber aus, dass der Politikstil in der „Käseglocke Berlin" nicht ihrer sei. Dass sie ihr persönliches Umfeld in Mülheim an der Ruhr brauche und auch ohne Ämter ein glückliches Leben führen könne.

Das darf man denken, aber niemals sagen. Was bodenständig klingt, lässt Gegner und Konkurrenten im Raubtierzirkus Politik sogleich Schwäche wittern. Kraft wird zusehends zur Provinznudel erklärt, die eine „Selbstverzwergung" Nordrhein-Westfalens zu verantworten habe. Da sie außerdem nicht einmal professionell kaschiert, wie ermattet und angewidert sie gelegentlich von der Politik ist, gibt es bald ernsthafte Zweifel an Führungswillen und -stärke der Ministerpräsidentin.

Laschet hat die „Kraft-Falle" analysiert und vom ersten Tag im Amt an deutlich gemacht, dass er in der Bundespolitik mitreden will. Es bereitet ihm auch keine Schmerzen. Laschet ist gerne in Berlin und hat einen anderen politischen Hintergrund als Kraft. Die ersten Jahre im Bundestag von 1994 bis 1998 sind ihm in schwärmerischer Erinnerung. Als Europaabgeordneter ab 1999 nimmt er die Aufgabe als „Verbindungsmann in Brüssel" ausgesprochen ernst und ist stolz, im Berliner Bundesvorstand über die neuesten EU-Entwicklungen vortragen zu dürfen. Den Titel als „erster Integrationsminister Deutschlands" nutzt er ab 2005, um in der Hauptstadt durch Talkshows und Expertenkommissionen zu ziehen. Als er 2012 zum Bundes-Vize seiner Partei aufsteigt, sind ihm Gremiensitzungen bei Kanzlerin Merkel alles andere als eine Last. Kurzum: „Laschet hat anders als Kraft nie eine Berlin-Allergie gehabt", sagt jemand aus seinem Dunstkreis.

Während Kraft erst als Quereinsteigerin mit 39 Jahren Landtagsabgeordnete wird, ist Laschet seit den Tagen in der *Schüler-Union* mit Themen und Ritualen der Politik vertraut. Es war früh sein großer Traum, sich beruflich ganz der Politik widmen zu können. Während Kraft als Ministerpräsidentin immer dann aufblüht, wenn es in eher unpolitischen Bürgerbegegnungen um Zwischenmenschliches geht, diskutiert Laschet gern von den Vereinten Nationen abwärts jedes erdenkliche politische Problem. Mit den Mechanismen der Macht, die Kraft immer etwas fremd blieben, ist Laschet von klein auf vertraut. Das hilft ihm gewiss, sich in Berlin sicher und wohl zu fühlen. Zudem neigt Laschet weder zu Minderwertigkeitskomplexen noch zu übermäßiger Scheu vor Regierungsthronen. Im Gegenteil, es ist frappierend, mit welcher Selbstverständlichkeit er seit Jugendtagen an große Namen herantritt. Ob als Journalist seiner Schüler- und Studentenzeitung oder als Politik-Neuling und später als Oppositionsführer: Wenn Laschet Interviewpartner, Talkgäste oder irgendwelche Gremiumsmitglieder gewinnen will, greift er grundsätzlich ganz hoch ins Regal. Mehr als absagen können sie ja nicht. Ihm ist da nichts peinlich. Dieses Selbstbewusstsein mag dabei helfen, immer wieder den Druckausgleich hinzubekommen zwischen lokalen Wohlfühlterminen des Ministerpräsidenten und dem weitaus raueren Klima der Hauptstadt.

Laschet macht nach seinem Amtsantritt als Ministerpräsident schnell deutlich, dass er die Insignien der Macht bereitwillig annimmt. Repräsentation ist ihm keine Last. Man soll schon sehen, dass Nordrhein-Westfalen nicht irgendein Bundesland ist. Er lässt ein dickes Gästebuch der Landesregierung führen, in dem er die schwungvollen Unterschriften prominenter Gesprächspartner sammelt. Die Gleichgültigkeit, mit der jahrelang Feste, Jahrestage und Staatskunst in Düsseldorf begangen wurden, stört einen wie Laschet. Da ist der historisch gebildete Katholik eher ein Mann für das Weihrauchfass. Landesinstitutionen, die sich selbst nicht zu zelebrieren verstehen, können auch keinen Bürgerstolz erwarten, glaubt er wohl.

So beauftragt Laschet gleich den Düsseldorfer Star-Architekten Karl-Heinz Petzinka, das historische Landeshaus zu einer „einfachen, aber eindrucksvollen Staatsrepräsentanz ohne Pomp" umzubauen. 20 Jahre lang haben nordrhein-westfälische Ministerpräsidenten ohne Arabesken vom Büro-Hochhaus „Stadttor" aus das Land regiert. Laschet zieht bewusst ins Landeshaus, den Nachbarkomplex der gediegenen „Villa Horion", der einstigen Staatskanzlei Johannes Raus. Petzinka hat ein gläsernes Portal zum Rheinufer entworfen, das Staatsgästen künftig eine prachtvollere Vorfahrt verheißt. Laschet ist zweifellos ein Ministerpräsident, der die pompöse Bürgerbegegnung von vornherein mitdenkt.

Er ist noch gar nicht im Amt, als er sich Ende Juni 2017 quer durch Nordrhein-Westfalen bis nach Halle chauffieren lässt, um auf dem Rasen des dortigen Freiluftstadions der Schweizer Tennis-Legende Roger Federer einen Ehrenpreis zu übergeben. Während andere einen solchen Aufwand scheuen, findet er, dass NRW ruhig die Nähe zur Weltspitze suchen sollte. Der Repräsentationsehrgeiz des neuen Ministerpräsidenten ruft in einem schnörkellosen Bundesland eher Spott hervor. „Herr Laschet ist lieber am Büffet als im Büro", mäkelt SPD-Oppositionsführer Thomas Kutschaty Ende 2019 zur Halbzeitbilanz der Landesregierung.

Laschet ist das egal. Subtil bemächtigt er sich des sozialdemokratischen Erbes im ehemaligen Stammland. Als die schwarz-gelbe Landesregierung 2017 ihren ersten Haushaltsentwurf ohne neue Schulden vorlegt, veröffentlicht er auf *Twitter* ein goldgerahmtes Porträt des früheren SPD-Ministerpräsidenten Heinz Kühn, eines etwas unterschätzten Reformers. Dazu schreibt er: „Letzter Ministerpräsident von Nordrhein-Westfalen, dessen Kabinett einen Haushalt ohne neue Schulden beschloss: Heinz Kühn, 1973."

Außerdem inszeniert sich Laschet ungeniert als kleiner Staatsmann im Herzen Europas. Mit den Regierungen der Nachbarländer Belgien und Niederlande intensiviert er den Austausch; auch wenn er in wichtigen Streitthemen wie dem maroden belgischen Kernkraftwerk Thiange substanziell nichts erreicht. Laschet erfindet NRW als europäisches Bindeglied beharrlich neu. Dass er in der Corona-Krise 2020 als einziger Ministerpräsident die Staatsgrenzen offen halten kann und den engen Austausch mit den Nachbarn in einer gemeinsamen „Task Force Corona" sucht, ist kein Zufall. „Schengen", das System der EU-Freizügigkeit, ist für ihn ein Jahrhundertwerk. Anfang 2017 nutzt er eigens eine Klausur des CDU-Bundesvorstands zu einem Abstecher nach Luxemburg. Laschet twittert ein Foto des Ortseingangsschildes der Gemeinde Schengen und schreibt dazu: „Musste sein: Von Bundesvorstand kurz nach Schengen, wo Helmut Kohl vor 30 Jahren das Europa offener Grenzen schuf."

Immer nutzt Laschet auch die etwas vergessene „Bundesstadt" Bonn als seine Bühne. Mal sind es bewusst gesetzte Signale wie die Verleihung des Staatspreises an Klaus Töpfer im alten Plenarsaal, mal traurige Pflichten wie die Trauerrede auf Norbert Blüm in der St. Elisabeth-Kirche. Laschet sitzt mal beim Diskussionsabend im „Haus der Geschichte" auf der Bühne oder gibt sich beim Beethoven-Jubiläum die Ehre. Es wirkt dann wie eine Reminiszenz an eine nicht so schlechte Zeit: Laschet als Vertreter der Bonner Republik, die irgendwie freundlicher, gemütlicher, wertebewusster war als das hektische Berlin.

Für seine bundespolitischen Ambitionen ist es gleichwohl nicht nur von Vorteil, als reiner West-Vertreter irgendwo zwischen Süssmuth und Töpfer gesehen zu werden. Laschet tritt als CDU-Bundesvize in Landtagswahl-kämpfen zwar regelmäßig auch in ostdeutschen Bundesländern auf, doch man verortet ihn wegen Sprache, Auftritt und Haltung automatisch immer in der guten alten Bonner Republik. In großen nationalen Strukturdebatten wie etwa über den Ausstieg aus Kohleverstromung ist zu spüren, wie fremd ihm Denken und Mentalität seiner ostdeutschen Parteifreunde bisweilen sind. Andererseits nötigt es ihm tiefen Respekt ab, wie unverdrossen sein sächsischer Amtskollege Michael Kretschmer gegen Wutbürgertum und für demokratische Grundsätze kämpft.

Dabei spürt Laschet durchaus eine emotionale Bindung zu den „neuen" Bundesländern. Er ärgert sich noch heute, wie er 1989 den historischen Tag der Maueröffnung vertändelt hat. Der frisch gewählte Ratsherr Laschet fährt zu einer Sitzung der CDU-Arbeitsgemeinschaft südlicher Stadtbezirke nach Aachen. Er wohnt damals noch in Bonn und muss sich als Kommu-nalpolitiker bei solchen Gelegenheiten an der Basis sehen lassen. Seine Frau Susanne ist zufällig bei einer Freundin in Berlin zu Besuch. Laschet diskutiert mit der Aachener CDU allerhand lokalen Kleinkram. Es ist schon spät, als er zu seinen Eltern fährt, wo er die Nacht verbringen will. Als er dort im Fernsehen sieht, was die Stunde geschlagen hat, denkt er fassungslos:

Mit welchen politischen Fragen habe ich mich heute in den letzten vier Stunden nur befasst? Es wird Weltgeschichte geschrieben und Laschet sitzt ahnungslos beim Bezirksstammtisch.

Der Mauerfall gehörte für ihn in den 80er Jahren zu den Utopien, die in der *Jungen Union* halt irgendwie in den Forderungskatalog gehören. Zum 20. Jahrestag des Mauerbaus haben sie mal einen Wall aus Gedenksteinen durch die Aachener Fußgängerzone gelegt. Aber wie die meisten Bundesbürger kann sich auch Laschet nicht vorstellen, das Ende der deutschen Teilung selbst zu erleben. Er ist nur einmal in die DDR gereist: 1984 fährt er mit einem Studienfreund zur Leipziger Buchmesse. Gleich nach dem Mauerfall kommen DDR-Bürgerrechtler zu Diskussionen an die *RWTH*, bei denen Laschet schon mitmischt. Aachen hat kurz vor dem Ende der DDR über eine Kultur-Zusammenarbeit die Gemeinde Naumburg in Sachsen-Anhalt als Partnerstadt gewonnen. Laschet fährt gleich nach der Wende in die heruntergekommene Gegend und staunt, dass dort 200 Menschen einem völlig unbekannten Lokalpolitiker aus dem Westen zuhören wollen. Zur Familie von Thomas Böhm, der ihn damals in Naumburg empfängt, bauen die Laschets sogar eine Freundschaft auf.

An seinem bundespolitischen Anspruch lässt Laschet als Ministerpräsident jedenfalls von Beginn an keinen Zweifel. Seit seiner Wahl im Sommer 2017 hat er sich die umgehend einsetzenden Spekulationen über seine Kanzlertauglichkeit kokett gefallen lassen. Zwar galt bis dahin die ungeschriebene Regel, dass man eine Wahl im Land erst einmal bestätigen sollte, bevor man nach Höherem strebt. Doch angesichts der dünnen Personaldecke in der Union der Nach-Merkel-Zeit wehrt sich Laschet von Beginn an nicht, zum Kreis möglicher Nachfolger gezählt zu werden. Die Spekulationen reichern seine Aktie ja mit Fantasie an, wie man in der Börsensprache sagen würde. Das kann nach den „Nie, nie Berlin"-Jahren Krafts nicht schaden. Für die permanenten Kanzler-Fragen in Interviews hat sich Laschet ein Bonmot bereitgelegt, das er wieder und wieder zitiert: Johannes Rau habe einmal gesagt, der nordrhein-westfälische Ministerpräsident sei immer ein geborener Kanzlerkandidat. „Man sollte Johannes Rau nur widersprechen, wenn es unbedingt notwendig ist", fügt er dann immer hinzu und man sieht ihn förmlich den Satz dahinschmunzeln.

So kommt Laschet gut durch die ersten eineinhalb Jahre der Legislatur-periode. Er wird mit sanft befeuerten Spekulationen auf Kanzler-Flughöhe gebracht, ohne ernsthaft den Nachweis seiner Tauglichkeit zum Kapitän des Riesenjumbos „Bundesrepublik Deutschland" erbringen zu müssen. Laschet kann vielmehr in Düsseldorf seine Kreise ziehen und abwarten, wie sich die Lage in der Bundes-CDU nach 2021 entwickelt. Dass die Große Koalition in Berlin die volle Legislaturperiode über durchhält, glaubt er fest. Und war es in seiner Karriere nicht immer so, dass sich die Dinge ir-gendwann irgendwie für ihn gefügt haben? Er war immer der, auf den es ganz am Ende zulief.

Nach der Landtagswahl in Hessen Ende Oktober 2018 wird Laschet jedoch jäh aus seiner Komfortzone katapultiert. Die massiven Verluste ihrer Par-tei verleiten die unter Druck stehende Kanzlerin dazu, gegen ihr bisheriges Credo den CDU-Vorsitz abzugeben und vorzeitig für 2021 das Ende ihrer Karriere anzukündigen.

Noch während der laufenden Bundesvorstandssitzung kündigen Gene-ralsekretärin Annegret Kramp-Karrenbauer und Gesundheitsminister Jens Spahn ihre Kandidaturen für die Nachfolge an. Der frühere Unionsfrakti-onschef Friedrich Merz, auch nach mehr als 15 Jahren ohne Spitzenamt in der Union noch ein Hoffnungsträger vieler Konservativer, hatte sogar gleich nach den ersten Eilmeldungen seinen Hut in den Ring geworfen. Laschet ist auf dem falschen Fuß erwischt worden. Als am Abend der Landesvor-stand der NRW-CDU in Düsseldorf zu Beratungen zusammenkommt, lamentiert er darüber, dass es jetzt „doch nicht darauf ankommt, wer als erstes ‚Hier' ruft".

Sein Dilemma: Kandidiert er selbst auf dem Bundesparteitag und ver-liert, läuft er Gefahr, auch in NRW beschädigt zu werden. Gewinnt er, würde er sich in drei langen Jahren bis zur nächsten Bundestagswahl im Schatten der Kanzlerin wohl als CDU-Bundesvorsitzender und NRW-Ministerpräsident in Personalunion verschleißen. Tritt er gar nicht erst an, droht ihm eine Kraftsche Selbstverzwergung.

Laschet überlegt hin und her, berät sich mit Vertrauten, spielt alle Szena-rien wieder und wieder durch. Nach zwei Tagen gibt er seinen Verzicht bekannt und versucht, sich in eine Königsmacher-Rolle zu flüchten. Das

Problem: Inhaltlich und menschlich steht ihm die Saarländerin Kramp-Karrenbauer am nächsten. Außerdem kann er kein Interesse daran haben, künftig Ministerpräsident unter einem Bundesvorsitzenden und möglichen neuen Kanzler aus dem eigenen Landesverband zu sein. Laschet hat AKK nie vergessen, wie sie ihm Anfang 2017 den CDU-Neujahrsempfang in Schwung geredet hat. Damals ist Laschet in den eigenen Reihen eher umstritten und ein Wahlsieg fünf Monate später arg unwahrscheinlich. Die damals hochangesehene saarländische Ministerpräsidentin Kramp-Karrenbauer strahlt als Gastrednerin in Düsseldorf wenigstens ein bisschen Zuversicht aus und Glanz auf Laschet ab.

Vor dem Bundesparteitag Ende 2018 vollbringt Laschet deshalb das Kunststück, den mächtigsten CDU-Landesverband gar nicht festzulegen. Er versammelt die NRW-Delegierten nicht hinter einem der Landeskinder Merz oder Spahn, sondern schleicht sich in eine neutrale Position. Die Bundesvorsitzenden-Wahl wird zu einer Art Gewissensentscheidung erklärt, die jeder Delegierte für sich klären solle. Eine Wahlempfehlung des Landesvorsitzenden Laschet gibt es nicht.

Kurz nach Kramp-Karrenbauers Sieg bemühen sich jedoch Laschets Hintermänner, seine bundespolitischen Ambitionen am Leben zu halten. Dass er nicht kandidiert hat und noch dazu das Gewicht eines geeinten NRW-Landesverbandes nicht auf die Waage bringen konnte, kratzt an seinem Image. Noch sei die Kanzlerkandidaten-Frage nicht abschließend geklärt, wird in Düsseldorf eilig geraunt, wenngleich jeder weiß, dass die neue Vorsitzende Kramp-Karrenbauer das erste Zugriffsrecht auf die Merkel-Nachfolge haben dürfte. Wie soll der NRW-Ministerpräsident da noch einmal ins Spiel kommen?

Laschet wirkt in jenen Tagen dennoch entspannt. Er hat zu oft in seiner Laufbahn erlebt, dass sich fest verschlossene Türen eines Tages doch noch auftun. Tatsächlich gerät Kramp-Karrenbauer schon nach wenigen Monaten in Schwierigkeiten. Kanzleramt und Parteivorsitz in unterschiedlichen Händen – das nagt an ihrer Autorität. Ungeschicklichkeiten und Kommunikationspannen nähren zugleich den Verdacht, dass es der Frau aus dem kleinen Saarland am Format für den Berliner Machtbetrieb fehlt. Sie hat nicht die Kraft, die durch den schier unaufhaltsamen Aufstieg der AfD verunsicherte Partei zu stabilisieren. Laschet unternimmt in diesen Monaten wenig, um Kramp-Karrenbauer zu stützen. Im Gegenteil: Er stichelt ungewöhnlich offensiv und arbeitet unverkennbar auf eigene Rechnung. Sieht er seine zweite Chance auf die Kanzlerkandidatur kommen?

Die Orientierungslosigkeit der Union wird spätestens bei der Wahl des FDP-Politikers Thomas Kemmerich Anfang 2020 zum Ministerpräsidenten Thüringens mit Stimmen von CDU und AfD deutlich. Als Kramp-Karrenbauer daraufhin in den CDU-Gremien ihren Rückzug von der Parteispitze und den Verzicht auf eine Kanzlerkandidatur ankündigt, sitzt Laschet zu Hause in Aachen. Sturmtief *Sabine* hat seine Reise zu den Gremiensitzungen nach Berlin verhindert. Aus der Ferne beobachtet er das neuerliche Parteibeben. Muss er jetzt springen? Laschet wägt erneut Vor- und Nachteile einer Kandidatur um den Parteivorsitz immer wieder ab. Wird er sich ebenfalls aufreiben wie AKK, die schließlich vor nicht allzu langer Zeit eine anerkannte Regierungschefin war? Soll er überhaupt nach ganz oben wollen? Anderseits: Wer kann jetzt die auseinanderdriftende CDU sonst noch zusammenhalten? Ist es nicht seine historische Verpflichtung, die schlingernde Gesamtpartei zu einen, wie es ihm schon in NRW gelungen ist? Will er eine Merz-CDU? Wie lässt sich ein Bruch mit der Ära Merkel verhindern?

Am Tag nach der Berliner Präsidiumssitzung erhält Laschet Besuch von Merz in Düsseldorf. Der Wirtschaftsanwalt aus dem Sauerland gibt dem Ministerpräsidenten angeblich recht selbstbewusst zu verstehen, wie er sich die künftige Aufgabenteilung vorstellt: Er werde sich um den Bund kümmern, Laschet weiter ums Land.

So nicht, lieber Friedrich, denkt er offenbar. Sein Kampfgeist ist geweckt.

Der Corona-Manager

Reicht es für ganz oben?

Am Abend des 25. Februar 2020 begleitet Armin Laschet ein völlig neues Gefühl auf dem Linienflug von Berlin zurück nach Nordrhein-Westfalen. Er ist jetzt Favorit. Zum ersten Mal in seiner 30-jährigen politischen Laufbahn sucht er den Machtkampf aus einer Position der Stärke heraus. Es ist an diesem Tag alles so sehr nach Plan gelaufen wie selten zuvor in dieser ungewöhnlichen Karriere.

Am Morgen hat Laschet sich als Kandidat für den CDU-Vorsitz in der *Bundespressekonferenz* vorgestellt. Ihm ist dabei ein Coup gelungen. Als Laschet im dunklen Anzug mit lila Krawatte und Einstecktuch vor den Berichterstattern Platz nimmt, begleitet ihn Jens Spahn, der ehrgeizige und bis in die Haarspitzen motivierte Bundesgesundheitsminister. „Wir möchten einige Gedanken zur Zukunft der CDU Deutschlands vortragen und wir haben uns darauf verständigt, dass zunächst Jens Spahn einige Gedanken vorträgt und danach ich einiges zu der bevorstehenden Kandidatur für den Bundesvorsitz der CDU sage", eröffnet Laschet die live im Fernsehen übertragene Pressekonferenz so entspannt, als sei es eine Aachener Kreisvorstandssitzung.

Einige Gedanken? Es ist nicht weniger als sein Königszug: Laschet wird im Gespann mit Spahn als seinem Stellvertreter beim vorgezogenen Parteitag im April für das Amt des CDU-Vorsitzenden kandidieren. Ausgerechnet der junge konservative Münsterländer, der nie ein Laschet-Fan war, gibt eigene Ambitionen auf und geht bei ihm an Bord. Ihr Programm lautet: Zusammenhalt in Partei und Gesellschaft. Vorgelebt von zwei Politikern, die sich in der CDU nie sonderlich nahestanden. Es wird plötzlich vorstellbar, wie sich die Zeit nach Merkel und der unglücklichen Kurzzeit-Vorsitzenden Kramp-Karrenbauer anfühlen würde.

Laschet beschreibt vor den Journalisten eine Gesellschaft, die reif scheint für die Couch und nur auf einen so lebensbejahenden und vermittelnden

Typen wie ihn gewartet habe. Überall Hass und Hetze, diffuse Ängste und Spaltungstendenzen. Auf der Straße, in den sozialen Medien, in der EU, im Weißen Haus und im syrischen Bürgerkrieg. „Wir müssen unsere Partei und unser Land wieder zusammenführen und dafür will ich kandidieren", sagt Laschet. Als Bekräftigung dieses Anspruchs sitzt Spahn neben ihm und nickt.

Die Versöhner-Pose fällt Laschet leicht, denn sie entspricht seiner Persönlichkeit und seinem Politikstil. Die beiden übrigen Kandidaten für den Parteivorsitz, der vermögende Polit-Rentner und Merkel-Intimfeind Merz sowie der intellektuelle Einzelgänger Norbert Röttgen, könnten ein solches Harmonieversprechen niemals ebenso glaubwürdig abgeben.

An diesem 25. Februar 2020 wirkt die von Umfragenot, Wahlniederlagen und Dauerstreit erschöpfte CDU also bereit, sich auf die gut gelaunte Führung des Mannes aus Aachen einzulassen. „Man muss auch ausstrahlen, dass einem das Regieren Spaß macht", sagt Laschet in der *Bundespressekonferenz*. So etwas hatte man in den lähmenden Jahren der Großen Koalition in Berlin schon lange nicht mehr gehört. Laschet wirkt bei der Präsentation so konzentriert, ausgeruht und auf den Punkt, wie es ihm längst nicht immer gelingt.

Vom Haus der *Bundespressekonferenz* am Schiffbauerdamm lässt er sich in die nordrhein-westfälische Landesvertretung im Berliner Tiergarten fahren. Er ist zufrieden mit sich, seine Vertrauten sind stolz auf ihn. Am späten Nachmittag wird im ZDF-Hauptstadtstudio eine *Was nun?*-Sendung mit ihm aufgezeichnet, danach geht es gleich zum Flughafen. In Aachen soll Laschet am späteren Abend noch in die *ARD-Tagesthemen* zugeschaltet werden. Solche Live-Gespräche setzen ihn nicht mehr unter Stress, er hat das schon zu oft gemacht. Danach kann er sich ins neue Leben als designierter Parteivorsitzender und möglicher Kanzlerkandidat der Union bei der Bundestagswahl 2021 stürzen, denkt man. Es ist ja sonst kein anderer da. Als größtes Problem gilt die wartende Doppelbelastung: Er muss womöglich eineinhalb Jahre lang als Ministerpräsident, Parteivorsitzender und Spitzenkandidat in spe drei Bühnen gleichzeitig bespielen. Das *Tagesthemen*-Gespräch mit Ingo Zamperoni läuft routiniert, bis der Moderator in seiner letzten Frage ein Thema anspricht, das noch „kurz vor der Sendung" hereingekommen sei: der erste Corona-Fall im Kreis Heinsberg in Nordrhein-Westfalen. Laschet hat sich bis unmittelbar vor Beginn der Live-Schalte immer wieder über die Entwicklungen telefonisch informieren lassen. So kann er nun parieren: „Ich bin davon in der Tat am heutigen Abend von den zuständigen Behörden unterrichtet worden, dass es einen solchen Verdachtsfall gibt", sagt er, „die ersten Maßnahmen sind gefasst worden. Was jetzt in den nächsten Stunden passiert, wird der Gesundheitsminister sehr zeitnah – nachdem dann alle verfügbaren Informationen wirklich ausgewertet sind – auch der Öffentlichkeit vorstellen."

Die Corona-Pandemie bricht in dem Moment über Laschet herein, in dem er sich endlich mal am ersten Zug wähnt. Die Seuche macht alle Pläne für einen vorgezogenen Parteitag zunichte und verändert binnen weniger Wochen das politische Klima im Land. Plötzlich scheint nicht mehr der freundliche Versöhner gefragt, der ein wirtschaftlich erfolgreiches, aber unerklärlich mies gelauntes und an sich selbst leidendes Land zusammenführt, sondern ein zupackender, Autorität ausstrahlender Anführer, der den Menschen die Angst vor tödlicher Ansteckung nimmt. Die erfahrene und mit wissenschaftlicher Präzision auftretende Kanzlerin Merkel und der sich perfekt auf Botschaften und Symbole verstehende bayerische Ministerpräsident Markus Söder entsprechen diesem Anforderungsprofil. Ihre Umfragewerte schnellen in den nächsten Wochen in atemberaubende Höhen. Sie vermitteln den Menschen ein Gefühl von Führungsstärke, mit der sich diese beispiellose Krise wohl am besten überstehen lässt.

Und Laschet? Gesten ultimativer Entschlossenheit sind ihm fremd. „Whatever it takes" – diese Polit-Floskel für Krisenbekämpfung, die nicht nach Kollateralschäden fragt, ist nichts für jemanden, der immer auch das andere Argument verstehen will. Laschet ist keiner, der zur Krisenbekämpfung grimmig die „Bazooka" (Bundesfinanzminister Olaf Scholz) zückt.

Die omnipräsente Corona-Krise führt im Frühjahr 2020 geradezu im Zeitraffer von wenigen Monaten den Deutschen vor Augen, was für ein Politiker-Typus Armin Laschet ist. Wer er sein will und sein kann. Was ihn ausmacht und was mit ihm nicht zu machen ist.

Als zu Beginn der Corona-Pandemie ein möglichst umfassender Lockdown des öffentlichen Lebens gefordert wird und es vielen gar nicht schnell genug gehen kann mit der Einschränkung von Grundrechten, zögert

Laschet. Wenn alle in eine Richtung laufen, lässt ihn das vorsichtig werden. Das war schon in den 80er Jahren so, als in der *AIDS*-Krise immer drastischere Maßnahmen diskutiert wurden bis hin zur Idee, Infizierte auf Inseln zu isolieren. Laschet macht es offenbar nachdenklich, wenn die Deutschen aus Angst zu allem bereit sind – wie nun in der Corona-Krise Anfang März. Kann ein liberaler Rechtsstaat wirklich dauerhaft ein umfassendes Kontaktverbot verhängen, das aus virologischer Sicht vielleicht die beste Eindämmung einer Krankheit verspricht? Was ist mit der Abwägung von gesundheitlichen und wirtschaftlichen Folgeschäden an anderer Stelle? Sollte die Politik wirklich so tun, als wüsste sie sicher, wie mit einem neuartigen Virus umzugehen sei? Es sind Fragen, die an Laschets Wertegerüst rühren und ihn in Momenten grübeln lassen, in denen die Bürger Kurssicherheit erwarten. Einer wie Laschet möchte in keinem Staat leben, der Kirchen und Synagogen schließt, Menschen einsperrt oder die europäischen Nachbarn als Seuchenvögel behandelt. Selbst wenn Gebote aus der Not geboren sind. Nur: Darf sich einer Zweifel und Skrupel leisten, der CDU-Vorsitzender und damit Aspirant aufs Kanzleramt in der viertgrößten Industrienation der Welt werden will? Ist ein *Machtmenschlicher* vorstellbar in den Gefilden der Machtmenschen?

In der Corona-Krise zeigt sich, dass Laschet mit seiner Vorsicht und gelegentlichen Unentschiedenheit meist nicht ganz falsch liegt. Die innere Stimme soufliert ihm die richtigen Fragen. Er hat die Lehren der Flüchtlingskrise aus dem Jahr 2015/16 verinnerlicht, als sich schon einmal zwei Lager bildeten und sich die eine Seite moralisch über die andere erhob. Politiker, die Alternativlosigkeit für ihr Handeln reklamieren, lassen eine Gesellschaft gespalten zurück. Sein zunächst einsamer Ruf nach Lockerungen im Lockdown ist schnell zu einem vielstimmigen Chor angeschwollen, weil auch andere erkannten, welche katastrophalen gesellschaftlichen und finanziellen Kosten die harte Eindämmungspolitik mit sich bringt.

Laschet wird dennoch selten als Meinungsführer wahrgenommen, weil er sich der professionellen Selbstdarstellungs- und Beratungskunst seines Gewerbes auch nach 25 Jahren in der Berufspolitik hartnäckig verweigert. „Ich bin wie ich bin", sagt er trotzig. Eine durchchoreografierte Neuerfindung seiner selbst wie beim Kollegen Söder, der sich vom Scharfmacher zum Bäume-Umarmer und Merkel-Bewunderer wandeln kann, ist bei Laschet undenkbar. Er bleibt seit Jahrzehnten der rheinische Impulsmensch mit fester europäischer und christlich-sozialer Verankerung. Einer, der seinen politischen Kompass nie groß nachjustieren musste. Und der zugleich wenig Bereitschaft zeigt, seine administrativen Schwächen auszugleichen.

In seiner Düsseldorfer Koalition verzweifelt mancher daran, wie der Chef gelegentlich vorn etwas aufbaut, das er hinten gleich wieder umstößt. In der Corona-Krise vertändelt er zum Beispiel TV-Auftritte, obwohl er eigentlich viel Richtiges sagen will. Er beruft auch als Erster einen „Experten-Rat" aus möglichst vielen Fakultäten, um die Debatte über die Virus-Eindämmung breit zu führen. Ein kluger Einfall. Laschet kümmert sich persönlich darum, Persönlichkeiten für dieses Beratergremium zu finden. Es erfüllt ihn mit fast kindlichem Stolz, in dem emeritierten Tübinger Philosphie-Professor Otfried Höffe einen Mann gewonnen zu haben, der schon Jahrzehnte zuvor für seine Studentenzeitung *Libertas* einen Gastbeitrag verfasst hat. Doch wie so oft bei Laschet gibt es eine Kehrseite der Umtriebigkeit: Während der Ministerpräsident ein ganzes Wochenende lang „seine zwölf Apostel" für den Experten-Rat zusammentelefoniert, wie es jemand aus der Koalitionsspitze säuerlich nennt, missrät seiner Staatskanzlei ein „Pandemie-Gesetz" vollkommen. In den Medien ist schnell von einem „Notstandsgesetz" die Rede. Der Koalitionspartner FDP rebelliert, Klagen drohen, das Vorhaben muss gründlich überarbeitet werden.

Immer wieder wandelt Laschet auf diesem kippeligen Grat zwischen „gut gedacht" und „schlecht gemacht". NRW stemmt sich zu Beginn der Pandemie gegen einen weitgehenden Hausarrest für 82 Millionen Bundesbürger wie in Spanien oder Frankreich und gewinnt in stiller Diplomatie zwölf Bundesländer für das differenziertere Modell von „Kontaktbeschränkungen". Es ist eine Allianz gegen den harten Corona-Manager Söder, den raumgreifenden Vorsitzenden der Ministerpräsidenten-Konferenz. Das Konzeptpapier aus Düsseldorf wird jedoch so kurzfristig und ungeschickt in Berlin platziert, dass Kanzlerin Merkel gar nicht anders kann, als selbst eine gesichtswahrende andere Lösung zu suchen.

So bleibt in diesen Corona-Wochen der Eindruck: Laschet spricht, wenn er schweigen sollte. Er tobt, wenn er ruhig bleiben sollte. Er lässt sich ablenken, wenn er fokussiert sein sollte. In dieser Krise führt Laschet vor, wie bei ihm aus richtigen Einfällen zuweilen falsche Entscheidungen werden und aus guten Ideen schlechtes Handwerk.

Und doch steht er nun an der Schwelle nach ganz oben. Aber: Reicht es dafür? Nach der Ausnahmeerscheinung Adenauer hat es nie wieder ein Politiker aus Nordrhein-Westfalen ins Kanzleramt geschafft. Den einzigen Versuch, als Ministerpräsident von Düsseldorf aus an die Spitze zu gelangen, unternahm 1987 Johannes Rau. Das Scheitern des an Rhein und Ruhr so populären SPD-Mannes erklärt sich der Historiker Guido Hitze auch mit dem „Vermittlungs-Gen", das Regierungschefs im bevölkerungsreichsten Bundesland in ihrer politischen DNA tragen müssen. In einem so gegensätzlichen und großen Land, das für sich genommen die sechstgrößte Volkswirtschaft der EU wäre, müsse man „einen Hang zum Brückenbauen" besitzen, so Hitze. Anders lassen sich die Gegensätze von Stadt und Land, Arm und Reich, Westfalen und Rheinländern nicht zusammenhalten. Im Rest der Republik erscheint einer mit diesem moderierenden Wesenskern schnell konturlos und beliebig. Spitzenpersonal, das von Flensburg bis Garmisch-Partenkirchen auf Akzeptanz stoßen will, muss als Projektionsfläche für vermutete Kompetenz und erhoffte Führungsstärke taugen. Beim Rheinländer Laschet könnten sich nach dieser Lesart persönliche Stärken wie seine freundliche Verbindlichkeit oder sein schelmischer Humor im bundespolitischen Blick zum heftigen Wettbewerbsnachteil verkehren.

Es gibt freilich eine entgegengesetzte Sichtweise: Laschets Stil passt genau in diese aufgewühlte Phase der Gleichzeitigkeit vieler Probleme. In Zeiten permanenter Erregung, weltweiter Konfrontation und zunehmender Unübersichtlichkeit könnte die Stunde eines Anti-Polarisierers schlagen. Wenn die Corona-Krise eine Gesellschaft in Ungewissheit und mit neuen Verteilungskämpfen zurücklässt, ist das Talent zum Zusammenführen womöglich gefragter als der Wille zum Anführen. Laschets Erfolgsrezept war schon in Nordrhein-Westfalen, dass er niemandem Angst macht und keinen zurücklässt. Er strahlt eine Normalität aus, die in diesen Sphären der Politik selten ist. Und er scheint auf den zweiten Blick Stärken der bisherigen großen Unionskanzler in sich zu vereinen. Die Leutseligkeit Konrad Adenauers, von dem sich nicht zufällig dieser eine Wahlspruch Laschet eingebrannt hat: „Nehmen Sie die Menschen, wie sie sind, andere gibt's nicht." Die unbedingte Europa-Orientierung und emotionale Bindung zur Partei-„Familje" eines Helmut Kohl. Den Pragmatismus und die Unverwüstlichkeit einer Angela Merkel.

Verschaffen ihm Werteorientierung, Menschenfreundlichkeit, Zuversicht und jahrzehntelanges Engagement für das Gemeinwesen vielleicht doch das nötige Rüstzeug für den letzten Schritt nach ganz oben? Laschets wohl längster politischer Wegbegleiter, der Ex-Kanzleramtschef Ronald Pofalla, ist überzeugt: „Armin Laschet versteht allein durch seine Biografie, was die CDU der 70er und 80er Jahre ausgemacht hat. Gleichzeitig gehörte er zu den Ersten in unserer Partei, die in den 90er Jahren den Sprung in die Moderne gewagt haben. Er kann bis heute wie kaum ein anderer die Grundsätze des christlichen Menschenbildes mit liberalem Gedankengut zu einer zeitgemäßen Politik verbinden. Diese Übersetzungsleistung und seine einnehmende Diskussionsbereitschaft machen ihn für mich zu einer Persönlichkeit sui generis." Pofalla weiß, worauf es in Kanzler-Sphären ankommt. Er war Vertrauter Kohls und hat jahrelang eng mit Merkel zusammengearbeitet.

Und Laschet selbst? Derjenige, um den es geht, gibt sich entspannt. Gut zwei Monate nach dem ersten Corona-Fall in Nordrhein-Westfalen sitzt Laschet mittags in seinem Büro in der Staatskanzlei. Er hat anstrengende Tage und Wochen hinter sich. Rund um die Uhr ist er an der Corona-Front im Einsatz. Die Haltungsnoten in den Medien und das Echo in den sozialen Netzwerken könnten wahrlich erfreulicher sein. Jede Regierungshandlung unterliegt dem Verdacht, er wolle sich bloß für die Kanzlerkandidatur profilieren.

Mitten im Gespräch zeigt Laschet plötzlich auf ein Foto, das er an diesem Tag – dem 18. Mai 2020 – auf dem Sideboard nahe dem Besuchertisch aufgestellt hat. Die Aufnahme zeigt ihn mit Papst Johannes Paul II. bei der *Karlspreis*-Verleihung 2004. Der Heilige Vater wäre an diesem Tag 100 Jahre alt geworden. „Johannes Paul II. war ein überzeugter Europäer, dem die Einheit Europas ebenso am Herzen lag wie die Erweiterung nach Osten", würdigt ihn Laschet einige Stunden später noch in einem Video-Statement für die sozialen Netzwerke. „Habt keine Angst, verändert die Welt", das sei die Botschaft des Papstes gewesen, so Laschet. Sie könne

Rückendeckung geben bei den Aufgaben, die heute vor uns liegen, findet er. Die Erinnerung an solche Persönlichkeiten und das Wissen um die Wegscheiden der Geschichte motivieren ihn, politisch groß zu denken.

Im nächsten Moment erzählt Laschet auf dem Sofa in seinem Büro beiläufig, dass an diesem 18. Mai 2020 auch seine Frau Geburtstag habe und sie ihren 35. Hochzeitstag feierten. Es sind die kleinen Momente, in denen sich die große machtpolitische Ambivalenz des Armin Laschet zeigt: Ja, er will ganz nach oben, er muss es aber wohl nicht. Reicht das?

Chronik

18. Februar 1961	Geburt in Aachen
seit 1979	Mitglied der CDU
1981	Abitur am Pius-Gymnasium in Aachen
1981–1987	Studium der Rechtswissenschaften an der *Ludwig-Maximilians-Universität* in München sowie an der *Rheinischen Friedrich-Wilhelms-Universität* in Bonn
1983–1987	Studentischer Mitarbeiter beim Bundestags-abgeordneten Hans Stercken in Bonn
1986–1988	Ausbildung zum Journalisten in der *Münchner Zeitungsgruppe* sowie bei *Radio Charivari* in München
1987	Erstes juristisches Staatsexamen am Oberlandesgericht Köln
1987–1994	Journalistische Tätigkeit für *Radio Charivari*, den *Bayerischen Rundfunk* und weitere Medien in München und Bonn
1987–1988	Wissenschaftlicher Angestellter im Referat Kommunikation beim Bundestagspräsidenten Philipp Jenninger in Bonn
1988–1989	Wissenschaftlicher Angestellter im Referat Kommunikation bei Bundestagspräsidentin Rita Süssmuth in Bonn
1990–1994	Werkvertrag als Wissenschaftlicher Berater der Bundestagspräsidentin Rita Süssmuth in Bonn
1988–1990	Ständiger Mitarbeiter der Redaktionsgruppe *Aktuelles und Report* beim *Bayerischen Rundfunk (BR)* in München und Bonn
1989–2004	Ratsmitglied in Aachen
1990–1995	Redakteur und (ab 1991) Chefredakteur der *Aachener Kirchenzeitung*
1994–1998	Mitglied des Deutschen Bundestages
1995–1999	Verlagsleiter und Geschäftsführer der *Einhard-Verlags GmbH*
1999–2005	Mitglied des Europäischen Parlaments

1999–2015	Lehrbeauftragter des Europastudienganges der *Rheinisch-Westfälischen Technischen Hochschule (RWTH) Aachen*
2001–2012	Vorsitzender des CDU-Kreisverbandes Aachen
2005–2010	Minister für Generationen, Familie, Frauen und Integration des Landes Nordrhein-Westfalen, ab 2010 zugleich Minister für Bundesangelegenheiten, Europa und Medien
seit 2008	Mitglied im Bundesvorstand der CDU Deutschlands
seit 2010	Mitglied des nordrhein-westfälischen Landtags
seit 2012	Vorsitzender des CDU-Landesverbandes Nordrhein-Westfalen und stellvertretender Vorsitzender der CDU Deutschlands
2013–2017	Vorsitzender der CDU-Landtagsfraktion in Nordrhein-Westfalen
seit 2017	Ministerpräsident des Landes Nordrhein-Westfalen

Personenregister

Dank

Unser Dank gebührt vielen Menschen, ohne die dieses Buch nicht möglich gewesen wäre. Zuvorderst allen, die mit uns gesprochen oder uns Informationen haben zukommen lassen. Gesprächspartnern und Informanten, die uns ihre Erinnerungen, Einschätzungen und persönlichen Archivalien anvertraut haben. Ohne ihre Offenheit und die Bereitschaft, ehrliche Einblicke zu geben, wäre es nicht möglich gewesen, ein umfassendes und realistisches Bild des Politikers und Menschen Armin Laschet zu zeichnen. Wir danken den Archiven der *Konrad-Adenauer-Stiftung*, des *Bayerischen Rundfunks*, des Deutschen Bundestages, des Europaparlaments, des Zeitungsverlages Aachen, hier sei besonders Ute Wagemann erwähnt, und des *Einhard-Verlags* sowie dem Aachener Stadtarchiv und der Stadtbibliothek Aachen für die Unterstützung bei der Recherche.

Dank sagen wir auch Claus-Dieter Grabner und Achim Nöllenheidt vom *Klartext Verlag* für die Freude und den Mut, eine Politiker-Biografie zu veröffentlichen. Dank auch an unsere Chefredakteure Andreas Tyrock und Birgit Wentzien für die Unterstützung in der täglichen Korrespondenten-Arbeit, aus der auch viele Erkenntnisse in dieses Buchprojekt geflossen sind.

Den Kolleginnen und Kollegen der Landespressekonferenz sagen wir Danke für einen seit Jahren wunderbar bereichernden Austausch in Düsseldorf.

Unseren Frauen und Kindern danken wir für das duldsame Verständnis dafür, dass wir uns zeitweilig mehr mit dem Leben von Armin Laschet befasst haben als mit unserem eigenen.

Autoren

 **Tobias Blasius**, Jahrgang 1974, ist promovierter Historiker. Seit 1999 ist er bei der *Westdeutschen Allgemeinen Zeitung* angestellt und war in verschiedenen Stationen tätig. So hat er unter anderem als politischer Korrespondent in Berlin und Brüssel gearbeitet. Seit 2010 berichtet Blasius als landespolitischer NRW-Korrespondent für die *Funke-Mediengruppe* mit Sitz in Düsseldorf. Außerdem ist er Vorsitzender der *Landespressekonferenz Nordrhein-Westfalen.*

 **Moritz Küpper**, Jahrgang 1980, ist promovierter Politikwissenschaftler. Seit 2009 arbeitet er beim *Deutschlandradio.* Erst als Online-Redakteur, dann als Moderator in der Sportredaktion. Seit 2015 berichtet er als Korrespondent aus Nordrhein-Westfalen. Von 2007 bis 2009 war Küpper Redakteur beim Wirtschaftsmagazin *Capital.* Er ist Autor diverser politischer Sachbücher.